Solomon Deutsch

A new practical Hebrew grammar with Hebrew-English

And English-Hebrew exercises and a Hebrew chrestomathy. Second and enlarged Edition

Solomon Deutsch

A new practical Hebrew grammar with Hebrew-English
And English-Hebrew exercises and a Hebrew chrestomathy. Second and enlarged Edition

ISBN/EAN: 9783337737115

Printed in Europe, USA, Canada, Australia, Japan

Cover: Foto ©ninafisch / pixelio.de

More available books at **www.hansebooks.com**

A NEW PRACTICAL

HEBREW GRAMMAR

WITH

HEBREW-ENGLISH AND ENGLISH-HEBREW
EXERCISES

AND

A HEBREW CHRESTOMATHY

BY

SOLOMON DEUTSCH, A.M., Ph.D.

SECOND EDITION, ENLARGED BY NEW VOCABULARIES

NEW YORK
HENRY HOLT & CO.
1872.

PREFACE TO THE FIRST EDITION.

Although many and valuable Hebrew Grammars have appeared in this country, which in completeness and critical ability have left little to be desired, I yet venture to offer this work to the public, with the expectation that this result of my labors will still be found useful to the Hebrew student.

It has been my aim, divesting the Grammar of all extraneous detail, to present it full and complete in every necessary particular. I have especially had in view the wants of those instructing themselves, for whom, as well as for schools, I have endeavored to make this volume a practical introduction to the language of the Old Testament.

I shall briefly recapitulate the distinctive features of this manual.

1. To facilitate the commission of the rules to memory, they have been expressed with all the conciseness consistant with perspicuity.

2. Believing that exceptions are more properly to be sought in the Lexicon and Critical Commentary, I have noted such irregularities only as, by their frequency, can claim to be held integral parts of the language.

3. The illustration of the abstract by the concrete being necessary to the clear understanding of the former, the rules have been explained and confirmed by examples, and further elucidated by exercises.

4. In elaborating these exercises, I have taken great care to select valuable sentences, containing either an interesting historical fact or a sententious moral. The internal character of the passage has been conidered as well as its external grammatical form.—The Syntactical part is without exercises, the rules being illustrated by examples only. Nevertheless the student will become fully familiar with them by the constant reference made to them in the Etymological part.

5. In the requisition of a language, the learner, in order to familiarize himself with the grammatical forms, should make frequent translations into it from his mother-tongue. To this end English-Hebrew exercises have been prepared, particularly illustrating the rules which they immediately follow, anticipating nothing, but exactly keeping pace with the student's progress. I have intentionally made the construction of the English sentences conformable to the verbal arrangement of the Hebrew. Where the English construction admits of no change, I have endeavored to aid the students by help of numerals irregularly placed.

6. The approved results of continental research have been concisely embodied in this volume. Gesenius, Ewald, Fuerst (Lexicon), S. D.

Luzzatto (Grammatica della Lingua Ebraica), Naegelsbach, being followed in important points; the latter's arrangement of the declensions has been preserved with slight alterations.

7. In the Paradigms, presented at the end of the Grammar, the groundforms are distinguished by asterisks.

8. Although the words in the Exercises are translated as they occur, Vocabularies are added; first, to save the student's time and labor in seeking a forgotten word, secondly, that he may refer to them, should he be in doubt as to the form of the word when uninflected.

9. A Chrestomathy composed of various selections in prose and poetry from the Old Testament is given.

10. The two vocabularies contain about two thousand different Hebrew words in general use. How large a proportion this is, one can easily perceive, when one considers that the whole number of radical words in the language does not exceed 1867. It is therefore expected that the diligent student in a few months, will be enabled by mastering the Hebrew exercises and the Chrestomathy to read understandingly the less difficult portions of the Old Testament.

By this enumeration it will be readily seen, that the plan in some respects possesses the character of novelty, and it is hoped that this fruit of earnest and zealous exertion will be found acceptable and useful.

Baltimore, July 15, 1868.

PREFACE TO THE SECOND EDITION.

At the request of many prominent and experienced Professors of Hebrew, I have added two complete Vocabularies to all the Exercises and the Chrestomathy in my Grammar, and present the book in this improved form to the public as a second edition.

Thanking the learned critics and the press for the courtesy extended to my book on its first appearance and hoping that in its present more convenient form it may meet with continued favor,

I subscribe myself

Very respectfully

THE AUTHOR.

Baltimore, September 1872.

PART I.
OF THE ELEMENTS.

CHAPTER I.
LETTERS, SOUNDS AND SIGNS.

§ 1. ALPHABET.

1. Twenty-two consonants compose the Hebrew Alphabet.

Form.		Name.		Power.
א		Aleph	אֶלֶף (= ox)	a scarcely audible breathing.
ב (בּ)		Beth	בַּיִת (= house)	bh, b
ג (גּ)		Gimel	גָּמָל (= camel)	g in go
ד (דּ)		Daleth	דֶּלֶת (= door)	d
ה		He	הֵי (the meaning doubtful)	h in he
ו		Vav	וָו (a nail, hook)	w or v
ז		Zain	זַיִן (a weapon)	z
ח		Cheth	חֵית (a fence)	ch in the German word *nach*
ט		Teth	טֵית (a basket)	t
י		Yod	יֹד (= יָד hand)	y in ye
	Final.			
כ (כּ)	ך	Caph	כַּף (the hollow of the bent hand)	ch or k
ל		Lamed	מַלְמֵד (= לָמֵד ox-goad)	l
מ	ם	Mem	מַיִם (= מַיִם water)	m
נ	ן	Nun	נוּן (a fish)	n
ס		Samech	סָמֵךְ (a prop)	s in song

PART I. ELEMENTS.

FORM.		NAME.	POWER.
ע	Ayin	עַיִן (eye)	not pronounced
Final. ף (פ) פ	Pe	פֵּא (= פֶּה mouth)	ph, p
ץ צ	Tsade	צָדֵי (a fish hook)	ts
ק	Koph	קוֹף (the eye of a needle or the back of the head)	k
ר	Resh	רֵאשׁ (= רֹאשׁ = רֵישׁ head)	r
שׁ	Shin	שִׁין (= שֵׁן tooth)	sh
שׂ	Sin		s
ת (ת)	Tav	תָו (a cross mark)	th t

NOTE I. א and ה may be respectively compared with the Greek spiritûs lenis and asper; ח is a deep guttural sound (the German ch); ע like א is commonly omitted in reading. The nasal (ng) pronunciation of ע is incorrect. In the Septuagint it is sometimes represented by the spiritûs asper or lenis, sometimes by the Greek Gamma = g. In the Arabic the corresponding letter is a deep rolling guttural (rg), probably the true pronunciation.

NOTE II. These characters are not the original forms, the present letters not having been adopted, until long after the Babylonian captivity or according to some a century before Christ, hence this alphabet has been termed, the Assyrian (properly Babylonian) square letter: כְּתָב אַשּׁוּרִי and כְּתָב מְרֻבָּע. The coins struck at the time of the Maccabees and the Samaritan Pentateuch present the ancient Hebrew Characters which are similar to the Phoenician.

NOTE III. The names of the letters have probably been selected for the sake of the initial sounds. In old Hebrew, Samaritan and Phoenician writing, the forms of the letters resembled the things expressed by their names: this resemblance is still partly seen in the present alphabet: as ו a nail, ז a weapon, ט a basket, כ the hollow of the bent hand etc.

2. Hebrew is read from the right hand to the left.

EXERCISE 1.

Write the Roman characters corresponding to the following Hebrew letters:

דן. חה. צע. פדר. תך. צץ. גו. זב. גר. נד. נר. פח. פה. ככה.
בכא. בבא. וו. ולד. ילך. שן. שר. סם. חם. יד. דרך. תם.
טסא. צדה. צרר. צרד. ככה. זפת. מט. קסף. גנן. ירד. קם.
רגל. בן. קדשׁ. קרבן. כבד. מלח. עטרה. ולקחת כסף וזהב.

Exercise 2.

Write the Hebrew letters corresponding to the following Roman characters:

l, ch, h, k, t, th, s, sh, r, d, p, y, w, g, f, z, tz, n, g, b, ch, lchn, km, rtz, zr, ythm, chl, kl, shb, dbktm, hnshrm, bmdbr, gdl, ktn, zvch, sw, shlwt, gy, tw, gbth, hzt, nthn.

§ 2. DIVISION OF LETTERS.

The letters are divided according to the organs with which they are pronounced into:

Gutturals	אהחע
Palatals	גיכק
Linguals	דטלנת
Dentals or Sibilants,	זסצש
Labials	בומף

The letter ר partakes of both a guttural and dental character.

Exercise 3.

Give in the following words the names of the letters and the classes to which they belong:

כה אמר יהוה עשו משפט וצדקה והצילו גזול מיד עשוק
וגר יתום ואלמנה אל תנו אל תחמסו ודם נקי אל תשפכו
במקום הזה: ואהבת לרעך כמוך אני יהוה: טוב מעט בצדקה
מהון רב בלא משפט:

§ 3. VOWEL-LETTERS AND VOWEL-SIGNS.

1. The letters אהוי *Ehevi* (a word used to assist the memory) form a separate class, being called *vowel letters*, they sometimes representing not consonantal but vowel sounds.

2. Besides these vowel-letters, which generally indicate long vowels, in the 6th century nine vowel signs (תְּנוּעוֹת or נְקוּדוֹת), were introduced, points and strokes placed, with two exceptions, under the letter, after which they are to be pronounced. Of these nine signs, three represent long vowels, three short and three doubtful.

PART I. ELEMENTS.

Long Vowels.			Short Vowels.		
Name.	Form.	Power.	Name.	Form.	Power.
Kămets	קָמֶץ	ā in father	Patach	פַּתַח	a in sharp
Tsēre	צֵרֵי	ē in there	Seghōl	סֶגּוֹל	e in met
Chōlem	חוֹלֶם	ō in note	Kamets Chatuph	קָמֶץ חָטוּף	ŏ in not or rather u in dull

Doubtful Vowels.

NAME.		FORM.	POWER.
Chirek	חִירֶק	ִ	i in machine or i in pin
Shūrek	שׁוּרֶק	וּ	u in rule
Kubbuts	קִבּוּץ (שָׁלֹשׁ נְקֻדּוֹת)	ֻ	u in rule or u in full

NOTE I. Cholem is a dot over the ו as וֹ or the ו is omitted and the dot placed above on the left of the consonant: as בֹ = gō, דֹ = dō. Shurek is always placed in the bosom of ו as וּ. The Chirek-point is placed under the letter: as בִ; if י follows it is long, if not, doubtful: בִי long ī, בִ either long or short i.

3. The classification of the vowels, according to the three primary vowel sounds, from which they have originated, is also of importance. These are the vowels A (in father) I (in machine) U (in rule), for E and O are properly diphthongs: E arising from a + i, O from a + u.

A. CLASS.	I. CLASS.	U. CLASS.
ָ = ā in father	ִי or ִ = ī in machine	וּ = ū in rule
ַ = ă in sharp	ִ = i in pin	ֻ = ū or ŭ in full
ֱ = a in fate	ֵ = ē in there	וֹ or ֹ = o in note
	ֶ = e in met	ָ = u in dull.

NOTE II. The above pronunciation is that of the exiled Portuguese and Spanish Jews and their descendants (the Sefaradic); the German Jews pronounce (ָ) like ō in home and ֹ or וֹ like ō in home or ow in vow; the Polish pronounce (ִ) like i in bind, (וּ) almost like oi in spoil, וּ almost as the French u, the other vowels like their German brethren. The Sefaradic is considered the pronunciation most nearly correct. The proper names in the Septuagint and Josephus and the Hebrew phrases occurring in the New Testament, are written in accordance with this mode, which is also confirmed by the present usage of the Jews of Palestine and the analogy of the Arabic.

§ 3. VOWEL LETTERS & VOWEL SIGNS.

4. These three classes respectively correspond to the vowel-letters אהוי which latter may be considered as their representatives: א and ה represent the A class, or as it is usually expressed, are *homogeneous* with this class, י is homogeneous with the I class, ו is homogeneous with the U class.

5. The long vowels of the I and U class are most frequently accompanied by their correspondent Vowel-letters. At the end of a word the long vowel of the A class is usually written with א or ה: as מָצָא, גָּלָה; in the middle but rarely with א: as מָצָאתִי, and *never* with ה (עֲשָׂה־אֵל פָּרָה צוּר are compound words and ה considered as quiescing at the end of the first.) Therefore the אהוי are vocalized, or to use the common expression *rest* (*quiesce*) in the following cases:

י in ־ֵי, ־ִי, ־ֶי: as לִי, עֵינֶיךָ.

ו in וֹ, וּ: as בָּרוּךְ, יוֹסֵף.

The consonantal power of א and ה is so feeble, that א without the vowel-sign is mute after all the long vowels and final ה without the vowel is mute after Kamets, Tsēre, Chōlem and Seghōl: as

שָׂא, הִיא, צֵא, הוּא, בָּא; בָּנָה, נַקֵּה, אָהֳלֹה, גָּלָה.

6. ו and י when preceded by a heterogeneous vowel-sign, or followed by a vowel or Sh'va (§ 4) or when having a Dagesh (§ 7) retain their consonantal sound: as וַן read vav, גֵו = gēv, חַי = chāy, גּוֹי = gōy. In the termination ־ָיו the י is silent: as פָּנָיו read pānāv.

NOTE 3. ו preceded by a vowel-sign or Sh'va [§ 4] or followed by a vowel must be read as *v*: as עָוֹן read āvōn, מִצְוֹת read mitsvōth, לֹוֶה read lōvē.

NOTE 4. When the אהוי especially ו and י accompany their homogeneous vowels, the latter are said to be written *fully* (מָלֵא); without the quiescent letters they are said to be written *defectively* (חָסֵר:) קוֹלוֹת, צַדִּיק, זְבוּל, קָלַת fully; צַדִּקִים, זְבֻלִי defectively.

PART I. ELEMENTS.

NOTE 5. The Cholem-point without ו is omitted when שׁ precedes: as in שֹׂנֵא or when שׁ follows: as in מֹשֶׁה.

EXERCISE 4.

Read the following syllables and words according to the pronunciation of the Portuguese Jews:

אָ בֶּ גִּי דֹ הוּ וַ זְ חִי טָ יְ כָ לְ מֶ נֹ סֻ עוֹ פַּ צִי קָ רִי

רוּ שׁוֹ ׳שׂוּ שִׁ שֵׁ רֵשׁ לִי פָּ נַ חוֹוֶ זָ וִ ה גִ יָ נְ בְּ קֵ רְ דִי

טִ ׳שֵׁ ׳יַּ מוּ אֹ אָ אֵ קֻ נָ מְ טֹ הִ חַ זָ וּ.

EXERCISE 5.

אָא בֵּי בִּי בוּ נָא גוּ דִי דוֹ הִי הוּ וָא וֵי וּו זִי חֵי חוֹ
טָא טִי טוּ יֵי יִי יוּ כָּא כִּי לָא לוֹ לוּ מִי נָא נִי סִי סָא
עָא עוֹ פֶא פִּי פוּ צָא צוֹ צִי קֵ קוֹ רִי רוּ שָׁא שֵׂי שׁוּ
שׂוּ תָּא תֵּי תוּ.

EXERCISE 6.

אָב אַב בִּב בּוֹב גַּב גִּיב דּוֹכ הֵן כַּף בִּיךְ כָּם מֵם
מוּם נָן נִין נוּן פַּף פֵּף פוּף פִּיף צַץ צִיץ נַס נָם נִים
נִיס נָס גָם עוּף תּוֹךְ לוּן לוּז חַ וָו זוּר.

EXERCISE 7.

נִי נוּי גֵּי גּוּי גּוִי לִי חַי לוִי לוִי לָיו לֵיו גֵּו לֵיו לִי
דַי כִּי זוּ זַי כִּשֶׁה שֶׁמֶר חֹשֶׁךְ מֹשֶׁל שָׁכַב שָׁלֵם יֹשֶׁךְ
שֵׂכֶל יֹשֶׁר קָשֶׁה קֶשֶׁר עֹשֶׁק עֹשֶׁר חֹשֶׁן חֵשֶׁק חֹשֶׁב
חֹשֶׁךְ חֹרֶי שָׁדַי סִינַי מָדַי כָּתַי כָּלָיו שָׁלוּ.

EXERCISE 8.

יִשְׁלוּ יָשַׁדְי דֹּוִי אֲבֹי גָּלוּי צֵאת וָבוֹא מוֹבָא וּמוֹצָא עִין
צַו הָאָדוֹן קַו שָׁלוּ שָׁלוּ עָלֶיהָ עָוָה לָאָב.
לֹוָה גָוֹן עָלָיו קֵוִי קֹוֶךְ קֹוִי וּבָנָיו וְכָאַחִיו וּמַאֲחִיה
וָוֵי וָדַי דָוִי הָיָה הֹוֶה וְכָנוּס שָׁלוּ הֵוִי עָנוּ זוּ רִאשׁוּן.

Exercise 9.

Write the following syllables and words in Hebrew characters: yē, yā, bō, kī zū, wŭ, tŭ, tō, rŭ, rā, bīn, pīv, găv, bĕchī, gāu, dōdī, vāv, zodū, bārā, pānīnū, tūvēchū. gōrōlēnū, yāgīlū, yōshĕr, mōshōl, bōsĕm, shālōsh, lōvē, kōl [defectively] kōl [fully] shōmer [fully] chōshev [defectively] shī [fully] pē [defectively] nāzīd [fully].

§ 4. SH'VA.

1. At the beginning or in the middle of a word the vowelless consonant also receives a sign, two dots (:) denominated: Sh'va שְׁוָא (for שָׁוְא emptiness) or שְׁבָא (for שִׁיבָא fissure, gap, i. e. bare of vowel): as קָטַל, קָטַלְתְּ. Final ךְ und two vowelless consonants at the end of a word receive the Sh'va: as קְשֹׁטְ לָךְ; hence also a letter with Dagesh-forte (§ 7): as נָתַתְּ.

2. The Sh'va under the initial consonant of a word or syllable is called שְׁוָא נָע vocal Sh'va, because it indicates a slight vowel sound, like an obscure or half e; as קְטֹל read K'tōl. Sh'va under the final consonant of a sylable is silent and termed therefore שְׁוָא נָח silent Sh'va.

3. Sh'va is only given to a consonant and never to the אהוי when they represent vowels or quiesce: as הִינִיקָה, רֹאשׁ, חֵטְא.

Note I. Vocal Sh'va for the most part originating from the dropping of a vowel [§ 14, II. Rejection] retained in pronunciation an aftersound [Nachklang] of that original vowel, which was indicated by the addition of this vowel to the Sh'va: as קְדָשִׁים for קָדְשִׁים from קֹדֶשׁ; וּזְהַב for וְזָהָב from זָהָב; thus always with gutturals: אֱמוּנָה from אָמֵן, חֲדָשִׁים from חֹדֶשׁ. See the next § and Note.

Note II. On the distinction of vocal and silent Sh'va see § 11.

Exercise 10.

קֶדֶם פַּרְעֹה יְאֹר כְּלוּב כְּנַעַן יְרִיחוֹ נִינְוֵה דְּבוֹרָה יְהוֹנָתָן
אַחְאָב דַּרְכְּמוֹן נְבוּכַדְנֶאצַּר שְׁלֹמֹה שְׁבָא אַשְׁקְלוֹן זְרֻבָּבֶל

דְּלִילָה בְּדֹלַח שְׂרָפִים כְּרוּבִים חֶלְבְּנָה קְצִיעָה מָרְדֳּכַי
אָסְנַת גָּלְיַת יְהוּדָה יְהוּדִי יְחֶזְקֵאל יִשְׂרָאֵל עִבְרִי שִׁמְשׁוֹן
עֲשְׁתֹרֶת אַבְרָהָם יִצְחָק שֹׁמְרוֹן נֹכַה אַבְשָׁלוֹם יְבוּסִי
יְהוֹיָקִים יִשְׁבִּי.

§ 5. COMPOSITE SH'VA.

When the vowelless initial consonant of a word or syllable is one of the gutturals אהחע (§ 2) a short vowel (-), (ֱ) or (ֳ) is added to the Sh'va, to indicate a more distinct sound, as a half a, e or o. This Sh'va is called *composite Sh'va* (compounded with a vowel) or חֲטָף Chateph (rapid) from its rapid utterance.

These are: ֲ Chateph-Pattach   עֲמֹד
                  ֱ Chateph-Seghol   אֱמֹר
                  ֳ Chateph-Kamets   חֳרִי

NOTE. In a few instances the compound Sh'vas are also written under other consonants: as וְזָהָב.

EXERCISE 11.

חֲלוֹם חֲמֹר אֱוִיל אֱנוֹשׁ אֱמֶת יַעֲקֹב אֲחַשְׁוֵרוֹשׁ אֱלִישָׁה
אַהֲרֹן עֲמֹרָה אֲדָמָה אֲנִי חֲצִי אֲדֹנָי מַחֲנֶה הֶעֱבִיר
הָחֳרַם חֳלִי אֲשִׁישָׁה אֲסַפְסוּף נָאֲוָה אַהֲבָה יֳפִי אֹהָלוֹת
אֲהָבַי בֶּאֱמוּנָה תֶּאֱהָבוּ יִבְחֲרוּ הֶעֱלָה הֲבָחֳרִי אֶחֱזוּ פָּעֳלוֹ
עֲנֵנִי וּשְׁמַע לְקָחָה וְצַעֲקִי וְסַעֲדָה רֳאִי קָדֳקֳדוֹ.

§ 6. PATACH FURTIVE.

The Patach (-) under the gutturals ע ח and [ה with a dot called Mappik § 7] at the end of a word is not read *after* the letter as usual, but *before* it: as רוּחַ read ruach, רֵיחַ read reach, גָּבֹהַּ read gaboahh. This Patach does not belong to the form of the word, therefore it falls away when the word is lengthened: as רוּחַ, רוּחִי. It is called *Patach furtive* פַּתַח גְּנוּבָה, because its position and pronunciation are, as it were, illegitimate.

EXERCISE 12.

יָרֵחַ יָצוּעַ מָנוֹחַ כִּפְתֵּחַ מִקְצוֹעַ צְפַרְדֵּעַ אֶפְרוֹחַ כֹּחַ לֹעַ

דֵּעַ רֵעַ רַע נֵחַ לוּחַ טִיחַ חוֹחַ נוֹעַ נִיחַ פּוּחַ אֱלוֹהַּ
יַגְבִּיהַּ הִתְמַהְמֵהַּ מַרְצֵעַ פָּתַח אֶפְרֹחַ פֹּרֵחַ שִׂיחַ שָׁחוֹחַ
קָרוּעַ רוֹצֵחַ מַגְבִּיהַּ מַשְׁלִיחַ שָׁלוּחַ.

§ 7. DAGESH AND MAPPIK.

1. The six letters בגדכפת (בְּגַדְכְּפַת) as initial or medial letters after a consonant entirely vowelless, [a consonant with a *silent* Sh'va] represent the hard sound of each letter: b, g, d, k, p, t, which is indicated by a point within, called *Dagesh Lene* [דָּגֵשׁ קַל puncture, from the Chald. verb דְּגַשׁ to pierce with a point] as: יִשְׁתֶּה, בֵּן.

2. If a vowel sound [a vowel with or without a quiescent letter] or a vocal Sh'va precede them, their pronunciation is softened or aspirated, like bh or v, gh, dh, kh or the German ch, ph or f, th; the Dagesh is then omitted: as יְהִי כִדְבָרֶךָ, דִּבְרֵי בְנִי.

3. When the word ending with a vowel is separated by one of the distinctive accents (§ 9) from a following word, commencing with one of the בגדכפת, the vowel cannot affect the pronunciation, so that the בגדכפת retain their original hard sounds and have the Dagesh: as וַיְהִי כַּאֲשֶׁר; וְהָיָה כְּעֵץ.

The Dagesh also remains after a vowel sound, if the word יְהֹוָה precedes: as יְהֹוָה בַּשָּׁמַיִם or when two of the letters בגדכפת come together: as בְּנֵי דָן.

4. A point in any medial letter except אהחע"ר that is immediately preceded by a vowel, indicates the doubling of this letter: as אִמִּי = אִמְמִי. This point is called Dagesh forte, (דָּגֵשׁ חָזָק).

Note. Dagesh forte in the בגדכפת at the same time doubles and hardens the letter: as רַבִּים = rabbim.

5. A point in final ה serves to determine its consonantal power and is called מַפִּיק Mappik, (i. e. causing to be pronounced): as לָהּ = lohh.

6. ה and the rest of אהו"י never receive a Dagesh or Mappik, when quiescent.

NOTE. The dot in וּ represents Dagesh, when the preceding consonant has a vowel, otherwise the Shurek-point: as קָם, צִוָּה, read: tsivva, kavvam. גּוּר. שׁוּר read shūr, gūr.

NOTE V. On Dagesh forte conjunctive see § 9, I. Note.

EXERCISE 13.

Distinguish Dagesh forte from Dagesh lene.

כִּנּוֹר סַפִּיר אִשָּׁה אַשּׁוּר כַּלָּה אַמָּה כִּסֵּא כִּכָּר
פִּנָּה כַּשָּׂף מַלָּח דַּיָּג צַיָּד רַכָּב רַקָּח אִלֵּם גִּבֵּחַ עִוֵּר
עִלֵּג עִקֵּשׁ כַּבִּיר אַדִּיר אַבִּיר אִיֹּב צִפּוֹר טַבָּח כַּמֹּן
קִנָּמוֹן אֲבַטִּיחִים כֵּן שַׁבָּת שַׁדַּי רַבִּים אֲבַדּוֹן בְּלִיַּעַל
כַּרְפַּס פִּתְגָם פַּרְדֵּס פַּרְתְּמִים אֶהָה נָבָא גִּבָּה גָּבֹהַּ נֹגַהּ
אַרְצָה אֱלוֹהַּ לָהּ כָּהּ.

EXERCISE 14.

Place Dagesh lene in the בגדכפת where required.

שָׂפַת. פִּי. כָּחוֹל. כְּכוֹכְבֵי. חַיַּת. הַשָּׂדֶה. עוֹף. דְּגַת. בְּנוֹת.
בְּנֵי אַשְׁפָּה. בַּעַל נֶפֶשׁ. בַּר כַּפַּיִם. פִּי פְּלֹנִי. יָדוֹ. יָשַׁב
תַּחַת גַּפְנוֹ וְתַחַת תְּאֵנָתוֹ. וַיִּפְתַּח פִּיו. דַּעַת טוֹב. כְּבַד פֶּה
וּכְבַד לָשׁוֹן. שָׂם נַפְשׁוֹ בְכַפּוֹ. בַּקֵּשׁ אֶת־נֶפֶשׁ פְּלֹנִי. לְשׁוֹנָם
לְחִכָּם דָּבֵקָה. בְּיַד כָּל־אָדָם יַחְתּוֹם. לוּלֵא חֲרַשְׁתֶּם בְּעֶגְלָתִי
לֹא מְצָאתֶם חִידָתִי. יְבָרֶכְךָ יְהוָֹה.

NOTE. The Sh'vas under the letters distinguished by asterisks are silent.

§ 8. SYLLABLES.

1. The number of syllables in a word is determined by the number of its vowels: as בְּרֵאשִׁית = two Syllables, הָאֲדָמָה = three S.

NOTE. Composite Sh'va is considered as a vocal Sh'va and not as a vowel. On vocal Sh'va with regard to Metheg see § 9, 7.

2. Every syllable begins with one or two consonants, but in the latter case the first consonant must have vocal Sh'va: as בְּשָׂרָם.

§ 8. SYLLABLES.

Note. The single exception is וּ = ū for וְ „*and*" (see § 12, 7, b.): as וּבָדָבָר,

3. Syllables are either *open, closed, double closed* or *sharpened*.

a. Open syllables end with a vowel: as יָטִילוּ.
b. Closed syllables end with a consonant: as יִצְחָק.
c. Double closed syllables end with *two* consonants: as קָטַלְתְּ.
d. Sharpened syllables end with a consonant, with which the following syllable begins: as קִטֵּל = kit-tel.

4. The vowel of unaccented (§ 9) closed syllables is always short: as וַיָּקָם read, wăyyăkŏm.

The vowel of unaccented open syllables is always long: as בָּרָא read: bārā.

But both if accented may contain indifferently, long or short vowels: as עוֹלָם read: ōlām, מֶלֶךְ.

The double closed and sharpened syllables have most frequently, even when accented, short vowels: as קָטַלְתְּ, הִנְּנוּ.

Note. The Pause (§ 9, 11.) forms an exception to this rule.

Exercise 15.

Determine the different syllables in the following words and whether they require long or short vowels:

הִנֵּה־נָא הָעִיר הַזֹּאת קְרֹבָה לָנוּס שָׁמָּה וְהִיא מִצְעָר אִמָּלְטָה
נָּא שָׁמָּה וַיֹּאמֶר אֵלָיו הִנֵּה נָשָׂאתִי פָנֶיךָ גַּם לַדָּבָר הַזֶּה לְבִלְתִּי
הָפְכִּי אֶת־הָעִיר אֲשֶׁר דִּבַּרְתָּ מַהֵר הִמָּלֵט שָׁמָּה כִּי לֹא אוּכַל
לַעֲשׂוֹת דָּבָר עַד־בֹּאֲךָ שָׁמָּה עַל־כֵּן קָרָא שֵׁם־הָעִיר צוֹעַר הַשֶּׁמֶשׁ
יָצָא עַל־הָאָרֶץ וְלוֹט בָּא צֹעֲרָה וַיהוָה הִמְטִיר עַל סְדֹם וְעַל־
עֲמֹרָה גָּפְרִית וָאֵשׁ מֵאֵת יְהוָה מִן הַשָּׁמָיִם וַיַּהֲפֹךְ אֶת־הֶעָרִים
הָאֵל וְאֵת כָּל־הַכִּכָּר וְאֵת כָּל־יֹשְׁבֵי הֶעָרִים וְצֶמַח הָאֲדָמָה.

Note. The Sh'vas under the asterisked letters are vocal. — The sign > is used to represent the position of the accent.

§ 9. ACCENTS, METHEG, MAKKEF.

1. Two or even more words having between them a hor-

izontal stroke: as עַל־פְּנֵי, כִּי־טוֹב are read in connection and considered as one word. The horizontal stroke is called מַקֵּף Makkef (conjunction).

NOTE. Makkef, to connect words more closely, is wont to impress a dagesh, called דָּחִיק Condenser, on the word following after ־ָה, ־ֶה, ־ֵה, ־ָה, as: זֶה־יִחְיֶה; מַה־טּוֹב. Dagesh without Makkef after a word accented on the penult ending in ־ָה, ־ֵה, ־ָ, ־ָךְ or ־ֶה is called אָתֵא מֵרָחוֹק coming from afar: as עָשָׂה לָּךְ. The modern grammarians call it *Dagesh-forte conjunctive*.

2. Every word, except when connected with the following by Makkef, receives an accent, which marks the tone-syllable in the word: as בְּרֵאשִׁית בָּרָא אֱלֹהִים.

3. Most of the words have the accent on the last syllable and are termed מִלְרַע (from below); words with the accent on the one before the last (penult) are termed מִלְעֵיל (from above.)

4. The principal tone can only rest on one of the two last syllables, therefore, if the word is lengthened at the end, the tone is thrown forward according to the length of the addition: as דְּבָרִים, דָּבָר.

5. Besides the principal accent there is a secondary accent, a small perpendicular stroke (ֽ) on the left of a vowel, denominated מֶתֶג Metheg (bridle). The design of the Metheg is embodied in its name: it is intended to restrain the voice, to prevent too hasty a passage over the vowel or its connection with the following vowelless consonant: as שָׁרְצוּ read: shā-r'tsū. Hence Sh'va following Metheg is always *vocal*.

6. Metheg regularly stands in the second *open* syllable before the tone, provided its vowel is *original* and not changed from a Sh'va, and again in the fourth, if the word have so many: as הָרָקִיעַ, וּמְהַתְּכוּנוֹת. A closed syllable or one

§ 9. ACCENTS, METHEG, MAKKEF.

with a vowel not original, is always without a Metheg: as וּמֹשֶׁה; וַיַּלְבִּשֵׁם for וְ cf. § 12. 7, b.

7. With regard to Metheg vocal Sh'va is considered as a vowel and forms a syllable, therefore שָׁמְרוּ.

8. The accents, [טְעָמִים tastes, i. e. criteria of the sense, or נְגִינוֹת modulations, i. e. musical notes, from נָגַן to play on a stringed instrument, to sing] 26 in number, are a species of musical notes or signs for regulating a sort of cantillation with which the Jews, since the oldest times, were accustomed to accompany the public reading of the Law and Sections from the Prophets (Haphtaroth).

This cantillation being strictly subordinate to the sense of the proposition and to its logical connection, the accents also serve to show the mutual relation of words and to indicate the connections and pauses to be made in reading, hence their general division into: מַפְסִיקִים *Distinctives* and מְחַבְּרִים *Conjunctives*.

9. The distinctives are divided according to the longer or shorter pauses marked or governed by them into: *Emperors*, Class I. *Kings*, Class II. *Dukes*, Class III. *Counts*, Class IV.

CLASS I.

1) Sillūk כְּלוּק or סוֹף פָּסוּק end of the verse: as אָדָם׃ (:ׂ) two perpendicular points between two verses and the sign of Metheg at the tonesyllable. 2) Athnach אֶתְנַח: as אָ֑דָם. Athnach divides the verse into two parts either sentences or clauses. In the latter case the clauses respectively consist of those words, which are more intimately related: as בְּרֵאשִׁית בָּרָא אֱלֹהִים אֵת הַשָּׁמַיִם וְאֵת הָאָרֶץ׃ In the beginning God created the heaven and the earth: the heaven and the earth, as the object, being divided by Athnach from the antecedent, containing the subject and predicate. A simple sentence never takes A. Cf. Gen. 1, 3, 6, 8.

CLASS II.

3) Seghōl סְגוֹל: as אָ֒דָם divides the *first* member of the sentence into two parts, standing between the first word

and the word with Athnach. Its position is always over the *last* letter. Cf. Gen. I, 7.

4) Zākēph Kātōn זָקֵף קָטוֹן) as אָדָם

5) Zākēph Gādhōl זָקֵף גָּדוֹל) as אָדָם

form smaller divisions either before or after Athnach. Cf. Gen. 1, 44.

6) Tiphchā טִפְחָא: as אָדָם possessing less separating power than the preceding: always placed under the last word before Silluk or Athnach or before the last but one. Cf. Gen. 1, 6.

CLASS. III.

7) R'bhīa רְבִיעַ as: אָדָם a point over the middle of a letter, distinguished by this position from Chōlem over its end. R'bhīa halves the semi-clause terminating in Seghōl, Zākeph and Tiphchā: as וַיִּגַּשׁ אֵלָיו יְהוּדָה וַיֹּאמֶר בִּי אֲדֹנִי And Judah stepped near unto him, and said, Oh my Lord! Gen. 44, 18, וְלֹא־יָכֹל יוֹסֵף לְהִתְאַפֵּק לְכֹל הַנִּצָּבִים עָלָיו And Joseph could not refrain himself before all them that stood by him. וַיִּתֶּן־לוֹ אֶת־אָסְנַת בַּת־פּוֹטִי פֶרַע כֹּהֵן אֹן And he gave him (to wife) Asenath the daughter of Potiphera priest of On. Gen. 41, 45.

8) Zarkā זַרְקָא as אָדָֿם) both over the end of the last

9) Pashtā פַּשְׁטָא as אָדָֿם) letter. The latter is hereby distinguished from Kadma the same in form. If the word is מִלְעֵיל two Pashtās are used: הַכֶּ֙סֶף֙. Kadma is always placed on the tonesyllable.

10) T'bīr תְּבִיר as אָדָם) These two and Zarkā and Pashtā

11) Geresh גֶּרֶשׁ as אָדָם) divide the clause or semi-clause terminating with any of the four preceding accents:

Zarka precedes Seghōl: וַיִּקַּח יוֹסֵף אֶת־שְׁנֵיהֶם

And Joseph took them both. Gen. 48, 13.

Pashtā precedes Zakeph: וַיִּשְׁבֹּת בַּיּוֹם הַשְּׁבִיעִי

And he rested on the seventh day. Gen. 2. 2.

§ 9. Accents, Metheg, Makkef.

T'bīr precedes Tiphchā : הוּא וְהָאֲנָשִׁים אֲשֶׁר־עִמּוֹ
    He and the men that were with him. Gen. 24, 54.
Geresh precedes R'bhīa : וַיִּגַּשׁ אֵלָיו יְהוּדָה
    Then Judah stepped near unto him. Gen. 44, 18.

12) Y'thībh יְתִיב as: אָדָם stands a little before the first letter and is distinguishable by this position from Mahpach, the latter standing immediately beneath the letter to which it belongs.

CLASS IV.

13) T'līsha Gh'dhōlā תְּלִישָׁא גְדוֹלָה as אָדָם always over the first letter. The other distinctives, the separating power of which is of no perceivable consequence to the sense are:

14) Shalsheleth שַׁלְשֶׁלֶת as אָדָם over the tonesyllable.
15) Paser פָּזֵר as אָדָם over the tonesyllable.
16) Karnē Phārā קַרְנֵי פָרָה as אָדָם over the last letter.
17) G'rāshayim גֵּרְשַׁיִם as אָדָם over the tonesyllable.
18) P'sīk   פְּסִיק
   L'garmeh or לְגַרְמֵיהּ as אָדָם׀ a perpendicular stroke between two words.

The Conjunctive accents are:
19) Merkā מֵרְכָא 20) Mūnāch מוּנָח 21) Merka Kh'phūlā מֵרְכָא כְפוּלָה 22) Mahpach מַהְפָּךְ 23) Dargā דַּרְגָא 24) Kadmā קַדְמָא 25) Yerach ben Yōmō יֶרַח בֶּן־יוֹמוֹ 26) T'līsha K'tannā תְּלִישָׁא קְטַנָּה over the end of the last letter.

10. The distinctives of Class I. denote the longest pauses, which may be compared to our period and colon; Class II. to Colon and Semicolon; Class III. to Semicolon and Comma; Class IV. to Comma and half Comma.

11. The distinctives of Class I. and some of Class II. by their strong accentuation change short vowels into long and very frequently Sh'va into a vowel: as אֶרֶץ earth — אָרֶץ
                                     יָדְךָ thy hand — יָדֶךָ
A word so accented is said to stand in *Pause*.

12. For the sake of completeness, we here give the rules for the position of the accent, though they will not yet be fully understood by the beginner and must therefore be passed over for the present.

I. *Nouns* have the tone on the last syllable:

a. When ending with a long vowel both in open and closed syllables: as דָּבָר‎, בָּאָה‎ coming, but בָּאָה‎ she came.

NOTE. The participle is in this respect considered as a noun.

b. When ending with a short vowel, that stands for a long one: as רוֹנֵעַ‎ for רוֹנֵעַ‎.

c. Feminine nouns, that change their long vowel in the st. const. into a short one: as מְעָרַת‎ from מְעָרָה‎.

d. Nouns of which the two last syllables are closed: as בַּרְזֶל‎.

e. Nouns which end with ־ֶה‎ preceded by a long vowel: as מֹשֶׁה‎.

f. Nouns with the following Suffixes: as

־ִי‎, ־ֵי‎, ־ָה‎, ו‎, ־ָם‎, ־ָן‎, כֶם‎, כֶן‎, הֶם‎, הֶן‎.

דְּבָרִי‎, דְּבָרֵי‎, דְּבָרוֹ‎, דְּבָרָם‎, דְּבָרָן‎, דִּבְרְכֶם‎, דִּבְרְכֶן‎, דִּבְרֵיהֶם‎, דִּבְרֵיהֶן‎.

g. *Verbs* in the Pret. form with the afformatives תֶּן‎, תֶּם‎: as קְטַלְתֶּן‎, קְטַלְתֶּם‎.

h. Verbs in the Pret. form with Vav. Conv.: as קָטַלְתְּ‎ but וְקָטַלְתָּ‎, יָשַׁבְתִּי‎ but וְיָשַׁבְתִּי‎.

NOTE. The verbs ל״א‎ and ל״ה‎ form exceptions to h.: as וְעָשִׂיתָ‎, וּמָצָאתָ‎.

II. The following have the tone on the penult:

i. All the nouns, of which the last vowel is a helping Seghol or Patach (a class of words called Segholates): as נַעַר‎, מֶלֶךְ‎, חֵפֶץ‎, חֹדֶשׁ‎.

k. Words ending with Patach furtive: as מַבּוּעַ‎, רוּחַ‎.

l. Words ending with ־ַיִם‎ (Dual form): as שָׁמַיִם‎.

§ 9. ACCENTS, METHEG, MAKKEF. 17

m. Verbs in the Pret. form with the affirmatives נוּ ,תִי ,תָ: as שָׁמַ֫רְתָּ, שָׁמַ֫רְתִּי, שָׁמַ֫רְנוּ.

n. The regular verbs in Hif. and those of עַ״וּ and עַ״ע in Kal, Nif. and Hif. with the affirmatives ־ִי ,וּ ,־ָה: as סָֽכָה, סַ֫בּוּ, הִגְדִּ֫ילָה.

o. Verbs with the suff. ךָ ,־ְנִי ,־ְנוּ ,הוּ ,־ָה.

p. Paragogic ־ָה or ־ֶה attached to nouns, pronouns and adverbs: as נֵ֫בָה, אֵ֫לֶּה, הֵ֫מָּה, אַ֫רְצָה.

Note I. Paragogic ־ִי most frequently has the tone: as הַמַּגְבִּיהִ֫י, הַמַּשְׁפִּילִ֫י.

q. Verbs with the Vav conv. of the future, provided the penult is an *open* syllable; (cf. the following under r) as וַיִּקְרָ֫א, וַיֹּ֫אמֶר but יֹאמַ֫ר and not וַיִּקְרָ֫א.

r. When the tonesyllables of two words immediately follow: as in רֹדְפֵ֫י צֶ֫דֶק עָ֫שָׂה לוֹ, the tone of the former recedes: as (נָס֣וֹג אָח֑וֹר רֹ֫דְפֵי צֶ֫דֶק עָ֫שָׂה לוֹ.) Such a receding accent being considered as a Metheg and having its position, cannot recede to a *closed* syllable (cf. 6. of this §). In this and a few other cases it drops entirely, its word being connected by Makkef with the following: as וַיִּקְרָא־לָ֫הּ for וַיִּקְרָ֫א לָהּ; תִּקַּח־לָ֫הּ for תִּקַּ֫ח לָהּ.

Note II. Both the vowel-signs and accents were added to the Biblical Text between the 6th and 11th Centuries by eminent Jewish scholars. Critical and linguistic notes were also added, the most important of which are called קְרִי and כְּתִיב. כְּתִיב signifying *written*, that is the M. S. reading and קְרִי: *read* i. e. the expression considered by the Jewish critics to be preferable.

This body of notes is called *the Masora* (מָסוֹרָה i. e. Tradition) and the compilers themselves *the Masorites*. (בַּעֲלֵי מָסוֹרָה).

Exercise 16.

Place Metheg where required! Metheg cannot precede silent Sh'va or Dagesh.

18 PART 1. EXERCISES.

וְדִבַּרְתָּ׃ הָעֲבָרִים׃ וְעוֹדְךָ֫ מַחֲזִיק׃ בַּחֲמֹרִים בַּגְּמַלִּים בַּבֹּקֶר׃
יִשְׂרָאֵל׃ יַעֲשֶׂה׃ מָחֳרָת׃ וּמִמִּקְנֵה׃ אַהֲרֹן׃ הָאָדָם׃ הַבְּהֵמָה׃
וַיֵּרְק׃ יָכְלוּ׃ הַחַרְטֻמִּים לַעֲמֹד׃ וְאָמַרְתָּ׃ מִגִּפְתִּי׃ וּבַעֲבָדֶיךָ
בַּעֲבוּר׃ אוֹתְךָ׃ הֶעֱמַדְתִּיךָ׃ הַרְאֹתִיךָ׃ הִנְנִי׃ יֶאֱסֹף׃ מֵעַבְדִּי׃
וַאֲנִי׃ תִּירָאוּן׃ וְהַחַטָּה׃ אֹתָתִי׃ וִידַעְתֶּם׃ לַעֲנֹת מִפָּנָי׃
הַנִּשְׁאֶרֶת׃ וּמָלְאוּ׃ וַאֲבוֹת׃

NOTE. The Sh'vas under the letters marked with an asterisk are silent.

EXERCISE 17.

Give the names of the accents and the classes to which they belong:

וַיִּקְרָא יִצְחָק אֶל-יַעֲקֹב וַיְבָ֫רֶךְ אֹתוֹ וַיְצַוֵּ֫הוּ וַיֹּאמֶר לוֹ לֹא-תִקַּח
אִשָּׁה מִבְּנוֹת כְּנָעַן׃ קוּם לֵךְ פַּדֶּנָה אֲרָם בֵּיתָה בְתוּאֵל אֲבִי
אִמֶּ֫ךָ וְקַח-לְךָ מִשָּׁם אִשָּׁה מִבְּנוֹת לָבָן אֲחִי אִמֶּ֫ךָ׃ וְאֵל שַׁדַּי
יְבָרֵךְ אֹתְךָ וְיַפְרְךָ וְיַרְבֶּ֫ךָ וְהָיִ֫יתָ לִקְהַל עַמִּים׃ וְיִתֶּן-לְךָ אֶת-
בִּרְכַּת אַבְרָהָם לְךָ וּלְזַרְעֲךָ אִתָּךְ לְרִשְׁתְּךָ אֶת-אֶ֫רֶץ מְגֻרֶ֫יךָ
אֲשֶׁר-נָתַן אֱלֹהִים לְאַבְרָהָם׃ וַיִּשְׁלַח יִצְחָק אֶת-יַעֲקֹב וַיֵּ֫לֶךְ פַּדֶּ֫נָה
אֲרָם אֶל-לָבָן בֶּן-בְּתוּאֵל הָאֲרַמִּי אֲחִי רִבְקָה אֵם-יַעֲקֹב וְעֵשָׂו׃

EXERCISE 18.

Point out the tone-syllable in the following words:

יַעֲקֹב׃ מִבְּאֵר׃ בְּמָקוֹם׃ הַשֶּׁ֫מֶשׁ׃ יְרָדִים׃ שָׁכַב׃ הַזֹּאת׃ הַזֶּה׃
שַׁ֫עַר׃ בַּבֹּ֫קֶר׃ הָאֶ֫בֶן׃ וַיִּצֶק׃ הוֹלֵךְ׃ וּבֶ֫גֶד׃ הָעֲדָרִים׃ הַיְרַעְתֶּם׃
הָאֹ֫סֶף הַמִּקְנֶה׃ וַיַּגֵּד׃ כְּשָׁמֹעַ׃ חֹ֫דֶשׁ יָמִים׃ בָּנוֹת׃ אֲבִיכֶן׃
וַיִּרְדֹּף׃ נְכָרִיּוֹת׃ הַצֵּיל׃ מִכְרֹתָם׃ בְּהִתְוַדַּע׃ שְׁאֵרִית׃ וּמָחֳרָתָם׃
אֲדָמַת׃ אֶפְרָיִם׃ מְנַשֶּׁה׃ רְאוּבֵן׃ שִׁמְעוֹן׃ פַּדֶּן׃ בַּדֶּ֫רֶךְ׃ אֵ֫לֶה׃ וַיִּ֫שַׁק׃

§ 10. DISTINCTION OF KAMETS AND KAMETS-CHATUPH.

1. The sign (ָ) serves at once to represent the long ā and the short ŏ.

§ 10. DISTINCTION OF KAMETS AND KAMETS-CHATUPH.

2. *It is ā:*
1) in an open syllable: as שָׁמַרְתָּ, read shāmártā: hence
2) when Metheg stands on the left of it: as שָֽׁמְרָה, read shām'rā.
3) the (ָ) in final ךָ: as בְּךָ, read bechā.
4) in an accented syllable: as אֶחָד, read ĕchād.

3. *It is ŏ:*
a. in an unaccented closed syllable: as חָכְמָה, עָמְדִי, read chŏchmā, omdi: hence
b. in a closed syllable before Makkef: as כָּל־הָאָרֶץ, read kŏl : and
c. in the final closed syllable of a word beginning with Vav conv. (§ 33): as וַיָּקָם read vay-ya-kom :
d. before Chateph-Kamets: as יַעֲמָד read yŏ°mad.

EXERCISE 19.

וַיָּמָת. בְּטָנִים. קָם. שָׁכְבָה. שָׁם. הָרְבָּן. זָכְרָה. רָנִּי. קָרְבָּן. כְּתֻנּוֹת. אָזְנַיִם. קָדְקֹד. מָרְדֳּכַי. דָּק־עוֹלָם. גְּבוּרָה. גָּעֳרָה. אָהֳלִי־חָם. צָהֳרָיִם. יַעֲמָד. זָכְרָה. יָחָנֵנוּ. חָזְקָה. חָזְקָה. מַחְרָת. עָרְמָה. בָּחֳרִי־אַף. הַגָּמָל. דָּלְקְתָ. אָהֳלִי. אָכְלָה. אָכְלָה. רָב. וַיַּרְא. עֵינָיו. לָךְ. נָא. מִנְחָתִי. הָעָם. חָרְבָּה. בָּתֵּי־נֶפֶשׁ. יִשְׂדָם. נָכְרִי. נָפְרִית. מָתְנַיִם. הָעֳבְדָם. וַיְּהַם. רָנִּים. אָכְנַת. אָהֳלֶךְ. עָשְׂקָה. כָּל־בָּשָׂר. בְּרָן־יַחַד:

§ 11. DISTINCTION OF VOCAL AND SILENT SH'VA.

The Sh'va is vocal:
1) at the beginning of a word: as קְטֹל = k'tol.
2) in the middle of a word after another Sh'va: as תִּקְטְלִי = tīk - t'lī.
3) after every *unaccented* long vowel: as קָטְלוּ = kā-t'lū, but שָׁמַרְתִּי, read shā-mār-tī, the vowel before the Sh'va being *accented.*
4) after a Metheg: as יְֽראוּ = yē-r'ū, but יִרְאוּ = yir-ū.
5) under a letter having Dagesh: as קִטְּלִי = kĭt-t'lī.

6) under the first of two similar letters: as הַלְלוּ = ha-l'lū.

7) in most cases under a letter, which is followed by any one of the בגדכפת without Dagesh: as שִׂכְבִי = shi-ch'bhī.

EXERCISE 20.

וְאִשְׁתְּךָ. שְׁבוּתְךָ. מִבְּנֵי. יִתְּנוּ. וּלְכֹל. וְנֶחְמָד. מְצֻוֶּךָ. לִפְנֵי.
קֹלֹה. יְבָרֶכְךָ. בְּהֶכְתְךָ. יְדָעוֹ. כִּפְּרוּ. יְדְכֶם. הַלְלוּיָהּ. יְכַבְּדָנְנִי.
הַסְפָרִים. הִנְנִי. תִּשְׁכֹּר. יְשַׁבְּחוּנְךָ. וּדְבָרוּ. אָכְלָה. וּבְנֵי.
לְהַכְעִיסוֹ. לְרִשְׁתָּהּ. וְנִשְׁאַרְתֶּם. מְסַפֵּר. יִשְׁמְעוֹן. יֹאכְלוּן.
וּבִקַשְׁתֶּם. וּמְצָאוּךָ. הַדְּבָרִים. יִשְׁכַּח. נִשְׁבַּע. וּלְמִקְצֵה.
בְּמוּכְתִים. וּבְמִלְחָמָה. וּבִזְרוֹעַ. הָרָאִיתָ. מִלְּבַדּוֹ. הִשְׁמִיעֲךָ.
לְיִסְרְךָ. הֶרְאֲךָ. הַגְּדוֹלָה. בָּטְחוּ.

CHAPTER II.*
PECULIARITIES AND CHANGES OF LETTERS & VOWELS.
§ 12. CHANGES OF CONSONANTS.

1. The formation and inflection of Hebrew words are effected by changes, partly vocal, partly consonantal.

2. Changes are also made for the sake of euphony, to prevent the concurrence of vowels or consonants of difficult pronunciation.

3. The different changes of which consonants are susceptible are: *Assimilation, Transposition, Rejection, Commutation.*

4. *Assimilation.* Vowelless נ in the middle of a word, when the syllable is unaccented, is assimilated (made similar) to the following letter, נ being dropped and the following letter taking Dagesh. The Dagesh doubles it, thus indicating the assimilation: as יִגַּשׁ = יִנְגַּשׁ for יִנְגַּשׁ. In an accented syllable, assimilation does not take place: שָׁכַנְתְּ, with the exception of the verb נָתַן to give: נָתַתְּ for נָתַנְתְּ,

---
* This chapter being placed here for reference, will be passed over for the present, as many of the rules can only be understood by the more advanced student.

§ 12. Changes of Consonants.

If the following letter be one of the אהחע, either נ is not assimilated: as תִּנְאַף, יִנְהַל, or the dropping of נ is indicated by the lengthening of the preceding vowel: as יֵחַת for יִנְחַת.

The assimilation of other consonants occurs only in the following cases:

ל in the verb לָקַח to take: as יִקַּח for יִלְקַח.

ת in the syllable הִת of Hithpael before ד, ט and in a few instances before sibilants: as הִדַּמָּה for הִתְדַּמָּה, הִטַּהֵר for הִתְטַהֵר, תִּשּׁוֹמֵם for תִּתְשׁוֹמֵם, הִזַּכּוּ for הִתְזַכּוּ.

ר in the relative שֶׁ for אֲשֶׁר.

ד at the end of a few words before ת, as לַת for לָרֶדֶת, אַחַת for אַחֶרֶת.

י in a few verbs פ״י before צ: as יִצַּק for יִיצַק.

5. *Transposition.* In grammar, transposition occurs only in the case of ת in the syllable הִת of Hithpael before sibilants, it being easier to pronounce *st* than *ts*, thus: הִשְׁתַּמֵּר for הִתְשַׁמֵּר. Before צ it is even changed into ט: as נִצְטַדָּק for נִתְצַדָּק.

6. *Rejection.* Rejection may take place at the beginning, in the middle or at the end of a word.

The following are regularly rejected:

A. *At the beginning.*

Vowelless י, נ (or ל in the verb לקח) in the Infinitive and Imperative of the verbs פ״י and פ״נ: as לֶדֶת, לֵד from יָלַד, תֵּן, from נָתַן, קַח, קַחַת from לָקַח.

י as a silent consonant after a vocalized י: as גּוֹיִם for גּוֹיִים from גּוֹי.

א is dropped in נַחְנוּ for אֲנַחְנוּ, in שֶׁ from אֲשֶׁר.

B. *In the middle.*

1. The first of two similar consonants, when vowelless, is not written, but represented by Dagesh forte: as כָּרַתָּ for כָּרַתְתָּ; נְתַנּוּ for נָתַנְנוּ.

2. In the verbs ע״ע the first of the two similar letters is

dropped, even when possessing a vowel, if a vowelless letter precedes: as סֹב for סֹבֵב, סַבּוּ for סָבְבוּ.

3. The weak letters אהוי (especially ה) are dropped or quiesce, though having vowels, after a letter with Sh'va: as שְׁלָחֲךָ for שְׁלָחֲךָ, גְּלִיוֹ for גָּלוּי, קוֹם for קוּם, בְּהַשָּׁמַיִם for בַּשָּׁמַיִם, שְׁאֵלָתְךָ for כִּיתָרוֹן.

א often quiesces in the long vowel, resulting from the contraction of its own vowel or half vowel (Composite Sh'va) with the preceding vowel: as מְצָאת for מָצָאת, לֵאמֹר for לֶאֱמֹר, אָהֵב for אֱהֹב, לֵאלֹהִים for לֶאֱלֹהִים.

C. *At the End.*

At the end of a word ן and ם are rejected in a few cases. The ן of the verbal ending וּן and ין —. This original ן has been very rarely retained: as יִדְעוּן, תַּעֲשִׂין. ם is regularly dropped in the st. const. Plural:

as הָרֵי f. הָרִים, בָּתֵּי f. בָּתִּים.

7. *Commutation.* Commutation comprises a) interchanges of consonants with other consonants; b) Interchanges of consonants with vowels.

a. ה interchanges with ט, see above § 12, 5.

Initial ו interchanges with י, especially in verbs פ״י: as וְקָטֹל for יִקְטֹל, וָדַע for יָדַע, וָלַד for יָלַד.

Medial ו interchanges with י on account of homogeneous vowels preceding it: as קָיֵם for קוּם, חֵיב for חוּב.

Final ו and י interchange with ה: as גָּלָה for גָּלִי, שָׁלָה for שָׁלֵו. When the word is lengthened, the original consonant reappears: as גָּלִיתָ, שְׁלֻוֹתִי.

b. 1) The conjunction ו "*and*", preceding a vowelless letter or one of the labials (במף), is converted into its homogeneous vowel וּ: as וּדְבָר for וְדָבָר, וּמֹשֶׁה for וּמֹשֶׁה, וּבַדָּבָר for וּבַדָּבָר.

In the same manner י following a vowelless letter is softened to ִי: as בִּיהוּדָה for בְּיְהוּדָה.

2) In the middle of a word ו and י are often contracted into a diphthong or a long vowel: as יֹלִיד for יַלִיד (a + u), יֵיטִיב for יַיטִיב (a + i), הוֹלִיד for הַוְלִיד (o + u).

contracted into ū). וֹ after Chirek becomes וּ, the וֹ resting in its homogeneous O vowel: as נוֹשָׁב for נוֹשַׁב, הוֹשִׁיב for הוֹשִׁיב.

3. ו and י final after a vowelless letter are softened to וֹ and ִי—: as תָּהוּ for תָּהְו; פְּרִי for פְּרְי, וַיְהִי for וַיְהְי.

§ 13. PECULIARITIES OF THE GUTTURALS.

1. The gutturals instead of the usual (simple) Sh'va, receive the composite Sh'va, (see § 5).

2. They do not admit of Dagesh forte, i. e. they cannot be doubled, (see § 7. 4). The half-guttural ר partakes of this peculiarity. The omission of Dagesh causes the lengthening of the preceding short vowel: as הָאָדָם for הָאָדָם, בָּרֵךְ for בָּרֵךְ.

ח and ה, being harder gutturals, in most cases retain the preceding short vowel: as הַהוּא, הַחַיִּים.

3. The gutturals ח, ע, and ה (with Mappik) when final, require the ā sound before them. Therefore they change mutable vowels (§ 14, 1 e) into Patach: as יִשְׁלַח for יִשְׁלֵח; if the vowel be immutable, a helping Patach, called Patach furtive (§ 6), is written under them and pronounced before them.

NOTE. On the gutturals see further Chapter: VII. §§ 40, 41, 42.

§ 14. VOWEL CHANGES.

I. The vowels are *immutable or mutable*.

Immutable:

a. Vowels regularly written with their homogeneous vowel-letters: as אָ־, ־ִי, ־ֵי, וּ, וֹ.

b. The long vowels defectively written, (§ 3. Note 4.) as קֹל = קוֹל, רָם = רָאם.

c. Vowels after which a Dagesh forte has been omitted on account of a guttural: as חֵרֵשׁ for חֵרֵשׁ, אָחִים for אַחִים.

d. The short vowel in an *unaccented* closed syllable: as מַלְכוּת, שַׁבָּת.

Mutable:

e. All the long vowels, without vowel-letters and not included in the cases specified under b) and c), both in open and closed syllables: as •יִקְטְלוּ from יִקְטֹל, דְּבָרִי from דָּבָר.

f. All the short vowels in open and in accented closed syllables: as קְטָלָה from קָטַל.

II. The changes which the mutable vowels can undergo, are: *Lengthening, Shortening, Rejection* and *Rising of new vowels*.

Lengthening: The short vowels are made long:

    (ִ) becomes (ֵ)
    (ֻ) becomes (ֹ)
    (ַ or ֶ) become (ָ) or (וֹ).

1. When a closed syllable is made an open one: as הָקִוּם, properly הָקַם for הֻקַם, סְפָר for סֵפֶר, קְטָל for קָטַל, קְטָלוּ.

2. Hence when a required doubling of the following letter does not take place: as יֵחָרֵת for יֶחֱרַת, הָאוֹר for הָאוֹר.

3. When one of the vowel-letters quiesces in the vowel: as נִמְצָא for נִמְצָא.

4. When the final word of a sentence or clause has the pause accent: as קָטָלְתְּ for קָטַלְתְּ, אָרֶץ for אֶרֶץ.

Shortening: The long vowels are shortened:

    (ָ) becomes (ַ).
    (ֵ) becomes (ֶ) or with the strong shortening (ִ).
    (ֹ) becomes (ָ) or stronger (ֻ).

This takes place:

a. When an open syllable becomes a closed one: קָדְשִׁי for קֹדֶשׁ;

b. When a syllable with Dagesh or a sharpened syllable arises; in this case the strong shortening is used: as חֻקִּים from חֹק, אִמִּי from אֵם;

c. When a closed syllable loses the tone: as בֶּן־אָדָם from בֵּן, כָּל from כֹּל, יַד־יְהוָֹה from יָד.

§ 14. VOWEL CHANGES. 25

Rejection: The vowel falls away entirely. It occurs, when the word is lengthened at the end, so that the accent must be thrown forward. This is particularly the case:

1. With pretonic Kamets and Tsere, (the latter generally when followed by Kamets: as לְבָב). Kamets and Tsere in an open syllable preceding the tonesyllable, are called *pretonic:* i. e. they are pronounced only before the tone and are dropped upon its being moved forward: as שְׁנָתִי but שָׁנָה, דְּבָרִים but דָּבָר, קְטַלְתֶּם but קָטְלָה, קְטַל.

2. With Tsere in a monosyllable: as שֵׁם, or in the last syllable of a polysyllable, when all the preceding vowels are immutable: as עֵוֵר, thus שְׁמִי, עִוְרִים, שֹׁמֵר, שֹׁמְרִים.

3. With (-), (..), (:) in the last syllable of verbs, when the word is lengthened by an addition commencing with a vowel: as קָטְלָה from קָטַל, יִקְטְלוּ from יִקְטֹל.

The following rule regarding the rejection of vowels deserves attention:

When the accent is thrown forward, *in nouns,* the vowel of the *penult* drops, *in verbs,* of the *ultima*. Compare: דְּבָרִי my word, from דָּבָר word, קָטְלָה she has killed, from קָטַל he has killed.

Rising of new vowels: Instead of Sh'va a new short vowel arises:

I. No word can commence with two vowelless consonants or with two Sh'vas, therefore the first Sh'va is changed into Chirek:

A. When one of the prefixes בכל (§ 18. II, b,) or of the preformatives איתן (§ 31, 1.) which regularly take Sh'va, is connected with a word beginning with Sh'va: as לִמְשֹׁל for לְמְשֹׁל, יִקְטֹל for יְקְטֹל, אֶקְטֹל for אְקְטֹל.

NOTE. Respecting וְ before a letter with Sh'va see § 12, 7, b.

B. אֶקְטֹל for אְקְטֹל can serve as a memorial word for the following rules:

4

a. When the first of two vowelless letters has comp. Sh'va, the helping vowel is that of the comp. Sh'va: as חֲדָשִׁים for אֲנָשִׁים, from חָדְשֵׁי for חָדְשֵׁי from אַנְשֵׁי.

b. When the second of two vowelless letters has comp. Sh'va, the helping vowel under the first is again the vowel of comp. Sh'va: as כַּאֲשֶׁר for כְּאֲשֶׁר, יֶחֱרַת for יְחֱרַת. § 40, 6.

II. *With a pause accent.* When Sh'va is heightened in pronunciation by the tone, either Seghol arises from it, or the correspondent long vowel of Comp. Sh'va, or the original vowel which has been dropped by the lengthening of the word: as מָלֵאָה f. מָלְאָה, לֶחִי from לְחִי; חֳלִי from חֳלִי; יִשְׁמֹר from יִשְׁמֹר. יִשְׁמְרוּ f. יִשְׁמְרוּ; מָלֵא from מָלֵא.

NOTE. In all the cases given under II. the word is מִלְעֵיל.

III. When one of two similar letters or of the weak letters אהוי drops, (§ 12, 6 B. 3.) its vowel recedes and takes the place of the preceding Sh'va: as לַבַּיִת for לְהַבַּיִת, סַב for סָבַב, מַלְאֲפֵנוּ for מְאַלְּפֵנוּ, גָּלוּ for גָּלְיוּ, יְהַקְטֵל for יָקְטֵל, יָסֵב for יָסְבֵב.

IV. The meeting of two vowelless final consonants is generally avoided: most commonly by the insertion of *Seghol* between the concurring consonants, *Patach*, if one of them is a guttural, *Chirek*, if one of them is a י , *Shurek*, if the last one is ו : as בֶּגֶד for בְּגְד, זֶרַע for זְרְע, וַיִּגֶל for וַיִּגְל, בַּיִת for בְּיְת, בֹּהוּ for בְּהְו.

CHAPTER III.

§ 15. SERVILE LETTERS.

1. Letters added to words for the purposes of formation or inflection (*serving*) are called *Serviles*, while those three letters which constitute most frequently the root or the radical idea of the word are termed *Radicals*.

2. All the 22 letters of the alphabet can be used as radicals; the 11 following only as serviles:

א, ב, ה, ו, י, כ, ל, מ, נ, שׁ, ת (איתן משה וכלב).

§ 15. SERVILE LETTERS.

They are called *prefixes* (preformatives) when placed at the beginning of a word, *suffixes* (afformatives) when added at the end.

NOTE. When the letters added are used to convey the accidents of tense, gender, number, person (in the nominative case) and to form derivatives, they are respectively called according to position *preformatives* and *afformatives*.

§ 16. THE PREFIXES מֹשֶׁה.

1. מ as a prefix has Chirek and in the following letter Dagesh. It is the abbreviation of מִן *from, away from, out of, by*, of which the נ is assimilated, as מִתַּחַת from below, instead of מִן תַּחַת. Before gutturals the (–) is lengthened to (ֵ) (§ 14, II. 2): as מֵעַל from above, instead of: מִן עַל.
Before ח the lengthening is sometimes omitted: as מִחוּץ from without (§ 13, 2.). מ before י becomes מִי as מִירוּשָׁלַיִם from Jerusalem, for מִירוּשָׁלַיִם (§ 12, 7, b.)

2. שֶׁ as a prefix, see § 23, 2.

3. ה as a prefix, an interrogative particle, see § 24, 5.

4. ה as a prefix, the article, see § 17.

EXERCISE 21.

מִדֶּרֶךְ¹ מֵאוֹיֵב² מֵאֵשׁ³ מִגִּבּוֹר⁴ מִבַּיִת⁵ מִבּוֹר⁶ מֵאָח⁷
מֵאַהֲבָה⁸ מֵאֵל⁹ מִבְּרִית¹⁰ מִגֶּבֶר¹¹ מִדּוֹר¹² מֵהֵיכָל¹³ מֵהֵמָּה¹⁴
מֵחֶבְרוֹן¹⁵ מֵחֹדֶשׁ¹⁶ מֵחוּט¹⁷ מֵחוֹל¹⁸ מֵחָלָב¹⁹ מֵחֹמֶר²⁰
מִטַּל²¹ מִיָּד²² מִיהוּדָא²³ מִיּוֹם²⁴ מִירִיחוֹ²⁵ מֵעוֹלָם²⁶
מַעֲלָמָה²⁷ מֵרֹאשׁ²⁸ מִירְבַּעַל²⁹.

way¹ enemy² fire³ hero⁴ house, within⁵ pit⁶ brother⁷ love⁸ God⁹ covenant¹⁰ man¹¹ generation, age¹² palace¹³ they¹⁴ n. p. of a city¹⁵ month¹⁶ thread¹⁷ sand¹⁸ milk¹⁹ clay²⁰ dew²¹ hand²² n. p. m.²³ day²⁴ n. p. of a city²⁵ a time unlimited, eternity²⁶ a maiden²⁷ head, beginning²⁸ n. p. m.²⁹

EXERCISE 22.*

From a father¹, from Abraham², from destruction³, from a cistern⁴, from a land⁵, from blood⁶, out of a house⁷,

---

* The learner is advised to form for himself an English-Hebrew vocabulary, by which his memory may be assisted and a tedious search through the exercises avoided.

from a mountain[8], from Edom[9], from Haman[10], from life[11], from to-morrow[12], from a river[13], from Jeberechjahu[14], from Jedidja[15], from a Jew[16], from a panther[17], from Nimrod[18], from the Most High[19], from a plant[20], from Eden[21], from dust[22].

אָב[1] אַבְרָהָם[2] אֲבַדּוֹן[3] בְּאֵר[4] אֶרֶץ[5] דָּם[6] בַּיִת[7] הַר[8] אֱדֹם[9] הָמָן[10] חַיִּים[11] מָחֳרָת[12] יְאוֹר[13] יְבֶרֶכְיָהוּ[14] יְדִידְיָה[15] יְהוּדִי[16] נָמֵר[17] נִמְרֹד[18] עֶלְיוֹן[19] צֶמַח[20] עֵדֶן[21] עָפָר[22]:

§ 17. THE ARTICLE.

1. The definite article is represented by the prefix הַ with Patach and Dagesh in the following letter: as שָׁמַיִם heaven, הַשָּׁמַיִם the heaven. Before the gutturals, especially אֵעַר the Patach is changed into Kamets (§ 13, 2.): as הָאָדוֹן the master, הָרֶגֶל the foot, הָעֶבֶד the servant. Before the *unaccented* עָ, חָ, הָ into Seghol; as הֶעָבִים the clouds, הֶהָרִים the mountains, הֶחָכָם the wise man, but הָעָב the cloud, הָהָר the mountain. cf. 5.

Before ה and ח the Patach is commonly retained: as הַחַיִּים the life, הַהֶבֶל the vanity. § 13, 2.

2. A noun without the הַ, is to be translated with the indefinite article, except the noun in the st. const. (§ 19, 5): as בַּיִת a house.

3. When the noun is preceded by the prefixes בכל, the article is only represented by its appropriate vowel under the prefix and the Dagesh in the following letter (§ 12, 6. B. 3.): as בַּדָּבָר in the word = בְּהַדָּבָר, לָאָרֶץ to the land = לְהָאָרֶץ.

4. The Dagesh after the article is often omitted in letters with Sh'va: as הַצְפַרְדְּעִים the frogs, especially in nouns with initial י: as הַיְאוֹר the river, and in participles of Piel and Pual (§ 25, 7.): as הַמְדַבֵּר the speaking man.

5. Some words lengthen the accented vowel, when the article is prefixed, e. g. הָעָם from עַם, הָאָרֶץ from אֶרֶץ, הָקָאָת from קָאַת. הָהָר from הַר.

§ 18. The Prefixes וכלב.

EXERCISE 23.

Prefix the article to the following words.

שָׁמַיִם¹ אֶרֶץ² חֹשֶׁךְ³ אוֹר⁴ מַיִם⁵ עֶרֶב⁶ מָקוֹם⁷ יַבָּשָׁה⁸
עֵשֶׂב⁹ חָכָם¹⁰ בֹּקֶר¹¹ זֶרַע¹² חַיָּה¹³ חֶבֶל¹⁴ חָצִיר¹⁵ חָדָשׁ¹⁶
חֹדֶשׁ, עָשִׁיר¹⁷ חֵלֶב¹⁸ עוֹף¹⁹ חָלִיל²⁰ כּוֹכָב²¹ אֲדָמָה²²
רֶגֶל²³ חַיִּים²⁴ רוּחַ²⁵ הָדָר²⁶ הָגוּת²⁷ עָנָן²⁸ הוֹד²⁹
חִידָה³⁰ חֶדְוָה³¹ חָזוּת³² חִזָּיוֹן³³.

heaven¹ earth, land² darkness³ light⁴ water⁵ evening⁶ place⁷ dry land⁸ herb⁹ wise¹⁰ morning¹¹ seed¹² animal¹³ cord, rope¹⁴ grass¹⁵ new¹⁶ rich man¹⁷ fat¹⁸ weary¹⁹ pipe²⁰ star²¹ ground, soil²² foot²³ life²⁴ spirit²⁵ ornament²⁶ thought²⁷ cloud²⁸ majesty²⁹ riddle³⁰ joy³¹ vision³² intuition, vision³³.

§ 18. THE PREFIXES וכלב.

I. ו called the *conjunctive Vav* denotes: *and*, as לֶחֶם bread וְלֶחֶם *and* bread. It is changed as follows:

a. Into וּ before a consonant with simple Sh'va: וּלְכֹל *and to all*, § 14, Rising I; or before the labials ב, מ, פ, to avoid the recurrence of two sounds of the same organic class: as וּבֵין *and between*, וּמִן *and from*, וּפַר *and a bullock* (§ 12, 7, b,).

b. Into וִ before י becoming quiescent: as וִיהִי *and it may be* (§ 12, 7, b.).

c. Into וָ, וֶ, וַ before comp. Sh'va, taking the corresponding short vowel: as וַאֲנִי *and I*, וָאֳכָל *and eat*, וָחֳלִי *and sickness* (§ 14, Rising I, B. b.)

d. Into וֵ before אֱלֹהִים: as וֵאלֹהִים *and God* (§ 12, 6. B. 3.).

NOTE. Before יְהוָֹה into וַ: as וַיהוָֹה. This most sacred name of God was believed to be incommunicable and the word אֲדֹנָי *my Lord* substituted for it, according to which latter word the vowels of ו and the prefixes בכלם were adapted, as בַּיהוָֹה, מֵיהוָֹה, לַיהוָֹה corresponding to לַאדֹנָי, בַּאדֹנָי, מֵאֲדֹנָי. When however, יְהוָה is already preceded by אֲדֹנָי, to avoid repetition, it was written with the vowels of אֱלֹהִים, so that אֲדֹנָי יֱהוִֹה is to be read אֲדֹנָי אֱלֹהִים.

e. Into וָ immediately before the tone-syllable, especially when the latter has a distinctive accent and short words are connected in pairs: as תֹ֙הוּ֙ וָבֹ֔הוּ desolate and void, קַ֚יִץ וָחֹ֔רֶף summer and winter, קֹר וָחֹם cold and heat.

Note. וָבֹהוּ shows that וְ before בְּמָה (a) in case of (e) has — and is not וּ.

II. *a.* בְּ , לְ , כְּ , בְּ. בְּ preposition of place and time: *in, on, among*: as בְּרֵאשִׁית *in the beginning*, בְּהַר *on a mountain*, בְּיִשְׂרָאֵל *amongst Israel*, or it has the force of the prepositions: *with, by, through*: as בְּאֶבֶן *with a stone*, בִּדְבָר *with or by a word*.

כְּ adv. and prep., generally expressing comparison and proportion answers to the words: *as, like, so, about, nearly, almost*: כְּאֶרֶץ *as a land*, כְּאֵיפָה *about an ephah*, כְּעֶ֫שֶׂר שָׁנִים *about ten years*. As prep.: *according to, after, when*, (comparing the time of two actions) כִּדְמוּתֵנוּ *after our likeness*, כַּהֲרִימִי קוֹלִי *when I lifted up my voice*, כְּיַד הַמֶּלֶךְ *according to the bounty of the king.* I. Kings 10, 13.

לְ prep., denoting motion or direction toward any object, *to, unto, towards, for,* hence it is the sign of the dative (§ 19, 2.): לְאֶרֶץ *to a land*, לְמֶלֶךְ *to or for a king.*

b. בְּ , לְ , כְּ always with Sh'va except in the following cases:

1. With Chirek = בִּ , לִ , כִּ , before a word which has Sh'va under the first letter: as בִּדְבַר *by the word of*, לִדְבַר, כִּדְבַר. (14. Rising I. a.)

Before יְ the י becomes quiescent (§ 12. 7. b.): as בִּימֵי *in the days of*, לִיהוּדָה *to I*. כִּידֵי *as the hands of.*

2. With (ֱ), (ֲ), (ֳ) before composite Sh'va: as בֶּאֱמֶת *in truth*; לַעֲמֹד *to stand*, כָּחֳלִי *as a sickness*; or when displacing the article הַ (§19, 3.): as בְּהַיּוֹם = בַּיּוֹם *in the day*, לְהֶחָכָם = לַחָכָם *to the wise*, בְּהָעֵץ = בָּעֵץ *on the tree*, but בְּיוֹם *in a day*, בְּעֵץ *on a tree.*

3. With Kamets = â, often before the tonesyllable, especially before monosyllabic particles: בָּהֶם *in them*, כָּזֶה

§ 18. PREFIXES וכלב.   31

as this, לְנֶפֶשׁ to a soul, person. לְ before several forms of the pronouns and the infinitives of verbs: as לָזֶה to this, לָאֵלֶּה to these, לָלֶכֶת to go. Before nouns with a distinctive accent, especially when short words are connected in pairs: as: בֵּין נֶגַע לָנֶגַע בֵּין מַיִם לָמַיִם between water and water, between stroke and stroke.

EXERCISE 24.

Exactly translate the following words.

בְּמַיִם, בַּמַּיִם, בַּלַּיְלָה, בְּלַיְלָה¹, לְצֶלֶם², לַצֶּלֶם, לָעֶשֶׂב, לְעֵשֶׂב, בִּמְקוֹם, בַּמָּקוֹם, בֶּחָרָבָה³, בָּאָרֶץ, בְּאֶרֶץ, מֵעֵשֶׂב, מֵהָעֵשֶׂב, מֵהָעוֹף⁴, וּמֵעוֹף, מִשָּׂדֶה⁵, מֵהַשָּׂדֶה, וּמִשָּׂדֶה, וּלְאִישׁ⁶, וְלָאִישׁ, מֵאִישׁ, וּמֵהָאִישׁ, לְנָהָר⁷, לַנָּהָר, וְלַנָּהָר, מָטָר⁸, הַמָּטָר, וְהַמָּטָר, וּמָטָר, מֶלֶךְ⁹, כְּמֶלֶךְ, כַּמֶּלֶךְ, וְלַמֶּלֶךְ, וּמֶלֶךְ, מִמֶּלֶךְ, מֵהַמֶּלֶךְ.

night¹ image² dry land³ bird⁴ field⁵ man⁶ river⁷ rain⁸ king⁹.

EXERCISE 25.

Translate into Hebrew.*

And light,¹ and the light, and in the light, to the earth and to the heaven, and the fruit,² and fruit, and from the fruit, evening and morning, day and night, I and he,³ and Jacob's hands,⁴ and to an animal, and in a land, and in the land, and a river, and Jonathan,⁵ and Jerusalem, in Jerusalem, to a man,⁶ to the man, from a tree, from the tree, from morning, from the morning, in a cloud,⁷ in the cloud, as an image, as the image, to a bird, to the bird, from the bird, from a man.

אוֹר¹ פְּרִי² אֲנִי, הוּא³ יְדֵי־יַעֲקֹב⁴ יְהוֹנָתָן⁵ אָדָם⁶ עָנָן⁷.

EXERCISE 26.

לֹא¹ קָם² נָבִיא³ עוֹד⁴ כְּמֹשֶׁה⁵ בְּיִשְׂרָאֵל⁶: אַבְרָם⁷ כָּבֵד⁸ מְאֹד⁹ בְּמִקְנֶה¹⁰ בַּכֶּסֶף¹¹ וּבַזָּהָב¹² : הַכְּסִיל¹³ בַּחֹשֶׁךְ¹⁴ הוֹלֵךְ¹⁵:

---

* 8 *was* rich. In sentences with a noun, pronoun or adjective in the predicate, the copula "*to be*" must always be supplied. See § 77, 1.

מִיְהוָה ¹⁶ יְשׁוּעָה ¹⁷: מֵרַע ¹⁸ יָצָא ¹⁹ רָע: נֵר ²⁰ מִצְוָה ²¹ וְתוֹרָה ²²
אוֹר ²³: מֵעוֹלָם ²⁴ עַד ²⁵ עוֹלָם אַתָּה ²⁶ אֵל ²⁷: אָמַר ²⁸ עָצֵל ²⁹
אֲרִי ³⁰ בַחוּץ ³¹ שָׁחַל ³² בַּדָּרֶךְ ³³: גַּם ³⁴ בִּשְׂחֹק ³⁵ יִכְאַב ³⁶ לֵב ³⁷:
בַּלַּיְלָה הָיָה ³⁸ כְּגַנָּב ³⁹: מִחוּץ ⁴⁰ שִׁכְּלָה ⁴¹ חֶרֶב ⁴² בַּבַּיִת כַּמָּוֶת ⁴³:
שְׁאוֹל ⁴⁴ בָּחוּר ⁴⁵ וְטוֹב ⁴⁶: מִמִּזְרָח ⁴⁷ וּמִמַּעֲרָב ⁴⁸ מִצָּפוֹן ⁴⁹ וּמִיָּם ⁵⁰
מְהֻלָּל ⁵¹ שֵׁם ⁵² יְהוָה:

not¹ arose² prophet³ since⁴ Moses⁵ Israel⁶ Abraham⁷ rich⁸ very⁹ cattle¹⁰ silver¹¹ gold¹² fool¹³ darkness¹⁴ walks¹⁵ § 18. I. Note¹⁶ deliverance¹⁷ evil¹⁸ goes out¹⁹ lamp²⁰ commandment²¹ law²² light²³ eternity²⁴ to²⁵ thou (art)²⁶ God²⁷ says²⁸ slothful one²⁹ lion³⁰ without³¹ roarer³² way³³ also, even³⁴ laughter³⁵ may ache³⁶ heart³⁷ he was³⁸ thief³⁹ abroad⁴⁰ destroys, makes childless⁴¹ sword⁴² death⁴³ n. p. m.⁴⁴ chosen⁴⁵ good, beautiful⁴⁶ east⁴⁷ west⁴⁸ north⁴⁹ sea⁵⁰ (in general the Mediteranean Sea, lying *west* of Palestine, hence: *the west*, but sometimes the Dead Sea or as here the *South Sea*, therefore here: *the South*.) is praised⁵¹ name of⁵².

§ 19. CASES OF NOUNS AND PRONOUNS.

1. To express the relations between the different nouns and pronouns in a sentence, Prepositions or the corresponding Prefixes בכלם are chiefly used.

2. *The Dative* is formed by the prep. אֶל or its abbreviation the prefix לְ (§ 18, II).

3. *The Ablative* is formed by the prep. מִן or its abbreviation, the prefix מִ, מֵ or by בְ and כְ (§ 16, 1. § 18, 11).

4. *The Accusative* is denoted by the particle אֵת or אֶת־ (i. e. before Makkef) when the noun is *definite*, i. e. defined by the article, a possessive pronoun (Suf. § 21), a following genitive or by itself as a proper noun, otherwise it has no designation, being entirely similar to the nominative: as אֶת־בְּנִי אֵת הַשָּׁמַיִם וְאֵת הָאָרֶץ the heaven and earth, אֶת־בְּנִי my son, אֶת בֶּן־הָאָמָה the son of the servant, אֶת אַבְרָהָם Abraham, but Gen. 2, 4: In the day that God made אֶרֶץ וְשָׁמַיִם earth and heaven.

5. *The Genitive* or *possessive* case remains entirely unchanged, with which the preceding noun, (which is limited and more nearly defined by the Gen.) is most closely con-

§ 19. Cases of Nouns and Pronouns.

nected. For this reason the latter is said to stand in the *Construct State*, or simply in the *Construct*.

The better to effect this connection the article of the Construct is thrown off and its mutable vowels are shortened: as הַסּוּס the horse, but סוּס הַמֶּלֶךְ the horse of the king (not הַסּוּס); הָעוֹף the fowl, but עוֹף הַשָּׁמַיִם the fowl of the heaven (not הָעוֹף).

Regarding the shortening of the vowels and other changes, which the word in the st. const. undergoes, see § 59.

6. The direction towards a place or the time is indicated by the *unaccented* syllable ־ָה appended to the noun, called local ־ָה: as יָם sea, יָמָּה towards the sea, צָפוֹן the north, צָפוֹנָה northward, towards the north. יָמִים year, יָמִימָה to year, מִיָּמִים יָמִימָה from year to year.

NOTE I. Local ־ָה is the remnant of an old accusative ־ָם, yet appearing in many adverbs: as יוֹמָם by day, in the day time, מָחֳרָתָם to-morrow. (cf. § 85. 4, B, B.)

NOTE II. On the Segholates with local ־ָה see § 66, Note I.

EXERCISE 27.

זֵכֶר¹ צַדִּיק² לִבְרָכָה³: דָּוִד הָלַךְ⁴ לִפְנֵי⁵ יְהוָֹה בֶּאֱמֶת⁶ וּבִצְדָקָה⁷: זֶבַח⁸ לֵאלֹהִים⁹ תּוֹדָה¹⁰: טוֹב¹¹ יְהוָֹה לַכֹּל¹²: יְהוָֹה עֹטֶה¹³ אוֹר כַּשַּׂלְמָה¹⁴ נֹטֶה¹⁵ שָׁמַיִם כַּיְרִיעָה¹⁶: דָּוִד הָיָה¹⁷ רֹעֶה¹⁸ בַּצֹּאן¹⁹ וּבָא²⁰ הָאֲרִי וְהַדּוֹב²¹ וְנָשָׂא²² שֶׂה²³ מֵהָעֵדֶר²⁴: מֵהָאֹכֵל²⁵ יָצָא²⁶ מַאֲכָל²⁷ וּמֵעַז²⁸ יָצָא מָתוֹק²⁹: מֵאֶרֶץ מִצְרַיִם נָסַע³⁰ יִשְׂרָאֵל הַמִּדְבָּרָה³¹: מֶלֶךְ יוֹשֵׁב³² עַל³³ כִּסֵּא³⁴ דִין³⁵: מִי³⁶ עָלָה³⁷ הַשָּׁמַיְמָה: כַּשֶּׁלֶג³⁸ בַּקַּיִץ³⁹ וְכַמָּטָר בַּקָּצִיר⁴⁰ כֵּן⁴¹ לֹא־נָאוָה⁴² לִכְסִיל כָּבוֹד⁴³: שׁוֹט⁴⁴ לַסּוּס⁴⁵ מֶתֶג⁴⁶ לַחֲמוֹר⁴⁷ וְשֵׁבֶט⁴⁸ לְגֵו⁴⁹ כְּסִילִים:

memory¹ just² blessing³ walked⁴ before⁵ truth⁶ righteousness⁷ offer⁸ God⁹ thanksgiving¹⁰ good¹¹ all¹² to wrap, to put on¹³ garment¹⁴ stretches¹⁵ curtain¹⁶ was¹⁷ shepherd¹⁸ small cattle¹⁹ came²⁰ bear²¹ took²² lamb²³ flock²⁴ eater²⁵ came forth²⁶ food²⁷ strong²⁸ sweetness²⁹ moved on³⁰ desert³¹ sitting³² on, in, over³³ throne³⁴ judgment³⁵ who?³⁶ ascended³⁷ snow³⁸ summer³⁹ harvest⁴⁰ thus⁴¹ becoming, suitable⁴² honor⁴³ a whip⁴⁴ horse⁴⁵ bridle⁴⁶ ass⁴⁷ a stick⁴⁸ the back⁴⁹.

EXERCISE 28.

Translate into Hebrew:

The evening (accus.), to the evening, to an evening, a man (nom.), a man (accus.), the man (accus.), from a man, from the man, the head[1] of the man, the head of a man, from the heaven, the grass of the earth, the land (accus.), the land (nom.), a land (accus.), a land (nom.), the light of the heaven, to the judge[2], to the judge of the land, to a judge of the land, the fruit (accus.) of the tree[3]. God created[4] earth and heaven. God created the earth and the heaven, the voice[5] (accus.) of God, a voice (accus.) of God, a voice (nom.) of God, the sign[6] (accus.), a sign (accus.), by a sin[7], by the sin, towards the east[8], towards the south[9], to the mountain, towards Samaria[10].

רֹאשׁ1 שָׁפַט2 עֵץ3 בָּרָא4 קוֹל5 אוֹת6 עָוֹן7 מִזְרָח8 דָּרוֹם9 שֹׁמְרוֹן10:

CHAPTER IV.

OF THE PRONOUN.

§ 20. THE PERSONAL PRONOUN.

1. The personal pronouns are either separate words or syllables, contractions of the first and appended to nouns, verbs or particles, thence receiving the name of *Suffixes*. The separate pronouns represent the *nominative*, (see exception to this § 93, 2.). The suffixes appended to the *verb* stand for the *accusative* and for the dative in rare instances. The suffixes appended to the *noun* properly stand for the *genitive or possessive* cases and then serve the purpose of possessive pronouns: as סוּסִי the horse of me = my horse. The suffixes appended to *particles* either represent the nominative or the accusative cases: as כָּמוֹנִי as I, אוֹתִי me.

§ 20. The Personal Pronoun.

2. The separate personal pronouns are:

3. *Remarks.* אָנֹכִי is the ancient form and more used in the Pentateuch than אֲנִי, while the latter occurs often in the later books. אַתָּה, compounded of אַנְתָּה, as the kindred dialects have: Chald. אַנְתָּה, אַנְתְּ, Arab. anta.

The fem. form אַתִּי occurs only in k'thibh (7 times), but it is the foundation of some verbal inflections, (so the form קָטַלְתִּי before suffixes, § 43, 1.) הוּא is of *common gender in the Pentateuch* and also signifies *she*. But whenever הוּא stands in the text for הִיא, it has the pointing הִוא and must be read הִיא.

אֲנַחְנוּ is formed from the pronominal stem אַן found in אֲנִי, אַתָּה and חֲנוּ the harder form of אֲנוּ we; אַתֶּם and אַתֶּן are blunted forms of אַתּוּם, properly אַנְתּוּם (Chald. אַנְתּוּן, Arab. antum). Before verb. suff. this *original* form is retained (§ 43, 1.). הֵן הֵם from הוּן הוּם, hence not seldom the 2. and 3. masc. plur. in וּן; as יִשְׁבְּעוּן, יֶחְדָּלוּן, יְשָׁשׂוּם Is. 35, 1. הֵנָּה, הֵמָּה have a demonstrative character.

4. The separate pronouns, when connected with a noun as predicate of a sentence, always include the copula or the verb *to be*: as אֲנִי יוֹסֵף I am Joseph, אַתָּה הָאִישׁ thou *art* the man.

Exercise 29.

בָּרוּךְ[1] אַתָּה יְהֹוָה: אַתָּה קָדוֹשׁ[2]: אֲנִי אֵל: אֲנִי הָאִשָּׁה[3]:
הוּא אַהֲרֹן וּמֹשֶׁה: אַתָּה גִבּוֹר: הוּא רִאשׁוֹן[4] וְהוּא אַחֲרוֹן[5]:

כֵּנִים⁶ אֲנַחְנוּ: הָאֱלִילִים⁷ הֶבֶל⁸ הֵמָּה: גֵּר⁹ אָנֹכִי בָּאָרֶץ: עָפָר¹⁰ אַתָּה וְאֶל עָפָר תָּשׁוּב¹¹: כְּנוֹת⁶ אָתָן: הֵמָּה הַגִּבּוֹרִים¹²: הִיא יְחִידָה¹³: שְׁנֵים עָשָׂר¹⁴ אַחִים¹⁵ אֲנַחְנוּ: אַתָּה יְהוָה טוֹב וְסַלָּח¹⁶: אֲחֹתִי¹⁷ הוּא: וְהַצְּעִירָה¹⁸ גַם־הִוא יָלְדָה¹⁹ בֵן²⁰: הָאֱלֹהִים בַּשָּׁמַיִם וְאַתָּה עַל־הָאָרֶץ: אָנֹכִי יְהוָה וְאֵין מִבַּלְעָדַי²¹ מוֹשִׁיעַ²²: אֶת־הַשָּׁמַיִם וְאֶת־הָאָרֶץ אֲנִי מָלֵא²³ נְאֻם²⁴ יְהוָה: יְהוָה הַצַּדִּיק וַאֲנַחְנוּ הָרְשָׁעִים²⁵: אִישׁ זָקֵן²⁶ בָּא²⁷ מִן־הַשָּׂדֶה בָּעֶרֶב וְהָאִישׁ מִהַר²⁸ אֶפְרַיִם²⁹ וְהוּא־גָר³⁰ בַּגִּבְעָה:³¹

blessed[1] holy[2] woman[3] the first[4] the last[5] honest, upright (כֵּן; pl. m. כֵּנִים, pl. f. כֵּנוֹת § 58, 1.)[6] idols[7] vanity, foolish[8] stranger[9] dust[10] thou shalt return[11] גִּבּוֹרִים pl.fr. גִּבּוֹר cf.6. 12 the only child (girl)[13] twelve[14] brothers[15] forgiving[16] my sister[17] younger[18] bare[19] son[20] beside me[21] Saviour[22] filling[23] declaration[24] guilty[25] old[26] came[27] mountain[28] n. p. m.[29] dwelled[30] n. p. of a city[31].

EXERCISE 30.

Ye are strangers[1] with me[2]. Lord, thou art a refuge[3] to us from generation[4] to generation. From eternity[5] to eternity thou art God. Not a God delighting[6] (in) wickedness[7] thou art. I am dust and ashes[8]. God is in heaven and we are on the earth. Just[9] art thou O Lord! Thou art near[10] O Lord! Ye are all[11] seed of falsehood[12].

גֵּרִים¹ עִמָּדִי² מָעוֹן³ דּוֹר⁴ עוֹלָם⁵ חָפֵץ⁶ רֶשַׁע⁷ אֵפֶר⁸ צַדִּיק⁹ קָרוֹב¹⁰ זֶרַע¹¹ שֶׁקֶר¹² (in pause!)

§ 21. NOMINAL SUFFIXES.

1. The nominal suffixes *appended to Nouns in the Singular* are:

	SING.		PLURAL.	
1. com.	־ִי, סוּסִי my horse.	סוּסֵנוּ ־ֵנוּ, נוּ	our horse
2. m.	ךָ,(in pause ־ֶךָ) סוּסְךָ } thy h.	סוּסְכֶם, כֶם } your horse
f.	־ֵךְ, ךְ, סוּסֵךְ	סוּסְכֶן, כֶן
3. m.	־וֹ, הוּ, סוּסוֹ his h.	סוּסָם ־ָם, הֶם (poetical) ־ָמוֹ } their horse
f.	־ָהּ, ־ָהּ (הָ), סוּסָהּ her h.	סוּסָן ־ָן, הֶן

§ 21. NOMINAL SUFFIXES.

Appended to Nouns in Plural:

	Sing.			Plur.	
1. com.	־ַי, סוּסַי	my horses	־ֵינוּ, סוּסֵינוּ	our horses
2. m.	־ֶיךָ, סוּסֶיךָ	} thy horses	־ֵיכֶם, סוּסֵיכֶם	} your horses
f,	־ַיִךְ, סוּסַיִךְ		־ֵיכֶן, סוּסֵיכֶן	
3. m.	־ָיו, סוּסָיו	his horses	־ֵיהֶם, סוּסֵיהֶם	} (poetical)
f.	־ֶיהָ, סוּסֶיהָ	her horses	־ֵיהֶן, סוּסֵיהֶן	־ֵימוֹ their horses

2. *Remarks.* The suffixes of the noun are divided into two classes: of *Singular* and of *Plural* nouns; the forms of the latter are longer and may be recognized by the plural י; as סוּסֵנוּ our horse, but סוּסֵינוּ our horses.

3. The suffixes כֶם, כֶן, and הֶם, הֶן, they invariably having the tone, the better to distinguish between the ם and the ן, are called *grave*, the others are *light* suffixes.

4. ־ֵהוּ is a favorite longer suffix for וֹ, particularly in monosyllabic words and in nouns with the ending ־ֶה: מִין species, מִינוֹ and מִינֵהוּ his, its species; מַרְאֶה appearance, מַרְאֵהוּ his appearance.

5. The suffixes denote the genitive of the pronoun (§ 20, 1). The other cases are represented by attaching prepositions or prefixes and particles to the suffixes. The *dative* by אֶל or לְ; the *accusative* by אֵת (אוֹתִי); the *ablative* by מִן, בְּ אֵת (אִתִּי) etc. See Paradigm A.

6. The possessive pronoun is also represented by שֶׁ (§ 23, 2.) followed by לְ with the suffix, thus: שֶׁלִּי = אֲשֶׁר לִי which is (belongs) to me = my. See Paradigm A.

NOTE. On the suffixes of the verb see § 42.

EXERCISE 31.

אָנֹכִי יְהוָֹה אֱלֹהֶיךָ: כֶּרֶם¹ שֶׁלִּי: בַּיִת שֶׁלְּךָ: שָׂדֶה שֶׁלָּנוּ: לְךָ זְרוֹעַ² עִם³ גְּבוּרָה⁴: לֹא יִטּוֹשׁ⁵ יְהוָֹה אֶת־עַמּוֹ⁶: אַתָּה לִי לְמִשְׂגָּב⁷: אָבַד⁸ מָנוֹס⁹ מֵהֶם: שָׁלוֹם¹⁰ לָכֶם: אֵין נָבוֹן¹¹ וְחָכָם כָּמוֹךָ: כֹּרָה¹² שַׁחַת¹³ בָּהּ יִפֹּל¹⁴: אָבַד חָסִיד¹⁵ מִן הָאָרֶץ וְיָשָׁר¹⁶ בָּאָדָם¹⁷ אָיִן¹⁸: גַּם לִי לְבַב¹⁹ כְּמוֹכֶם: שָׁתָה²⁰ מַיִם מִבּוֹרְךָ²¹:

PART 1. EXERCISES.

יְהֹוָה לְךָ יוֹם אַף²² לְךָ לָיְלָה: יְהֹוָה אֵלִי צוּרִי²³ וּמִשְׂגַּבִּי: אֱלֹהִים
לָנוּ מַחֲסֶה²⁴ וָעוֹז²⁵: לְךָ יְהֹוָה הַגְּדֻלָּה²⁶ וְהַגְּבוּרָה וְהַתִּפְאֶרֶת²⁷
וְהַנֵּצַח²⁸ וְהַהוֹד²⁹: אַתָּה מוֹשֵׁל³⁰ בַּכֹּל וּבְיָדְךָ כֹּחַ וּגְבוּרָה:
וְעַתָּה³¹ אֱלֹהֵינוּ מוֹדִים³² אֲנַחְנוּ³³ לָךְ:

vineyard¹ strength² with³ might⁴ will forsake⁵ people, nation⁶ safety, protection⁷ perished, was lost⁸ refuge⁹ peace, welfare¹⁰ intelligent¹¹ who digs¹² pit¹³ shall fall¹⁴ good man, pious¹⁵ upright¹⁶ man, here collect. men¹⁷ there is none¹⁸ heart, understanding¹⁹ drink²⁰ cistern¹² also²² rock²³ shelter²⁴ strength²⁵ greatness²⁶ glory²⁷ victory²⁸ majesty²⁹ ruling³⁰ now³¹ thanking³². cf. to 32, 33, § 107, 3.

EXERCISE 32.

His light, our light, my tree, their tree, her tree, thy tree, thy trees, his day¹, thy (fem.) day, my stars, our star, our stars, to the fruit of his tree, thy voice, my beginning, thy (fem.) beginning, your beginning, thy (accus.) voice, the voice of God. I am giving³ from the fruit of your trees to the ruler⁴ of the city⁵. The strength⁶ of my arm⁷. The light of our torches⁸, the sand⁹ of their shores¹⁰.

יוֹם¹ רֵאשִׁית² נָתַן³ מֹשֵׁל⁴ עִיר⁵ כֹּחַ⁶ זְרוֹעַ⁷ לַפִּיד⁸ חוֹל⁹ חוֹף¹⁰.

EXERCISE 33.

God created him, us, me, them (fem.), her, I gave¹ thee from it, from them, I come² to thee (m) (f.), *and she came*³ to him, to them, to us, I (am) with thee, in it, by us, as we, as I. God took⁴ him, thee, thee (in pause), thee (f.), I shall establish⁵ my covenant⁶ with⁷ you, with them, with him, with her, with thee (f.).

נָתַתִּי¹ בָּא² וַתָּבֹא³ לָקַח⁴ אָקִים⁵ בְּרִית⁶ אֵת (אִתִּי)⁷.

§ 22. DEMONSTRATIVE PRONOUN.

1. M. זֶה } this
   F. זֹאת } (rarely זֹה)
   Com. זוּ (without distinction of gender or number.)
   Plur. אֵלֶּה, (אֵל rarely) these.

NOTE. In הַלָּזֶה or apocopated הַלָּז *this*, the demonst. has the

§ 22. Demonstrative Pronoun.

original article with לְ: (הַלֵּ) before it; הַלֵּזוּ f. occurs only once Ez. 36, 35.

2. The demonstrative referring to a remoter object is represented by הַהוּא, הַהִיא, הָהֵם, הָהֵן: as בַּיָּמִים הָהֵם in *those* days, while בַּיָּמִים הָאֵלֶּה in *these* days; or they express: *the same:* as הָאִישׁ הַהוּא the same man.

3. The demonstratives are thus declined:

Nom.	זֶה,	זֹאת this,	אֵלֶּה these.
Dat.	לָזֶה,	לְזֹאת to this,	לָאֵלֶּה to these.
Acc.	אֶת־זֶה,	אֶת־זֹאת this,	אֶת־אֵלֶּה these.
Abl.	מִזֶּה,	מִזֹּאת,	מֵאֵלֶּה
	בָּזֶה,	בְּזֹאת,	בָּאֵלֶּה
	כָּזֶה,	כָּזֹאת, כְּזֹאת,	כָּאֵלֶּה

4. Syntactical rules. § 94.*

Exercise 34.

אִישׁ הַלָּזֶה: זוֹ הָעִיר: לַאֲנָשִׁים הָאֵל: אֵלֶּה הַדְּבָרִים[2]: אֵלֶּה מִזֶּה וְאֵלֶּה מִזֶּה: עִם זוּ גָּאָלְתִּי[3]: זוּ פָּעַלְתָּ[4] לָּנוּ: לֹא יָדַע[5] אִישׁ אֶת־קְבֻרָתוֹ[6] מֹשֶׁה עַד[7] הַיּוֹם הַזֶּה: הִנֵּה[8] אֵלֶּה בְּצֵל[9] הַחָכְמָה[10] וְאֵלֶּה בְּצֵל הַכָּסֶף[11]: לֹא־זֶה הַדֶּרֶךְ וְלֹא־זֹה הָעִיר: לֹא בָחַר[12] אֱלֹהִים בָּאֵלֶּה: עוֹד[13] זֶה מְדַבֵּר[14] וְזֶה בָּא[15]: גַּם־זֶה רָעָה[16] חוֹלָה[17]: זוּ כֹחוֹ[18]: הוּא הָאִישׁ: זֹאת הָאִשָּׁה: הָאִשָּׁה הַזֹּאת: הָאִשָּׁה הַהִיא: שְׁלֹשָׁה[19] אֵלֶּה בְּנֵי־נֹחַ[20] שֵׁם[21] וְחָם[21] וָיֶפֶת[21]: וּמֵאֵלֶּה נָפְצָה[22] כָּל־הָאָרֶץ: עִם־זוּ יָצַרְתִּי[23] לִי: אֵלֶּה בָרֶכֶב[24] וְאֵלֶּה בַסּוּסִים וַאֲנַחְנוּ בְּשֵׁם יְהוָה אֱלֹהֵינוּ נַזְכִּיר[25]: אִישׁ הָיָה בְאֶרֶץ־עוּץ אִיּוֹב[21] שְׁמוֹ[26] וְהָיָה הָאִישׁ הַהוּא תָּם[27] וְיָשָׁר וִירֵא[28] אֱלֹהִים וְסָר[29] מֵרָע:

---

* The learner must refer to the respective paragraph before translating the exercise following, and in all cases when his attention is called to the Syntax.

city[1] words[2] I have redeemed[3] thou hast made, performed[4] knew[5] sepulchre[6] unto[7] lo! behold![8] shadow, shelter,[9] wisdom[10] money[11] chosen[12] while yet[13] (was) speaking[14] came[15] evil[16] sore[17] strength[18] three[19] sons of[20] n. p.[21] was overspread[22] I formed[23] chariot[24] we will remember[25] his name[26] plain[27] fearing[28] departing[29].

EXERCISE 35.

This man[1], that man, that woman[2], this woman, these men[3], these women[4], those men, those women, this is the man, that is the woman, these are the men, that is the words[5], from that man, to this woman, this is my God, this boy[6], this is the law[7], this pillar[8], these are the names[9] of the sons[10], those brothers[11] (acc.), these are thy uncles[12].

אִישׁ 1 אִשָּׁה 2 אֲנָשִׁים 3 נָשִׁים 4 דְּבָרִים 5 נַעַר 6 תּוֹרָה 7 מַצֵּבָה 8 f. שֵׁמוֹת, the names of שֵׁמוֹת 9 בָּנִים 10 אַחִים 11 דּוֹדִים 12.

§ 23. THE RELATIVE.

1. The relative pronoun for both genders and numbers is אֲשֶׁר who, which; often including the pers. pronoun: he who, she who, that which: אֲשֶׁר תָּאֹר he whom thou cursest.

2. In the later biblical books and the modern Hebrew writers, the abbreviated form שֶׁ or שְׁ (with following Dag., omitted before gutt.) is most frequently used.

3. אֲשֶׁר (or שֶׁ) gives to every word to which it refers relative signification: as שָׁם there, אֲשֶׁר שָׁם where, מִשָּׁם whence.

4. It is declined as follows:

Gen.	(סוּסוֹ his horse)	אֲשֶׁר סוּסוֹ whose horse
Dat.	(לוֹ to him)	אֲשֶׁר לוֹ to whom
Acc.	(אוֹתוֹ him)	אֲשֶׁר אוֹתוֹ whom
Abl.	(מִמֶּנּוּ from him)	אֲשֶׁר מִמֶּנּוּ from whom.

5. Before participles the article הַ frequently represents the relative: as הַהֹלֵךְ he who goes.

§ 24. THE INTERROGATIVE PRONOUN.

EXERCISE 36.

אֲשֶׁר רוּחִי¹ אִתּוֹ² יְדַבֵּר³ : דָּגִים⁴ שֶׁנֶּאֱחָזִים⁵ בִּמְצוֹדָה⁶ : אֶת
אֲשֶׁר חָפֵץ⁷ יְהוָה עָשָׂה⁸ בַּשָּׁמַיִם וּבָאָרֶץ : מָה⁹ רַב¹⁰ טוּב¹¹
אֲשֶׁר צָפַן¹² יְהוָה לַאֲשֶׁר בָּטַח¹³ בּוֹ : אִי¹⁴ לָךְ אֶרֶץ שֶׁמַּלְכֵּךְ¹⁵
נַעַר¹⁶ : אָרוּר¹⁷ הַגֶּבֶר אֲשֶׁר יִבְטַח¹⁸ בָּאָדָם וּמִן יְהוָה יָסוּר¹⁹ לִבּוֹ²⁰ :
אַשְׁרֵי²¹ הַגֶּבֶר אֲשֶׁר שָׁם²² יְהוָה מִבְטַחוֹ²³ : רוּת אָמְרָה²⁴ לְנָעֳמִי
חֲמוֹתָהּ²⁵ אֶל־אֲשֶׁר תֵּלְכִי²⁶ אֵלֵךְ²⁷ וּבַאֲשֶׁר תָּלִינִי²⁸ אָלִין²⁹ עַמֵּךְ
עַמִּי וֵאלֹהַיִךְ אֱלֹהָי : אַשְׁרֵי הָעָם שֶׁכָּכָה³⁰ לּוֹ אַשְׁרֵי הָעָם
שֶׁיְהוָה אֱלֹהָיו :

spirit¹ with² may speak³ fishes⁴ are taken⁵ net⁶ wishing, desiring⁷ he did⁸ how⁹ great¹⁰ goodness¹¹ has laid up¹² confide, trust¹³ woe¹⁴ the king¹⁵ a boy, a youth¹⁶ cursed¹⁷ trusts¹⁸ departs¹⁹ (לְבִּי), heart²⁰ hail! happy !²¹ makes²² trust²³ said²⁴ mother in law²⁵ thou goest²⁶ I will go²⁷ thou lodgest²⁸ I will lodge²⁹ thus³⁰.

EXERCISE 37.

The field which Abraham bought¹. The horse² upon⁴ which the king⁵ rode³. Daniel⁶ whose name⁸ was called⁷ Belteshazzar⁹. Not good¹⁰ (is) the counsel¹¹ that he has given¹². Nigh¹³ is the Lord¹⁴ to all¹⁵ that call upon him¹⁶ in truth¹⁷. And¹⁸ God¹⁹ saw¹⁸ all that he had made²⁰, and, behold²¹, (it was) very²² good.

קָנָה¹ סוּס² רָכַב³ עָלָיו⁴ מֶלֶךְ⁵ דָּנִיֵּאל⁶ נִקְרָא⁷ שֵׁם⁸ (שְׁמוֹ his name)
בֵּלְטְשַׁאצַּר⁹ טוֹבָה¹⁰ עֵצָה¹¹ יָעַץ¹² קָרוֹב¹³ יְהוָה¹⁴ כֹּל¹⁵ יִקְרָאֻהוּ¹⁶ אֱמֶת¹⁷
וַיַּרְא¹⁸ אֱלֹהִים¹⁹ עָשָׂה²⁰ וְהִנֵּה²¹ טוֹב²² מְאֹד²³.

§ 24 THE INTERROGATIVE PRONOUN.

1. The interrogative pronoun is מִי who? usually applying to persons, מֶה, מַה, מָה what? applying to things.

מַה before א and ר and always in pause: מָה־אֵלֶּה what (are) these, מָה רָאִיתָ what did you see?

Commonly it is written מַה or מָה. (followed by Dag.): as מַה־שְּׁמוֹ what is his name? or with a small word, it is contracted into one word: as מַזֶּה what is this? (§ 9. 1. Note.)

מֶה before עָ, חָ, הָ, as מֶה עָשִׂיתָ what hast thou done?

At the beginning of a sentence מָה also frequently stands before letters not guttural: as מֶה קוֹל what voice?

2. The cases are indicated by the prefixes and the particle אֶת:

Dat. לְמִי to whom?
Acc. אֶת מִי whom?
Abl. מִמִּי from whom?
בְּמִי with or through whom?

The Gen. by שֶׁלְמִי whose? but more frequently it is indicated by putting the interrogative immediately *after* the noun: as בַּת־מִי whose daughter? בְּיַד־מִי through whose hand? חָכְמַת־מֶה לָהֶם Jer. 8, 9. the intelligence of what remains to them?

3. מָה is also used adverbially: as מַה־טּוֹב וּמַה־נָּעִים how good and how pleasant!

4. Interrogative particles: אִי or אַיֵּה where? with suff. אַיֶּכָּה where art thou? אַיּוֹ where is he? אַיָּם where are they?

With adverbs and pronouns, אֵי זֶה which? what? where? whither? אֵי מִזֶּה whence? from what? אֵי לָזֹאת on what account? wherefore? אֵיכָה how? אֵיפֹה where?

5. Interrogative prefix: הֲ (הַ with comp. Sh'va) frequently before non-gutturals: as הֲשָׁלוֹם לוֹ is he well? הַ before a letter with Sh'va or a guttural: as הַיְדַעְתֶּם אֶת־לָבָן know ye Laban? הַאֵלֵךְ shall I go? הֶ before gutturals having Kamets: as הֶאָנֹכִי have (or am) I? הֶחָזָק הוּא is he strong?

In negative sentences this הֲ is always connected with the negative particle: as הֲלֹא שָׁמַעְתָּ hast thou not heard? הַאֵין יְהֹוָה בְּקִרְבֵּנוּ is not the Lord in our midst?

Exercise 38.

מִי לֹא־יָדַע[1] בְּכָל־אֵלֶּה כִּי יַד־יְהֹוָה עָשְׂתָה[2] זֹאת: מִי שָׂמְךָ[3] לְאִישׁ שַׂר[4] וְשֹׁפֵט[5] עָלֵינוּ[6]: בִּן־מִי זֶה הָעָלֶם[7]: אֵי מִזֶּה עַם

§ 24. The Interrogative Pronoun. 43

אַתָּה: הֲלָנוּ אַתָּה אִם[8] לְצָרֵינוּ[9]: מִי כָמוֹךָ בָּאֵלִים יְהוָה: מַה־
לִי וְלָכֶם: הֲנֹטַע[10] אֹזֶן[11] הֲלֹא יִשְׁמָע[12] אִם־יֹצֵר[13] עַיִן[14] הֲלֹא
יַבִּיט[15]: אַיֵּה[16] הַחָכְמָה תְּהוֹם[17] אָמַר[18] לֹא בִי הִיא וְיָם[19] אָמַר
אֵין[20] עִמָּדִי[21]: לְמִי אוֹי[22] לְמִי אֲבוֹי[23] לְמִי מִדְיָנִים[24] לְמִי שִׂיחַ[25]
לְמִי פְצָעִים[26] חִנָּם[27] לְמִי חַכְלִלוּת[28] עֵינָיִם[29] לַמְאַחֲרִים[30] עַל־
הַיָּיִן[31]: מִי יוֹדֵעַ[32] מַה־טּוֹב לָאָדָם בַּחַיִּים: הֲלֹא אֲנִי יְהוָה וְאֵין־
עוֹד אֱלֹהִים מִבַּלְעָדַי אֵל־צַדִּיק וּמוֹשִׁיעַ אַיִן זוּלָתִי[33]: הֲיֵשׁ[34]
לַמָּטָר אָב[35]: מִבֶּטֶן[36] מִי יָצָא הַקָּרַח[37]: מִי נָתַן[38] לַשֵּׂכְוִי[39]
בִינָה[40]: לְמִי אֲנִי עָמֵל[41]: זְכוֹר[42] יְהוָה מֶה הָיָה לָנוּ: הֲתַחַת[43]
אֱלֹהִים אָנֹכִי: מַה־לִּי עוֹד:

knows[1] has wrought[2] * the feminine is used for the neuter § 81, 1. made thee[3] chief[4] judge[5] over[6] youth[7] or[8] enemy[9] the planter[10] ear[11] he shall hear[12] the former[13] eye[14] he shall see[15] where (is)[16] depth[17] says[18] sea[19] (it is) not[20] with[21] woe[22] misery[23] contentions[24] sorrow[25] wounds[26] without cause[27] darkening of[28] eyes[29] that tarry long[30] wine[31] knows (prop. (is) knowing)[32] besides, except me[33] there is, it is[34] father[35] womb[36] ice[37] gave, put[38] the insight, mind[39] understanding[40] toiling, labouring[41] remember[42] in stead of[43].

Exercise 39.

Who art thou my son[1]? Who art thou my daughter[2]? Who is this man? What is his name[3]? Who are these? Whose daughter is this maiden[4]? What has he done[5]? Who is this that cometh[6] from Edom[7]? For whose son do I labour[8]? Whom wilt thou send[9] with me[10]? What is that in thine hand[11]? Is[12] in a dream[13] truth? Whose ox[14] have I taken[15]? or[16] whose ass[17] have I taken? or[18] whom have I defrauded[19]? or[18] of whose hand have I received[20]. (any) bribe[21]? Is he strong[22] or[23] weak[24]? What is the land* that he dwells[25] in, is it good[26] or bad[26]? is it fat[27] or lean[28]? Is not one[29] father[30] to us all[31], has not one God created us[32]? What did this people do unto thee? Who has done this?

(בֵּן)[1] בְּנִי (בַּת)[2] בִּתִּי שְׁמוֹ[3] עָלְמָה[4] עָשָׂה[5] בָּא[6] אֱדוֹם[7] עָמֵל[8] תִּשְׁלַח[9] עִמִּי[10] יָדְךָ[11], יָד (hand) יֵשׁ[12] חֲלוֹם[13] שׁוֹר[14] לָקַחְתִּי[15] 16] conj.) חֲמוֹר[17] 18] עָשַׁקְתִּי[19] לָקַחְתִּי[20] כֹּפֶר[21] חָזָק[22] ה[23] interrogative רָפֶה[24] * אֶרֶץ is fem.

25 יוֹשֵׁב טוֹב fem. טוֹבָה, רָעָה 26 שְׁמֵנָה 27 רָזָה 28 אֶחָד 29 אָב 30 §. 90, 2. כֹּל 31
with suff. כֻּלּוֹ, כֻּלָּה, בְּרָאֲנוּ 32:

CHAPTER V.
OF THE VERB.
§ 25. GENERAL VIEW.

1. The verbs classified with respect to their origin are:
a. *Primitives*: as מָלַךְ to govern; b. *Derivatives*, which are either derived from other verbs: *Verbal Derivatives*: as צִדֵּק to justify, from צָדַק to be just, or are derived from nouns: *Denominatives*: as דִּשֵּׁן to remove the ashes, from דֶּשֶׁן ashes.

2. The groundform or stem of the verb is the third person singular of the preterite: קָטַל he has killed. It regularly consists of three consonants (radicals), the most important vowel of which follows the second radical; in transitive verbs it is Patach: as קָטַל, in intransitives, Tsere or Cholem: as כָּבֵד he was heavy, קָטֹן he was little. The Kamets after the first radical is pretonic and drops when the tone or accent is thrown forward: as קְטַלְתֶּם you have killed.

3. The infinitive construct, קְטֹל to kill, is another groundform and was so considered by the earlier Jewish Grammarians, being called by them שֹׁרֶשׁ root. It consists of the three radicals with only one vowel, after the second.

4. These groundforms are both of great importance, controlling the other forms of the verb derived from them.

NOTE. From the infinitive as the second groundform are derived the imperative and future. In some guttural and irregular verbs, where the infinitive is differently vocalized from the imperative or takes a nominal ending, the future is derived from the latter.

5. The modifications of the simple and primary idea of the root are effected by external variations of the groundform. These variations are threefold:

a. *Vocalization*, or the alteration of the vowels: as שָׁלַח he sends, שִׁלַּח he dismisses.

b. *Reduplication*, or the doubling of one, and in rare instances of two of the radical sounds: as קְטַלְטַל = קִטֵּל, סְחַרְחַר fr. סָחַר, קְטַל.

c. *Augmentation*, or the prefixing of one or two formative consonants: as הִתְקַטֵּל, נִקְטַל, הִקְטִיל, הָקְטַל.

6. These new forms, more properly called *derivations*, having altered not only their external form but also their internal sense, are now generally termed *Conjugations*, in the language of the ancient grammarians בִּנְיָנִים buildings, forms.

7. The ancient grammarians, who employed the verb פָּעַל *to do*, as a paradigm, named the conjugations, according to the various forms derived from this verb, thus:

1. פָּעַל — Paäl, he acted, (now generally קַל).
2. נִפְעַל — Niphal, he was acted upon.
3. פִּעֵל — Piel, he acted vigorously.
4. פֻּעַל — Pual, he was vigorously acted upon.
5. הִפְעִיל — Hiphil, he caused to act.
6. הָפְעַל — Hophal, he was caused to act.
7. הִתְפַּעֵל — Hithpael, he acted upon himself.

These terms have been retained with the exception of the first, which has been supplanted by the equally ancient: קַל light, intimating, that it is the simple original form, without external or internal change, while the other six are כְּבֵדִים grave or heavy i. e. freighted with a weightier meaning, which brings with it a corresponding external change.

§ 26. SIGNIFICATION AND CHARACTERISTICS OF THE CONJUGATIONS.

The Characteristics and the signification of the derived conjugations are:

1. נִפְעַל. *Niphal* is the passive, or often the reflexive or

reciprocal of Kal: as שָׁמַר to keep, Niphal: to be kept, or to keep one's self from.

2. פִּעֵל, *Piel* signifies in general intense action, energy, frequency: שָׁבַר to break, שִׁבֵּר to shatter, שָׁלַח to send, שִׁלַּח to dismiss. It is often the transitive or causative of Kal, when the latter is intransitive: as גָּדַל to be great, to grow, גִּדֵּל to cause to grow: קָדַשׁ to be holy, קִדֵּשׁ to make holy.

3. פֻּעַל, *Pual* is the passive of Piel. The characteristic of both is the doubling of the second radical by Dagesh forte.

4. הִפְעִיל, *Hiphil* signifies causation: to cause another person or thing to do that, which is indicated by the primitive Kal: as כָּתַב to write, הִכְתִּיב to cause to write. If Kal is intransitive, Hiphil signifies only the transitive of Kal: as חָזַק to be strong, Hiphil: to make strong, to strengthen.

5. הָפְעַל, *Hophal* is the passive of Hiphil. The characteristic of both is the prefixed ה and the proper vocalization.

6. הִתְפַּעֵל, *Hithpael* is generally reflexive, sometimes reciprocal: as הִתְקַטֵּל to kill one's self, הִתְרָאָה to look at each other. Rarely has it a passive signification: as הִשְׁתַּכַּח to be forgotten, Ec. 8, 10. הִתְחַמֵּץ to be embittered, provoked to anger, Ps. 73, 21.

Occasionally it denotes to pretend, to feign to be or to do what is denoted by the root, hence it has been called by some the *hypocritical conjugation:* as הִתְעַשֵּׁר to pretend to be rich, Pr. 13, 7. הִתְחַכַּם to show ones' self wise Ec. 7, 16. Its characteristic is the prefixed syllable הִת and the doubling of the second radical by Dag. forte.

NOTE. There are also unusual conjugations: 1. *Poel* as קוֹטֵל, reflexive הִתְקוֹטֵל, fut. יְקוֹטֵל, part. מְקוֹטֵל, fut. pass. יְקוֹטַל. In the regular verbs it occurs very seldom: מְשֹׁפְטִי my judge, Job 9, 15. שֹׁרֵשׁ to take root Is. 40, 24. In verbs ע״ע it is frequent: as הוֹלֵל, סוֹבֵב, חוֹנֵן. 2. Pilel, Pulal, Hithpalel, especially when the second radical is a guttural: as שַׁאֲנָן to be at rest, רַעֲנָן to be green. 3. Pealal (the two last letters being repeated) as סְחַרְחַר to beat quick, to palpitate, from סָחַר to go about. 4. Pilpel, formed from a *biliteral* root by doubling both radical letters: as כִּלְכֵּל to sustain, nourish. צִלְצֵל to tinkle, עִפְעֵף to flutter.

§ 27. INFLECTION.

The different derivative forms or conjugations are inflected, to indicate the various grammatical conditions of *Tense, Mood, Gender, Number* and *Person.*

a. The Tenses (זְמַנִּים) are two: *Preterite* (עָבַר) and *Future* (עָתִיד).

b. Moods: Two forms of the Infinitive (מָקוֹר fountain), an *absolute* and a *construct;* an Imperative צִוּוּי (command), excepting in Pual and Hophal as pure passives; two *Participles,* [בֵּינוֹנִי (middle) or הֹוֶה („*being,*") Part. of the verb הָיָה to be], a Part. active (פּוֹעֵל), a Part. passive (פָּעוּל), as derived nominal forms.

c. Two Numbers: Singular (יָחִיד alone, single), Plural (רַבִּים many).

d. Three Persons: I. P. (מְדַבֵּר בְּעַדוֹ speaking for himself), II. P. (נִמְצָא present), III. P. (נִסְתָּר concealed, hidden).

e. Two Genders: Masculine (זָכָר a male), Feminine (נְקֵבָה a female).

§ 28. CLASSES.

1. The verbs are divided into *regular* or *perfect* and *irregular* or *imperfect* verbs. Regular שְׁלֵמִים (perfect) are those, of which the three radicals undergo no change and always remain *audible.*

The regular verbs include the gutturals: i. e. verbs of which one or more radicals are of the אהחע, the changes which they suffer affecting the vowels only, not the radicals.

2. The irregular are divided into חֲסֵרִים *Defective,* נָחִים *Quiescent,* and כְּפוּלִים *Reduplicate.*

Defective verbs in some forms drop one or more of their

radical letters. Quiescents have one of the half vowels אהוי as radicals, which in some forms either drop or quiesce. Reduplicates have for the two last radicals similar letters.

3. From the old example פָּעַל, of which the *first* letter is פ, the *second* ע, the *third* ל, those, the first letter of which quiesces or drops, were called פ׳ חָסְרֵי or פ׳ נָחֵי i. e. defective or quiescent in פ, those, the second letter of which quiesces, ע׳ נָחֵי i. e. quiescent in ע, and those in which the third is quiescent, ל׳ נָחֵי i. e. quiescent in ל. Thus נָגַשׁ is called פ״נ i. e. the פ or the first radical is נ; ל״ה = גָּלָה i. e. the ע or the second radical is ו; סוּר = ע״ו i. e. the ל or the third radical is ה; סבב is called ע״ע i. e. double ע, its second and third radicals being the same.

CHAPTER VI.

THE REGULAR VERB.

EXPLANATION OF THE SECOND PARADIGM.

§ 29. THE PRETERITE (עָבַר).

1. The principal vowel stands after the second radical. In the transitive verb it is Patach, in the intransitive Tsere or Cholem. For the sake of brevity the former are called: *Verbs middle A*, as קָטַל, the latter: *Verbs middle E*, as חָפֵץ to incline, to delight in, and *middle O*, as יָכֹל to be able, can.

2. The Kamets in the first syllable is *pretonic* (§ 14 Rejection 1) and drops when the tone or accent is thrown forward: as קְטַלְתֶּם ye have killed.

3. The conditions of Person, Number and Gender are indicated in the preterite by attaching at the end fragments of the personal pronouns, which are called: *Afformatives*. (§ 15, 2. Note).

§ 29. The Preterite (עָבַר).

4. The afformatives of the preterite are:

Person:	1.	2.	3.
Singular.	תִי com.	m. תָ f. תְּ	f. ־ָה
Plural.	נוּ com.	m. תֶּם f. תֶּן	com. וּ

5. The vowel in the second syllable: ־ַ, ־ֵ, ־ֹ drops in the third person fem. and plur.: as קָטְלָה, קָטְלוּ (§ 14 Rejection 3).

With a pause accent it is restored: as קָטָלָה, חָפֵצָה, יָכֹלָה (§14 Rising II).

6. The verbs middle E. generally lose the sound ־ֵ in their inflection: as חָפֵץ, חָפַצְתָּ.

The verbs of middle O retain the Cholem in the second sing. and first persons: as יָכֹלְתִּי, יָכֹלְתָּ.

In those cases, however, where the tone is shifted, Cholem changes into Kamets-Chatuph: as יָכָלְתֶּם.

7. Verbs ending with ת suffer a rejection of the ת before the afformatives beginning with ת: as כָּרַתָּ for כָּרַתְתָּ, from כָּרַת, כָּרַתִּי, כְּרַתֶּם (§ 12, 6. B. 1.)

8. In combinations with the afformatives נוּ, ת, תָּ the word is Milel, otherwise Milra: as קָטְלַתְּ, קָטְלָה, קְטַלְתֶּם. (§ 9, 12. II. m.).

9. Syntactical rules § 100.

Exercise 40.

מַה־גָּדְלוּ¹ מַעֲשֶׂיךָ² יְהוָה מְאֹד³ עָמְקוּ⁴ מַחְשְׁבֹתֶיךָ⁵: יְהוָה
מְקוֹלְךָ⁶ נָדְדוּ⁷ עַמִּים: אִם⁸ חָכַמְתָּ⁹ חָכַמְתָּ לָךְ: נִמְלָה¹⁰
אָגְרָה¹¹ בַקָּצִיר¹² מַאֲכָלָהּ¹³: זְכַרְנוּ¹⁴ אֶת־הַדָּגָה¹⁵ אֲשֶׁר
אֲכַלְנוּ¹⁶: צֹר¹⁷ אַתְּ אָמַרְתְּ¹⁸ אֲנִי כְּלִילַת יֹפִי¹⁹: מִי אָמַר
פָּעַלְתָּ²⁰ עַוְלָה²¹: כָּשְׁלָה²² בָרְחוֹב²³ אֱמֶת: שָׁמַרְתִּי²⁴ פִקּוּדֶיךָ²⁵:

PART I. EXERCISES.

לֹא־אַתֶּם שְׁלַחְתֶּם ²⁶ אֹתִי הֵנָּה ²⁷ כִּי ²⁸ הָאֱלֹהִים: שָׁאוּל ²⁹ לָכַד ³⁰
הַמְּלוּכָה ³¹ עַל־יִשְׂרָאֵל: קָטֹנְתִּי ³² מִכֹּל הַחֲסָדִים ³³: אֶרֶץ נָהְפָּה ³⁴
יְכוֹלָה ³⁵: דָּרַשְׁתִּי ³⁶ אֶת־יְהֹוָה: יָכֹלְתָּ ³⁷ עֲמֹד ³⁸: וְלֹא יָכֹל מֹשֶׁה
לָבוֹא ³⁹ אֶל־אֹהֶל מוֹעֵד ⁴⁰ כִּי ⁴¹ שָׁכַן ⁴² עָלָיו הֶעָנָן ⁴³ וּכְבוֹד ⁴⁴ יְהֹוָה
מָלֵא ⁴⁵ אֶת־הַמִּשְׁכָּן ⁴⁶: כָּזֹאת וְכָזֹאת יָעַץ ⁴⁷ אֲחִיתֹפֶל ⁴⁸ אֶת־
אַבְשָׁלוֹם ⁴⁸ וְכָזֹאת וְכָזֹאת יָעַצְתִּי אָנִי:

to be great¹ work² very³ to be deep⁴ thought⁵ voice⁶ to flee⁷ if⁸ to be or become wise⁹ ant¹⁰ to gather¹¹ harvest¹² food¹³ to remember¹⁴ fish¹⁵ to eat¹⁶ Tyre¹⁷ to say¹⁸ the perfection of beauty¹⁹ to work²⁰ iniquity²¹ to fall²² street²³ to keep²⁴ precept²⁵ to send²⁶ hither²⁷ but²⁸ Saul²⁹ to take³⁰ rule, dominion³¹ to be too little³² mercy³³ to give³⁴ the produce³⁵ to seek³⁶ to be able³⁷ to endure³⁸ to enter³⁹ the tent of the congregation⁴⁰ because⁴¹ to rest⁴² cloud⁴³ the glory of⁴⁴ to fill⁴⁵ dwelling, Tabernacle⁴⁶ to counsel, to advice⁴⁷ n. p. m.⁴⁸

Exercise 41.

Rachel¹ stole² the images³. Why⁴ hast thou sold⁵ thy horse? Jacob⁶ rent⁷ his clothes⁸. A dream⁹ I dreamed¹⁰. Why have you not sent¹¹ a messenger¹² to our father¹³? The woman dipped¹⁴ the bread¹⁵ in¹⁶ vinegar¹⁷. Ruth¹⁸ gleaned¹⁹ ears²⁰ in the field. Our enemies²¹ took²² our city (f.) and all its men they killed²³ with¹⁶ the sword²⁴. Why did you laugh²⁵? (fem.) They have not kept²⁶ the covenant of God. We loved²⁷, I loved. Thou wast able²⁸, you were able. I slept²⁹, Ye slept (fem.), thou hast cut³⁰, I have cut, Ye have cut. The Hebrews³¹ went over³² Jordan³³. Jacob gave³⁴ Esau³⁵ bread and pottage³⁶ of lentils³⁷. Sacrifice³⁸ and offering³⁹ thou didst not desire⁴⁰, burnt offering⁴¹ and sin offering⁴² hast thou not required⁴³.

רָחֵל ¹ גָּנַב ² תְּרָפִים ³ (pl.) לָמָּה ⁴ מָכַר ⁵ יַעֲקֹב ⁶ קָרַע ⁷ בְּגָדִים ⁸ (pl.) חֲלוֹם ⁹
חָלַם ¹⁰ שָׁלַח ¹¹ מַלְאָךְ ¹² אָבִיךְ ¹³ with suff. אָב, טָבַל ¹⁴ לֶחֶם ¹⁵ בְּ ¹⁶ חֹמֶץ ¹⁷
רוּת ¹⁸ לָקַט ¹⁹ שִׁבֳּלִים ²⁰ (pl.) אֹיְבִים ²¹ לָכַד ²² הָרַג ²³ חֶרֶב ²⁴ (in Pause! §. 14)
צָחַק ²⁵ Lengthening 4) שָׁמַר ²⁶ אָהַב ²⁷ יָכֹל ²⁸ יָשֵׁן ²⁹ כָּרַת ³⁰ עִבְרִים ³¹ (pl.) עָבַר ³²
יַרְדֵּן ³³ נָתַן ³⁴ עֵשָׂו ³⁴ נָזִיר ³⁵ עֲדָשִׁים ³⁷ (pl.) זֶבַח ³⁶ מִנְחָה ³⁹ חָפֵץ ⁴⁰ עוֹלָה ⁴¹
חַטָּאָה ⁴² שָׁאַל ⁴³ (in pause):

§ 30. THE INFINITIVE.

1. The second groundform is the Infinitive קְטֹל to kill. It is called *construct*, because it is always connected with the Prefixes בכלם, or with a following noun: as אֱרָב דָּם to lie in wait for blood. With the prefixes: as בִּקְטֹל in killing, כִּקְטֹל as killing, לִקְטֹל to kill, מִקְטֹל from killing.

2. The בכ"ל are regularly vowelless; the Chirek here is a helping vowel. The Dagesh after the מ is for the assimilated נ, מִקְטֹל for מִן קְטֹל. Of בכ"ל the ל is most closely connected, so that the following Sh'va is silent, while the Sh'va after ב and כ are vocal: as לִנְפֹּל, but בִּנְפֹל, כִּנְפֹל. (§ 11, 7.)

3. The Cholem is shortened before Makkef: as מְשָׁל־בָּנוּ.

4. The Infinitive has a form with Patach of but rare occurrence: as שְׁכַב to lie down, שְׁפַל to be humiliated. Sometimes it is lengthened by ־ָה: as לְקָרְבָה to approach.

5. The second form of the Infinitive is the *Inf. absolute* קָטוֹל, with immutable Cholem. It is used *before* or *after* finite verbs to indicate continued action, energy, intensity: הָלְכוּ הָלוֹךְ וְגָעוֹ they went, going on and lowing, שָׁמֹר תִּשְׁמְרוּ ye shall diligently keep.

6. Syntactical rules §§ 105, 106.

Exercise 42.

לָבָן הָלַךְ לִגְזֹז¹ אֶת־צֹאנוֹ: הוֹי² גִּבּוֹרִים לִמְסֹךְ³ שֵׁכָר⁴:
פָּקֹד⁵ פָּקַדְתִּי אֶתְכֶם: שָׁמוֹר אֶת יוֹם הַשַּׁבָּת⁶: טַעַם⁷ טָעַמְתִּי
בִּקְצֵה⁸ הַמַּטֶּה⁹ אֲשֶׁר־בְּיָדִי מְעַט¹⁰ דְּבַשׁ¹¹: עֵת¹² סְפוֹד¹³ וְעֵת
רְקוֹד¹⁴: בִּנְפוֹל¹⁵ לִפְנֵי בְנֵי¹⁶־עַוְלָה נָפָלְתָּ: אֲהָהּ¹⁷ אֲדֹנָי¹⁸
אֱלֹהִים הֲמָאֹס¹⁹ מָאַסְתָּ אֶת־יְהוּדָה: פָּרֹס²⁰ לָרָעֵב²¹ לַחְמֶךָ²²:
יָרֹדְתִּי²³ לְגַנִּי²⁴ לִלְקֹט²⁵ שׁוֹשַׁנִּים²⁶ בִּימֵי²⁷ שְׁפֹט²⁸ הַשֹּׁפְטִים²⁹:

PART I. EXERCISES.

נַ֫עַר ³⁰ כַּפָּיו ³¹ מִתְמֹךְ ³² בַּשַּׂחַד ³³ : לֹא־נָאוֶה לִכְסִיל הַתַּעֲנוּג ³⁴ אַף
כִּי־ ³⁵ לְעֶ֫בֶד ³⁶ מְשֹׁל ³⁷ בְּשָׂרִים :

shear[1] ho! wo[2]! mix[3] strong drink[4] to think of[5] sabbath[6] to taste[7] with the end of[8] rod[9] a little[10] honey[11] time[12] to lament[13] to leap[14] to fall[15] sons of[16] ah! alas[17]! Lord[18] to reject[19] to break assunder[20] a hungry one[21] thy bread[22] to go down[23] garden[24] to gather[25] lilies[26] the days of[27] to judge[28] judges[29] he that shaketh[30] hand[31] to hold[32] כִּי here includes negation § 106, 2. bribe[33] good cheer, delight[34] much less[35] slave, servant[36] to rule[37].

EXERCISE 43.

God made[1] the sun[2] and the moon[3] to rule[4] over[5] the day and over the night. I hired[6] a reaper[7] to reap[8] the wheat[9] and a builder[10] to repair[11] the house. They have slaughtered[12] an ox to sell its meat[13]. He gave me raiment[14] to put on[15]. I have rejected[16] thee that thou shouldst not reign[17] (from reigning) (§ 106, 2.) over[18] them. The Lord said[19] that He would dwell[20] (tr. to dwell) in the thick[21] cloud[21]. The man went out[22] to lie[23] on[24] his couch[25].

עָשָׂה ¹ שֶׁ֫מֶשׁ ² יָרֵחַ ³ מָשַׁל ⁴ בְּ ⁵ שָׂכַר ⁶ קוֹצֵר ⁷ קָצַר ⁸ חִטָּה ⁹ בֹּנֶה ¹⁰ בָּרַק ¹¹ טָבַח ¹² בְּשָׂרוֹ ¹³ בֶּ֫גֶד ¹⁴ לָבַשׁ ¹⁵ מָאַס ¹⁶ כָּלַךְ ¹⁷ עַל ¹⁸ (with plur. suff.) אָמַר ¹⁹ שָׁכַן ²⁰ עֲרָפֶל ²¹ יָצָא ²² שָׁכַב ²³ בְּ ²⁴ מִשְׁכָּב ²⁵ :

§ 31. THE FUTURE.

1. The future is formed from the second groundform קְטֹל by prefixing the preformatives אֵיתָן, which are originally vowelless, and receive the helping vowel Chirek. א receives Seghol. (§ 14. Rising I. a.)

2. The preformatives אֵיתָן indicate the personal relation, while the afformatives determine the relations of Gender and Number.

3. The preformatives and afformatives of the future are:

Person:		1.	2.		3.	
Sing.	com.	א	m.	תּ	m.	י
			f.	תּ—י	f.	תּ
Plur.	com.	נ	m.	תּ—וּ	m.	י—וּ
			f.	תּ—נָה	f.	תּ—נָה

§ 31. The Future.

4. The Cholem in the second syllable generally is only to be found in the transitive verbs (middle A), whilst the verbs middle E and O regularly have Patach: as יִגְדַּל from גָּדַל to be or become great, יִכְבַּד from כָּבֵד to be honored, יִקְטַן from קָטֹן to be little, small. Before Makkef, Cholem is changed into Kamets-Chatuph: as וַיִּכְתָּב־שָׁם and he wrote there.

5. The vowel of the last syllable which drops before the afformatives commencing with a vowel (§ 14, Rejection 3.), is regularly restored in pause. The restored vowel requires the tone and lengthens its restored A vowel (Patach) into Kamets: as תִּקְטְלִי, but תִּקְטְלִי, יִגְדְּלוּ, but יִגְדָּלוּ they will be great.

6. The forms ending in וּ or י– have occasionally, especially at the end of a period, a paragogic ן. (§ 12. 6. C.) In this last case the vowel of the second syllable is restored: as יִרְגְּזוּ, but יִרְגָּזוּן, תִּדְבְּקִין, but תִּדְבְּקִי.

7. The form תִּקְטֹלְנָה often appears without the ה; as וַתֹּאמַרְן.

8. Syntactical rules, see § 101.

Exercise 44.

בְּאֵין¹ נִרְגָּן² יִשְׁתֹּק³ מָדוֹן⁴: יְהוָה יִסְפֹּר⁵ עַמִּים: עַד־מָתַי⁹ תִּשְׁפְּטוּ עָוֶל⁷: עַד־מָתַי עָצֵל תִּשְׁכָּב⁸: אִם־יְהוָה לֹא־יִשְׁמָר־עִיר שָׁוְא⁹ שָׁקַד¹⁰ שׁוֹמֵר¹¹: לֹא אֶמְשֹׁל¹² אֲנִי בָכֶם וְלֹא־יִמְשֹׁל בְּנִי בָכֶם יְהוָה יִמְשֹׁל בָּכֶם: מַה־יִּצְדַּק¹³ אֱנוֹשׁ¹⁴ עִם¹⁵ אֵל: עָשִׁיר¹⁶ בְּרָאשִׁים¹⁷ יִמְשֹׁל: בַּיהוָה אֱלֹהֵיכֶם תִּדְבָּקוּ¹⁸: לֹא־תִגְנֹב¹⁹: אַל²⁰ תִּגְנֹל²¹־דָל²²: זֶרַע²³ עַוְלָה יִקְצֹר²⁴ אָוֶן²⁵: יַד חָרוּצִים²⁶ תִּמְשֹׁל: יְשָׁרִים²⁷ יִשְׁכְּנוּ²⁸ אָרֶץ: עִם הַנְּעָרִים²⁹ אֲשֶׁר לִי תִדְבָּקִין³⁰: שָׁמוֹר תִּשְׁמְרוּן אֶת־מִצְוֹת³¹ יְהוָה אֱלֹהֵיכֶם: אַל־תִּשְׂמְחִי³² בַּת³³־אֱדוֹם³⁴: שֵׁם רְשָׁעִים³⁵ יִרְקָב³⁶: כְּסִיל יִפְרֹשׂ³⁷

אֵלֶּה ³⁸: זֶרַע וְקָצִיר וְקֹר ³⁹ וָחֹם ⁴⁰ וְקַיִץ וָחֹרֶף ⁴¹ וְיוֹם וָלַיְלָה
לֹא יִשְׁבֹּתוּ ⁴²:

without[1] tattler[2] to cease[3] strife[4] to count[5] how long[6] injustice[7] to lie down, to sleep[8] in vain[9] to wake, to watch[10] the keeper, watchman[11] to rule[12] to be just[13] man[14] with[15] rich[16] poor[17] to cleave[18] to steal[19] not[20] to rob[21] poor[22] he that soweth[23] to reap[24] vanity[25] the diligent[26] upright[27] to dwell[28] young men[29] to keep fast[30] commandments[31] to be joyful[32] daughter[33] Edom[34] unrighteous, a sinner[35] to decay or perish quickly[36] to spread out, to extend[37] folly[38] cold[39] warmth, heat[40] autumn, harvest, frequently including (as here) the winter[41] to cease[42].

EXERCISE 45.

In that day shall be great[1] the mourning[2] in Jerusalem[3]. The Lord shall judge[4] the world[5] in righteousness[6]. In those days[7] I will pour out[8] my spirit[9] upon[10] all flesh[11]. Do ye thus[12] requite[13] the Lord[14]? The work shall be heavy[15] upon[16] the men. Of thee[17] she will require[18] the blood[19] of her brother[20], for[21] thou hast killed[22] him. I shall make[23] a covenant with[24] you, for you are my people[25], that I have chosen[26].

גָּדַל 1 מִסְפֵּד 2 יְרוּשָׁלַיִם 3 שָׁפַט 4 תֵּבֵל 5 צֶדֶק 6 יָמִים 7 שָׁפַךְ 8 רוּחַ 9 עַל 10 בָּשָׂר 11 זֹאת 12 גָּמַל 13 לְ עֲבֹדָה 14 fem. כָּבֵד 15 עַל 16 trans. at thy hand 17 דָּרַשׁ 18 דָּם 19 אָח 20 with suff.) אָחִי (כִּי 21 קָטַל 22 בְּרִית 23 אֵת, (אִתִּי), 24 עַם 25 with suff.) יַעְמִּי בָּחַר 26.

§ 32. THE LENGTHENED FUTURE OR OPTATIVE.

1. The first persons in Sing. and Plur. of all the active future tenses are frequently lengthened by the syllable הָ—, seldom הֶ—, which has the tone and affects the final vowel of the future, in the same manner as the afformatives ‿ and ‿: as אֶקְטְלָה, נִקְטְלָה.

2. The lengthened form has the signification of the optative and expresses *self excitation, purpose, direction of the will:* as נִשְׂמְחָה let us be joyful! —

NOTE. In a few instances it is found attached to other persons: Is. 5, 19. Ez. 23, 20, Ps. 20, 4. (with הָ—).

§ 32. THE LENGTHENED FUTURE OR OPTATIVE. 55

EXERCISE 46.

אֶלְמְדָה¹ מִצְוֹתֶיךָ: אֶקְבְּרָה² אֶת־מֵתִי³ שָׁמָּה⁴: נִדְרְשָׁה⁵ אֶת־
יְהוָֹה: נִקְרְבָה⁶ הֲלוֹם⁷ אֶל־הָאֱלֹהִים: אֶקְבְּצָה⁸ מִיִּשְׂרָאֵל
רָאשִׁים⁹: הַאֵין פֹּה¹⁰ נָבִיא¹¹ עוֹד¹² וְנִדְרְשָׁה¹³ מֵאֹתוֹ: אֶשְׁמְרָה
לְפִי¹⁴ מַחְסוֹם¹⁵: נִשְׁמְרָה דֶּרֶךְ יְהוָֹה: עַל־זֹאת¹⁶ אֶסְפְּדָה¹⁷:
בֹּאוּ¹⁸ וְנִבְרְכָה¹⁹ לִפְנֵי יְהוָֹה:

to learn¹ to bury² a dead person³ thither⁴ to seek⁵ come near, approach⁶ hither⁷ to gather⁸ heads, chiefs⁹ here¹⁰ prophet¹¹ further, besides¹² to ask, inquire¹³ mouth¹⁴ a muzzle¹⁵ therefore¹⁶ to wail¹⁷ come¹⁸ to bend the knee¹⁹.

EXERCISE 47.

Let us keep the testimony¹ of thy mouth². I may keep thy precepts³. Let us make a covenant, I and thou. I will pursue⁴ after⁵ David⁶. I will forget⁷ my complaints⁸. Let us send⁹ a letter¹⁰ unto the king of Israel. I will remember¹¹ these things¹² and I will pour out my soul¹³ in me¹⁴. I will make¹⁵ with¹⁶ you an everlasting covenant¹⁷. At¹⁸ thy hand I will require¹⁹ the flock²⁰ of my father.

עֵדוּת¹ פֶּה² (פִּי with suff.) פְּקוּדִים³ רָדַף⁴ אַחֲרֵי⁵ דָּוִד⁶ שָׁכַח⁷ שִׂיחַ⁸

שָׁלַח⁹ סֵפֶר¹⁰ זָכַר¹¹ אֵלֶּה¹² נַפְשִׁי¹³ יָעַל¹⁴ (with pl. suff.) כָּרַת¹⁵ לְ¹⁶ בְּרִית

עוֹלָם¹⁷ מִן¹⁸ (prefix) דָּרַשׁ¹⁹ צֹאן²⁰:

§ 33. VAV CONVERSIVE.

1. The preterite when connected by ו with a preceding verb in the *future* or *imperative* is made dependant upon this verb, and its time is thereby seemingly changed — it receiving a future meaning.

Vice versa the future when connected by ו with a *past tense* either expressed or understood, receives the signification of the preterite. See § 102. 1. 2. 3. 4.

2. This ו is called *Vav Conversive* (וָו הַהִפּוּךְ). Prefixed to the preterite it is the simple וְ or וּ conjunctive: as אָמַר he said, וְאָמַר and he will say, פָּעַל he made, וּפָעַל and he will make. Prefixed to the fut. it has Patach

and following Dagesh, before א Kamets (§ 14, II. 2.): as יִשְׁמֹר he will keep, וַיִּשְׁמֹר and he kept, וָאֶשְׁמֹר and I kept.

3. The pret. with Vav conv. removes the accent in the first and second person sing. to the ultimate syllable: as וְאָמַרְתָּ, but אָמַרְתָּ, וְקָטַלְתִּי but קָטַלְתִּי.

4. The fut. with vav conv. suffers the removal of its accent from the ultima to the penult, and consequently the last long vowel is changed into a short one. This rule, however, can never be applied to the fut. Kal of the *regular* verbs, because the penult here is always a closed syllable, § 9, 12, r. *General exception to this rule:* When the third radical is א, or the accent is a principal distinctive.

5. Syntactical rules, § 102.

Exercise 48.

וַיֹּאמֶר שָׁאוּל לָעָם אֲשֶׁר אִתּוֹ פִּקְדוּ־נָא² וּרְאוּ³ מִי הָלַךְ מֵעִמָּנוּ⁴ וַיִּפְקְדוּ וְהִנֵּה אֵין יוֹנָתָן⁵ וְנֹשֵׂא⁶ כֵלָיו⁷: וַיִּשְׁלַח⁸ יוֹנָתָן אֶת־קְצֵה⁹ הַמַּטֶּה אֲשֶׁר בְּיָדוֹ וַיִּטְבֹּל¹⁰ אוֹתָהּ בְּיַעְרַת¹¹ הַדְּבָשׁ: וְהָיָה עֵקֶב¹² תִּשְׁמְרוּן אֵת הַמִּשְׁפָּטִים¹³ הָאֵלֶּה וְשָׁמַר יְהֹוָה לָכֶם אֶת־הַבְּרִית אֲשֶׁר כָּרַת¹⁴ עִמָּכֶם: צֶדֶק¹⁵ צֶדֶק תִּרְדֹּף¹⁶ וְיָרַשְׁתָּ¹⁷ אֶת־הָאָרֶץ אֲשֶׁר־יְהֹוָה אֱלֹהֶיךָ נֹתֵן לָךְ: וַיִּמְשְׁכוּ¹⁸ אֶת־יוֹסֵף¹⁹ מִן הַבּוֹר: וַיִּטְבְּלוּ אֶת־הַכֻּתֹּנֶת²⁰ בַּדָּם²¹: עֵינֶיךָ²² בַּשָּׂדֶה אֲשֶׁר יִקְצֹרוּן וְהָלַכְתְּ אַחֲרֵיהֶן²³: וַיִּפְקֹד דָּוִד אֶת־הָעָם אֲשֶׁר אִתּוֹ: וַיִּתְקַע²⁴ יוֹאָב²⁵ בַּשּׁוֹפָר²⁶: וְהַמֶּלֶךְ לָאַט²⁷ אֶת־פָּנָיו²⁸ וַיִּזְעַק²⁹ הַמֶּלֶךְ קוֹל גָּדוֹל³⁰ בְּנִי אַבְשָׁלוֹם³¹ אַבְשָׁלוֹם בְּנִי בְנִי: דְּבַר שְׁלַח אֲדֹנִי בְיַעֲקֹב³² וְנָפַל³³ בְּיִשְׂרָאֵל³²: יְהֹוָה יִהְיֶה³⁴ בְכִסְלֶךָ³⁵ וְשָׁמַר רַגְלְךָ מִלָּכֶד³⁶: אִם תִּשְׁכַּב לֹא־תִפְחָד³⁷ וְשָׁכַבְתָּ וְעָרְבָה³⁸ שְׁנָתֶךָ³⁹:

number¹ interj. denoting respectful entreaty² and see³ from us⁴ n. p. m.⁵ the bearer of⁶ arms⁷ to put forth⁸ the end of⁹ to dip¹⁰ (honey) twig, honey-

§ 33. VAV CONVERSIVE.   57.

comb[11] because[12] judgments[13] to cut[14], כָּרַת בְּרִית to make a covenant (from the ancient custom of cutting up victims on such occasions.) justice, righteousness[15] to pursue[16] to inherit[17] to draw[18] n. p. m.[19] coat[20] blood[21] eyes[22] after[23] to blow[24] n. p. m.[25] trumpet[26] to wrap around, to muffle[27] face[28] to cry, to lament[29] great, loud[30] n. p. m.[31] בְּ into, upon; n. p. m.[32] to fall[33] shall be[34] strength, support[35] capture, noose[36] to be in dread[37] to be sweet[38] thy sleep[39]. * § 96, 3. 2.

EXERCISES 48.

And[1] God remembered his covenant with[2] Abraham. And[1] Abraham weighed[3] to Ephron[4] the silver[5]. And I hewed[6] two[7] tables[8] of stone[9], and he wrote[10] on[11] the tables the[13] ten[12] commandments[13]. And[1] a mighty[15] king shall stand up[14] and he shall rule (with) great[16] dominion[17]. And[1] Moses[18] wrote this law. And[1] Rachel stole the images[19] that (belonged) to her father. Hear[20], O Israel, the Lord, our God[21], the Lord is one[22]. And[1] thou shalt love[23] the Lord thy God. If[24] God will be[25] with me[26], and[1] will keep[27] me in this way[28], and[1] will give[29] me bread[30], then[31] will I serve[32] him forever[33]. God shall send[34] his angel[35] before[36] thee, and thou shalt take[37] a wife[38] to my son[39] from thence[40].

8 לָחֹת 7 שְׁנֵי־ 6 פָּסַל 5 כֶּסֶף 4 עֶפְרוֹן 3 שָׁקַל 2 אֶת 1 Connect „and" with the verb!
15 גִּבּוֹר, connect the article! 13: דְּבָרִים 12 עֲשֶׂרֶת 11 עַל 10 כָּתַב (stones) 9 אֲבָנִים
18 מֹשֶׁה   cf. §. 90, 2. 17 מִמְשָׁל 16 רַב 14 stand up עָמַד, after the noun! cf. §. 90, 2.
27 שָׁמַר 26 עָבְדִי 25 יִהְיֶה 24 אִם 23 אָהַב 22 אֶחָד 21 אֱלֹהִים 20 שָׁמַע 19 תְּרָפִים
35 מַלְאָךְ [fut. A.] 34 שָׁלַח 33 לְעוֹלָם 32 עָבַד (vav Conv.) 31 וְ 30 לֶחֶם 29 נָתַן 28 דֶּרֶךְ
40 שָׁם: [with suff.] 39 בְּנִי etc.] 38 בֶּן 37 אִשָּׁה לָקַח [with plur. suff.] 36 לִפְנֵי etc.]

§ 34. THE IMPERATIVE.

1. The imperative belongs to the second groundform: the infin. const., and in most instances is identical with it in form; as קְטֹל Inf. const. and קְטֹל Imp.

2. The verbs with A in the fut. retain the same in the imp.: as fut. יִשְׁכַּב he will lie down, יִלְבַּשׁ he will be clothed, Imp. לְבַשׁ, שְׁכַב.

3. The Chirek in the f. sing. and m. plur. is called by

the ancient grammarians תְּנוּעָה קַלָּה light vowel, its sound, originated from Sh'va, being so lightly passed over, that it cannot form a closed syllable with the following Sh'va, hence רִדְפוּ, read: ri-d'fu and not rid-fu, עִרְכוּ (§ 11, 7.).

4. To the imp. is annexed very often the paragogic ־ָה, expressive of wish and entreaty, emphasis. With paragogic ־ָה the form קְטֹל becomes קָטְלָה, the form קְטַל becomes קָטְלָה: as שְׁמֹר, שְׁמָרָה; שְׁכַב, שִׁכְבָה.

5. Before Makkef the Cholem is changed into Kamets-Chatuph: as דְּרָשׁ־נָא enquire, I pray thee. שְׁפָט־צֶדֶק judge righteously.

6· In pause the dropped vowels O or A in the forms קְטְלִי, קָטְלוּ return: as שִׁפְטוּ אֱמֶת מִשְׁפָּט execute true judgment.

7. After the imp. and fut. if the latter be lengthened (optat.), נָא is often put, as a particle of incitement and entreaty: I pray thee! (the German: doch! the Latin: dum with the imp. or quaeso, age.): as שְׁלַח־נָא יָדְךָ put forth thy hand. אֵרְדָה־נָּא I will go down.

8. Syntactical rules. § 104.

Exercise 50.

טִבְלִי פַת¹ בַּחֹמֶץ²: שִׁפְטוּ דַל וְיָתוֹם³: חֶסֶד⁴ וּמִשְׁפָּט שְׁמֹר: זֹאת זָכְרָה לִי יְהוָה לְטוֹבָה⁵: שָׁמְרָה זֹאת לְעוֹלָם⁶: אֶת־יְהוָה הַגָּדוֹל⁷ וְהַנּוֹרָא⁸ זְכֹרוּ: לִקְטוּ אֲבָנִים⁹: נְצֹר¹⁰ לְשׁוֹנְךָ¹¹ מֵרָע¹²: כִּתְבוּ¹³ לָכֶם אֶת־הַשִּׁירָה¹⁴ הַזֹּאת: זְכוֹר כִּי עָפָר אֲנָחְנוּ: שִׁמְעוּ¹⁵ דְבַר¹⁶ יְהוָה: דְּרֹשְׁנָה נָשִׁים¹⁷ אֶת־יְהוָה: נִצְרֵי מִצְוֹת¹⁸ אָֽרֶץ¹⁹: סִפְרֵי הַכּוֹכָבִים: כְּרֹתוּ²⁰ עֵץ²¹ וְשִׁפְכוּ²² עַל²³ הָעִיר סֹלְלָה²⁴ חִזְקוּ²⁵ וְאִמְצוּ²⁶: שִׁלְחָה הַנַּעַר²⁷ אִתִּי: שְׁמָר־²⁸תָּם²⁹ וּרְאֵה³⁰ יָשָׁר כִּי־אַחֲרִית³¹ לְאִישׁ שָׁלוֹם: שִׂמְחוּ צַדִּיקִים בַּאדֹנָי: שִׁכְבִי עַד הַבֹּקֶר: עִבְרוּ³² מְהֵרָה³³ אֶת־הַמַּיִם כִּי־כָכָה יָעַץ³⁴

§ 34. THE IMPERATIVE.

עֲלֵיכֶם³⁴ אֲחִיתֹפֶל³⁵ : וַתִּקְרָא³⁶ אִשָּׁה חֲכָמָה מִן־הָעִיר³⁷ שִׁמְעוּ
שִׁמְעוּ אִמְרוּ־נָא אֶל־יוֹאָב קְרַב עַד־הֵנָּה : דִּרְשׁוּ טוֹב וְאַל־רָע :

morsel, sc. of bread¹ vinegar² orphan³ mercy⁴ for good⁵ for ever⁶ great⁷ terrible⁸ stones⁹ keep¹⁰ tongue¹¹ evil¹² to write¹³ song¹⁴ to hear¹⁵ the word of¹⁶ women¹⁷ the commandment of¹⁸ mother¹⁹ to hew²⁰ tree²¹ to cast²² against²³ a mound, rampart²⁴ to be strong²⁵ to be courageous²⁶ boy, youth²⁷ to mark²⁸ the perfect (man)²⁹ behold³⁰ the end³¹ to pass over³² quickly, hastily³³ to advise, with עַל against one³⁴ n. p. m.³⁵ then cried³⁶ wise³⁷. (f.)

EXERCISE 51.

Flee¹ (pl. m.) from this place. Write (pl. f.) a letter to the king. Keep (sing. f.) the word of² the Lord. Seek³ (pl. m.) the Lord. Seek (sing. f.). Seek (pl. f.). Seize⁴ (pl. m.) the prophets of⁵ Baal⁶. Shut⁷ (pl. f.) the door⁸. Keep (paragog.) this (f.) forever⁹. Preserve¹⁰ (paragog.) my soul¹¹, for pious¹² I (am). Remember (parag.) this (f.) my God! Stretch¹³ out¹³ thy hand towards* Him. Send (parag. fut. A.) me, I pray thee, one¹⁴ of the young men¹⁵. Offer¹⁶ unto God thanksgiving¹⁷. Sacrifice¹⁸ (pl. m.) to your God in the land! Trust¹⁹ in²⁰ the Lord with²¹ all thine heart²². Remember (following Makkef!) I pray thee, the word²³ of thy father.

בָּרַח¹ דָּבָר² דָּרַשׁ³ תָּפַשׂ⁴ נְבִיאֵי⁵ בַּעַל⁶ סָגַר⁷ דֶּלֶת⁸ לְעוֹלָם⁹ שָׁמַר¹⁰ נַפְשִׁי¹¹ חָסִיד¹² פָּרַשׂ¹³, אֶל *with pl. suff. אֶחָד¹⁴ נְעָרִים¹⁵ זָבַח¹⁶ [fut. A.] תּוֹדָה¹⁷ זָבַח¹⁸ בָּטַח¹⁹ [fut. A.] אֶל²⁰ בְּ²¹ לֵבָב²² [with suff. לְבִּי] דָּבָר²³.

§ 35. THE PARTICIPLE.

1. The participles are formed from the first ground-form (the preterite). Kal has two participles, one active and one passive. In the act., the first radical takes וֹ or ־ֹ, the second ־ֵ; in the pass., the pretonic Kamets remains (in sing. masc.), and וּ (or sometimes, in order to form pass. substantives י־ § 56, 3.) is inserted between the two last radicals: קָטוּל killed; אָסוּר fettered, אָסִיר a prisoner.

2. The participle involves in its signification the person or thing to which the action is attributed: as שֹׁמֵר keeping, properly one that keeps, or a keeper, אֹהֵב a loving person,

friend, אָהוּב a beloved person. The participle thus having the character of a noun is treated as such: receiving the article: as הָאָהֵב, and possessing the same terminations of gender and number. (§ 57, § 58).

3. The part. preceded by the personal pronoun expresses present time: as אָנֹכִי הֹלֵךְ I go.

4. קָטֵל (or קוֹטֵל) is the regular participle of the verbs middle A, like קָטַל; the participles of the verbs middle E and O are identical in form with the pret.: as זָקֵן (to be or grow old) pret., זָקֵן part. יָגֹר (to fear) pret., יָגֹר or יָגוֹר part.

5. Sometimes poetically, the old union-syllable ־ִי is appended to the st. const. m. and f. of the part. act.: as שֹׁכְנִי סְנֶה the inhabitant of the thorn-bush. 5. Mos. 33, 16. הַהֹפְכִי הַצּוּר who changes the rock; Ps. 114, 8. יֹשְׁבִי Ps. 123, 1. אֹסְרִי 1. Mos. 49, 11. אֹהַבְתִּי Hos. 10, 11. Sometimes the י is not read: as שֹׁכַנְתִּי, יֹשַׁבְתִּי Jer. 22, 23. 51, 13.

6. The inflection of the participles active and passive are:

Part. act.

	S.		P.
m.	קֹטֵל	m.	קֹטְלִים
f.	קֹטֶלֶת (קֹטְלָה)	f.	קֹטְלוֹת

Part. pass.

	S.		P.
m.	קָטוּל	m.	קְטוּלִים
f.	קְטוּלָה	f.	קְטוּלוֹת

7. Syntactical rules. § 107.

Exercise 52.

אֱלֹהִים מֹשֵׁל בַּכֹּל: יְהוָה אֹהֵב[1] צַדִּיקִים: שֹׁמְרִים הֵם אֶת־דֶּרֶךְ יְהוָה כַּאֲשֶׁר[2] שָׁמְרוּ אֲבוֹתָם[3]: דְּבוֹרָה שֹׁפְטָה אֶת־יִשְׂרָאֵל בָּעֵת הַהִיא: יִשְׁפֹּט יְהוָה הַשֹּׁפֵט הַיּוֹם בֵּין[4] יִשְׂרָאֵל וּבֵין עַמּוֹן: הַזֹּרְעִים בְּדִמְעָה[5] בְּרִנָּה[6] יִקְצֹרוּ[7]: כָּשַׁל[8] עוֹזֵר[9] וְנָפַל עָזֻר: הֲלֹא־הִיא כְתוּבָה עַל־סֵפֶר[10] הַיָּשָׁר: יֵשׁ[11] עֹשֵׁר[12] שָׁמוּר לְרָעָה[13]: גּוֹזֵל[14] אָבִיו[15] וְאִמּוֹ[16] וְאֹמֵר אֵין־פָּשַׁע[17] חָבֵר[18] הוּא לְאִישׁ מַשְׁחִית[19]: קוֹל[20] דְּבָרִים[21] אַתָּה שֹׁמֵעוֹת: מִי־הָאִישׁ הֶחָפֵץ[22] חַיִּים: מַיִם גְּנוּבִים יִמְתָּקוּ[23]: אֶת רֹבְצָה[24] תַּחַת

§ 35. THE PARTICIPLE.

מַשָּׂאֲךָ׃²⁵ צִדְקַת²⁶ יְהוָה עֹמֶדֶת²⁷ לָעַד׃²⁸ סוֹמֵךְ²⁹ יְהוָה לְכָל־
הַנֹּפְלִים׃ הָאֲנָשִׁים³⁰ הָאֵלֶּה שְׁלֵמִים³¹ הֵם׃ אֵלֶּה הַפְּקוּדִים
אֲשֶׁר פָּקַד מֹשֶׁה וְאַהֲרֹן׃ הֶחָכָם עֵינָיו בְּרֹאשׁוֹ וְהַכְּסִיל בַּחֹשֶׁךְ
הוֹלֵךְ׃ אֹהֵב כֶּסֶף לֹא־יִשְׂבַּע³² כָּסֶף׃ שֹׁמֵר רוּחַ לֹא יִזְרָע׃ יְהוָה
נֹתֵן לַיָּעֵף³³ כֹּחַ׃ דּוֹר הֹלֵךְ וְדוֹר בָּא וְהָאָרֶץ לְעוֹלָם עֹמָדֶת׃

to love¹ as² their fathers³ between⁴ tear⁵ joy⁶ to totter⁷ to help⁸ book⁹ there is, are¹⁰ riches¹¹ evil, harm¹² his father¹³ his mother¹⁴ (it is) not¹⁵ transgression¹⁶ companion¹⁷ destruction, corruption¹⁸ sound¹⁹ words²⁰ desire²¹ to be sweet²² to lie down²³ under²⁴ thy burden²⁵ righteousness of²⁶ to stand, endure²⁷ for ever²⁸ to uphold²⁹ men³⁰ peaceable³¹ to have abundance of³² faint³³.

EXERCISE 53.

The Lord raiseth up¹ (those that are) bowed down². Three³ kings⁴ are standing up⁵. Wherefore⁶ do ye transgress⁷ the commandment⁸ of the Lord? The wealth of⁹ the sinner¹⁰ is laid up¹¹ for the just. The iniquity of¹² Ephraim¹³ is bound up¹⁴, his sin¹⁵ is hid¹⁶. She dwells¹⁷ in the midst¹⁸ of my people. Ye (fem.) go¹⁹ the way²⁰ of all the earth. The beasts²¹ of the field flee²¹ from²² the lion²³. The door²⁴ is opened²⁵. Wherefore liest thou²⁶ upon²⁷ thy face²⁸? The ant²⁹ gathereth³⁰ her food³¹ in the harvest³². The fool foldeth³³ his hands³⁴ together³⁵.

זָקַף¹ כָּפַף² שְׁלֹשָׁה³ מְלָכִים⁴ עָמַד⁵ לָמָּה־זֶּה⁶ עָבַר⁷ פֶּה⁸ st. const. פִּי
חַיִל⁹ st. const. חֵיל, חוֹטֵא¹⁰ צָפַן¹¹ עָוֹן¹² st. const. עֲוֹן, אֶפְרַיִם¹³ צָרַר¹⁴
חַטָּאתוֹ¹⁵ (fem.) צָפַן¹⁶ שָׁכַן¹⁷ בְּתוֹךְ¹⁸ הָלַךְ ב¹⁹ דֶּרֶךְ²⁰ חַיּוֹת²¹ בָּרַח²¹
מִפְּנֵי²² אֲרִי²³ דֶּלֶת²⁴ (fem.) פָּתַח²⁵ נָפַל²⁶ עַל²⁷ פָּנֶיךָ²⁸ גְּמָלָה²⁹ [fem.]
אָגַר³⁰ מַאֲכָל³¹ קָצִיר³² חָבַק³³ יָדָיו³⁴׃

§ 36. NIPHAL.

1. The two principal forms again pointed out in the paradigm by larger type, are the preterite נִקְטַל and the inf. const. הִקָּטֵל. To the first corresponds the participle נִקְטָל, with the exception of having like all the other participles of the passive conjugations Kamets under

the second radical. The rest of the forms coincide with the second principal form הִנָקֵטל, for הָנְקְטַל.

2. From the original יְהִנָקְטֵל (§ 31, 1.) arises יִנָּקֵטל (§ 12. 6, B. 3.), from this, יָקֵטל (§12, 4), the future Niphal. The first person of the fut. is sometimes found with Chirek under א: as אִשָּׁפֵט I shall judge. The optative always has Chirek: as אִמָּלְטָה I will escape.

3. The 3 pers. fem. of the pret. נִקְטְלָה is in pause נִקְטָלָה (§ 14. Rising II), identical with the feminine of the participle נִקְטָלָה. They are distinguished by the position of the accent: רוּחַ נִשְׁבָּרָה (Milra) part., וְזַרְעוּ נִשְׁבָּרָה (Milel) is preterite. (§ 9, 12, I. Note.)

4. In the Infin. after בְ and לְ, the ה occasionally drops and its vowel recedes (§ 12, 6. B. 3.): as בְּכָשְׁלוֹ for בְּהִכָּשְׁלוֹ.

5. The infin., imp. and fut., when followed by a monosyllabic word, throw back the tone, shortening the final Tsere into Seghol (§ 9, 12, r., § 14, Shortening c.): as יִלָּכֶד בָּהּ he shall be taken by her, תִּכָּתֶב זֹאת this shall be written.

6. With distinctive accents Patach is sometimes put for Tsere: as וַיִּנָּפַשׁ and he was refreshed, וַיִּגָּמַל and he was weaned.

7. The second and third persons plur. f. *regularly have Patach,* but once with Tsere: תֵּעָגֵנָה Ruth 1, 13.

8. The imper. of Nif. is reflexive or reciprocal in meaning, for no passive verb would allow an imperative.

9. The participle passive of Kal and the part. Nif. thus differ in meaning: the part. Nif. representing the noun to which it belongs as being acted upon in *present time*, whilst the part. pass. of Kal does not take *the time* into consideration: as הַדֶּלֶת נִפְתָּחָה the door opened *now*, הַדֶּלֶת פְּתוּחָה the door opened, הַקָּנֶה הַנִּשְׁבָּר the cane broken *now*, הַקָּנֶה הַשָּׁבוּר the broken cane.

§ 36. NIPHAL.

10. The Inflection of the participle is:

S. m. נִקְטָל   P. m. נִקְטָלִים
   f. נִקְטֶלֶת (נִקְטָלָה)   f. נִקְטָלוֹת

Exercise 54.

רְשָׁעִים¹ יִכָּשְׁלוּ בְרָעָה²: דֶּרֶךְ רְשָׁעִים כָּאֲפֵלָה³ לֹא יָדְעוּ
בַמֶּה⁴ יִכָּשֵׁלוּ⁵: עָשִׁיר וָרָשׁ⁶ נִפְגָּשׁוּ⁷: הוֹלֵךְ בְּחָכְמָה יִמָּלֵט⁸:
תִּשָּׁבֵר⁹ כָּעֵץ עוּלָה¹⁰: רְשָׁעִים בְּרֶשֶׁת¹¹ זוּ טָמָנוּ¹² נִלְכְּדָה¹³
רַגְלָם¹⁴: נַפְשֵׁנוּ¹⁵ כְּצִפּוֹר¹⁶ נִמְלְטָה מִפַּח¹⁷ יוֹקְשִׁים¹⁸ הַפַּח נִשְׁבָּר
וַאֲנַחְנוּ נִמְלָטְנוּ: זְרוֹעוֹת¹⁹ רְשָׁעִים תִּשָּׁבַרְנָה וְסוֹמֵךְ צַדִּיקִים
יְהוָֹה: דַּל מֵרֵעֵהוּ²⁰ יִפָּרֵד²¹: שֹׁפֵךְ²² דַּם הָאָדָם בָּאָדָם דָּמוֹ
יִשָּׁפֵךְ: הוֹי צִיּוֹן²³ הִמָּלְטִי: בְּטוֹבָה²⁴ יִקָּצוּן²⁵ שׂוֹנֵא²⁶ וּבְרָעָה²⁷
יִפָּרֵד אוֹהֵב²⁸: הִפָּרֵד מִשֹּׂנַאֲךָ וּמֵאוֹהֵב הִזָּהֵר²⁹: הִשָּׁפֵט טֶרֶם³⁰
תִּשָּׁפֵט: נִכְסְפָה³¹ נַפְשִׁי לְחַצְרוֹת³² יְהוָה: הָלֹךְ הָלַכְתָּ כִּי־
נִכְסֹף נִכְסַפְתָּ לְבֵית אָבִיךָ: הִשָּׁמְרוּ לָכֶם פֶּן³³־תִּשְׁכְּחוּ³⁴ אֶת־
בְּרִית יְהוָה אֱלֹהֵיכֶם אֲשֶׁר כָּרַת עִמָּכֶם: גִּבּוֹר לֹא־יִנָּצֵל³⁵
בְּרָב־כֹּחַ³⁶: אֵין־חֹשֶׁךְ וְאֵין צַלְמָוֶת³⁷ לְהִסָּתֶר³⁸ שָׁם³⁹ פֹּעֲלֵי⁴⁰
אָוֶן: יְהוָה עָלֶיךָ נִסְמַכְתִּי⁴¹ מִנְּעוּרָי⁴²: זֶרַע צַדִּיקִים נִמְלָט⁴³:
פֹּשְׁעִים⁴⁴ נִשְׁמְדוּ⁴⁵ יַחְדָּו⁴⁶ אַחֲרִית⁴⁷ רְשָׁעִים נִכְרָתָה:

wicked¹ mischief² darkness³ at what⁴ stumble⁵ (the Tsere in Pause! § 14 Rising II.) poor⁶ to meet each other⁷ to deliver⁸ to break⁹ wickedness¹⁰ net¹¹ to hide¹² to take, catch¹³ their foot¹⁴ our soul¹⁵ bird¹⁶ snare¹⁷ fowlers¹⁸ arms¹⁹ neighbour, friend²⁰ to separate²¹ to shed²² Zion²³ prosperity²⁴ to be grieved²⁵ enemy²⁶ adversity²⁷ friend²⁸ to take heed²⁹ before³⁰ to long³¹ courts³² that not, lest³³ to neglect, forget³⁴ to be delivered³⁵ multitude³⁶ shadow of death³⁷ to hide one's self³⁸ there³⁹ the worker of⁴⁰ to trust⁴¹ youth⁴² to be delivered⁴³ the transgressor⁴⁴ to be destroyed⁴⁵ together⁴⁶ the end, future⁴⁷.

Exercise 55.

The soul¹ of Jonathan² was knit³ with⁴ the soul of David. And⁵ the number⁶ of⁶ the children⁷ of⁷ Israel shall be as⁸ the sand⁹ of the sea, which will not be numbered¹⁰.

Is not[11] the whole[12] land before thee[13]? separate[14] thyself, I pray thee, from me[15]. And[5] they separated themselves the one[16] from the other[17]. Suddenly[18] Babylon[19] is fallen and destroyed[20]. Were ye also[21] sold for[22] slaves[23]? Thus[24] saith the Lord: Behold[25], I[25] will give[26] this city into the hand of[27] the king of Babylon, and thou shalt not escape[28] out of his hand[29] but[30] shalt be caught[31] and given into his hand. We are sold, ye (fem.) are sold, thou (fem.) art sold, ye will be delivered[32]. And in all[33] things[33] that I have said to you, be circumspect[34].

1 f. נֶפֶשׁ   2 יְהוֹנָתָן   3 קָשַׁר   4 ב   5 connect „and" with the verb: and shall be וְהָיָה
6 מִסְפָּר   7 בְּנֵי   8 כִּי   9 m. חוֹלִי   10 סָפַר   11 הֲלֹא   12 כָּל-   13 לְפָנֶיךָ   14 פָּרַד   15 מֵעַל
16 אִישׁ   17 מֵעַל אָחִיו   18 פִּתְאֹם   19 בָּבֶל (fem.)   20 שָׁבַר   21 גַם   22 ל   23 עֲבָדִים   24 כֹּה
25 behold הִנְנִי   25 Part. act.   26 בְּיַד   27 מָלַט Ni. 28   29 מִיָּדוֹ   30 כִּי   31 תָּפַשׂ Ni.
32 מָלַט Ni.   33 כֹּל   34 שָׁמַר Ni.

§ 37. PIEL AND PUAL.

1. The first principal form is קִטֵּל, the second קֻטַּל. With the second are allied: the imp. קַטֵּל, the fut. יְקַטֵּל, the part. מְקַטֵּל. In Pual the two principal forms are identical.

2. Under the second radical the pret. Piel has Tsere, which changes in the inflection into Patach; as קִטֵּל, קִטַּלְתִּי, קִטַּלְתָּ. Occasionally even the principal form is found with Patach: as אִבַּד וְשִׁבַּר he destroyed and broke in pieces, especielly before Makkef: לִמַּד־דַּעַת he teaches wisdom. Seghol in the following three verbs: דִּבֶּר to speak, כִּבֶּס to wash, כִּפֶּר to atone.

3. As the first radical in Piel and Pual must be vocalized for the following Dag., the preformatives of these conjugations can retain their original Sh'va: as יְקַטֵּל, מְקַטֵּל.

4. The participle in these and all the other conjugations (except Kal and Nif.) has a prefixed מ.

§ 37. PIEL AND PUAL.

5. The inflection of the participles in Piel and Pual is as follows:

Part. Piel.   *Part. Pual.*

S.   P.   S.   P.

m. מְקַטֵּל   m. מְקַטְּלִים   m. מְקֻטָּל   m. מְקֻטָּלִים
f. מְקַטֶּלֶת f. מְקַטְּלוֹת   f. מְקֻטֶּלֶת f. מְקֻטָּלוֹת

NOTE I. Without מְ the participle seldom occurs: as שַׁבֵּחַ אֲנִי I praise, Ec. 4, 2. לֻקַּח taken, 2 Ki. 2, 10.

NOTE II. The feminine in Piel is usually ת־ֶ, the ending ה־ָ indicating a nominal signification: as מְכַשֵּׁפָה a sorceress, witch. In Pual the fem. in ה־ָ is rarely found: מְעֻשָּׁקָה Is. 23, 12, מְלֻמָּדָה id. 29, 15.

6. In those forms of Piel and Pual, which have Sh'va under the second radical, the characteristic Dag. is often dropped: as שִׁלְחָה for שִׁלְּחָה she dismissed.

7. The part. Pual like that of Nif. is distinguished by Kamets in the last syllable: as מְקֻטָּל.

8. The infin., imp. and fut., when followed by Makkef, or a word having the tone on the penult, generally take Seghol in the final syllable: as קַדֶּשׁ־לִי sanctify unto me; יְבַקֶּשׁ־לוֹ he seeks him.

EXERCISE 56.

בַּת־בָּבֶל¹ הַשְּׁדוּדָה² אַשְׁרֵי שֶׁיְשַׁלֶּם־³ לָךְ אֶת־גְּמוּלֵךְ⁴ שֶׁגָּמַלְתְּ⁵ לָנוּ: תַּחֲנוּנִים⁶ יְדַבֶּר־⁷ רָשׁ: נִכְבָּדוֹת⁸ מְדֻבָּר בָּךְ עִיר הָאֱלֹהִים: כַּבֵּד⁹ אֶת־יְהוָה מֵהוֹנֶךָ¹⁰: אָנָּה¹¹ יְהוָה מַלְּטָה נַפְשִׁי: תְּחִלַּת¹² מְשׁוּבָה¹³ מַחֲלַת¹⁴ לֵב¹⁵: חַטָּאִים¹⁶ תְּרַדֵּף¹⁷ רָעָה¹⁸: בַּקֵּשׁ־¹⁹ לֵץ²⁰ חָכְמָה וָאָיִן²¹: בְּיָדְךָ יְהוָה לְגַדֵּל²² וּלְחַזֵּק²³ לַכֹּל: שָׁמַר²⁴ תּוֹכַחַת²⁵ יְכֻבָּד: בַּקְּשׁוּ־צֶדֶק בַּקְּשׁוּ עֲנָוָה²⁶: תּוֹרָה יְבַקְּשׁוּ מִכֹּהֵן²⁷: כַּבְּסִי²⁸ מֵרָעָה לִבֵּךְ: לָמָּה שִׁלַּמְתֶּם־רָעָה תַּחַת טוֹבָה: הַיְשֻׁלַּם תַּחַת טוֹבָה רָעָה: מְכַבֵּד אָבִיו יְכֻבַּד מִבָּנָיו²⁹: יְהוָה

יִשְׂגֵּב ³⁰ אֶבְיוֹן ³¹ מֵעוֹנִי ³² : אֱלֹהִים יְבַקֵּשׁ אֶת־הַנִּרְדָּף וְהַנִּרְדָּף ³⁴ יְבַקֵּשׁ אֶת־אֱלֹהִים : בִּקְשׁוּ חָזוֹן ³³ מִנָּבִיא וְתוֹרָה מִכֹּהֵן וְעֵצָה מִזְּקֵנִים ³⁵ : הַסְּפִינָה ³⁶ חִשְּׁבָה ³⁷ לְהִשָּׁבֵר : חָנֵן ³⁸ אֶבְיוֹן מְכַבֵּד עֶלְיוֹן ³⁹ : אָדָם לְעָמָל ⁴⁰ יֻלָּד ⁴¹ : גָּדוֹל יְהֹוָה וּמְהֻלָּל ⁴² מְאֹד : שְׁמוּעָה ⁴³ טוֹבָה תְּדַשֵּׁן ⁴⁴ ־עֶצֶם ⁴⁵ : הַשַּׁחַר יָעִוֵּר ⁴⁶ פִּקְחִים ⁴⁷ וִיסַלֵּף ⁴⁸ דִּבְרֵי ⁴⁹ צַדִּיקִים : אִיּוֹב אָמַר אֶל־אִשְׁתּוֹ ⁵⁰ כְּדַבֵּר אַחַת ⁵¹ הַנְּבָלוֹת ⁵² תְּדַבֵּרִי גַּם אֶת־הַטּוֹב נְקַבֵּל ⁵³ מֵאֵת הָאֱלֹהִים וְאֶת־ הָרַע לֹא נְקַבֵּל : בְּחֶסֶד וֶאֱמֶת יְכֻפַּר ⁵⁴ עָוֹן ⁵⁵ : זַמְּרוּ ⁵⁶ לֵאלֹהִים זַמֵּרוּ :

Babylon¹ to destroy² to reward³ גְּמוּל any act done, good or evil⁴ to do, show good or evil to any one⁵ entreaties⁶ to speak⁷ דַּבֶּר־נָא to speak entreatingly, glorious things⁸ to honor⁹ wealth, plenty¹⁰ interj. of entreaty, I pray¹¹ hope¹² to defer¹³ sickness¹⁴ the heart¹⁵ sinners¹⁶ to pursue¹⁷ wickedness¹⁸ to seek¹⁹ a scorner²⁰ אַיִן not²¹ (including the verb *to be*,) to make great²² to give strength²³ to regard²⁴ reproof²⁵ meekness²⁶ priest²⁷ to wash²⁸ בָּנִים sons, children²⁹ to raise³⁰ poor, indigent³¹ affliction³² a vision³³ counsel³⁴ ancients³⁵ ship³⁶ to be about³⁷ to be merciful³⁸ (const. with acc.,) the Most High³⁹ toil, trouble⁴⁰ to bear, bring forth⁴¹ to praise⁴² a report⁴³ to make fat⁴⁴ bone, body⁴⁵ to blind⁴⁶ seeing, having the eyes open⁴⁷ to pervert⁴⁸ the words of⁴⁹ his wife⁵⁰ one of⁵¹ foolish women⁵² to receive⁵³ to forgive⁵⁴ sin⁵⁵ to sing hymns, praises⁵⁶.

Exercise 57.

Haman¹ stood up to make request² for³ his life⁴. Behold⁵, the righteous⁶ shall be recompensed⁷ on the earth. The Lord rewards⁷ the man of violence⁸. I taught⁹ ye (the) law¹⁰. Miriam¹¹ sung¹² praises¹² to the Lord, with¹³ the harp¹⁴. I have preached¹⁵ righteousness in a great¹⁷ congregation¹⁶. Did ye hope¹⁸ in¹⁹ the Lord? Why²⁰ have ye (f.) not met²¹ the traveller²², with bread and water? I shall not lie²³, thou (f.) wilt not lie, ye will not lie, they (f.) will not lie. Do (pl. fem.) not profane²⁴ the name²⁵ of our God. This (is) the law, (which) the Lord commanded²⁶ to teach you. Thou (f.) art gathering²⁷ ears. Five²⁸ cities²⁹ in the land of Egypt³⁰ are speaking³¹ the tongue of³² Canaan³³. The poor³⁴ (women) are seeking³⁵ bread. The ears are gathered by the poor. The tongue (f.) of Canaan is spoken in Egypt.

1 הָכָן Pi. ² בָּקֵּשׁ Pi. ³ יַעַל 4 נַפְשׁוּ 5 הֵן 6 צַדִּיק 7 שָׁלֵם [Pi. act.] 8 חָכָם Pi. 9 לָכַד Pi. 10 תּוֹרָה 11 מְרִים Pi. 12 זָכַר Pi. 13 בּ 14 בְּגוֹר Pi. 15 בְּשַׂר Pi. 16 קָהָל m. 17 רָב 18 שָׁבַר Pi. 19 אֵל 20 מַדּוּעַ 21 קָדַם Pi. 22 אֹרַח 23 שֶׁקֶר Pi. 24 חָלָל Pi. 25 שֵׁם 26 צִוָּה Pi. 27 לָקַט Pi. 28 חָמֵשׁ 29 עָרִים [f.] 30 מִצְרַיִם 31 דָּבָר Pi. 32 שָׂפַת 33 כְּנַעַן 34 אֲבִיּוֹנוֹת 35 בָּקֵשׁ Pi.

§ 38. HIPHIL AND HOPHAL.

1. The first principal form is הִקְטִיל, the second הָקְטִיל. From the second are drawn all the other forms: imp. הַקְטֵל, fut. יַקְטִיל, part. מַקְטִיל, for יְהַקְטִיל, מְהַקְטִיל (§ 12. 6. B. 3.). In Hophal, even the two principal forms are the same.

2. Besides the lengthened fut. (§ 32) a shortened, or *apocopated future* exists, which in the regular verb is recognized only in Hiphil by a shortened form in Tsere: as יַקְטִיל fut., יַקְטֵל apocopated fut.

3. The apocop. fut. is especially found:

a. In expressions of command and wish, more usually in prohibitions with אַל: as יַכְרֵת he may cut off, Ps. 12, 4. תּוֹצֵא let her bring forth, 1. Mos. 1, 24. אַל־תַּסְתֵּר hide not, Ps. 27, 9. אַל־תַּשְׁחֵת destroy not, Ps. 57, 1. Hence called: *Jussive*.

b. After Vav. Conv. excepting in the first person, which generally retains ִ–י: as וַיַּקְטֵל, but וָאַשְׁמִיד and I destroyed, Am. 2, 9. וָאַשְׁלִיךְ and I cast, Zec. 11, 13. וָאַמְלִיךְ and I made king, 1. Sam. 12, 1.

4. Before Makkef the Tsere of the imp. and apoc. fut. becomes Seghol: as הַסְכֶּן־נָא become familiar! Job 22, 21. וַיַּחְזֶק־בּוֹ and he laid hold upon him.

5. The tone in Hi. differs from that of the other conjugations, in not resting upon the aform. ־ָה, ־ִי and וּ:

תַּקְטִ֫ילִי, הִקְטִ֫ילוּ, הִקְטְ לָהּ as. With Vav Conv., however, they receive in the pret. the tone: as וְהִבְדִּילָה and she shall divide, Ex. 26, 33.

6. In the inf. after בכל generally no contraction takes place, and the form remains בְּהַקְטִיל; occasionally, however, the ה drops and its vowel recedes: as לַשְׁמִיד to destroy, Is. 23, 11. לַשְׁבִּית to put an end to, Am. 8, 4. לַאֲדִיב to cause to languish, 1. Sam. 2, 33.

7. In Hophal there is a second form with Kubbuts: as הֻשְׁלַךְ he is cast, Da. 8. 11. In the part. this form occurs more frequently, than the reg. one. מֻקְטָר, Mal. 1, 11. מֻרְבָּק, Ps. 22, 16.

8. The inflection of the participles in Hiphil and Hophal are:

Part. Hiphil.		Part. Hophal.	
S.	P.	S.	P.
m. מַקְטִיל	m. מַקְטִילִים	m. מֻקְטָל	m. מֻקְטָלִים
f. מַקְטֶלֶת	f. מַקְטִילוֹת	f. מֻקְטֶלֶת	f. מֻקְטָלוֹת

Exercise 58.

בֵּין־קֹדֶשׁ[1] לְחֹל[2] לֹא הִבְדִּילוּ[3]: הִכְשַׁלְתֶּם[4] רַבִּים בַּתּוֹרָה:
וַיֹּאמֶר[5] שְׁמוּאֵל[6] אֶל־כָּל־יִשְׂרָאֵל הִנֵּה שָׁמַעְתִּי בְּקֹלְכֶם וָאַמְלִיךְ[7]
עֲלֵיכֶם מֶלֶךְ: וַיַּבְדֵּל אֱלֹהִים בֵּין הָאוֹר וּבֵין הַחֹשֶׁךְ: אַל־תַּלְשֵׁן[8]
עֶבֶד אֶל אֲדֹנָיו[9]: וַתַּשְׁלֵךְ[10] אִשָּׁה אַחַת פֶּלַח[11] רֶכֶב[12] עַל[13]־
רֹאשׁ אֲבִימֶלֶךְ: אֲדֹנָי[14] הָאָרֶץ עַל־מָה הָטְבְּעוּ[15]: בְּיָדְךָ אַפְקִיד[16]
רוּחִי יְהוָה אֵל אֱמֶת: לְזוּת[17] שְׂפָתַיִם[18] הַרְחֵק[19] מִמֶּךָּ: אֶרֶךְ[20]
אַפַּיִם[2] יַשְׁקִיט[22] רִיב[23]: כָּל־מִנְחַת[24] כֹּהֵן כָּלִיל[25] תָּקְטָר[26]:
וַיַּמְלֵךְ דָּוִד אֶת־שְׁלֹמֹה[27] בְּנוֹ[28] עַל־יִשְׂרָאֵל: הַמַּשְׂכִּילִים[29]
יַזְהִירוּ[30] כְּזֹהַר[31] הָרָקִיעַ[32]: מְאֹד הַשְׁפֵּל[33] רוּחֲךָ כִּי אַחֲרִית
כָּל־אֱנוֹשׁ רִמָּה[34]: עָשִׁיר יְדַבֵּר כֻּלָּם[35] מַקְשִׁיבִים[36] וְעַד מָרוֹם[37]
מְנַשְּׂאִים[38] מִלָּיו[39]: הַרְחֵק מֵרֶשַׁע וְיִרְחַק[40] הוּא מִמֶּךָּ: נַזְכִּירָה[41]

§ 38. Hiphil and Hophal.

שֵׁם יְהֹוָה: כְּסִילִים מָתַי תַּשְׂכִּילוּ: וַתֹּאמֶר הָאִשָּׁה אֶל־יוֹאָב הִנֵּה רֹאשׁוֹ מֻשְׁלָךְ אֵלֶיךָ בְּעַד⁴² הַחוֹמָה⁴³: הַשְׁלֵךְ עַל־יְהֹוָה יְהָבְךָ⁴⁴:

holy¹ profane² to divide, to show difference³ cause to stumble⁴ said⁵ n. p. m.⁶ to make a king⁷ to slander⁸ master, § 82, 4. b.⁹ to cast¹⁰ a piece¹¹ the upper millstone¹² upon¹³ fundament, foundations of¹⁴ to sink in, to fasten in¹⁵ to commit¹⁶ perverseness¹⁷ lips¹⁸ to put far¹⁹ slowness²⁰ anger²¹ to give rest, to still²² contention, quarrel²³ an offering to God²⁴ (especially a bloodless offering) wholly, entirely²⁵ to burn sacrifices²⁶ Solomon²⁷ his son²⁸ to be wise, pious²⁹ to shine³⁰ brightness³¹ firmament³² to humble³³ worm, collect. worms³⁴ all³⁵ (they all, § 98, 2.) to hearken³⁶ high³⁷ to lift up, exalt³⁸ words³⁹ to be far off⁴⁰ to mention with praise, i. e. to praise⁴¹ over⁴² wall⁴³ lot, fate⁴⁴.

Exercise 59.

Do not cause¹ a stranger² to dwell¹ in³ thy house⁴. This woman lay⁵ upon her son⁶ and he died⁷ and she took⁸ my living⁹ son from my bosom¹⁰ and laid¹¹ her dead¹² son beside me¹³ while¹⁴ I slept¹⁵. And they stript¹⁶ Joseph¹⁷ of his coat¹⁸ and they cast¹⁹ him into²⁰ the pit²¹. The wife²² of Potiphar²³ slandered²⁴ Joseph. Ye shall not deliver²⁵ the servant²⁶ to²⁷ his master²⁸ who is escaped²⁹ from³⁰ his master unto ye. My sons³¹ strip off³² your garments³³, my daughters³⁴ clothe³⁵ the naked³⁶. This woman is clothing the poor. Hide³⁷ (sing. f.) the child³⁸. Hide (pl. f.) this money. This girl³⁹ is hiding her brother. Darius⁴⁰ was made king⁴¹ over the realm⁴² of the Chaldeans⁴³. The girls⁴⁴ are warned⁴⁵. If⁴⁶ your father⁴⁷ taught you wisdom⁴⁸ and knowledge⁴⁹, then⁵⁰ a good property⁵¹ was given⁵² you as a possession⁵².

1 שָׁכַן § 108, אַל, Hi. Jussiv, not 2 גָּר 3 בְּתוֹךְ 4 בֵּיתֶךָ 5 שָׁכַב 6 בְּנָהּ 7 וַיִּמָת 8 וַתִּקַּח 9 חַי (with the Article § 80, 2. § 90, 2.) 10 חֵיק 11 שָׁכַב Hi. 12 מֵת 13 אֶצְלִי 14 וְ 15 יָשֵׁן 16 פָּשַׁט Hi. (with two acc. § 85, 2. b.) 17 יוֹסֵף 18 כֻּתָּנְתּוֹ 19 שָׁלַךְ Hi. 19, 6. § 20 בּוֹר 21 אֵשֶׁת 22 פּוֹטִיפַר 23 לָשַׁן Hi. 24 סָגַר Hi. Juss. 25 עֶבֶד 26 אֶל 27 אֲדֹנָיו 28 נָצַל fut. Niph. 29 מֵעִם 30 בְּנֵי 31 פָּשַׁט Hi. 32 בִּגְדֵיכֶם 33 בְּנוֹתַי 34 לָבַשׁ Hi. 35 עֲרוּמִים 36 צָפַן Hi. 37 יֶלֶד Hi. 38 יַלְדָּה 39 דָּרְיָוֶשׁ 40 מָלַךְ Ho. 41 מַלְכוּת 42 כַּשְׂדִּים 43 נְעָרוֹת 44 זָהַר Ho. 45 אִם 46 אֲבִיכֶם 47 חָכְמָה 48 דַּעַת 49 אָז 50 נַחֲלָה 51 [fem.] נָחַל Ho. 52

§ 39. HITHPAEL.

1. In Hithpael the two principal forms coincide.

2. The rules given above (§ 12, 5.) apply to Hithpael. In Verbs commencing with a sibilant, transposition occurs: as הִשְׁתַּמֵּר, for הִתְשַׁמֵּר. Before צ, the ת is changed into ט: as נִצְטַדֵּק, for נִתְצַדֵּק (§ ibid.).

3. Verbs commencing with ד, ט, ת, sometimes also with נ, כ and the sibilants, assimilate the ת of Hithp.: as הִדַּמָּה, for הִתְדַּמָּה (§ 12, 4.).

4. The pret. has usually Patach in the final syllable: as הִתְחַזַּק to show one's self courageous, 2. Ch. 13, 7. Patach occurs also in the fut. and imp., especially in pause, and in the future, when expressing command or wish: as הִתְעַנַּג delight thyself, Ps. 37, 4; הִתְקַדָּשׁ sanctify thyself, Jos. 3, 5. אַל־תִּתְעַלָּם hide not thyself, Ps. 55, 2. יִתְבָּרַךְ שְׁמוֹ His name be blessed! In pause the Patach oftentimes is lengthened into Kamets: הִתְאָזָּר he girded himself, Ps. 93, 1. יִתְאַבָּל he mourns, Ez. 7, 12.

5. When the accent is thrown forward by Vav Conv. (§ 33, 3.), the Tsere in the pret. sometimes is shortened into Chirek: וְהִתְגַּדִּלְתִּי וְהִתְקַדִּשְׁתִּי I will show myself great and holy, Ez. 28, 23. וְהִתְקַדִּשְׁתֶּם and ye shall show yourself holy, Le. 11, 44.

NOTE I. A form of very seldom occurrence is *Hothpael* (with Kameth-Chatuph or Kubbuts under the preform. ה), the sense of which is purely passive, as הָתְפָּקְדוּ they were mustered, numbered, Num. 1, 47. הֻכַּבֵּס (arising from הִתְכַּבֵּס) to be purified, Lev. 13, 55. הֻטַּמָּא to be defiled, Deut. 24, 4. הֻדַּשַּׁן to be made fat, Is. 34, 6.

NOTE II. In later Hebrew (Mishna and Talmund) a pret. form Nithpael is very frequently used in a purely passive sense: as נִתְאַרְמְלָה she became a widow, נִתְגַּיְּירָה she was made a proselyte, נִתְגָּרְשָׁה she was divorced, נִתְרַפָּא he was cured, etc. In Biblical Hebrew this form three times only occurs: וְנִכַּפֵּר to be forgiven, Deut. 21, 8. וְנִוָּסְרוּ to be instructed, corrected, Ez. 23, 48. נִשְׁוָה to be alike, Prov. 27, 15.

§ 39. HITHPAEL.

6. Forms followed by Makkef, take Seghol: as יִתְעַלֶּם־שָׁלֶג the snow hides itself, Job, 6, 16

7. The inflection of the participle is:

S. m. מִתְקַטֵּל f. מִתְקַטֶּלֶת P. m. מִתְקַטְּלִים f. מִתְקַטְּלוֹת

Exercise 60.

בְּזֹאת יִתְהַלֵּל¹ הַמִּתְהַלֵּל הַשְׂכֵּל² וְיָדֹעַ³ אֶת־יְהוָה: יֵשׁ מִתְעַשֵּׁר⁴ וְאֵין⁵ כֹּל⁶: אִם לֹא חֵלֶק⁷ לְךָ בַּבִּינָה אַל תִּתְחַכַּם⁸ פֶּן־תִּהְיֶה⁹ לָבוּז¹⁰: אַל תִּצְטַדֵּק¹¹ לִפְנֵי־אֱלֹהִים וְלִפְנֵי מֶלֶךְ אַל תִּתְחַכָּם: הַמִּשְׁתַּכֵּר¹² וְלֹא בְמִשְׁפָּט מִשְׂתַּכֵּר אֶל־צְרוֹר נָקוּב¹³·¹⁴: טוֹב לְאִישׁ אֲשֶׁר יִשְׁתַּמֵּר מָעוֹן: הַצַּדִּיקִים יִתְמְכוּ¹⁵ כָּבוֹד וְהִתְעַנָּגוּ¹⁶ עַל רֹב שָׁלוֹם: אָכֵן¹⁷ אַתָּה אֵל מִכְתַּתֵּר¹⁸ יְהוָה: בְּעֵת צָרָה¹⁹ יִצְרְפוּ²⁰ וְיִתְלַבְּנוּ²¹ צַדִּיקִים: גַּם בְּמַעֲלָלָיו²² יִתְנַכֶּר־²³ נָעַר: מִתְהַדֵּר²⁴ בְּאֶדֶר²⁵ זָר²⁶ אִישׁ מִתְכַּבֵּד²⁷ בִּכְבוֹד²⁸ שָׁקֶר²⁹: אַל תִּתְעַצֵּב³⁰ כִּי הַשִּׂמְחָה³¹ תַגְדִּיל³² חָכְמָה וְעִצָּבוֹן³³ יַכְבִּיר³⁴ כֶּסֶל³⁵:

to glory¹ to understand² to know³ to feign one's self rich⁴ not⁵ (including the verb „to have") anything⁶ part⁷ to think one's self wise⁸ thou becomest⁹ contempt¹⁰ to justify one's self¹¹ to earn wages¹² bag¹³ to bore, pierce¹⁴ to obtain¹⁵ to delight one's self¹⁶ surely, truly¹⁷ to hide one's self¹⁸ distress, adversity¹⁹ to purify²⁰ to cleanse one's self²¹ works, deeds²² to be recognised²³ to decorate one's self²⁴ cloak, mantle²⁵ strange²⁶ to show one's self honorable²⁷ honor of²⁸ lie, falsehood²⁹ to grieve one's self³⁰ joy³¹ to make great³² sorrow³³ to multiply³⁴ folly³⁵.

Exercise 61.

Behold men beat¹ at² the door. And³ Jonathan stripped³ himself of the robe⁴, that (was) upon⁵ him, and gave it⁶ to David. Little⁸ children⁷ came forth⁹ out of the city and mocked¹⁰ Elisha¹¹. David is hiding himself¹² in the desert¹³. Joseph made himself strange¹⁴ unto his brethren¹⁵. Before Thee¹⁶, O Lord! we shall not be justified¹⁷. Women disguising themselves¹⁸ and putting on¹⁹ other²¹ garments²⁰. Always²² we shall purify ourselves²³ and walk²⁴ with²⁵ the Lord. Do not hide thyself²⁶ from thine own²⁷ flesh²⁷. Consider²⁸ (pl. f.) the deeds²⁹ of the wicked³⁰ and turn away[31] from them. Do not feign yourselves rich[32], if in truth the Lord has not given[33] you wealth[34].

דָּפַק 1 Part. Hith. עָלַב 2 Hith. (with acc.) 3 פָּשַׁט מְעִיל 4 עַל 5 with plur. suff.) עָלַי) וַיִּתְגָּנֵב[6] נְעָרִים 7 קְטַנִּים 8 (§ 90, 2) יָצָא 9 קָלַס 10 (ב.) Hith. (with foll. אֱלִישָׁע[11] סָתַר 12 כִּדְבַר 13 נָכַר 14 אָחִיו 15 לְפָנֶיךָ 16 צָדַק 17 חָפַשׂ 18 Hith. לָבַשׁ 19 בְּגָדִים 20 אֲחֵרִים 21 (§ 90, 2.) הָלַךְ 23 קָרַשׁ 23 תָּמִיד 24 Hith. אֶת 25 עוֹלָם 26 Hith. בְּשָׂרְךָ 27 שָׁכַל 28 with Hith. עַל מַעֲשֵׂי 29 רְשָׁעִים 30 רָחַק 31 Hith. יָשַׁר 32 נָתַן 33 עֹשֶׁר 34:

CHAPTER VII.
THE GUTTURALS.
§ 40. VERBS PE GUTTURAL.

1. When the first radical is one of the gutturals אהחע, in all the forms requiring simple Sh'va, it receives Sh'va comp. as עֲמַדְתֶּם to stand (§ 5.).

2. When standing for *vocal* Sh'va, it is generally Chateph Patach: as עֲמֹד for עְמֹד; יַעֲמֹד from the Inf. const. עְמֹד.

3. The helping vowel under the serviles איתן is always that of the Chateph: as יַעֲמֹד (§ 14, Rising I B.).

4. If the Sh'va be *silent*, the vowel added to it must be either identical or homogeneous with the preceding: as נֶעֱמַד, for נְעֱמַד (Pret. Niph.), Seghol and Chirek being homogeneous (§ 3, 3.) הָעֳמַד, for הְעֳמַד (Pret. Hof.], יָעֳמִיד, for יְעֳמִיד.

5. In forms with the afformatives ◌ָה ,וּ ,◌ִי, before which the vowel of the second radical drops, the comp. Sh'va loses its Sh'va points: as יַעֲמֹד, from יַעַמְדוּ, תַּעַמְדִי, נֶעֶמְדָה, from נֶעֱמַד; נֶעֶמְדָה from תַּעֲמַד.

6. The future of the verbs Fut. O. in most cases has Chateph-Patach: as יַעֲבֹד to serve. The verbs Fut. A. take Chateph-Seghol: as יֶחֱזַק to be strong.

NOTE. Sometimes verbs with Chateph-Seghol take Patach, when the form is augmented by afformatives: as יֶאֱסֹר to bind, with Suff. יַאַסְרֵהוּ, יֶאֱסֹף to collect, יַאַסְפוּ, תַּאַסְפִי.

§ 40. Verbs Pe Guttural.

7. Some verbs retain simple Sh'va under the guttural. This is most frequently the case with ח: as יַחְמֹד to covet, יַחְסַר to want, lack.

8. The Inf., Imp. and Fut. Nif., which require a Dag. for the assimilated נ Nif. (§ 12, 4.), will lengthen the vowel under אית‍ן, to compensate for the Dag.: as יֵחָרֵת to cut in, engrave, for יִחָרֵת‎, יֵעָמֵד‎ for יֵעָמֵד‎. ר in this characteristic is associated with the gutturals: as יֵרָדֵף to pursue.

Exercise 62.

אַל־תֶּאֱהַב שֵׁנָה¹: הֲיַהֲפֹךְ² כּוּשִׁי³ עוֹרוֹ⁴: לֹא יַחְפֹּץ⁵ כְּסִיל בִּתְבוּנָה⁶: אַל־תַּחֲרֵשׁ⁷ עַל־רֵעֲךָ רָעָה וְהוּא יֹשֵׁב⁸ לָבֶטַח⁹ אִתָּךְ: בְּטוֹב¹⁰ צַדִּיקִים תַּעֲלֹץ¹¹ קִרְיָה¹² וּבַאֲבֹד רְשָׁעִים רִנָּה: צַדִּיק מִצָּרָה נֶחֱלָץ¹³: בְּרַעַת¹⁴ צַדִּיקִים יַחֲלֹצוּ: גַּם אֱוִיל¹⁵ מַחֲרִישׁ¹⁶ חָכָם יֵחָשֵׁב¹⁷: אֹהֵב יַיִן וָשֶׁמֶן¹⁸ לֹא יַעֲשִׁיר¹⁹: עֵץ חַיִּים הַחָכְמָה לַמַּחֲזִיקִים²⁰ בָּהּ: טֶרֶם תִּבְחֹן²¹ אַל תַּאֲשִׁים²² דְּרשׁ וַחֲקֹר²³ וְאַחַר²⁴ תִּשְׁפֹּט: אַל תַּחְשֹׁךְ²⁵ עֵזֶר²⁶ מֵאֶבְיוֹן: לֹא תַעֲזֹב²⁷ דְּבָרַי²⁸ חֲכָמִים כִּי מֵהֶם תֶּאֱלַף²⁹ חָכְמָה: בִּמְשֹׁל רָשָׁע יֵאָנַח³⁰ עָם: פֶּתִי³¹ יַאֲמִין³² לְכָל־דָּבָר: בְּרֹב דְּבָרִים לֹא יֶחְדַּל־³³ פֶּשַׁע³⁴: מֵאָחַז³⁵ בְּזֶפֶת³⁶ יִדְבַּק בְּיָדָיו וּמִתְחַבֵּר³⁷ לְרָשָׁע יֶאֱלַף אָרְחוֹתָיו³⁸: עָרוּם³⁹ רָאָה רָעָה וְנִסְתָּר וּפְתָיִים⁴⁰ עָבְרוּ⁴¹ וְנֶעֱנָשׁוּ⁴²: שֹׂנֵא⁴³ בֶּצַע⁴⁴ יַאֲרִיךְ⁴⁵ יָמִים: אַכְזְרִיּוּת⁴⁶ חֵמָה⁴⁷ וְשֶׁטֶף⁴⁸ אָף⁴⁹ וּמִי יַעֲמֹד לִפְנֵי קִנְאָה⁵⁰:

sleep¹ to change² Ethiopian³ skin⁴ to have delight⁵ understanding⁶ to devise⁷ to dwell⁸ securely⁹ prosperity¹⁰ to rejoice¹¹ city¹² to draw, deliver¹³ intelligence¹⁴ a fool¹⁵ to keep silent¹⁶ to count¹⁷ oil¹⁸ to become rich¹⁹ to lay hold²⁰ to examine²¹ to condemn, punish²² to explore²³ after, then²⁴ to hold back, restrain²⁵ help²⁶ to leave, miss²⁷ the words of²⁸ to learn²⁹ to mourn³⁰ the fool, simple³¹ to believe³² to be wanting³³ trespass³⁴ to seize³⁵ pitch³⁶ to join one's self³⁷ way³⁸ prudent man³⁹ simple⁴⁰ to pass on⁴¹ to punish⁴² to hate⁴³ unjust gain⁴⁴ to lengthen⁴⁵ fierceness, cruelty⁴⁶ fury⁴⁷ a flood⁴⁸ wrath⁴⁹ envy⁵⁰.

Exercise 63.

In the place of[1] great[2] men[2] do not stand[3]. The house of[4] the righteous shall stand. The fatherless[5] and the widow[6] do (m. pl.) not oppress[7]. And[8] Pharaoh[9] heard[10] this thing and[8] he sought[11] to slay[12] Moses[13]. Thou shalt not oppress[14] a hired[14] servant[15], do (f. s.) not take[16] to pledge[16] the raiment[17] of a widow. My heart[18] trusted[19] in the Lord and I am helped[20] and my heart rejoiceth[21]. The Lord said unto these wicked: as[22] you have forsaken[23] me, thus[24] I will forsake you, as you have plowed[25] wickedness[26], thus you shall reap[27] iniquity[28], and[8] I will cause you to eat[29] the fruit[30] of falsehood[31]. Let be put to silence[32] the lying lips[33], which speak[34] against[35] the righteous arrogancy[36]. O[37] sword[38]! put thyself[39] into[40] thy scabbard[41] and rest[42].

1 מָקוֹם   2 עָמַד   3 § 104,   4 m. בֵּית   5 יָתוֹם   6 אַלְמָנָה   7 עָשַׁק
8 connect *and* with the verb.   9 פַּרְעֹה   10 שָׁמַע [Fut. A]   11 בָּקַשׁ Pi.   12 הָרַג   13 מֹשֶׁה
14,15 שָׂכִיר   16 חָבַל   17 בֶּגֶד   18 m. לֵב, לִבִּי   19 בָּטַח with ב   20 עָזַר Nif.   21 עָלַן Fut.
22 כַּאֲשֶׁר   23 עָזַב   24 כֵּן   25 חָרַשׁ   26 רֶשַׁע   27 קָצַר   28 עֲוֹלָתָה   29 אָכַל [§ 7, 5]
30 פְּרִי   31 כָּחַשׁ Pause   32 אָלַם Nif. Jussiv   33 שִׂפְתֵי־שָׁקֶר [f.]   34 דָּבַר Part.   35 עַל
36 עָתָק   37 הוֹי   38 חֶרֶב [f.]   39 אָסַף Nif.   40 אֶל   41 תַּעְרֵךְ   42 רָגַע Nif.

§ 41. VERBS AYIN GUTTURAL.

1. These verbs are subject to the same variations as the verbs Pe Guttural, taking Sh'va comp. in all those forms where the second radical has Sh'va: as רִחֲקָה to go far away, for רָחֲקָה; תִּשְׁחֲטִי to slaughter, for תִּשְׁחֲטִי.

2. The fut. and imp. in these verbs are regularly A: as יִרְחַק.

3. Pi. Pu. and Hith., which require the characteristic doubling of the second radical, lengthen the vowel under the first to compensate for the omitted Dag.: as בֵּרֵךְ for מְבָרֵךְ, מְבָרֵךְ for מְבָרֵךְ, בָּרֵךְ for בָּרֵךְ.

Before ה, ח and ע the preceding vowel very often remains short: as בָּעֵר to destroy, צָחַק to mock, מְטַהֵר to cleanse.

§ 41. Verbs Ayin Guttural.

4. In Pi. and Hithp. the Tsere of the last syllable is shortened to Seghol by throwing back the accent, which often occurs after Vav Conv.: as וַיְגָרֶשׁ and he drove away, for יְגָרֵשׁ, וַיְשָׁרֶת and he ministered, for יְשָׁרֵת, or when a monosyllabic word or one with the tone on the penult follows: as לְצַחֶק בִּי to mock me, לְשָׁרֶת שָׁם to minister there. (§ 14, Shortening c.).

Exercise 64.

כַּמַּיִם יְתַלְבַּן בֶּגֶד¹ וּבָאֵשׁ יִצְרַךְ כֶּסֶף וְהָאָדָם בַּלִּמּוּדִים²: עַל
זָקֵן בַּל³ תִּלְעַג⁴ זְכוֹר כִּי גַם אַתָּה תִּזְקַן⁵: הִתְפָּאֵר⁶ הַגַּרְזֶן
עַל הַחֹצֵב⁷ בּוֹ: יְהוָה יְבָרֵךְ⁸ אֶת־עַמּוֹ בַּשָּׁלוֹם: גָּרֵשׁ⁹ לֵץ וְיֵצֵא¹⁰
מָדוֹן: אָדָם כַּצֵּל יִבְרַח¹¹ וְלֹא יַעֲמוֹד¹²: וַיהוָה בֵּרַךְ אֶת־אַבְרָהָם
בַּכֹּל: מְבָרֵךְ רֵעֵהוּ בְּקוֹל גָּדוֹל בַּבֹּקֶר הַשְׁכֵּים¹³ קְלָלָה תֵּחָשֶׁב¹⁴
לוֹ: וַיְמָאֵן¹⁵ יַעֲקֹב לְהִתְנַחֵם¹⁶: וַיֹּאמֶר הַמֶּלֶךְ אֶל־הָאִשָּׁה אַל־
נָא תְכַחֲדִי¹⁷ מִמֶּנִּי דָבָר אֲשֶׁר אָנֹכִי שֹׁאֵל¹⁸ אֹתָךְ: אֶת אֲשֶׁר
תְּבָרֵךְ מְבֹרָךְ: בֶּן¹⁹־אָדָם אֱמָר־לָהּ אַתְּ אֶרֶץ לֹא מְטֹהָרָה²⁰
הִיא: הִטַּהֲרוּ וְהַחֲלִיפוּ²¹ שִׂמְלֹתֵיכֶם²²: לֹא־תְכַחֲשׁוּ²³ וְלֹא
תְשַׁקְּרוּ²⁴ אִישׁ בַּעֲמִיתוֹ²⁵: אִישׁ־מִרְמָה²⁶ יְתָעֵב²⁷ יְהוָה: בָּרֲכִי
נַפְשִׁי אֶת־יְהוָה וְאַל־תִּשְׁכְּחִי כָּל־גְּמוּלָיו: .

garment¹ training, instruction² not³ to mock⁴ to grow old⁵ to boast one's self⁶ to hew⁷ to bless⁸ to cast out⁹ shall go¹⁰ to flee¹¹ to continue¹² early¹³ § 105, 6. a curse¹⁴ to refuse¹⁵ to comfort, console one's self¹⁶ to hide¹⁷ to ask¹⁸ son of¹⁹ to purify, to clean²⁰ to change²¹ garments²² to deny, deal falsely²³ to lie²⁴ fellow-man²⁵ deceit, fraud²⁶ to abhor²⁷.

Exercise 65.

Serve¹ (p. m.) the Lord in truth², and if (it be) evil³ in your eyes⁴ to serve the Lord, choose you⁵ this day⁶ whom you will serve, whether⁷ the gods, which your fathers⁹ served⁸ or¹⁰ the gods of¹¹ the Amorites¹², in whose land¹³ you dwell; I and my house¹⁴, we will serve the Lord. And¹⁵ the people said¹⁵, God forbid¹⁶ that we should forsake¹⁷ the

Lord, to serve other[18] gods; for the Lord drove out[19] from before us[20] all the people[21]; also we will serve the Lord, for he is our God. Do not deny[22] your (pl. m.) God. The Lord trieth[23] the righteous. They cried[24] unto God and were delivered[25]. Truth (f.) does not spring up[26] until[27] the lie[29] is rooted out[28]. We bless[30] you in the name of the Lord. And he drove out the man. How long[31] refuse[32] ye to keep my commandments? Haste thee[33] (fem. s.) escape[34] (f. s.) thither[35]. How long will ye despise[36] intelligence[37], will ye regard[38] it as[39] an adversary[40], whilst[41] it loves[42] you, seeks[43] your welfare[44], to lead[45] you in the way of[46] integrity[47].

1 עָבַד 2 אֱמֶת [f.] 3 רֵעַ 4 בְּעֵינֵיכֶם 5 Dat. 6 הַיּוֹם 7 אִם 8 verb before the noun 9 אֲבוֹתֵיכֶם 10 וְאִם 11 אֱלֹהֵי הָאֱמֹרִי 12 בְּאַרְצָם [§ 23, 4. § 96, 2.] 13 14 בֵּיתִי 15 וַיֹּאכְרִי 16 חָלִילָה לָּנוּ [§ 30, 1.] 17 transl. from forsaking 18 אֲחֵרִים [the adj. after the noun § 90, 2.] 19 נָרַשׁ Pi. 20 יַעְפִּים 21 כְּחַשׁ Pi. Jussive with בְ 22 23 פָּחַן Fut. 24 זָעַק 25 מָלֵט Pause! 26 צָמַח Fut. 27 עַד 28 שָׁרֵשׁ Pu. 29 כָּזָב m. 30 בָּרַךְ Pi. pret. 31 אָנָה 32 מָהַר Pi. pret. 33 מָלַט Pi. 34 מָלַט Nif. 35 שָׂדֶה 36 נָאַץ 37 תְּבוּנָה [f.] 38 חָשַׁב ל 39 אָיַב 40 Part. act. f. 41 וְ 42 אָהַב is loving [f.] transl. it 43 דָּרַשׁ trans. seeking 44 טוּב 45 נָהַל Pi. the vowel short! 46 דֶּרֶךְ 47 תָּמִים:

§ 42. VERBS LAMED GUTTURAL.

1. To this class belong only verbs with ח, ע and ה (ה with Mappik § 7) as the third radical.

2. Their peculiarities are:

a. These gutturals when final require the A sound before them, hence every other mutable vowel is changed into Patach; the Inf., Imp. and Fut. therefore have A: as יִשְׁלַח to send, שְׁלַח.

b. The gutturals preceded by the immutable vowels וּ, וֹ, ִי, ֵי take Patach furtive (§ 6.): as שָׁמוֹעַ, גָּבוֹהַּ, רֵיחַ, מַשְׁלִיחַ.

3. The forms with Tsere before the final guttural either retain the Tsere and then Pat. furt. must follow, or Tsere is changed into Patach: as מִשְׁלֵחַ or מִשְׁלַח.

§ 42. VERBS LAMED GUTTURAL. 77

NOTE. The form with Tsere and Pat. furt. is found more frequently at the *end* of a period (with distinctive accent): as יָרֵעַ Lev. 11, 37, but יָרַע Na. 1. 14. פָּתַח Job 12, 18, but פָּתַח Job 30. 11.

4. In the second sing. f. of the pret., which ends with two vowelless consonants, the guttural takes Patach instead of Sh'va: as שָׁמַעְתְּ, for שָׁמַעַתְּ; the sing. f. form of the participles, take two Patachs instead of two Seghols: as שֹׁמַעַת, for שֹׁמֶעֶת.

EXERCISE 66.

מֵרָעָב לֹא הִמְנַע¹ לָחֶם: הָלוֹךְ הָלְכוּ הָעֵצִים לִמְשֹׁחַ² עֲלֵיהֶם³ מֶלֶךְ: סְלַח⁴־נָא לַעֲוֹן⁵ הָעָם הַזֶּה: לֹא יֶחְדַּל⁶ אֶבְיוֹן מִקֶּרֶב⁷ הָאָרֶץ עַל־כֵּן⁸ פָּתֹחַ⁹ תִּפְתַּח אֶת־יָדְךָ לְאֶבְיוֹנְךָ בְּאַרְצֶךָ: פְּתַח־ פִּיךָ לְאִלֵּם¹⁰: שְׁאוֹל¹¹ וַאֲבַדּוֹן¹² לֹא תִשְׂבַּעְנָה וְעֵינֵי¹³ אָדָם לֹא תִשְׂבַּעְנָה: אָמַר עָצֵל אֲרִי בַחוּץ בְּתוֹךְ¹⁴ רְחֹבוֹת אֵרָצֵחַ¹⁵: לֹא לָנֶצַח¹⁶ יִשָּׁכַח אֶבְיוֹן: יַיִן יְשַׂמַּח¹⁷ לֵבָב¹⁸ אֱנוֹשׁ: חֲכַם בְּנִי וְשַׂמַּח לִבִּי: אֱלֹהֵי¹⁹ הַשָּׁמַיִם הוּא יַצְלִיחַ²⁰ לָנוּ: מַצְדִּיק²¹ רָשָׁע וּמַרְשִׁיעַ²² צַדִּיק תּוֹעֲבַת²³ יְהוָה: שֹׁמֵעַ אֶל־אֶבְיוֹנִים יְהוָה: שָׂרָה²⁴ שֹׁמַעַת פֶּתַח²⁵־הָאֹהֶל: טוֹב לִשְׁמֹעַ גַּעֲרַת²⁶ חָכָם: אִישׁ־אֹהֵב חָכְמָה יְשַׂמַּח אָבִיו: שְׁמַע יִשְׂרָאֵל יְהוָה אֱלֹהֵינוּ יְהוָה אֶחָד: שֵׁם אֱלֹהִים אֲחֵרִים²⁷ לֹא יִשָּׁמַע עַל־פִּיךָ:

to withhold¹ to anoint² § 97, 2.³ to pardon⁴ iniquity of⁵ to cease⁶ midst of⁷ therefore⁸ to open⁹ dumb¹⁰ hell¹¹ destruction¹² the eyes of¹³ in¹⁴ to slay¹⁵ for ever¹⁶ to cheer, to gladden¹⁷ the heart of¹⁸ the God of¹⁹ to cause or make to prosper²⁰ to justify²¹ to condemn²² abomination of²³ n. p. f.²⁴ door²⁵ § 85, 4. b. rebuke of²⁶ other²⁷.

EXERCISE 67.

Behold upon the mountains¹ (are) the feet of² him that bringeth good tidings³, that publisheth⁴ peace⁵. Dost thou (f. sing.) not know⁶ whither⁷ the men⁸ did go? I flee⁹ from the face¹⁰ of Sarai¹¹. And he rose up¹² to flee unto¹³ Tarshish¹⁴. And David said: arise¹⁵ and let us flee¹⁶. But¹⁷ to the king of Judah¹⁸, which sent¹⁹ you to inquire[20] of the Lord, thus[21] shall ye say[22] to him: because[23] thine heart[24] (is) tender[25] and* thou hast humbled thyself[26] before[27] the Lord and* hast rent[28] thy clothes[29], I also have heard thee. I will hear what God will speak. Again[30] (there) shall be heard in this[31] place the voice of joy[32]. The house of[33] the wicked shall be overthrown[34], but[17] the tent[35] of the upright[36] shall flourish[37]. He that trusteth[38] in his own heart, is a fool[39], but whoso walketh[40] wisely[41] he shall be delivered[42].

[1] הָרִים tidings 2 רַגְלִי g. the bringer of (him that br.) בָּשַׂר Pi. 3 part. שָׁמַע III. of 4 part.
5 שָׁלוֹם 6 pret. יָדַע 7 אָנָה 8 the noun *after* the verb (§ 107, 4.) 9 part. f. s. בָּרַח 10 מִפְּנֵי
11 שָׂרַי 12 וַיָּקָם 13 (§ 19, 6.) 14 תַּרְשִׁישׁ 15 קָמִץ 16 fut. parag. in pause 17 וְ 18 יְהוּדָה
19 part. with article 20 with acc. דָּרַשׁ 21 כֹּה 22 תֹּאמְרוּן 23 יַעַן 24 לְבָבְךָ 25 רַךְ
* Vav conv. 26 Ni. כָּנַע 27 מִפְּנֵי 28 קָרַע 29 בְּגָדֶיךָ 30 עוֹד 31 (§ 94, 2) 32 שִׂמְחָה
33 בַּיִת 34 Ni. שָׁמַד 35 אֹהֶל 36 יְשָׁרִים 37 III. פָּרַח 38 part. with בְּ בָּטַח 39 כְּסִיל
40 part. הָלַךְ 41 (in wisdom) חָכְמָה 42. מָלַט.

CHAPTER VIII.
THE SUFFIXES OF THE VERB.
§ 42. IN GENERAL.

1. The suffixes of the verb are:

Person:	1.	2.	3.
Sing. com.	נִי	m. ךָ f. ךְ	m. הוּ (וֹ) f. הָ (הָ–)
Plur. com.	נוּ	m. כֶם f. כֶן	m. ם f. ן

Note. מוֹ, poetically used for ם: as כְּסָמוֹ it covered them.

2. The suff. are annexed to the verbal forms by vowels, called: *Union vowels;* to the pret. by the A. vowel (–̱ or –̱), to the future by the E. vowel (– or –). The union vowel is only applied to the verbal forms, ending with a

consonant: as קָטַל, קְטָלַנִי he killed me; whilst with all the forms ending with a vowel the suffixes are connected immediately: as קְטָלוּנִי, קָטְלוּ they k. m.

§ 43. THE PRETERITE WITH SUFFIXES.

1. The lengthening of the word by the suffixes causes the dropping of the pretonic Kamets. Hence the pret. undergoes the following changes:

Person. 1.	Person. 2.	Person. 3.
	קָטַל into *קְטַל (קְטַלְתְּ) קְטַלְתְּ into קְטַלְתָּ	
S. קָטַלְתִּי into קְטַלְתִּי	קְטַלְתִּי (before יְ) קָטְלָה	קָטַלְתְּ
P. קָטַלְנוּ קְטַלְנוּ קְטַלְתֶּם {קְטַלְתּוּ קְטַלְתֶּן}		קָטְלוּ קְטָלוּ

2. Verbs middle E retain this vowel before the suffixes: as אָהֵב to love, לְבֵשׁם to put on a garment. In Pi. and other forms with final —ֵ, this —ֵ changes before the suffixes ךְ, כֶם, כֶן into Seghol; before the other suff. it falls away entirely: as קִטֵּל, קִטְּלָךְ, קִטֶּלְכֶם, קְטָלַנִי.

3. The form קָטְלַת sometimes undergoes a contraction: —ָתָה for —ְתָה; —ָתְהוּ for —ַתְהוּ, as גְמָלַתְהוּ she weaned him, I. Sam. 1, 24. אֲחָזָתָה (fear) has laid hold on her, Jer. 49, 24.

Exercise 68.

בְּחַנְתָּנוּ אֱלֹהִים צְרַפְתָּנוּ¹ כִּצְרָף־כָּסֶף: וְאַתָּה יִשְׂרָאֵל עַבְדִּי²
יַעֲקֹב אֲשֶׁר בְּחַרְתִּיךָ זֶרַע אַבְרָהָם אֹהֲבִי אַל־תִּירָא³ כִּי־עִמְּךָ אָנִי
אִמַּצְתִּיךָ⁴ אַף־עֲזַרְתִּיךָ אַף־תְּמַכְתִּיךָ בִּימִין צִדְקִי⁵: יְהוָה
הִלְבִּישַׁנִי⁶ בִּגְדֵי⁷־יֶשַׁע⁸ מְעִיל⁹ צְדָקָה יְעָטָנִי: אֵלִי אֵלִי לָמָה¹⁰
עֲזַבְתָּנִי: עָזְבֵנִי לֹחַי: וְלֹא־אָבָה¹¹ יְהוָה לִשְׁמֹעַ אֶל־בִּלְעָם וַיַּהֲפֹךְ
לָךְ אֶת־הַקְּלָלָה לִבְרָכָה כִּי אֲהֵבְךָ יְהוָה אֱלֹהֶיךָ: בַּת־שָׁאוּל
אֲהֵבַתְהוּ: אֲהַבְתִּיךָ כִּי אֲהַבְתַּנִי: סָמוּךְ הַצַּדִּיק כִּי הַצְּדָקָה
הִיא סְמָכָתְהוּ: אֲנִי גְמַלְתִּיכֶם הַטּוֹבָה וְאַתֶּם גְּמַלְתּוּנִי הָרָעָה:

---

* קְטַל before grave suff.

PART 1. EXERCISES.

אֲשַׁלֵּם¹² תּוֹדוֹת¹³ לַיהוָה כִּי הוּא פִּלְּטַנִי¹⁴ מֵרָעָה: הָרְשָׁעִים
כְּתֶבֶן¹⁵ לִפְנֵי רוּחַ וּכְמֹץ¹⁶ גְּנָבַתּוּ¹⁷ סוּפָה¹⁸: אַתָּה יְהוָה יְדַעְתַּנִי
וּבְחַנְתָּנִי:

to prove¹ my servant² fear³ to strengthen⁴ my righteousness⁵ to clothe⁶
(with two acc. § 85, 2, 6.) garments of⁷ salvation⁸ the robe of⁹ why¹⁰ to be
willing¹¹ to repay¹² thanksgiving¹³ to deliver¹⁴ straw¹⁵ chaff¹⁶ to carry
off¹⁷ a hurricane¹⁸.

EXERCISE 69.

She did¹ him good and not evil all the days of² her
life³. For⁴ a short⁶ moment⁵ I have forsaken thee (s. f.),
but⁷ with⁴ everlasting⁹ kindness⁸ I will have mercy on¹⁰
thee (s. f.). Thine¹¹ (are) (the) heavens also¹² Thine (is)
(the) earth, Thou hast founded¹³ them. Sarah¹⁴ has
driven¹⁵ me out of her house¹⁶. No¹⁷ fear of¹⁸ God (is)
in this place and they will kill¹⁹ me. Very²² refined²⁰
(is) Thy saying²¹, and Thy servant²³ loveth²⁴ it. Dost
thou (s. f.) know²⁵ the men that have asked²⁶ thee (s. f.)
for²⁷ my name²⁸? I do not know²⁹ them. Who has
killed him? her? them? We have touched³⁰ thee, (s. m.)
thee, (s. f.) her, him. Thou (s. f.) hast touched her, him,
us, them (p. f.). Why hast thou (s. f.) forsaken us?
her? me? him? They have forsaken them, you. Why
has she persecuted³¹ him? us? you? (p. f.) thee? (s. f.)
her? He has gathered them, you, thee, us.

נָמַל 1 with acc. יְמֵי 2 חַיִּים 3 with pl. suff. רֶגַע 4 קָטֹן 6 ⁷¹ חֶסֶד 8 עוֹלָם 9
רַחַם Pi. with acc. to have m. on: לוֹ 10 Pi. אַף 11 יָסַד 12 שָׂרָה 13 גָּרַשׁ 14 Pi. בַּיִת 15.
בַּיִת 16 with suff. אֵין 17 יִרְאַת 18 הָרַג 19 צָרַף 20 part. pass. אֲמִרָתְךָ 21 (f.) מְאֹד 22
עַבְדְּךָ 23 אָהֵב 24 יָדַע 25 שָׁאַל 26 with suff. לְ 27 שֵׁם, שְׁמִי 28 with suff. נָגַע 29 pret. נָעַב 30 רָדַף 31.

§ 44. THE FUTURE WITH SUFFIXES.

1. The Cholem of fut. Kal, before ךָ, כֶם and כֶן changes
into Kamets-Chatuph; before the other suff. it drops: as
יִקְטְלֵנִי, יִקְטָלְכֶם, יִקְטָלְךָ.

2. The verbs with the fut. A. (including the verbs Ayin
and Lamed Guttural) not only retain their A sound
(Patach), but even lengthen it into Kamets, the syllable

§ 44. THE FUTURE WITH SUFFIXES.

becoming an open one: as יַלְבִּשֵׁנִי he will clothe me; יְגָאֲלוּהוּ they pollute him.

3. Pi. loses or shortens its Tsere, like Kal its Cholem: as יְקַבֶּצְךָ he will gather thee, יְקַבְּצֵם.

4. The plur. fem. forms, 2. and 3. person (in נָה) are changed into the corresponding masc. forms (in וּ) before connection with suffixes: as אַמְהֹתַי לְזָר תַּחְשְׁבֻנִי my maids count me for a stranger. Job 19, 15.

5. In pause, there is occasionally inserted instead of the union vowel a *union syllable* ־ֶן, ־ַן, called: Nun epenthetic, as יְבָרְכֶנְהוּ.

ן epenthetic is usually assimilated to the first letter of the suffix and expressed by Dag. forte. These suffixes are:

Person.	*Person.*	*Person.*
1.	2.	3.
Sing. c. ־ֶנִּי and ־ַנִּי	־ֶךָּ, (־ֶכָּה)	m. ־ֶנּוּ f. ־ֶנָּה
Plur. ־ֶנּוּ and ־ַנּוּ		

EXERCISE 70.

קְנֵה[1] חָכְמָה קְנֵה בִינָה אַל־תַּעַזְבֶהָ וְתִשְׁמְרֶךָ תְּכַבְּדְךָ כִּי תְחַבְּקֶנָּה[2]: אַשְׁרֵי מַשְׂכִּיל[3] אֶל־דָּל בְּיוֹם רָעָה יְמַלְּטֵהוּ יְהוָה: יְהוָה יִסְעָדֶנּוּ[4] עַל־עֶרֶשׂ[5] דְּוָי[6]: גַּאֲוַת[7] אָדָם תַּשְׁפִּילֶנּוּ: מַעֲשֶׂיךָ יְקָרְבוּךָ[9] מַעֲשֶׂיךָ יְרַחֲקוּךָ[10]: יְהַלֶּלְךָ זָר וְלֹא־פִיךָ נָכְרִי[11] וְאַל־שְׂפָתֶיךָ[12]: אִוֶּלֶת קְשׁוּרָה[13] בְּלֶב־נָעַר שֵׁבֶט מוּסָר[14] יַרְחִיקֶנָּה מִמֶּנּוּ: עַד לֹא מֵת[15] אִישׁ בַּל תְּאַשְּׁרֶנּוּ[16]: אַל תְּהַלֵּל אִישׁ טֶרֶם תִּשְׁמָעֶנּוּ: יְהוָה אֹהֵב צַדִּיקִים וְיִשְׁמְרֵם: יְהוָה יִשְׁמָרְךָ מֵרָע: מָה־אֱנוֹשׁ כִּי־תִזְכְּרֶנּוּ וּבֶן־אָדָם כִּי תִפְקְדֶנּוּ וַתְּחַסְּרֵהוּ[17] מְעַט מֵאֱלֹהִים וְכָבוֹד וְהָדָר תְּעַטְּרֵהוּ[18]: יְשַׂגֶּבְךָ יְהוָה: בְּךָ בָּטְחוּ אֲבוֹתֵינוּ[19] בָּטְחוּ וַתְּפַלְּטֵמוֹ: לְמִי תְמַשְּׁלוּנִי[20]:

buy, acquire[1] to embrace[2] to be attentive[3] to sustain[4] the bed of[5] sickness[6] pride, arrogance[7] deed, act[8] to bring near[9] to put far away, remove[10] stranger, foreigner[11] lips[12] to bind[13] correction[14] had died[15] to pronounce happy[16] to make inferior[17] to crown[18] (§ 85. 2. b.) our fathers[19] to compare[20].

EXERCISE 71.

The Lord will requite[1] me according to[2] my righteousness[3]. The name of[4] God will set thee on high[5], will send thee help[6] from the sanctuary[7] and sustain[8] thee out of Zion. From the extremity of[9] the heaven, thy God will gather[10] thee. Now[11] I shall gather them, thee (s. f.), you (p. f.), her. When[12] my brother[14] will meet thee[13] and ask[15] thee: whose[16] (art) thou? Thou wilt meet him, she will meet you. Thou (s. f.) wilt meet her. Why dost thou ask me (fut.). They (pl. f.) will ask us. They (pl. mas.) will ask you. Who will honor[17] him, that dishonoreth[18] his life[19]? Now will love[20] me my husband[21]. Thou (s. f.) wilt love him. They (pl. f.) will love her. You (pl. m.) will love us.

1 גָּמַל 2 כְּ 3 צִדְקִי 4 שֵׁם 5 set on high, Pi. שִׂגֵּב 6 (§ 93, 6.) thee help עֶזְרֶךָ 7 קֹדֶשׁ 8 fut. A. סָעַד 9 קָצֶה 10 Pi. קִבֵּץ 11 עַתָּה 12 כִּי 13 פָּנִים 14 אָחִי (usually שָׁאַל) שָׁאַל 15 with Vav conv. fut. A. 16 to whom 17 Pi. כִּבֵּד 18 בָּזָה 19 נַפְשׁוֹ 20 fut. A. אָהַב 21 אִישׁ.

§ 45. THE INFINITIVE WITH SUFFIXES.

1. The infin. Kal when connected with suffixes appears in the form קְטֹל, and according to its signification receives either the verbal suffixes or the nominal suffixes: as קָטְלֵנִי to kill me; קָטְלִי my killing.

2. With the suffixes כֶּן, כֶם, ךָ a form sometimes occurs with Kamets under the second radical: as אָכְלְךָ thy eating.

3. The infin. קְטֹל assumes with suff. the form קָטְל: as לְשִׂטְנוֹ to hinder him.

EXERCISE 72.

תְּנָה[1]-לָּנוּ מֶלֶךְ לְשָׁפְטֵנוּ: וַיֹּאמֶר שְׁמוּאֵל אֶל-שָׁאוּל אֹתִי שָׁלַח יְהוָֹה לִמְשָׁחֲךָ לְמֶלֶךְ עַל-יִשְׂרָאֵל: בְּנֵי[2] יְהוּדָה מְכָרתֶם[3] לִבְנֵי הַיְּוָנִים[4] לְמַעַן[5] הַרְחִיקָם מֵעַל[6] גְּבוּלָם[7]: עִמָּנוּ יְהוָה אֱלֹהֵינוּ לְעָזְרֵנוּ: זָכוֹר אֶת-יוֹם הַשַּׁבָּת לְקַדְּשׁוֹ[8]: שָׁאוּל וַאֲנָשָׁיו עֹטְרִים[9]

§ 46. THE IMPERATIVE WITH SUFFIXES. 83

אֶל־דָּוִד וְאֶל־אֲנָשָׁיו לְתָפְשָׂם ¹⁰ : בְּיוֹם אָכְלְכֶם מִמֶּנּוּ וְנִפְקְחוּ ¹¹
עֵינֵיכֶם ¹² : בְּקוּם ¹³ רְשָׁעִים יִסָּתֵר אָדָם וּבְאָבְדָם יִרְבּוּ ¹⁴ צַדִּיקִים :
וַיֹּאמֶר דָּוִד לְשָׁאוּל הִנֵּה הַיּוֹם הַזֶּה נְתָנְךָ יְהֹוָה בְּיָדִי וְאָבִי
רְאֵה ¹⁵ אֶת־כְּנַף ¹⁶ מְעִילְךָ בְּיָדִי כִּי בְּכָרְתִי אֶת־כְּנַף מְעִילְךָ וְלֹא
הֲרַגְתִּיךָ ¹⁷ דַּע ¹⁸ כִּי אֵין בְּיָדִי רָעָה וָפֶשַׁע :

give¹ the sons, children of² to sell³ Greeks⁴ in order that⁵ away from, from⁶ territory⁷ keep holy⁸ to surround⁹ to seize, capture¹⁰ to open¹¹ your eyes¹² when rise¹³ become many, multiply¹⁴ see¹⁵ the skirt of¹⁶ to kill¹⁷ know¹⁸.

EXERCISE 73.

He suffered¹ no² man to do them wrong³. And⁴ the manna⁶ left off⁵ from the morrow⁷ after they had eaten⁸ of the produce⁹ of the land. David has sent comforters¹⁰ unto thee to search¹¹ the city, (§ 57, 5. בְּ) to spy it out¹² and to overthrow¹³ it. And⁴ Ruth¹⁵ said¹⁴ entreat¹⁶ me not (§ 104, 2.) to leave¹⁷ thee (s. f.). Haman¹⁸ has devised¹⁹ against²⁰ the Jews²¹ to destroy²² them. Preserve²³, my son, the law of²⁴ thy mother²⁵, when thou goest²⁶, it shall lead²⁷ thee, when thou sleepest²⁸, it shall keep thee²⁹.

הִנִּיחַ 1 (before the verb) לֹא 2 no עָשַׁק 3 Vav Conv. 4 שָׁבַת 5 כָּן 6 כְּחָרָה 7
עֲבוּר 9 נחם Pi. part. 10 חָקַר 11 Pi. 12 הָפַךְ 13 הָאֲמַר 14 8 transl. in their eating
רוּת 15 פָּגַע בְּ 16 with יוֹעֵץ 17 הָמָן 18 חָשַׁב 19 עַל 20 יְהוּדִים 21 Pi. 22 אבד נָצַר 23
תּוֹרַת 24 אֵפֶךְ 25 Hithp. הלך 26 transl. in thy going, תַּנְחֶה 27 שָׁכַב בְּ . 28 inf. with
שָׁמַר עַל. 29 with pl. suff.

§ 46. THE IMPERATIVE WITH SUFFIXES.

1. The form קְטֹל changes before its annexion to suff. into קָטְל, as the infinitive. The form קִטְלִי and קִטְלוּ remain unchanged; קְטֹלְנָה takes the form of קִטְלוּ.

2. In verbs Ayin and Lamed Guttural, the A vowel of the final syllable is retained and lengthened into Kamets: as שְׁלָחֵנִי send me: שְׁאָלוּנִי ask me.

Exercise 74.

שָׁפְטֵנִי יְהֹוָה כְּצִדְקִי¹: בַּקֵּשׁ שָׁלוֹם וְרָדְפֵהוּ: הַדְרִיכֵנִי²
בַאֲמִתֶּךָ³ וְלַמְּדֵנִי⁴ כִּי אַתָּה אֱלֹהֵי יִשְׁעִי⁵: סָמְכֵנִי יְהֹוָה: חַלְּצֵנִי⁶
יְהֹוָה וּגְאָלֵנִי⁷: סְעָדֵנִי יְהֹוָה פֶּן־אֶכָּשֵׁל: טַהֲרֵנִי⁸ וְאֶטְהָר⁹:
יִרְאֵי¹⁰ יְהֹוָה הַלְלוּהוּ כָּל־זֶרַע יַעֲקֹב כַּבְּדוּהוּ: חֶסֶד וֶאֱמֶת אַל־
יַעַזְבֻךָ קָשְׁרֵם עַל־גַּרְגְּרוֹתֶיךָ¹¹ כָּתְבֵם עַל־לוּחַ¹² לִבֶּךָ¹³: אַל־
תָּאַשֵׁר¹⁴ בְּדֶרֶךְ רָעִים פְּרָעֵהוּ¹⁵ אַל־תַּעֲבָר־בּוֹ: כַּלְּטוּנִי מִיַּד
צָר: פַּלְּטֵהוּ מִיַּד רָשָׁע: אַתָּה יָדַעְתָּ יְהֹוָה זָכְרֵנִי וּפָקְדֵנִי
וְהִנָּקֶם¹⁶ לִי מֵרֹדְפָי¹⁷:

according to my rigteousness¹ to lead² in Thy truth³ to teach⁴ my salvation⁵ to deliver⁶ to redeem⁷ to cleanse, purify⁸ to be or become clean, pure⁹ ye that fear¹⁰ thy throat¹¹ the table¹² thy heart¹³ to enter¹⁴ to avoid¹⁵ to revenge¹⁶ persecutor¹⁷.

Exercise 75.

Hear me (pl. m.) and entreat¹ for² me to¹ the king. Remember me, pray³, and strengthen⁴ me, pray, only⁵ this once⁶, that⁷ I may be avenged⁸ on⁸ my enemies⁹. Gather¹⁰ them from among¹¹ the people¹² (pl.). Fear¹³ the Lord and love Him. If¹⁴ iniquity¹⁵ (be) in thy hand, put it far away¹⁶ and¹⁷ let¹⁸ not¹⁷ wrong¹⁹ dwell¹⁸ in thy tents²⁰. And he said: draw²¹ thy sword²², and thrust me through²³ therewith²⁴, lest²⁵ these uncircumcised²⁷ come²⁶ and* thrust me through and* abuse²⁸ me. Hear (s. f.) us. Hear (pl. f.) me. Help²⁹ (pl. f.) me. Help (pl. m.) him. Bury³⁰ (pl. f.) her, for she is a king's daughter.

פָּנַי, בְּ 1 with לְ 2 נָא 3 חֲזַק 4 Pi. פַּעַם 5 (§ 94, 3.) f. נָקַם 6 71 8 Ni. optat. with כְּ
אֹיְבַי 9 קָבַץ 10 Pi. מִן 11 גּוֹיִם 12 יָרֵא 13 אִם 14 אָוֶן 15 רָחַק 16 Hi. וְאַל 17
שָׁכַן 18 § 104, 2. Hi. עַוְלָה 19 אָהֳלֶיךָ 20 שָׁלַף 21 חֶרֶב 22 דָּקַר 23 בְּ 24 (חַיָב f.)
פֶּן 25 יָבֹאוּ 26 עֲרֵלִים 27 עָלַל 28 with בְּ, Hith. * Vav. Conv. עָזַר 29 קָבַר 30:

§ 47. THE PARTICIPLE WITH SUFFIXES.

The participles of Kal and Pi. lose their final Tsere and like the infin. according to their signification, receive either the nominal or verbal suffixes: as שֹׁמְרֵנִי he who keeps me, שֹׁמְרִי my keeper.

§ 49. THE PARTICIPLE WITH SUFFIXES.

EXERCISE 76.

יְהֹוָה שֹׁפְטֵנוּ: אֶל מְאַזְּרֵנִי¹ חָיִל²: מְכַבְּדַי אֲכַבֵּד: קֹדֶשׁ³
יִשְׂרָאֵל לַיהֹוָה כָּל־אֹכְלָיו יֶאְשָׁמוּ⁴: נִשְׁבַּע⁵ יְהֹוָה בִּימִינוֹ⁶ אִם⁷-
אֶתֵּן⁸ אֶת־דְּגָנֵךְ⁹ עוֹד מַאֲכָל לְאֹיְבָיִךְ¹⁰ וְאִם יִשְׁתּוּ¹¹ בְנֵי־נֵכָר¹²
תִּירוֹשֵׁךְ¹³ כִּי מְאַסְפָיו¹⁴ יֹאכְלֻהוּ וְהִלְלוּ אֶת־יְהֹוָה וּמְקַבְּצָיו¹⁵
יִשְׁתֻּהוּ: הַחָכְמָה תְאַלֵּף¹⁶ בָּנֶיהָ¹⁷ אוֹהֲבֶיהָ אָהֲבוּ חַיִּים: יְהֹוָה
שֹׁמְרֶךָ יְהֹוָה צִלְּךָ¹⁸ עַל־יַד יְמִינֶךָ: יַלְבִּשׁוּ¹⁹ שׁוֹטְנַי²⁰ כְּלִמָּה²¹:
כְּצִנַּת²²־שֶׁלֶג²³ בְּיוֹם קָצִיר צִיר²⁴ נֶאֱמָן²⁵ לְשֹׁלְחָיו: מֹשֵׁל²⁶
מַקְשִׁיב²⁷ עַל־דְּבַר²⁸־שָׁקֶר כָּל־מְשָׁרְתָיו²⁹ רְשָׁעִים: יִשְׂמְחוּ בְךָ
כָּל־מְבַקְשֶׁיךָ יֹאמְרוּ³⁰ תָמִיד³¹ יִגְדַּל³² יְהֹוָה אֹהֲבֵי תְשׁוּעָתֶךָ³³:
אֲבָרְכָה מְבָרְכֶיךָ וּמְקַלֶּלְךָ³⁴ אָאֹר³⁵: מְבֹרָכָיו יִירְשׁוּ³⁶ אֶרֶץ
וּמְקֻלָּלָיו יִכָּרֵתוּ³⁷:

to gird¹ (§ 85, 2, b.) strength² (that which is) holy, consecrated to God³ to be or become guilty⁴ to swear⁵ by his right (hand)⁶ if⁷ (§ 108, 4.) I give⁸ corn⁹ enemies¹⁰ drink¹¹ the alien¹² new wine, must¹³ to gather¹⁴ to store up¹⁵ to teach¹⁶ her, its children¹⁷ shade¹⁸ to clothe¹⁹ adversaries²⁰ confusion²¹ as the cold of²² snow²³ messenger²⁴ faithful²⁵ a ruler²⁶ to hearken²⁷ word of²⁸ servant²⁹ say³⁰ continually³¹ to be great³² salvation³³ to curse³⁴ I will curse, devote to destruction³⁵ shall inherit³⁶ to be destroyed³⁷.

EXERCISE 77.

These (are) our judges¹ that judge us. The land² shall not be expiated³ of⁴ the blood that is shed⁵ therein⁶, but⁷ by⁸ the blood of him that shed⁹ it. For I was ashamed¹⁰ to ask of the king a force¹¹ to help us against¹² the enemy¹³ in the way: because¹⁴ we had spoken¹⁵ unto the king, saying¹⁶, The hand of¹⁷ our God (is) upon* all them that seek¹⁸ Him for good¹⁹; but²⁰ His power²¹ and His wrath²² (is) against* all them that forsake Him²³. They that curse²⁴ thee shall be cursed, and they that bless²⁵ thee shall be blessed. Lord, who is like unto²⁶ Thee, who deliverest²⁷ the poor²⁸ and the needy²⁹ from him that robbeth³⁰ him.

שָׁפַט 1 part. 2 Dative=to the land (ל,) כָּפַר 3 Pu. לְ 4 שָׁפַךְ 5 Pu. בְּ 6 כִּי־אִם 7 בְּ 8 9 part. בֹּשְׁתִּי 10 חַיִל 11 מִן 12 אֹיֵב 13 כִּי 14 אָמַר 15 לֵאמֹר 16 יָד 17 עַל 18

18 Pi. part. בקש 19 לְטוֹבָה 20 וֹ 21 עָזוּ 22 אָפוֹ 23 part. 24 part. אָרַר ברך 25 Pi. part.
כְּמוֹ (בִּכְוֹ) 26 (before grave suff.) 27 כָּצִיל 28 עָנִי 29 אֶבְיוֹן גָּזַל 30 part.

CHAPTER IX.

IRREGULAR VERBS.

§ 48. VERBS פ"א.

1. The verbs of which the first radical is א partake of all the peculiarities of the verbs Pe Guttural. In some of them, however, the א is quiescent in either Cholem or Tsere, hence they are called: נָחִי פ' א = quiescent the פ i. e. the first radical א.

2. In the fut. Kal the five following verbs: אָבַד to perish, אָבָה to be willing, אָכַל to eat, אָמַר to say and אָפָה to bake, have the א quiescent in Cholem: as תֹּאכַל thou wilt eat, יֹאבַד he will perish. In the first person the א drops: as אֹמַר I shall say. The verbs אָחַז to take hold, אָסַף to collect, have beside the regular form יֶאֱחֹז, יֶאֱסֹף, the form of the פ"א: יֹאחֵז, וַיֹּסֶף 2. Sam. 6, 1.

3. The final syllable has generally Patach, Tsere is for the most part used in syllables with a distinctive accent: יֹאבַד Job 3, 3.   יֹאבֵד Job 20, 7.   תֹּאכַל 1. Mos. 3, 14, תֹּאכֵל 1. Mos. 2, 16.

4. With Vav Conv. the accent is thrown back: וַיֹּאכַל, וַיֹּאמֶר; but with a distinctive accent, Milra: וַיֹּאמַר, וַיֹּאכַל.

5. The inf. Kal of אָמַר with ל, is לֵאמֹר, for לֶאֱמֹר (§ 12, 6. B. 3.).

6. In the verbs אָזַל to go away, אָחַר to tarry, to delay, אָתָה to come, the א quiesces in Tsere: as אֵזַל, for אֶאֱזַל, יֵאתֶה, for יֶאֱתֶה, אֵחַר, for אֶאֱחַר (cf. § 12, 6. B. 3.).

§ 49. Verbs ל"א.   87

Exercise 78.

עֵד¹־כְּזָבִים² יֹאבֵד² בְּמוֹת³ אָדָם רָשָׁע תֹּאבַד תִּקְוָה⁴: נֹצֵר
תְּאֵנָה⁵ יֹאכַל פִּרְיָהּ⁶: חֶרֶב⁷ תֹּאכַל בָּשָׂר⁸ וְלֹא תִפְגַּע⁹ נָפֶשׁ¹⁰
וְכָזָב¹¹ מִנְפֶשׁ וְעַד בָּשָׂר יְכַלֶּה¹²: אַל תֹּאמַר נִסְתְּרָה דַרְכִּי¹³
מֵיהוָה וּבִמְרוֹם¹⁴ שָׁמָיו¹⁵ מִי יִזְכְּרֵנִי: וַיִּרְדְּפוּ בְנֵי¹⁶ יְהוּדָה אַחֲרֵי
אֲדֹנִי¹⁷ בֶזֶק¹⁷ וַיֹּאחֲזוּ אֹתוֹ וַיְקַצְּצוּ¹⁸ אֶת־בְּהֹנוֹת¹⁹ יָדָיו וְרַגְלָיו²⁰:
אִם תֹּאבֶה בְנִי תֶּחְכָּם: לֹא יֹאמַר לַחֵלָשׁ²¹ גִּבּוֹר וּלְסָכָל²²
מַשְׂכִּיל²³ כִּי לְפִי²⁴ מַעֲלָלוֹ יְהֻלַּל אִישׁ: וַיֵּאֵפוּ בְנֵי יִשְׂרָאֵל אֶת־
הַבָּצֵק²⁵ עֻגֹת²⁶ מַצּוֹת²⁷ כִּי לֹא חָמֵץ²⁸ כִּי־גֹרְשׁוּ²⁹ מִמִּצְרָיִם:
עִם־לָבָן גַּרְתִּי³⁰ וָאֵחַר עַד־עָתָּה³¹:

witness¹ lie, falsehood² § 82, 5. and § 83, 6; when dies³ expectation, (supply *his*)⁴ fig tree⁵ fruit⁶ sword⁷ flesh, *body*⁸ meet, reach unto⁹ soul¹⁰ lie, falsehood¹¹ ruins, destroys¹² my way¹³ hight of¹⁴ his heaven¹⁵ sons of¹⁶ p. n. m.¹⁷ to cut off¹⁸ thumbs, great toes¹⁹ feet²⁰ weak²¹ fool²² wise, prudent²³ in proportion, according to²⁴ dough²⁵ cakes²⁶ (§ 85, 3) unleavened²⁷ leavened²⁸ drive out²⁹ I have sojourned³⁰ now³¹.

Exercise 79.

Say ye to the righteous (man), because¹ (he is) good, that² he shall eat the fruit of³ his doings⁴. Not shall escape⁵ the wicked, and the patience of⁶ the righteous shall not be in vain⁷. And⁸ the children of Israel⁹ said: who shall give¹⁰ us flesh¹¹ to eat¹⁰? We remember (pret.) the fish¹², which we did eat in Egypt¹³ freely¹⁴. Eat thou not the bread of an evil eye¹⁵ (i. e. an envious, malignant person), for eat, saith¹⁶ he to thee, but¹⁷ his heart¹⁸ is not¹⁹ with²⁰ thee. The children of Israel are not willing to hearken to thee. And⁸ the asses²¹ of²² Kish²³ were lost²⁴.

כִּי¹ כִּי² פְּרִי³ מַעֲלָלְ⁴ מלט Ni.⁵ תִּקְוַת fem.⁶ אָבַד Vav Conv.⁸ בְּנֵי יִשְׂרָאֵל⁹
אכל Hi.¹⁰ (give to eat) בָּשָׂר¹¹ דָּגָה¹² מִצְרַיִם¹³ חִנָּם¹⁴ רַע עַיִן¹⁵ fut.¹⁶ ל¹⁷
לְבּוֹ¹⁸ בַּל¹⁹ עִם²⁰ אֲתוֹנוֹת fem.²¹ אֲשֶׁר ל or ל²¹ (§ 80, 10)²² קִישׁ²³ אָבַד²⁴:

§ 49. VERBS ל"א.

1. In verbs of which the third radical is א, the א qui-

esces whenever the final syllable has A or E, and length-
ens final Patach into Kamets: as מָצָא, for מָצָא (§ 14.
Lengthening, 3.); מָלֵא to be full.

2. Before the consonantal afformatives (נ, ת) א quiesces
in the pret. Kal in Kamets: מָצָאתָ, in the pret. of all
the other conjugations in Tsere: נִמְצֵאתָ; in the imp. and
fut. of all the conjugations in Seghol: as מְצֶאןָה, תִּמְצֶאןָה.

3. The verbs middle E, like יָרֵא to fear, retain Tsere
throughout the rest of the forms: as מָלֵאתִי, יָרֵאתָ I have
filled.

4. The part. fem. is commonly formed by contraction
מֹצֵאת, for מֹצְאָה (§ 12, 6. B. 3.).

NOTE. The Infinitive sometimes has the termination אָת or וֹת,
as שְׂנֹאת Prov. 8, 13. הִנָּבְאת Zech. 13, 4. שְׁמוֹת Ez. 36, 3.

EXERCISE 80.

הֲלֹא אָב[1] אֶחָד[2] לְכֻלָּנוּ[3] הֲלֹא אֵל אֶחָד בְּרָאָנוּ[4] מַדּוּעַ[5] נִבְגַּד[6]
אִישׁ בְּאָחִיו[7] לְחַלֵּל[8] בְּרִית אֲבוֹתֵינוּ[9]: לֵב טָהוֹר[10] בְּרָא־לִי
אֱלֹהִים וְרוּחַ נָכוֹן[11] חַדֵּשׁ[12] בְּקִרְבִּי[13]: שְׁלַח[14] לַחְמְךָ[15] עַל־
פְּנֵי[16] הַמָּיִם כִּי־בְרֹב[17] הַיָּמִים[18] תִּמְצָאֶנּוּ[19]: עֵת לַהֲרוֹג וְעֵת
לִרְפּוֹא[20] עֵת לֶאֱהֹב וְעֵת לִשְׂנֹא[21]: שָׂנֵאתִי קְהַל[22] מְרֵעִים[23]:
עָרֵב[24] לָאִישׁ לֶחֶם שֶׁקֶר וְאַחַר[25] יִמָּלֵא[26]־פִיהוּ[27] חָצָץ[28]: גַּם־
לְרֵעֵהוּ יִשָּׂנֵא רָשׁ וְאֹהֲבֵי[29] עָשִׁיר רַבִּים: אַל־תְּקַנֵּא[30] בְּאַנְשֵׁי[31]
רָעָה: עֲטֶרֶת[32] תִּפְאֶרֶת שֵׂיבָה[33] בְּדֶרֶךְ צְדָקָה תִּמָּצֵא: אֱלֹהִים
יַכְאִיב[34] וְיֶחְבָּשׁ[35] יִמְחַץ[36] וְיָדָיו תִּרְפֶּאנָה: לֹא אֵל־חָפֵץ רֶשַׁע[37]
אָתָּה יְהוָֹה שָׂנֵאתָ כָּל־פֹּעֲלֵי אָוֶן: יָרָבְעָם[38] חָטָא[39] וְהֶחֱטִיא[40]
אֶת־יִשְׂרָאֵל: לֹא־תִשְׂנָא אֶת־אָחִיךָ בִּלְבָבֶךָ[41]:

father[1] one[2] to all of us[3] to create[4] why[5] to deal treacherously[6] against his
brother[7] to profane[8] our fathers[9] clean[10] right[11] renew[12] within me[13] to
cast[14] bread[15] upon (the surface)[16] multitude of = after many[17] days[18] to
find[19] to heal, cure[20] to hate[21] congregation of[22] evil doers[23] agreeable,
sweet[24] afterwards[25] to fill[26] his mouth[27] gravel - stones[28] (§ 85, 2. a.)
friends of[29] to be envious[30] men of[31] (§ 83, 6) crown[32] gray hair[33] to
wound, to injure[34] to bind up[35] to split, to dash[36] unrighteousness[37] n. p. m.[38]
sin[39] (§ 25, 7)[40] thy heart[41].

§ 50: Verbs פ״ן

Exercise 81.

I said, Lord heal¹ my soul², for I have sinned³ against⁴ Thee. And Moses said unto the people: ye have sinned a great⁶ sin⁵. And⁷ (there) remained⁸ two of⁹ (the) men in the camp¹⁰, the name of the one¹¹ was Eldad¹² and the name of the other¹³ Medad¹⁴ and⁷ they prophesied¹⁵ in the camp, and⁷ (there) said a young man¹⁶ to Moses: Eldad and Medad do prophesy in the camp. And⁷ Joshua¹⁷ said: my lord¹⁸ Moses forbid¹⁹ them. And Moses said unto him, enviest²⁰ thou for my sake²¹? would²² God²² that²² all the Lord's people (were) prophets²³. The ear²⁵ is not filled²⁴ with²⁶ hearing. In the lips²⁷ of the intelligent (man)²⁸ wisdom is found²⁹. And⁷ Jehosheba³⁰ stole Joash³¹ and hid³² him from* Athalia³³, and he was³⁴ hid³⁵ in the house of the Lord six years.

1 רְפָא 2 נַפְשִׁי 3 חָטָא 4 לְ 5 חֲטָאָה 6 גְדֹלָה 7 Vav Conv. 8 Ni. שְׁאַר 9 שְׁנֵי 10 מַחֲנֶה 11 אֶחָד 12 אֶלְדָּד 13 שֵׁנִי 14 מֵידָד 15 Hith. נבא 16 נַעַר 17 יְהוֹשֻׁעַ 18 אֲדֹנִי 19 כָּלָא 20 part Pi. קנא 21 לְ 22 וּמִי יִתֵּן 23 נְבִיאִים 24 fut. Ni. מלא 25 [fem.] אֹזֶן 26 מִ 27 שִׂפְתֵי 28 נָבוֹן 29 Ni. fut. 30 יְהוֹשֶׁבַע 31 יוֹאָשׁ 32 Hi. fut. סתר 33 עֲתַלְיָהוּ 34 וַיְהִי 35 part. Hith. חבא 36 שֵׁשׁ 37 שָׁנִים *מִפְּנֵי.

§ 50. VERBS פ״ן.

1. The verbs, of which the first radical is נ, lose נ, whenever it should take Sh'va, by assimilation, hence the second radical is doubled, i. e. receives Dag. forte: as יִגַּשׁ, for יִנְגַּשׁ, for הִגִּישׁ, הַנְגִּישׁ (§ 12, 4.). Before a gutt. the assimilation does not take place: as יִנְאַק, הַנְחִיל (ibid.). In the infin. and imp., נ drops without compensation, the following letter commencing the word: as גְּשׁ (Dag. lene); before Makkef גֶּשׁ־, with parhog. גְּשָׁה. The regular form of the imp. is found occasionally: as נְטֹשׁ leave, נִדְרוּ vow ye. (See 3 of this §.)

2. With these verbs, in order to make the infin. dissyllabic, it takes the fem. nominal ending ת—ֶ, or ת—ַ when the second or third radical is a guttural: as גֶּשֶׁת, גַּעַת to touch. (See 3 of this §.)

3. In most cases, these verbs have a fut. and imp. O,

Part I. Exercises.

many A: as יִפֹּל to fall, יִגַּשׁ. The imp. and infin. of verbs with fut. O, are regular: as נְפֹל, inf. בִּנְפֹל.

4. The verb נָתַן to give, has besides the irregularities of the verbs פ״ן the peculiarity, that it also assimilates its final נ before the afformatives ת and נ: as נָתַתָּ, for נָתַנְתָּ, בְּתֵת: בְּכֻלָּם ; infin. תֵּת, for תֶּנֶת (2); with נָתַנּוּ, for נָתַנְנוּ; תְּנָה:ה with parag., מִתֵּת, לָתֵת, כְּתֵת, imp. תְּנוּ, תְּנִי, תֵּן; fut. תִּתֵּן, אֶתֵּן.

5. In לָקַח to take, the ל is analogous to the נ of the verbs פ״ן. Fut. יִקַּח, for יִלְקַח, inf. קַחַת, with בְּכֻלָּם: מִקַּחַת, לָקַחַת, בְּקַחַת. Ho. יֻקַּח, imp. קַח, קְחִי, קְחוּ, קַחֲנָה. for יִלְקַח (§ 14, Short. b.); but Ni. always נִלְקַח.

Exercise 82.

חָפַר¹ גּוּמָץ² בּוֹ יִפֹּל³ וּפֹרֵץ⁴ גָּדֵר⁵ יִשְּׁכֶנּוּ⁶ נָחָשׁ⁷: אֱוִיל יִנְאַץ⁸ מוּסַר אָבִיו: כֹּל⁹ אֲשֶׁר לָאִישׁ יִתֵּן בְּעַד¹⁰ נַפְשׁוֹ¹¹: לֹא תִקֹּם¹² וְלֹא תִטֹּר¹³: אֶת אֲשֶׁר תִּדֹּר¹⁴ שַׁלֵּם¹⁵: מִשָּׁמַיִם הִבִּיט¹⁶ יְהֹוָה רָאָה אֶת כָּל בְּנֵי הָאָדָם: הֲנֹטֵעַ¹⁷ אֹזֶן¹⁸ הֲלֹא יִשְׁמָע אִם יֹצֵר¹⁸ עַיִן הֲלֹא יַבִּיט: פִּי¹⁹ כְסִילִים יַבִּיעַ²⁰ אִוֶּלֶת: הָסֵג²¹ אָחוֹר²² מִשְׁפָּט וּצְדָקָה מֵרָחוֹק²³ תַּעֲמֹד: חָכְמָה וּמַדָּע²⁴ תֶּן־לִי: הַחָכְמָה וְהַמַּדָּע נָתוּן לָךְ וְעֹשֶׁר וְכָבוֹד אֶתֶּן־לָךְ: תְּנָה בְנִי²⁵ לִבְּךָ²⁶ לִי וְעֵינֶיךָ דְּרָכַי²⁷ תִּצֹּרְנָה²⁸: שַׁל²⁹ נְעָלֶיךָ³⁰ מֵעַל³¹ רַגְלֶיךָ³²: גְּשָׁה³³־נָּא וּשְׁקָה³⁴־לִי בְּנִי: וַיִּגַּשׁ וַיִּשַּׁק־לוֹ: עֵת לָטַעַת וְעֵת לַעֲקוֹר³⁵ נָטוּעַ: הָרְשָׁעִים כַּמֹּץ³⁶ אֲשֶׁר תִּדְּפֶנּוּ³⁷ רוּחַ³⁸: בַּרְזֶל³⁹ מֵעָפָר⁴⁰ יֻקָּח: תֶּן לִי הַנֶּפֶשׁ⁴¹ וְהָרְכוּשׁ⁴² קַח לָךְ: בְּתֵת יְהוָה לָכֶם בָּעֶרֶב בָּשָׂר לֶאֱכֹל: לֹא תִקַּח שֹׁחַד:

to dig[1] a pit[2] to fall[3] to break down[4] a fence[5] to bite[6] serpent[7] to despise, contemn[8] all, every thing[9] for, in behalf of[10] soul, life[11] to revenge[12] to keep, retain *sc. anger*[13] to make a vow[14] to pay, perform[15] to look[16] to plant[17] to form, make[18] the mouth of[19] to pour forth, utter[20] to turn away[21] backward[22] afar off[23] knowledge[24] my son[25] thy heart[26] my ways[27] to observe[28] to put off[29] shoes[30] from[31] feet[32] to step near[33] to kiss[34] root out, pluck up[35] the chaff[36] to drive away[37] a wind[38] iron[39] earth[40] persons[41] (coll.) substance, property[42].

EXERCISE 83.

Put forth[1] thine hand and touch[2] his flesh[3]. He made[4] a pit[5], and digged[6] it, and is fallen into the ditch[7], (which) he made[8]. Keep[9] thy tongue[10] from evil and thy lips[11] from speaking[12] guile[13]. And[14] she vowed[15] a vow[16] and said: O Lord of Hosts[17], if[18] Thou wilt remember me and wilt give to thine handmaid[19] a man-child[20], then[21] I will give him to the Lord all the days of[22] his life. And he dreamed[23], and behold[24] a ladder[25] set up[26] on* the earth, and the top of it[27] reached[28] to[29] heaven. Righteousness[30] delivereth[31] from death[32]. To take away[33] my life[34] they devised[35]. Lord give us Thy help[36]. Thou shalt not inherit[37] in our father's house[38]. This woman said to me: give (s. f.) thy son[39] and we will eat him to day[40] and I will give my son to-morrow[41].

שָׁלַח 1 נָגַע 2 בְּשָׂרוֹ 3 כָּרָה 4 בּוֹר 5 חָפַר 6 שַׁחַת 7 פָּעַל 8 נָצַר 9 fut. O. לְשׁוֹנְךָ 10 שְׂפָתֶיךָ 11 דִּבֵּר 12 Pi. מִרְמָה 13 וְ 14 Conv. נָדַר 15 fut. O. נֶדֶר 16 צְבָאוֹת 17 אִם 18 אֲמָתְךָ 19 זֶרַע אֲנָשִׁים 20 וְ 21 יְמֵי 22 חָלַם 23 הִנֵּה 24 סֻלָּם 25 נִצָּב 26 part. Ho. רֹאשׁוֹ 27 נָגַע 28 part. Hi. ה 29 (§ 19, 6,) local צְדָקָה 30 fem. נִצַּל 31 Hi. fut. מָוֶת 32 לָקַח 33 נֶפֶשׁ 34 זָמַם 35 יְשׁוּעָה 36 נָחַל 37 בֵּית 38 בְּנֵךְ 39 הַיּוֹם 40 מָחָר 41 אַרְצָה* (§ 85, 4, 6.).

§ 51. VERBS פ״י.

1. The verbs of which the first radical is י are divided into three classes:

a. The first class comprises those, in which י is used as נ in the verbs פ״נ, i. e. י is assimilated and indicated by Dagesh in the next letter. In this class are four verbs, which all have צ as the second radical: יצת (Ni. נִצַּת, Hi. הִצִּית) to set on fire, to kindle, יָצַע to spread down, to strew, יָצַק to pour, pour out, יָצַר to form.

b. The second class is but slightly irregular. The weak letter י quiesces in the preceding vowel in fut. Kal and all forms of Hi. The fut. Kal retains Chirek: as יִיטַב from יָטַב; Hi. changes the Chirek into Tsere: as יֵיטִיב, for יַיטִיב (Patach + י = a + i = e, § 12, 7. b. 2.). To this class belong six verbs: יָצַר (fut. יִיצַר and יֵצֶר, apoc. וַיִּצֶר and יָשַׁר (,יָשֵׁר) to be straight, right, יָטַב to be good, יָנַק to suck, יָלַל to wail, lament, יָקַץ to awake.

c. The other verbs פ"י belong to the third class. The verbs of this class are properly פ"ו, but the ו is changed at the beginning of the word into י: as יָלַד, for וָלַד, יָשַׁב for וָשַׁב (§ 12, 7. a.). In those conjugations, which have a characteristic letter at the beginning (Ni., Hi., Ho.) the original ו, being now in the middle of the word, returns: Ni. pret. נוֹלַד, fut. אִוָּלֵד, Hi. הוֹלִיד, Ho. הוּלַד. In Hithp. the ו in a few verbs only is restored: as הִתְוַדַּע, from יָדַע, to know.

The preformatives have not the usual vowel, but one homogeneous to ו: נוֹלַד, for נִוָּלֵד, הוֹלִיד, for הִוְלִיד, for הָוְלַד הוּלַד (12, 7. b. 2.).

2. In fut. Kal the י drops. The preformatives now forming open syllables, lengthen the Chirek into Tsere: as יֵלֵד, for יִילֵד. With conv. ו: וַיֵּלֶד; in Hiphil with conv. ו: וַיּוֹלֶד.

3. About half these verbs have the future E. The others with future A retain י quiescent in Chirek: as יִירַשׁ to take possession of, to inherit.

4. The infin. const. is formed as with פ"נ, i. e. the י drops and the segholate ending ת—ֶ (§ 66.) (with Gutt. ת—ַ) is appended: as לֶדֶת, with בכלם: בְּלֶדֶת, כְּלֶדֶת, מִלֶּדֶת, לָלֶדֶת. Occasionally, it has the fem. termination ה—ָ, like לֵדָה to bear, רְדָה to go down.

5. The imp. שֵׁב, לֵד, with ה parag. שְׁבָה.

6. The fut. Kal of the Verbs יָרַשׁ to take possession of, יָבֵשׁ to be or become dry, יָגַע to labor, toil, is formed like the second class: יִירַשׁ, יִיבַשׁ, יִיגַע (3), but in Ni., Hi., Ho. they are inflected like the third class: as הוֹבִישׁ, הוֹגִיעַ, יוֹרַשׁ.

7. The verb יָלַךְ to go, belongs to פ"ו, taking its *irregular forms* from פ"י: fut. Kal יֵלֵךְ, imp. לֵךְ, infin. לֶכֶת, Hi. הוֹלִיךְ.

§ 50. Verbs פ״י.

In all cases, however, where the verbs פ״י are regular it is inflected as from הָלַךְ: pret. Kal הָלַךְ, part. Kal הוֹלֵךְ, Hith. הִתְהַלֵּךְ.

Exercise 84.

אֶת־חֻקֹּתַי¹ תִּשְׁמְרוּ לָלֶכֶת בָּהֶם: לְכוּ־בָנִים² שִׁמְעוּ־לִי יִרְאַת³ יְהוָֹה אֲלַמֶּדְכֶם: לֹא־תֵלֵךְ רָכִיל⁴ בְּעַמֶּיךָ: וַיֵּשְׁבוּ⁵ וַיֹּאכְלוּ שְׁנֵיהֶם⁶ יַחְדָּו⁷ וַיֹּאמֶר אֲבִי⁸ הַנַּעֲרָה⁹ אֶל־הָאִישׁ הוֹאֶל¹⁰־נָא וְלִין¹¹ וְיִטַב¹² לִבֶּךָ: וַיּוֹאֶל הַלֵּוִי¹³ לָשֶׁבֶת אֶת־הָאִישׁ: אָח לְצָרָה יֻלָּד¹⁴: יִרְאַת יְהוָֹה תּוֹסִיף¹⁵ יָמִים¹⁶: סֹבֵא¹⁷ וְזוֹלֵל¹⁸ יִוָּרֵשׁ¹⁹: אֵשׁ וּמַיִם הִצַּג²⁰ לְפָנֶיךָ²¹ שְׁלַח יָדְךָ בַּאֲשֶׁר תִּרְצֶה²²: הֵיטִיבוּ²³ דַרְכֵיכֶם²⁴ וּמַעַלְלֵיכֶם: אֵשׁ קְדַחְתֶּם²⁵ עַד עוֹלָם תּוּקָד²⁶: רְפָאֵנִי יְהוָֹה וְאֵרָפֵא הוֹשִׁיעֵנִי²⁷ וְאִוָּשֵׁעָה כִּי תְהִלָּתִי²⁸ אָתָּה: אֱלֹהֵי עוֹלָם יְהוָֹה לֹא יִיעַף²⁹ וְלֹא יִיגָע³⁰: אָנָה³¹ אֵלֵךְ מֵרוּחֶךָ וְאָנָה מִפָּנֶיךָ³² אֶבְרָח: אִם־אֶסַּק³³ שָׁמַיִם³⁴ שָׁם וְאַצִּיעָה³⁵ שְּׁאוֹל³⁶ הִנֶּךָּ: בְּשָׁלוֹם יַחְדָּו³⁷ אֶשְׁכְּבָה וְאִישָׁן³⁸ כִּי אַתָּה יְהוָֹה לְבָדָד³⁹ לָבֶטַח תּוֹשִׁיבֵנִי⁴⁰: הוֹגַעְתֶּם⁴¹ יְהוָֹה בְּדִבְרֵיכֶם וַאֲמַרְתֶּם⁴² בַּמָּה⁴³ הוֹגָעְנוּ בְּאָמְרְכֶם כָּל⁴⁴־עֹשֵׂה⁴⁵ רַע טוֹב בְּעֵינֵי יְהוָֹה: הֹקַר⁴⁶ רַגְלְךָ⁴⁷ מִבֵּית רֵעֶךָ פֶּן יִשְׂבָּעֲךָ⁴⁸ וּשְׂנֵאֶךָ: דְּעִי כִּי רַע וָמָר⁴⁹ עָזְבֵךְ אֶת־יְהוָֹה:

statute, law[1] sons[2] the fear of[3] slander, הָלַךְ רָכִיל to slander[4] to sit down[5] both of them[6] together[7] the father of[8] the damsel[9] to consent[10] and lodge all night[11] to be good, merry[12] Levite[13] to bear, bring forth[14] to add, increase[15] days[16] a drunkard[17] squanderer, prodigal[18] to become poor[19] to put, place[20] before thee[21] to be pleased to do anything[22] to make good[23] your ways[24] to kindle[25] to burn[26] to help, succor[27] praise, object of praise[28] to be wearied[29] to be fatigued[30] whither[31] from thy presence[32] (prop. f. thy face) to ascend[33] there[34] to spread down, make one's bed[35] grave[36] together, at one time[37] to sleep[38] alone[39] to make dwell[40] to weary, be troublesome[41] words[42] in what[43] every one[44] that doeth[45] to make rare[46] thy foot[47] to be satiated, weary[48] bitter[49].

Part I. Exercises.

Exercise 85.

Rebuke[1] not a scorner[2], lest[3] he hate[4] thee; rebuke a wise man[5], and he will love thee. Give (instruction) to a wise man, and he will be yet[7] wiser[6]; teach[8] a just man and he will increase[9] in learning[10]. (It is) good to go to the house of mourning[11]. Go, eat with[12] joy[13] thy bread[14]. And* the king put forth[15] his hand, saying[16], lay hold[17] on him. And* his hand dried up. When[18] your children[20] shall ask[19] their fathers[21] in time to come[22], saying, what (mean) these stones[23]? Then[24] ye shall let know[25] your children, saying, Israel came over[26] this Jordan[27] on[28] dry land[29]. For[30] the Lord your God dried up[31] the waters of[32] Jordan from before you[33], until[34] ye were passed over[35]. That[36] all the people of[38] the earth might know[37] the hand of the Lord. Labor[39] not to be rich[40]. Know thou the God of thy father and serve[41] Him. Boast[42] not thyself of[43] to-morrow[44], for thou knowest[45] not what a day[47] may bring forth[46]. We will do thee good[48].

1 Hi. Juss. יכח 2 לִיץ 3 פֶּן 4 שָׂנֵא 5 לְחָכָם חכם 6 fut. A. (to be wiser) 7 עוֹד
8 Hi. ידע 9 Hi. with acc. יסף 10 לֶקַח 11 אֲבֵל 12 שִׂמְחָה 13 14 לַחְמְךָ 15 שְׁלַח
16 לֵאמֹר 17 with acc. תָּפַשׂ 18 כִּי 19 שָׁאַל 20 בְּנֵיכֶם 21 אֲבוֹתָם 22 in t. t. come מָחָר
23 אֲבָנִים 24 ו 25 Hi. pret. עָבַר 26 to come over יַרְדֵּן 27 28 ב 29 יַבָּשָׁה 30 אֲשֶׁר 31 Hi.
32 מִי 33 מִפְּנֵיכֶם 34 עַד 35 inf. = your passing over 36 לְמַעַן 37 inf. (connect 36 and 37)
38 עָפַר 39 Juss. יָגַע 40 Hi. inf. with ל 41 עָבַד 42 Hith. Juss. הלל 43 ב 44 יוֹם מָחָר
45 fut. יָלַד 46 fut. 47 יוֹם 48 to do good יטב Hi. *Vav Conv.

§ 52. VERBS ע״ע.

The verbs belonging to this class are contracted, the second radical having been repeated in the root, as סבב, now סַב, hence termed ע״ע.

Irregularities:

1. The repeated letter is generally written but once, with a Dag., which is, however, omitted at the end of the word: as סַב, for סָב, but סַבּוּ (§ 12, 4. Note).

2. The resulting monosyllabic word from this contraction is vocalized similarly to the regular verbs, but differs in

§ 52. Verbs ע״ע.

this particular: the vowel of the second radical in the regular verb recedes to the first radical of the verb ע״ע: as imp. סֹב, for סְבֹב, like קְטֹל, fut. יָסֹב, for יִסְבֹּב, like יִקְטֹל, (comp. 3), (§ 14, Rising III.).

Note I. Infin. and fut. Ni. excepted, which have Patach instead of Tsere.

3. The preformative forming an open syllable, which requires long vowels, has the pretonic Kamets: fut. Kal יָסֹב, for יִסְבֹּב, fut. Hi. יָסֵב, for יַסְבֵּב; hence this Kamets drops, when the tone is thrown forward: as תְּסֻבֶּינָה (§ 14. Reject. 1.).

4. When the afformative begins with a consonant (תָ, תְּ, תִי, נוּ, נָה) a helping vowel is used: 1) to avoid the meeting of three consonants with but one vowel: as סַבֹּתָ = סַבְבְתָ; 2) to render more perceptible the doubling of the radical. This helping vowel is Cholem in the pret. (written fully or defectively): as סַבוֹת or סַבֹּת, and in the future ־ֶי: as תְּסֻבֶּינָה.

5. This helping vowel receiving the tone, shortens the vowel in Hi., and in the forms with נָה in the imp. and fut. Kal: as סְבִינָה, הֲסִבּוֹת.

6. In Pi., Pu. and Hith., which require Dag. in the second radical, in order to avoid the meeting of three similar consonants, as סִבְבֵב = סִבֵּב, a long vowel (invariably Cholem) enters instead of Dag. Thus the forms Poel, Poal, Hithpoel, arise, which are regularly inflected: as הִסְתּוֹבֵב, סוֹבַב, סוֹבֵב.

7. With convers. וַ the Cholem of the fut. Kal is shortened into Kamets-Chatuph, and the Tsere of the fut. Hi. into Seghol: as וַיָּסָב, וַיָּסֶב (§ 33, 4.).

8. Before suffixes the same change takes place, for the

same reason (§ 14, Short. c.): as יָחֳנֵ֫נוּ may He be gracious to us; תְּחָגֻּ֫הוּ ye shall solemnize it; or Kubbuts is chosen instead: as יְמִשֵּׁ֫נִי, Hiph. יְסִבֵּ֫נִי, Tsere into Chirek (the strong sharpening) (§ 14, Short. b.)

9. The accent is not here thrown forward upon the afformatives ־ָה, ־וּ, ־ִי, as with regular verbs: as סָבָ֫ה, סָ֫בּוּ, סַבּ֫וֹתִי.

NOTE II. In Kal are found examples of middle O (according to יָכוֹל § 29, 1.): as רבּוּ they shoot arrows. Gen. 49, 23. רֹ֫מּוּ they are lifted up. Job 24, 24. The fut. A. of these verbs has Tsere under the preformatives: as יֵמַר it is bitter, Is. 24, 9. וָאֵקַל and I am despised, Gen. 16, 5. יֵחַם it is hot, De. 19, 6.

NOTE III. Ni. in the final syllable has Tsere occasionally: as נָסֵ֫בָּה, נָקֵל, הֵמַס, נָמֵס; sometimes Cholem נָרוֹץ he is broken, Eze 29, 7. נָבֹ֫זּוּ they are spoiled, Am. 3, 11.

NOTE IV. Hi. sometimes takes Patach in the final syllable, especially with gutturals: הֵמַר he has embittered, Job 27, 2. הֵתַז he cuts off, Is. 18, 5. הֵקַל, הֵדַק.

NOTE V. In many of these verbs the vowel of the preformatives in Kal, Ni., Hi. and Ho. is short and Dag. forte follows. This Dagesh compensates for the one omitted in the second radical, as it occurs generally with this class of verbs in Chaldee: fut. Kal יִסֹּב and יָסֹב; יִדֹּם (fr. דמם), יִשֹּׁם shall be astonished, 1. Ki. 9, 8. יִקֹּד to bow the head; Hi. יָסֵב Jud. 18, 23. יָמֵר Ex. 23, 21.

EXERCISE 86.

מַה¹־רַבּוּ² מַעֲשֶׂ֫יךָ³ יְהֹוָה: גּוֹל⁴ עַל־יְהֹוָה דַּרְכֶּ֫ךָ: הַקְשִׁ֫יבָה
אֶל־רִנָּתִי⁵ כִּי־דַלּ֫וֹתִי⁶ מְאֹד: אָז⁷ יְדַבֵּר⁸ יְהוֹשֻׁ֫עַ⁹ לַיהוָה בְּיוֹם
תֵּת יְהוָה אֶת־הָאֱמֹרִי¹⁰ לִפְנֵי בְנֵי יִשְׂרָאֵל וַיֹּ֫אמֶר שֶׁ֫מֶשׁ¹¹ בְּגִבְעוֹן¹²
ד֫וֹם¹³ וְיָרֵחַ¹⁴ בְּעֵ֫מֶק¹⁵ אַיָּלוֹן¹⁶ וַיִּדֹּם הַשֶּׁ֫מֶשׁ וְיָרֵחַ עָמָד עַד־יִקֹּם
גּוֹי אֹיְבָיו: וַיַּרְעֵם¹⁷ יְהוָה בְּקוֹל¹⁸ גָּדוֹל בַּיּוֹם הַהוּא עַל־פְּלִשְׁתִּים¹⁹

§ 53. Verbs ע"י and ע"ו.

וַיְהֻכֵּם²⁰ וַיְנַגְּפוּ²¹ לִפְנֵי יִשְׂרָאֵל: וְחַגֹּתֶם²² אֹתוֹ חַג²³ לַיהוָה
שִׁבְעַת²⁴ יָמִים בַּשָּׁנָה²⁵ בַּחֹדֶשׁ הַשְּׁבִיעִי²⁶ תָּחֹגּוּ אֹתוֹ: כֹּה²⁷ אָמַר
יְהוָה אִם־תָּפֵרוּ²⁸ אֶת־בְּרִיתִי²⁹ הַיּוֹם וְאֶת־בְּרִיתִי הַלַּיְלָה גַּם־בְּרִיתִי
תֻפַר אֶת־דָּוִד עַבְדִּי: אֲשֶׁר³⁰ לֹא־יִסָּפֵר צְבָא³¹ הַשָּׁמַיִם וְלֹא
יִמַּד³² חוֹל הַיָּם כֵּן אַרְבֶּה³³ אֶת־זֶרַע דָּוִד עַבְדִּי: הַדֶּלֶת³⁴ תִּסּוֹב³⁵
עַל־צִירָהּ³⁶ וְעָצֵל עַל־מִטָּתוֹ³⁷: יְהוָה שֹׁפְטֵנוּ יְהוָה מְחֹקְקֵנוּ³⁸
הוּא יוֹשִׁיעֵנוּ³⁹: חִדְלוּ הָרֵעַ⁴⁰: כִּי הִנֵּה בָעִיר אֲשֶׁר־נִקְרָא
שְׁמִי⁴¹ עָלֶיהָ⁴² אָנֹכִי מֵחֵל⁴³ לְהָרַע: לָמָּה תִקְרֶאנָא לִי נָעֳמִי⁴⁴
וְשַׁדַּי⁴⁵ הֵמַר⁴⁶ לִי מְאֹד: הֵמָּה חַתִּים⁴⁷ נְסוֹגִים⁴⁸ אָחוֹר
וְגִבּוֹרֵיהֶם יֻכַּתּוּ⁴⁹: בְּתוֹכִי יִשְׁתּוֹמֵם⁵⁰ לִבִּי:

adverb¹ (§ 24, 3.) to be many² works³ to roll, to commit⁴ my outcry, cry for help⁵ to be languid, weakened⁶ then⁷ (§ 101, II, b.)⁸ Joshua⁹ Amorite¹⁰ sun¹¹ Gibeon¹² to stay, stand still¹³ moon¹⁴ valley¹⁵ Ajalon¹⁶ cause thunder¹⁷ thunder¹⁸ (prop. voice, sound) Philistines¹⁹ to confound²⁰ to defeat²¹ to celebrate²² festival²³ seven²⁴ year²⁵ seventh²⁶ so, thus²⁷ to break, make void²⁸ my covenant with²⁹ as³⁰ the host of³¹ to measure³² I will increase³³ door³⁴ to turn³⁵ hinge³⁶ his bed³⁷ to inscribe laws, to rule³⁸ to save³⁹ to do evil⁴⁰ my name⁴¹ (§ 96, 2.)⁴² to open, begin⁴³ n. p. f. (my sweetness)⁴⁴ the Almighty⁴⁵ to embitter⁴⁶ (sc. life,) to be terrified, dismayed⁴⁷ to recede⁴⁸ to beat down⁴⁹ to be astonished, confounded⁵⁰.

Exercise 87.

Three¹ times² thou shalt keep a feast³ to me in the year. And he rolled⁴ the stone⁵ from⁶ the mouth of⁷ the wells⁸. The Lord of Hosts⁹ will defend¹⁰ Jerusalem¹¹. The soul of¹² the wicked desireth¹³ evil, his neighbor is not favored¹⁴ in his eyes¹⁵. This day will I begin¹⁶ to magnify thee¹⁷ in the sight of¹⁸ all Israel. And I will defend¹⁹ this city, to save²⁰ it. And the Lord discomfited²¹ Sisera²². Hills²³ melted²⁴ like²⁵ wax²⁶. He that trusteth²⁷ in²⁸ the Lord, mercy²⁹ shall compass³⁰ him about³⁰. Beseech³¹, I pray you, God, that³² He will be gracious³³ unto us. Hazael³⁴, king of Syria³⁵, oppressed³⁶ Israel. And the Lord was gracious³⁷ to them and had compassion³⁸ on them. (He) whom thou blessest³⁹ (is) blessed⁴⁰, and (he) whom thou curseth[41] is cursed[42]. Why[43] art thou cast down[44], O my soul[45]? hope[46] thou in[47] God!

שָׁלֹשׁ 1 רְגָלִים 2 חגג to keep a feast 3 גלל 4 Hi. fut. with Vav Conv. אֶבֶן 5 מֵעַל 6 פִּי 7 בְּאֵר 8 יְהוָה צְבָאוֹת 9 גנן 10 Hi. fut. יְרוּשָׁלַיִם 11 נֶפֶשׁ 12 אוֹתָהּ 13 חנן 14 Ho. fut. עֵינָיו 15 חלל 16 Hi. נדל 17 Pi. inf. עֵינַי 18 גנן 19 pret. with Vav Conv. ישע 20 Hi. הָמַם 21 fut. with Conv. סִיסְרָא 22 הָרִים 23 מסס 24 Ni. כֹּה 25 הוֹנֶה 26 בֶּטַח 27 part. בְּ 28 חֶסֶד 29 סבב 30 Pi. fut. תָּלוּ 31 וְ 32 חנן 33 חֲזָאֵל 34 אֲרָם 35 לחץ 36 רחם 37 fut. with Vav Conv. ברך 38 Pi. fut. with Vav Conv. with acc. 39 Pi. fut. 40 Pu. part. ארר 41 fut. 42 Ho. fut. מָה 43 שחת 44 Hith. fut. נַפְשִׁי 45 (f.) יחל 46 Hi. לְ 47;

§ 53. VERBS עו״י AND ע״ו.

To the ע״ע the verbs ע״ו are nearly related. To this class belong those verbs of which the second radical is ו, which are best compared with the preceding ע״ע, whereby the points of similarity or difference can be rendered most conspicuous.

In common with ע״ע:

1. The stem is monosyllabic.

2. The preformatives have long vowels: in fut. Kal and in the pret. Ni. Kamets (Tsere in rare cases).

3. The forms Poel, Poal, Hithpoel.

4. The insertion of the helping (union) vowel Cholem before the consonantal afformatives, but only in Ni. and Hi., not in Kal and Ho.

5. These peculiarities originate from the principle, that the weak letter ו cannot retain its consonantal power between two vowels; (not even between a following vowel and a preceding vocal Sh'va,) the ו either drops or quiesces, and as with ע״ע its vowel recedes to the first radical: pret. קָם, instead of קָוַם; inf. קוּם, for קְוֹם; fut. יָקוּם, for יִקְוֹם (§ 12, 6. B. 3); Hi. הֵקִים, for הִקְוִים (§ ibid. § 12, 7, a.); Ho. הוּקָם, for הָקְוַם (§ 12, 6, B., 3.) (Kamets-Chat. now in an open syllable becomes וּ (§ 14, Length. 1.).

6. These verbs differ from ע״ע in the following points:

§ 53. Verbs ע"ו and ע"י.

a. The vowel in ע"ו is longer: וֹ in Kal, ִי— in Hi., a vowel-letter quiescing in it.

b. The Ni. has a final Cholem נָקוֹם, for נָקֻם; fut. יָקוֹם, for יָקֻם (the וּ becoming וֹ, § 12, 7. b. 2.), after removing the mutable Patach in pret., and Tsere and the pretonic Kamets in fut.

7. Intransitive verbs occur with middle E. and O: מֵת, מֵתָה (for מָתַת § 12, 6. B.). Part. מֵת; Inf. מוֹת; Fut. יָמוּת; בּוֹשׁ, בּוֹשָׁה, בֹּשְׁתָּ; Fut. יֵבוֹשׁ.

NOTE. In some verbs. the וּ of the inf., imper. and fut. is always quiescent in Cholem: as אוֹר to be light, בּוֹא to come, בּוֹשׁ to be ashamed, וַיָּבוֹא and he came.

8. The apocopated Fut. is יָקֹם, with Vav Conv. וַיָּקָם, with gutturals וַיָּסַר.

9. The usual form of 2. and 3. pers. pl. fem. is given in the paradigm: תְּקוּמֶינָה; a form like תָּשֹׁבְןָ is sometimes met with.

10. Several verbs ע"ו in common with ע"ע (§ 52 Note 5.) double the first radical: as הֵסִית, for הֵסִיּת. Some thus modify the signification: as הֵנִיחַ to cause to rest, הִנִּיחַ to permit, suffer; הֵלִין to pass the night, הֵלִּין to complain, murmur.

11. Verbs ע"י. Verbs having for their second radical a quiescent י have a twofold inflection in Kal; they are partially inflected like the Kal of ע"ו, partially like its Hiphil, after having removed the characteristic syllable of Hiphil (הָ and הֶ). Several verbs occur only in this form, others possess both forms of ע"ו and ע"י: as לוּן and לִין.

NOTE. The fut. of Hiphil can be distinguished from that of Kal, by the signification only: as יָבִין he understands (Kal), הֵבִינָם he gives them understanding, Job 32, 8 (Hiphil).

NOTE II. Not seldom Kal and Hi. agree in sense in these verbs (ע"ו and ע"י): גּוּל to rejoice, Kal and Hi. רוּב to quarrel, Kal and Hi. שׂוּם to set, put, Kal and Hi. etc.

Exercise 88.

בָּז¹ לְרֵעֵהוּ חֲסַר²־לֵב: מִפְּנֵי³ שֵׂיבָה⁴ תָּקוּם⁵ וְהָדַרְתָּ⁶ פְּנֵי⁷ זָקֵן: מִי שָׂם⁸ פֶּה⁹ לָאָדָם אוֹ¹⁰ מִי־יָשׂוּם אִלֵּם אוֹ חֵרֵשׁ¹¹ פִּקֵּחַ¹² אוֹ עִוֵּר¹³ הֲלֹא אָנֹכִי יְהוָֹה: מֵשִׁיב¹⁴ רָעָה תַּחַת טוֹבָה לֹא תָמוּשׁ¹⁵ רָעָה מִבֵּיתוֹ¹⁶: דֹּבֵר¹⁷ שְׁקָרִים¹⁸ לֹא־יִכּוֹן¹⁹ לְנֶגֶד²⁰ עֵינָי: יְהוָֹה בַּשָּׁמַיִם הֵכִין²¹ כִּסְאוֹ²²: יְהוָֹה בְּחָכְמָה יָסַד²³ אֶרֶץ כּוֹנֵן²⁴ שָׁמַיִם בִּתְבוּנָה: בִּנְפֹל²⁵ אוֹיִבְךָ אַל־תִּשְׂמָח וּבִכָּשְׁלוֹ אַל־יָגֵל²⁶ לִבֶּךָ: מַעֲנֶה²⁷־רַךְ²⁸ יָשִׁיב²⁹ חֵמָה³⁰: דּוֹם³¹ לַיהוָה וְהִתְחוֹלֵל³² לוֹ: צַדִּיק לְעוֹלָם בַּל יִמּוֹט³³: צְדָקָה תְּרוֹמֵם³⁴ גּוֹי: בַּכְּרָמִים³⁵ לֹא־יְרֻנָּן³⁶ לֹא יְרֹעָע³⁷: הָסֵר³⁸ כַּעַס³⁹ מִלִּבֶּךָ: וַיִּפְגַּע יַעֲקֹב בַּמָּקוֹם וַיָּלֶן שָׁם כִּי־בָא⁴⁰ הַשֶּׁמֶשׁ וַיִּקַּח מֵאַבְנֵי⁴¹ הַמָּקוֹם וַיָּשֶׂם⁴² מְרַאֲשֹׁתָיו⁴³ וַיִּשְׁכַּב בַּמָּקוֹם הַהוּא: בְּאֶחָד⁴⁴ לַחֹדֶשׁ הוּקַם⁴⁵ הַמִּשְׁכָּן: יֵשׁ מִתְעַשֵּׁר⁴⁶ וְאֵין כֹּל מִתְרוֹשֵׁשׁ⁴⁷ וְהוֹן רָב: בִּינָה⁴⁸ הֲגִיגִי⁴⁹: דֶּרֶךְ שֶׁקֶר הָסֵר מִמֶּנִּי: יְהוָֹה מֵקִים מֵעָפָר דָּל: שִׂימוּ לְבַבְכֶם עַל דַּרְכֵיכֶם: בְּךָ יְהוָֹה בָּטְחוּ צַדִּיקִים וְלֹא־בוֹשׁוּ⁵⁰: תַּאֲוַת⁵¹ עָצֵל תְּמִיתֶנּוּ⁵²: סוּס⁵³ מוּכָן⁵⁴ לְיוֹם מִלְחָמָה⁵⁵ וְלַיהוָה הַתְּשׁוּעָה⁵⁶: עַל־כָּל־מַעֲשֶׂה⁵⁷ יְבִיאֲךָ⁵⁸ הָאֱלֹהִים בְּמִשְׁפָּט:

to despise¹ (§ 107, 4.) void of² (§ 84, 7.) before³ gray hair⁴ to rise up⁵ to honor⁶ the face of⁷ to make⁸ mouth⁹ or¹⁰ deaf¹¹ open-eyed¹² blind¹³ to return¹⁴ (§ 107, 4.) to depart¹⁵ his house¹⁶ to tell¹⁷ lies¹⁸ to be firm, established¹⁹ before²⁰ to establish²¹ his throne²² to found, to lay the foundation (of a building)²³ to set up, fix²⁴ ב bef. inf. const.²⁵ (§ 106, 2.) to exult, rejoice²⁶ answer²⁷ soft²⁸ to turn away²⁹ wrath³⁰ to rest³¹ to wait³² to totter, to shake³³ to raise³⁴ vineyards³⁵ to shout, sing³⁶ to shout with joy³⁷ to remove, put away³⁸ anger, grief³⁹ to set⁴⁰ (prop. to come) stones of⁴¹ to put, set, lay⁴² מְרַאֲשֹׁת (from רֹאשׁ) place of the head, hence: at his head⁴³ first⁴⁴ to raise⁴⁵ pretend to be rich⁴⁶ § 26, 6. pretend to be poor⁴⁷ to mark, attend⁴⁸ meditation, prayer⁴⁹ to be ashamed, disappointed⁵⁰ desire, lust of⁵¹ to kill⁵² horse⁵³ to be prepared, ready⁵⁴ war⁵⁵ help, victory⁵⁶ deed, act⁵⁷ to bring, lead⁵⁸.

Exercise 89.

And the Lord spake¹ to Moses, saying: Send² men, that³ they may search⁴ the land of Canaan. And the men

§ 54. VERBS לָ״ה.   101

went up⁵ and came⁶ into the land and searched it. And they returned⁷ from searching of the land after⁸ forty⁹ days¹⁰. And they came to Moses and brought back¹¹ word¹³ to him¹² and said: we came to the land whither¹⁴ thou sentest us and surely¹⁵ it is very¹⁶ good. Nevertheless¹⁷ the people be strong¹⁸ that dwell¹⁹ in the land. And they murmured²⁰ against²¹ Moses and said: Would God that²² we had died²³ in the land of Egypt. And wherefore hath the Lord brought²⁴ us to this land, to fall²⁵ by²⁶ the sword. And they said one to another²⁷, Let us make²⁸ a captain²⁹, and let us return into Egypt. And David besought³⁰ God for³¹ the child³², and he fasted³³ and went in (pret.) and stayed all night³⁴ and lay³⁵ upon the earth³⁶. And the elders³⁷ of his house arose³⁸ (and went) to him³⁹, to raise⁴⁰ him up from the earth: but he would not⁴¹. And it came to pass⁴² on the seventh⁴³ day that⁴⁴ the child died. And David saw⁴⁵ that his servants⁴⁶ whispered⁴⁷ and he perceived⁴⁸ that the child⁴⁹ was dead. Then⁵⁰ he arose from the earth and washed⁵¹ and anointed⁵² (himself⁵²) and came into the house of God; then⁵⁰ he returned into his (own) house and (when) he asked, they put⁵³ bread before him and he did eat.

דָּבַר 1 Pi. with Vav Conv. 2 (§ 84, 2) 31 תּוּר 4 (§ 101, 3. a.) 5 וַיַּעֲלוּ 6 בּוֹא 7 שׁוּב 8 קֵץ
אַרְבָּעִים 9 (§ 92, 3) 10 sing. שׁוּב 11 Hi. דָּבָר 12 אֹתוֹ 13 אֲשֶׁר 14 וְגַם 15 טוֹבָה 16
אֶפֶס כִּי 17 עַז 18 (§ 90, 2) 19 partic. with the article (§ 96, 8) לוּן 20 Ni. עַל 21
לוּ 22 (§ 116, a) would God that: מוּת 23 pret. בּוֹא 24 part. Hi. נָפַל 25 ב 26 אִישׁ אֶל
אָחִיו 27 (§ 97, 4) נָתַן 28 parag. fut. רֹאשׁ 29 בָּקַשׁ 30 Pi. with Vav Conv. פָּעֵד 31 נַעַר 32
צוּם 33 to stay all night לוּן 34 pret. שָׁכַב 35 pret. אַרְצָה 36 זָקֵן 37 קוּם 38 with Vav Conv.
עַל 39 קוּם 40 Hi. אָבָה 41 וַיְהִי 42 שְׁבִיעִי 43 Vav Conv. 44 וַיַּרְא 45 עֲבָדָיו 46 לָחַשׁ 47 Hithp. part. בִּין 48 Hi. יֶלֶד 49 Pause! 50 Vav Conv. רָחַץ 51 סוּךְ 52 Hi. שִׂים 53 Hi.

§ 54. VERBS לָ״ה.

1. The third radical of these verbs was originally י, of some few ו.

2. All forms ending with the third radical, change י into

PART I. EXERCISES.

הֶ: as גָּלָה, for גָּלִי (§ 12, 7. a.), excepting the pass. part. Kal, which is regular גָּלוּי.

3. To all those forms ending with a consonantal afformative, (תָּ, תְּ, תִּי, נוּ, נָה) the original י returns. This י quiesces in the pret. Kal in Chirek: as גָּלִיתָ, in the pret. of the other active conjugations, promiscuously in Tsere and Chirek: as גָּלֵיתָ and גָּלִיתָ, in the pret. of the Passives, only in Tsere: as גָּגְלֵיתָ; in the imperative and future in Seghol: as גְּלֶינָה, תִּגְלֶינָה.

4. In the 3. pers. fem. sing. pret., ה is commuted into תָ, in order to avoid the repetition of ה: as גָּלְתָה, for גָּלָהָה.

5. Before the vocal afformatives (וּ, ִי—) the ה drops: as תִּגְלֶהִי, prop. גָּלִיוּ, for גָּלְהוּ, תִגְלִי, גָּלוּ (§ 12, 6. B. 3.).

6. The ה quiesces
in all the pret. forms in Kamets: as גָּלָה, נִגְלָה, גֻּלָּה etc.;
in all the imperat. f. in Tsere: as גְּלֵה, הִגָּלֵה, גַּלֵּה etc.;
in all the fut. and part. f. in Seghol: as נִגְלֶה, אֶגְלֶה, נִגְלֶה, אֲגַלֶּה etc.

7. The inf. const. ends in all the conjugations with וֹת: as גְּלוֹת, הִגָּלוֹת, גַּלּוֹת etc.

8. The apocopated future is formed by throwing off the ה with the preceding Seghol, whence in Kal and Hiphil forms would arise, having three consonants and but one vowel: as יִגְל, from יִגְלֶה, יַגְל, from יַגְלֶה, which to avoid a helping Seghol is used: as יִגֶל Kal, יֶגֶל Hi. (formed like the Segholates § 66.). With a guttural the helping vowel is Patach: as יִשַׁע let him look, (§ 14, Rising IV.) with Pe Guttural, וַיַּעַשׂ and he made, (§ 66, 10.).

NOTE I. Sometimes the first syllable is not affected by the guttural: as וַיִּחַר and it was kindled, וַיִּחַד and he rejoiced, וַיִּחַן and he encamped.

NOTE II. The preformatives of the apocopated Future, forming an open syllable sometimes has Tsere: as וַנֵּפֶן and we turned; וַתֵּתַע and she wandered.

§ 54. Verbs ל"ה.

NOTE III. The helping vowel can be omitted in case the first radical is softer in sound than the second, (a liquid before a mute): as וַיִּשְׁבְּ and he took captive, וַיַּשְׁקְ and he gave to drink.

9. In the verb רָאָה to see, the apocop. fut. has two forms: יֵרֶא and with Vav Conv. וַיַּרְא.

10. הָיָה to be. pret. 2. pers. pl. הֱיִיתֶם, with ו: וִהְיִיתֶם; inf. const. הֱיוֹת, with prefixes לִהְיוֹת, בִּהְיוֹת; imp. הֱיֵה; fut. יִהְיֶה, fut apocop. יְהִי, in pause יֶהִי, with Vav Conv. וַיְהִי.

11. חָיָה to live. 2. pers. pl. pret. Kal חֲיִיתֶם, inf. חֲיוֹת, imp. חֲיֵה, with ו: וִחְיֵה, fut. יִחְיֶה, fut. apoc. יְחִי, in pause יֶחִי, Hiphil pret. הֶחֱיָה, inf. הַחֲיוֹת.

12. שָׁחָה (original שָׁחוּ) to bow down. Hithp. הִשְׁתַּחֲוָה, fut. יִשְׁתַּחֲוָה, fut. apoc. יִשְׁתַּחוּ (for יִשְׁתַּחַו) (§ 14. Rising IV.)

13. The annexing of suffixes, occasions various changes: the termination ה with the preceding vowel drops before the suffix: as עָנָנִי (from עָנָה) he answered me, צִוּךְ (from צִוָּה) he has commanded thee. Piel אִכְּלָךְ, (from כלה), for אָכְלָךְ, Hiph. הֶעֱלָךְ. In the third person fem. sing. pret., the suffix is attached invariably to the form גָּלָה: as עֲשָׂתְנִי, he has made me, Piel כִּסַּתְנִי, (shame) has covered me, § 44, 16, וְכִלַּתּוּ it shall consume it, for כִּלָּתְהוּ.

EXERCISE 90.

בְּחָכְמָה יִבָּנֶה[1] בָּיִת: אֱמֶת קְנֵה[2] וְאַל־תִּמְכֹּר: הַסָּכָל יַרְבֶּה[3] דְבָרִים[4]: רֹאֶה בֶעָבִים[5] לֹא יִקְצֹר: הַחָכְמָה לֹא תֻסְלֶה[6] בְּכֶתֶם[7] אוֹפִיר[8]: אָכֹל בְּשִׂמְחָה לַחְמְךָ וּשְׁתֵה[9] בְּלֶב־טוֹב יֵינֶךָ: נַעַר הָיִיתִי גַּם־זָקַנְתִּי וְלֹא רָאִיתִי צַדִּיק נֶעֱזָב: מִי גֶבֶר יִחְיֶה וְלֹא יִרְאֶה מָּוֶת[10] יְמַלֵּט נַפְשׁוֹ מִיַּד שְׁאוֹל: סוֹד[11] אַחֵר[12] אַל־תְּגַל[13]: נַפְשֵׁנוּ חִכְּתָה[14] לַיהֹוָה: אִטֵּם[15] אָזְנוֹ[16] מִזַּעֲקַת[17] דָּל גַּם־הוּא יִקְרָא וְלֹא יֵעָנֶה[18]: הָיָה עֵינַיִם לַעִוֵּר וְרַגְלַיִם לַפִּסֵּחַ[19]: אַל־תַּעַן כְּסִיל כְּאִוַּלְתּוֹ פֶּן־תִּשְׁוֶה[20]־לוֹ גַם־אָתָּה: עֵת לִפְרֹץ[21] וְעֵת לִבְנוֹת[22] עֵת לִבְכּוֹת[23] וְעֵת לִשְׂחֹק: עֵת לַחֲשׁוֹת[24] וְעֵת

לִדַבֵּר: לֹא תַעֲשׂוּ²⁵ עָוֶל בַּמִּשְׁפָּט: דְּרִישׁוּנִי וִחְיוּ נְאֻם²⁶ יְהֹוָה:
רוּחַ אֵל עָשָׂתְנִי וְנִשְׁמַת²⁷ שַׁדַּי תְּחַיֵּנִי: אִם־רָעֵב שֹׂנַאֲךָ²⁸ הַאֲכִילֵהוּ
לֶחֶם וְאִם־צָמֵא²⁹ הַשְׁקֵהוּ³⁰ מָיִם: יַעַנְךָ יְהֹוָה בְּיוֹם צָרָה:
לִישׁוּעָתְךָ³¹ קִוִּיתִי³² יְהֹוָה: הַחֲזֵק³³ בַּמּוּסָר³⁴ אַל־תֶּרֶף³⁵: אַל־
תִּתְרָעַ³⁶ אֶת־בַּעַל³⁷ אָף³⁸: בְּכָל־סוֹד אֲשֶׁר תְּגַלֶּה לְרֵעֲךָ זְכוֹר
אַל תִּשְׁכַּח אוּלַי³⁹ יֵהָפֵךְ בְּיוֹם מָחָר לִהְיוֹת צָרְךָ⁴⁰: יֵשׁ אוֹהֲבִים
כְּצֵל⁴¹ הַמַּעֲלוֹת⁴¹ בִּפְנוֹת⁴² הַשֶּׁמֶשׁ⁴³ עָמְדוּ⁴³ מִיֶּשַׁע⁴⁴: דַעַת
חָסַרְתָּ⁴⁵ מֶה קָנִיתָ⁴⁶ קָנִיתָ דַעַת מֶה חָסָרְתָּ:

to build[1] to buy[2] to make or do much, increase[3] words[4] clouds[5] to be weighed[6] for the gold of[7] Ophir[8] to drink[9] death[10] secret of[11] another person[12] to disclose, reveal[13] to wait[14] to stop[15] his ear[16] the cry of[17] to answer[18] lame[19] to be equal[20] to break down[21] to weep[22] to laugh[23] to keep silence[24] to do[25] a declaration of[26] breath of, mind of[27] enemy[28] thirsty[29] to give to drink[30] help[31] wait for, hope in[32] to hold fast, adhere to[33] instruction, correction[34] to let go[35] to associate[36] possessor, owner, lord[37] anger בַּעַל אַף a possessor of anger = an angry man[38] § 89, 4. perhaps[39] enemy[40] sun-dial (literally: the shadow of the degrees)[41] to turn[42] to stop from, to desist[43] help, assistance[44] to want, to be without[45] to possess[46].

EXERCISE 91.

If ye walk[2] in my statutes[1], and keep[4] my commandments[3] and do[5] them, then[6] I will turn[7] graciously[7] unto you, and make you fruitful[8] and multiply[9] you, and establish[10] my covenant with[11] you. Ye shall not afflict[12] a fatherless child. If thou afflict[13] him and he cry[14] at all[15] unto me, I will surely[16] hear his cry[17]. And the Lord spake to Joshua, saying: As[18] I was with[19] Moses, (so) I will be with thee: I will not fail[20] thee, nor[21] forsake thee. Only[22] be thou strong[23] and very courageous[24], that[25] thou mayest observe[26] to do according to all the law, which Moses, my servant[27], commanded[28] thee: turn[29] not from it to[30] the right hand[31] or[32] to the left[33]. This[34] book[35] of the law shall not depart[36] out of thy mouth[37], but[38] thou shalt meditate[39] therein day and night[40], that[41] thou mayest observe[42] to do according to all that is written therein. If thou return to[43] the Almighty[44], thou

§ 55. VERBS DOUBLY ANOMALOUS.

shalt be built up⁴⁵. From the confined space⁴⁶ I called⁴⁷ upon the Lord⁴⁸, the Lord answered⁴⁹ me in the large space⁵⁰. The Lord is on my side⁵¹: what can (§ 101, III. 1.) do⁵² unto me man? (It is) better⁵³ to trust⁵⁴ in the Lord, than⁵⁶ to put confidence⁵⁷ in man. Thou hast thrust⁵⁸ sore⁵⁹ at me that⁶⁰ I might fall; but⁶¹ the Lord helped me. Be²⁶ not wise⁶³ in thine (own) eyes. And he despised⁶⁴ the birthright⁶⁵. My well-beloved⁶⁸ hath⁶⁷ a vineyard⁶⁶. And he fenced⁶⁹ it and cleared it of stones⁷⁰ and built⁷¹ a tower⁷² in the midst of it, and he looked⁷³ that⁷⁴ it should bring forth⁷⁵ grapes⁷⁶, and it brought forth wild grapes⁷⁷.

חִקּוֹתִי 1 הָלַךְ 2 Kal. fut. מִצְוֹתַי 3 עָשָׂה 4 fut. 5 pret. 6 Conv. ו פָּנָה 7 Hi. פָּרָה
8 with Vav Conv. רָבָה 9 Hi. with Vav Conv. קוּם 10 Hi. with Vav Conv. אֵת 11 עָנָה 12 Pi.
13 fut. צָעַק 14 fut. 15 infin. abs. (§ 105, 1) 16 inf. abs. (§ 105, 1) 17 צַעֲקָתוֹ 18 כַּאֲשֶׁר
19 עִם 20 III. רָפָה 21 וְלֹא 22 רַק 23 (fut. A.) 24 (fut. A.) 25 infin. with ל אָמַץ חָזַק
26 שָׁמַר 27 עִבְרִי 28 Pi. צָוָה 29 סוּר 30 acc. (§ 85, 4) 31 יָמִין 32 ו 33 שְׂמֹאל
34 (§ 83, 9) 35 סֵפֶר 36 מוּשׁ 37 כְּפִיךָ 38 Conv. ו 39 הָגָה 40 יוֹמָם וָלַיְלָה 41 לְמַעַן
42 fut. 43 יָעַד שָׂהֵי 44 בָּנָה 45 מֵצַר 46 קָרָא 47 with acc, יָהּ 48 עָנָה 49 מֶרְחָב 50
51 on my side = to me 52 עָשָׂה 53 טוֹב 54 חָסָה 55 בְּ 56 מִ (§ 91, 1) 57 בָּטַח 58 דָּחָה
59 inf. abs. (§ 105 1) 60 with inf. ל 61 ו 62 הָיָה 63 חָכָם 64 with Vav Conv. בָּזָה 65 בְּכוֹרָה
66 כֶּרֶם 67 hath = was to 68 יְדִידִי 69 עָזַק 70 Pi. סָקַל 71 Pi. בָּנָה 72 מִגְדָּל 73 Pi. קָוָה
74 with inf. ל 75 עָשָׂה 76 עֲנָבִים 77 בְּאֻשִׁים.

§ 55. VERBS DOUBLY ANOMALOUS.

Doubly anomalous verbs have two radicals, both subject to the anomalies of the different irregular verbs: as נָשָׂא to bear, carry, belong to פ״נ and ל״א, אָבָה to be willing, to פ״א and ל״ה.

Verbs of the most frequent occurrence of this kind are:

a. ל״ה and פ״א, אָפָה to bake, fut. Kal יֹאפֶה.

b. ל״ה and פ״נ, נָכָה to smite, pret. Hi. הִכָּה. part. מַכֶּה, fut. יַכֶּה, with Vav Conv. וַיַּךְ, imp. הַכֵּה, apocop. הַךְ, inf. הַכּוֹת, particip. Ho. מֻכֶּה; נָטָה to bow, incline, fut. Kal יִטֶּה, with Vav Conv. וַיֵּט, fut. Hi. יַטֶּה, with Vav Conv. וַיֵּט.

c. פ״נ and ל״א, נָשָׂא, fut. Kal יִשָּׂא, inf. שְׂאֵת and שֵׂאת, imper. שָׂא and נְשָׂא.

d. ל״א and פ״י, יָצָא to go out, fut. Kal יֵצֵא, imp. צֵא, inf. צֵאת, Hi. pret. הוֹצִיא, fut. יוֹצִיא.

e. פ״י and ל״ה, יָרָה to throw, Hi. to confess, to give thanks. Piel fut. וַיְיַדּוּ and they cast, (for וַיִּדּוּ) (§ 12, Reject. B. 3.), Hi. fut. יוֹרֶה, with suff. אוֹדְךָ, pret. הוֹדָה, part. מוֹדֶה.

f. ע״ו and ל״א, בּוֹא to come, Kal pret. בָּא, בָּאתִי, fut. אָבוֹא, Hi. to cause to come, lead, bring, pret. הֵבִיא, fut. יָבִיא.

Exercise 92.

וְהָיָה בְּאַחֲרִית¹ הַיָּמִים וְאָמְרוּ עַמִּים רַבִּים לְכוּ וְנַעֲלֶה² אֶל־הַר³־יְהֹוָה אֶל־בֵּית אֱלֹהֵי יַעֲקֹב וְיוֹרֵנוּ⁴ מִדְּרָכָיו⁵ וְנֵלְכָה בְּאֹרְחֹתָיו⁶ כִּי מִצִּיּוֹן תֵּצֵא⁷ תוֹרָה וּדְבַר⁸־יְהֹוָה מִירוּשָׁלָיִם: יוֹרֻךְ⁹ עַמִּים אֱלֹהִים יוֹדוּךְ עַמִּים כֻּלָּם: טוֹב וְיָשָׁר יְהֹוָה עַל־כֵּן יוֹרֶה חַטָּאִים בַּדָּרֶךְ: בֵּאלֹהִים בָּטַחְתִּי לֹא אִירָא¹⁰ מַה־יַּעֲשֶׂה אָדָם לִי: טוֹב לַגֶּבֶר כִּי־יִשָּׂא¹¹ עֹל¹² בִּנְעוּרָיו¹³: גֵּר לֹא תוֹנֶה¹⁴ וְלֹא תִלְחָצֶנּוּ¹⁵: שֹׁחַד מֵחֵיק¹⁶ רָשָׁע¹⁷ יִקָּח לְהַטּוֹת¹⁸ אָרְחוֹת¹⁹ מִשְׁפָּט: הַט²⁰ אָזְנְךָ וּשְׁמַע דִּבְרֵי²¹ חֲכָמִים²² וְלִבְּךָ תָּשִׁית²³ לְדַעְתָּם: אַל־תִּמְנַע²⁴ מִנַּעַר מוּסָר כִּי־תַכֶּנּוּ²⁵ בַשֵּׁבֶט לֹא יָמוּת²⁶: מְכַסֶּה²⁷ פְּשָׁעָיו לֹא יַצְלִיחַ²⁸ וּמוֹדֶה²⁹ וְעֹזֵב יְרֻחָם³⁰: אַל־תֵּט³¹ יָמִין³² וּשְׂמֹאל³³ הָסֵר רַגְלְךָ מֵרָע: שִׁבְתְּךָ³⁴ וְצֵאתְךָ³⁵ וּבוֹאֲךָ³⁶ יָדַע יְהֹוָה: שְׁאָל³⁷־נָא בְהֵמוֹת³⁸ וְתֹרֶךָ וְעוֹף הַשָּׁמַיִם וְיַגֶּד־לָךְ: אוֹ שִׂיחַ⁴⁰ לָאָרֶץ וְתֹרֶךָּ וִיסַפְּרוּ⁴¹ לְךָ דְּגֵי⁴² הַיָּם: מִי לֹא יָדַע בְּכָל־אֵלֶּה כִּי יַד־יְהֹוָה עָשְׂתָה זֹּאת⁴³: אֶת־יְהֹוָה אֱלֹהֶיךָ תִּירָא אֹתוֹ תַעֲבֹד⁴⁴ וּבוֹ תִדְבָּק וּבִשְׁמוֹ תִּשָּׁבֵעַ:

the end, remoteness of[1] to go up[2] the mountain of[3] to teach[4] ways[5] paths[6] to go forth[7] the word of[8] to give thanks, to praise[9] to fear, be afraid[10] to bear[11] the yoke[12] youth[13] to vex, to be extortionate[14] to oppress[15] out of the bosom[16] subject of the sentence[17] to pervert[18] the ways of[19] to incline[20] the words of[21] wise men[22] to set, direct, turn[23] to withhold[24] to beat[25] to die[26] to cover[27] to prosper[28] to confess[29] to obtain mercy[30] to incline[31] the right hand[32] the left hand[33] (§ 85, 4.) to sit, abide[34] to go out[35] to come[36] to ask, interrogate[37] the beasts[38] to tell[39] to speak[40] to declare[41] the fishes of[42] (§ 81. 1.)[43] to serve[44].

Exercise 93.

My son, fear[1] thou the Lord and the king. Jerusalem bear[2] thy shame[3]. Peradventure[4] there be[5] fifty[6] righteous within[7] the city: wilt thou also[8] destroy[9] and not spare[10] the place for[11] the fifty righteous that are therein[12]? Thou shalt not bear a false[14] report[13], neither[15] shalt thou answer[16] in[17] a quarrel[18] to incline[19] after[20] many to wrest[21] (judgment). Trust[22] in the Lord, and He shall bring forth[23] thy righteousness[24] as the light. Who would not fear[25] Thee, O King of nations[26]? Arise[27], get thee out[28] from this land[29] and return[30] to the land of thy kindred[31]. I (am) a little[33] lad[32]: I know[34] not (how) to go out[35] or come in[36]. Thou comest to me with[37] a sword and with a spear[38], but[39] I come to thee in the name of the Lord of Hosts[40]. This day will the Lord deliver[41] thee into[42] my hand, and I will smite[43] thee and take[44] thine head from thee[45], that[46] all the earth may know[47] that[48] there is[49] a God in Israel. Go and I will be with[50] thy mouth, and teach[51] thee what thou shalt say[52]. And[53] Jehu[54] came to Jezreel[55] and Jezebel[56] heard (of it): and[53] she put[57] paint[58] (on) her eyes and[53] tired[59] her head and[53] glanced[60] out at[61] the window[62]. And Jehu came in at[63] the gate[64], and[53] he lifted up[65] his face[66] to the window, and said: Who (is) on my side[67], who? And[53] there glanced out on[68] him two[69] (or) three[70] eunuchs[71]. And he said, Throw[72] her down. So[53] they threw her down: and[53] (some) of her blood spirted[73] on the wall[74], and on the horses: and he trod her under foot[75].

PART 1. EXERCISES.

7 בְּתוֹךְ 6 חֲמִשִׁים 5 יֵשׁ 4 אוּלַי 3 כְּלִכָּתְךָ 2 Jerusalem fem. (§ 57, 5) 1 נָשָׂא (ב 1 יָרֵא
17 עַל 16 עָנָה 15and not 14 שָׁוְא 13 שָׁמַע 12 בְּקִרְבָּהּ 11 לְמַעַן 10 נָשָׂא 9 סָפָה 8 אַף
24 צְדָקֶךָ 23 Hi. pret. with C. ו, 22 יָצָא 21 Hi. 20 אַחֲרֵי 19 נָטָה 18 רִיב
33 קָטֹן 32 נַעַר 31 מוֹלַדְתֶּךָ 30 שׁוּב 29 fem. 28 יָצָא 27 קוּם 26 גּוֹיִם 25 fut. יָרֵא
42 ב 41 Pi. סָגַר 40 צְבָאוֹת 39 ו 38 חָנִית 37 ב 36 inf. בּוֹא 35 inf. יָצָא 34 fut. יָדַע
48 כִּי 47 fut. יָדַע 46 ו 45 מֵעַל 44 Hi. pret. with C. ו, 43 Hi. pret. with C. ו, נָכָה
55 [§ 19, 6] 54 יְהוּא יִשְׂרָאֵל 53 Conv. ו 52 Pi. דָּבַר 51 Hi. pret. with C. ו, 50 יָם יָרָה 49 יֵשׁ
59 Hi. fut. יָטַב 58 [transl. she made with (ב)] paint her eyes] 57 Hi. fut. שׂוּם 56 אִיזֶבֶל
67 אִתִּי 66 פָּנִים 65 fut. נָשָׂא 64 Pause! 63 ב שַׁעַר 62 חַלּוֹן 61 בָּעַד 60 Hi. fut. שָׁקַף
74 קִיר 73 fut. with C. ו, 72 נָזָה 71 שְׁמַט 70 סָרִיסִים 69 שְׁלֹשָׁה 68 אֶל שְׁנַיִם
75 fut. with C. ו, רָמַס.

CHAPTER X.

NOUNS.

§ 56. IN GENERAL.

FORMATION AND INFLECTION.

1. The nouns are: a) *Primitives*, b) *Derivatives*. The more numerous derivatives are for the most part derived from verbs: *Verbal nouns;* as מַתָּנָה a gift, from נתן to give; דַּעַת knowledge, from ידע to know. Nouns derived from other nouns are called: *Denominatives:* as קַשָּׁת archer, from קֶשֶׁת bow.

2. The derivation is effected in the same manner as with verbs:

a. By *Vocalization*, or the modification of vowels: as מֶלֶךְ king, from מָלַךְ to reign.

b. By *Reduplication*, or the doubling of one radical, generally the second, or of two of the radicals: as גַּנָּב thief, from גנב to steal, אֲסַפְסֻף rabble, (people *gathered together from all quarters*) from אסף to gather.

c. By *Augmentation*, i. e. the prefixing or postfixing of one or more of the formative letters הָאֱמַנְתִּי (*nomina he-*

§ 56. IN GENERAL.

emantica): as מָקוֹם place, from קוּם to stand, קַדְמוֹן eastern, from קָדַם to be, come before, in front.

3. *a.* **By Vocalization:**

קָטֵל, this class contains as many adjectives as substantives, which, being of the old participial form (cf. act. part. in verbs ע״י: קָם = קָאָם, for קוּם), express either the attribute, or the attribute and subject together: as חָכָם wise, or wise man, זָהָב gold (the glittering, sc. metal). Frequently the product or result of an action is signified: as יֶלֶד child, prop. he that is born, natus; רָקָב an object seized with rottenness, (from רָקַב to rot).

קָטֵל, these nouns are intransitive, but when derived from transitive verbs, passive: as אָבֵל mourning, טָמֵא unclean, זָקֵן old, בָּשֵׁל cooked, done.

קָטוּל, (partic. of verbs mid. O) intransitive and passive adjectives, a few only in use as substantives: as גָּדוֹל great, קָרוֹב near, שָׁלוֹם peace.

קֹטֵל ,קוֹטֵל, (regular act. partic.) (cf. § 35).

קָטוּל, (reg. pass. part.) passive and intransitive adjectives: as מָשׁוּחַ anointed, עָצוּם strong.

קָטִיל. (Chaldaizing) (pass. part.) 1. passive substantives: as אָסִיר prisoner, captive, from אָסַר to bind, to fetter, (it is distinguished from קָטוּל by being always used as a noun, while the latter is a participle only). 2. Names of dignity are often thus formed: as נָסִיךְ a sovereign, ruler, פָּקִיד an officer, נָגִיד overseer, קָצִין a judge, prince. 3. The season or time in which the action of the verb is performed: as קָצִיר harvest (prop. time of cutting, reaping) חָרִישׁ time of plowing.

קְטָל (for קְטָאל, hence the *Kamets immutable*), קְטֵל (for קְטִיל, hence the *Tsere immutable*), קְטִיל ,קְטוּל ,קְטוֹל, mostly inf. forms of abstract meaning: כְּתָב a writing, יְלֵל a howling, צְחוֹק laughter, נְצִיב a military post, גְּבוּל a border.

קְטָל ,קְטֶל ,קֹטֶל cf. § 66.

3. b. By Reduplication:

קָטָל (Kamets immutable), a) adjectives intensifying the sense: חַלָּשׁ very weak, קַנָּא jealous, b) nouns of habitual occupation: טַבָּח cook, גַּנָּב thief, חָרָשׁ (for חַרָּשׁ) smith.

קִטֵּל, adjectives, denoting a permanent bodily defect: עִוֵּר blind, אִלֵּם dumb, חֵרֵשׁ (for חִרֵּשׁ) deaf.

קָטוֹל, a small class, adjectives and substantives: גִּבּוֹר strong, substantively: a strong one, hero, שִׁכּוֹר adj. and subst. drunk, intoxicated, a drunkard, צִפּוֹר a bird, prop. the chirping, twittering, from צפר (Arab.) to twitter, to pipe.

קָטוּל, passive and intransitive: שַׁכּוּל bereaved, חַנּוּן compassionate, חָרוּץ (for חַרּוּץ) a diligent one.

קַטִּיל, adjectives and substantives: צַדִּיק righteous, אָסִיר fettered. Instruments of action: כַּשִּׁיל an axe, a hoe.

קְטַלֵל, nouns in which the third radical is doubled: פַּרְחָח a young brood, knaves; שַׁאֲנָן quit, undisturbed; רַעֲנָן green, fresh.

קְטַלְטַל, קְטַלְטֹל, nouns in which the last two radicals are doubled: אֲדַמְדָּם reddish, שְׁחַרְחֹר blackish, denoting colors, i. e. an inclination to the color specified (English: *ish*). Many nouns of this class, compensate for the reduplication of the radical by doubling or lengthening the vowel: כּוֹכָב star, for כַּבְכַּב, from כב (Arab.) to shine, to glitter; טוֹטָף, for טַפְטָף a band, a fillet, from טף (Arab.) to bind about; בְּבֵל, for בַּלְבֵּל, Aram. to confuse, Hebr, בָּלַל.

3. c. By Augmentation:

א. Prefixed:

I. מ as a preformative occurs frequently, it comes either from מָ, מַה, to give the idea of an objective: *who, what, somewhat*, or it is related by its labial character to the preposition ב = *in, by, on*. Accordingly, nouns of this class denote something, somewhat, 1) in which, 2) by which, 3) at

§ 56. IN GENERAL.

which, or on which the action expressed by the root is performed:

1) מִזְבֵּחַ an altar, (from זבח to sacrifice) i. e. on which sacrifices are offered; מִרְעֶה pasture, (from רעה to feed) i. e. where there is feeding, מַאֲרָב an ambush, (fr. ארב to lurk) where there is lurking; מָקוֹם place, (fr. קוּם to stand) where one stands.

2) מַפְתֵּחַ key, (from פתח to open) an instrument *by which* one opens a lock; מַכְתֵּשׁ a mortar, (fr. כָּתַשׁ to beat to pieces, to pound) a vessel for pulverizing.

3) מַלְקוֹחַ booty, (fr. לָקַח to take) = what is taken; מִשְׁלֹחַ a possession, (fr. שָׁלַח to stretch forth the hand) object to which one stretches his hand.

II. ה, generally abstract substant., hence for the most part with f. formation: תִּקְוָה the hope, (fr. קוה to hope); תְּפִלָּה prayer, (fr. פלל to pray) תְּשׁוּבָה a return, a reply, (fr. שׁוּב to return); תֵּימָן m. the south, (fr. ימן to be on the right hand).

III. א, is a prepositive, a) usually to give easy pronunciation, when the first of the two initial consonants is a sibilant: אֶתְמֹל and תְּמֹל yesterday; אֶצְעָדָה and צְעָדָה bracelet: אֶזְרֹעַ and זְרֹעַ arm; b) to intensify the action: אַכְזָב drying up (properly deceiving, lying, from כזב to lie), אַכְזָר bold, daring. (Aktal, the regular Arabic form of the comparative and superlative).

IV. י, often in proper names: as יִצְחָק Isaac, יַעֲקֹב Jacob. Some are formed from the future, the 3. p. m. s. having been converted into a substantive: as יִצְהָר oil, (properly: it shines, gives light, from צהר to shine, lighten); יָרִיב adversary, enemy, (prop. he strives, from רוב Hi. to strive), יַלְקוּט a bag (prop. it gathers, from לקט to gather, to collect); יְקוּם an existing, living thing (prop. it is, stands, from קוּם to be, stand).

ב. *Affixed:*

1. The most important is ־ָה (to which ־ֶה or ־ָה corresponds): this, besides indicating the fem. gender (§ 57.) is appended: a) to the infinitive, to give it a substantive sense: שְׁמָעָה the hearing; דֵעַת knowledge, b) to convey an abstract meaning; בַּקָּשָׁה a request, חַטָּאָה sin. אִוֶּלֶת foolishness, עִוֶּרֶת blindness, קַדַּחַת (fr. קדח to burn) the burning or heat of fever.

2. וֹם, ־ָם, וֹן, ־ָם, ־ָן, (the last not so often, the Kamets frequently immutable). These terminations form:
a. Adjectives: חִיצוֹן outer, exterior; אַחֲרוֹן hinder, latter.
b. Concrete and abstract nouns: בִּנְיָן a building, רְעָבוֹן hunger, scarcity.
c. Diminutives: אִישׁוֹן (from אִישׁ) little man (of the eye), pupil; צַוָּרוֹן (from צַוָּר or צַוָּאר) neck.
d. וֹם occurs many times as an adverbial termination: פִּתְאֹם suddenly, שִׁלְשׁוֹם and שִׁלְשֹׁם the day before yesterday.
e. ־ָם, an old accusative ending, the words that have retained it, are mostly adverbs: חִנָּם in vain, רֵיקָם emptily, vainly, מָחֳרָתָם to-morrow.

3. ־ִי, this termination forms a) adjectives from nouns: צְפוֹנִי northern, from צָפוֹן the north, תַּחְתִּי lower, from תַּחַת the under part, b) Gentile nouns and patronymics: יִשְׂרְאֵלִי an Israelite, עִבְרִי a Hebrew, יְהוּדִי a Jew, מִצְרִי an Egyptian. The feminine is either ־ִית or ־ִיָּה: מִצְרִית an Egyptian woman, עִבְרִיָּה a Hebrew woman.

4. ־ִית, וּת form abstract nouns: רֵאשִׁית the beginning, מַלְכוּת kingship, rule.

4. Compound words are for the most part proper nouns: as מַלְכִּיאֵל (El is King), אֲבִימֶלֶךְ (Ab is King). Compound appellatives are rare: מַאְפֵּלְיָה horrible, frightful darkness (the appended יָהּ God, intensifies the idea § 91, d.).

5. The primitive as well as the derivative nouns are inflected, to indicate:

a. the grammatical conditions of gender and number;
b. the attributive relations of the noun. These latter are twofold:

1. A noun in the genitive or possessive case follows as an attribute, with which the preceding word is joined or put in the Const. state (§ 19, 5.): דְּבַר הַמֶּלֶךְ the king's word.

2. Suffixes are appended to the noun: דְּבָרִי my word.

§ 57. THE GENDER.

1. The genders are two: *masculine* and *feminine*; a neuter gender in Hebrew is wanting.

2. The gender can be ascertained: a) from the signification of the noun, b) from its termination.

3. Masculine by signification:

a. The names of men and males in general: as אָב father, מֶלֶךְ king.

b. The common and proper nouns of nations, rivers, mountains and months: as עַם people, נָהָר river, הַר mountain, חֹדֶשׁ month, כְּנַעַן Canaan, יַרְדֵּן the Jordan, סִינַי Sinai, נִיסָן Nisan, the first month of the Hebrew year.

c. The names of seasons: as אָבִיב Spring.

d. The names of metals: as זָהָב gold; except נְחֹשֶׁת copper, and עֹפֶרֶת lead, which are fem.

4. Masculine by termination:

א) The masc. has no characteristic termination, hence nouns ending with original radical letters can most frequently be considered masculine: as בֶּגֶד a garment.

ב) Nouns ending with ה, preceded by Seghol: as שָׂדֶה a field.

ג) Most of those nouns ending with ־ִי, ־ֹם וּ־, ־ָם, ־ִן or ־ֵן: as עִבְרִי a Hebrew, פִּדְיוֹם a ransom, קָרְבָּן a sacrifice, אִישׁוֹן the pupil of the eye.

5. Feminine by signification:

a. Names of women and females in general: אִשָּׁה woman, מַלְכָּה queen, צְבִיָּה a female gazelle.

b. Common and proper nouns of countries, cities, towns: as עִיר city, אֶרֶץ land, country, אַשּׁוּר Assyria, יְרוּשָׁלַיִם Jerusalem.

NOTE. In case the names of countries or cities represent the people or nation living in them, they are masculine; as יְהוּדָה (applied to the people) Jews. Compare: יְהוּדָה נָפָל Isa, 3, 8. and מִצְרַיִם Isa. 19, 16. הָיְתָה יְהוּדָה לְקָדְשׁוֹ Ps. 114, 2.

c. Names of the members of the body, which are in pairs: as יָד hand, רֶגֶל foot.

6. Feminine by termination:

I. Nouns with the *accented* final syllable ־ָה: as חָכְמָה wisdom.

II. Nouns with the unaccented final syllable ־ֶת and after gutturals ־ַת: as עֲטֶרֶת crown, מוֹדַעַת acquaintance, and with the accented ending ־ָת, ־וּת, ־ִית: as אַחֲרִית the end, מַלְכוּת kingdom, מָחֳרָת the morrow.

7. Many nouns are used in both genders: as רוּחַ wind, אֵשׁ fire, דֶּרֶךְ way.

EXERCISE 94.

רֹאשׁ אֲרָם¹ דַּמֶּשֶׂק² וְרֹאשׁ אֶפְרַיִם³ שֹׁמְרוֹן⁴: יִשְׂרָאֵל יָשַׁב בְּאֶרֶץ מִצְרַיִם בְּאֶרֶץ גֹּשֶׁן: כְּעָלֶה⁵ צַדִּיקִים יִפְרָחוּ⁶: וַיֵּלֶךְ יְהוּדָה אֶת⁷־שִׁמְעוֹן אָחִיו וַיַּכּוּ אֶת־הַכְּנַעֲנִי יוֹשֵׁב⁸ צְפַת: וַיִּלְכֹּד יְהוּדָה אֶת־עַזָּה⁹ וְאֶת־אַשְׁקְלוֹן⁹ וְאֶת־עֶקְרוֹן⁹: וַיְהִי יְהוָה אֶת־יְהוּדָה וַיֹּרֶשׁ¹⁰ אֶת־הָהָר כִּי לֹא לְהוֹרִישׁ¹¹ אֶת־יֹשְׁבֵי הָעֵמֶק כִּי רֶכֶב בַּרְזֶל¹² לָהֶם: לֹא בְחֶרֶב וּבַחֲנִית¹³ וּבְכִידוֹן¹⁴ יְהוֹשִׁיעַ יְהוָה: וַיֵּצֵא דָוִד וַיַּךְ גַּם¹⁵ אֶת־הָאֲרִי גַּם¹⁵ הַדֹּב: יֵשׁ יִתְרוֹן¹⁶ לַחָכְמָה מִן¹⁷־הַסִּכְלוּת¹⁸ כִּיתְרוֹן¹⁹ הָאוֹר מִן הַחֹשֶׁךְ: וַתִּבֶן צֹר²⁰ מָצוֹר²¹ לָהּ²² וַתִּצְבָּר²³־כֶּסֶף כֶּעָפָר וְחָרוּץ²⁴ כְּטִיט²⁵־חוּצוֹת²⁶: יְמִין יְהוָה רוֹמֵמָה²⁷: יְמִין יְהוָה עֹשָׂה חָיִל²⁸: עַיִן הַלֹּעֵג²⁹ לְאָב וְתָבֻז

§ 57. THE GENDER.

לִקְחַת ³⁰ אִם ³¹ יִקְרוּהָ ³² עֹרְבֵי ³³ ־נָחַל ³⁴ וְיֹאכְלוּהָ בְנֵי ־נָשֶׁר ³⁵ :
שֵׁן ³⁶ רָעָה ³⁷ וְרֶגֶל מוּעָדֶת ³⁸ מִבְטָח ³⁹ בּוֹגֵד ⁴⁰ בְּיוֹם צָרָה:

Aramaea, Syria¹ Damascus² Ephraim (the kingdom of Israel)³ Samaria⁴ a leaf⁵ to sprout, blossom⁶ with⁷ inhabitant of⁸ n. p. of a city⁹ take possession of¹⁰ to dispossess, drive out¹¹ (§ 83, 6.)¹² spear¹³ javelin¹⁴ *יְשִׁי (ה of Hi. retained) (§ 117)¹⁵ preeminence, excellence¹⁶ more than¹⁷ (§ 91, 2.) folly¹⁸ (§ 12, 6. B. 3.)¹⁹ Tyre²⁰ fortress²¹ (§ 97, 2.)²² to heap up²³ fine gold²⁴ the mire of²⁵ street²⁶ to be high, lofty²⁷ strength, חַיִל עָשָׂה to do valiantly²⁸ (§ 96, 4)²⁹ יְקֵהַת const. st. of קֵהָה obedience, respect³⁰ mother³¹ to pick out³² ravens of³³ the valley³⁴ young eagles³⁵ tooth, masc.³⁶ רָעָה (part. m. from רָעַע, with accentless הָ‑) to be broken, to be rotten³⁷ (for מִמְעָדֶת § 37, 5 Note I) to be made to waver³⁸ trust in³⁹ (§ 83, 4.) an unfaithful man.⁴⁰

Exercise 95.

By reason of¹ (the) cold² (the) sluggard³ will not plow⁴, therefore⁵ shall he beg⁶ in harvest, and have nothing⁷. The ravens⁸ brought⁹ to Elijah¹⁰ bread and flesh in the morning, and bread and flesh in the evening. Tyre¹¹ was a mart of¹² nations. Reprobate¹³ (§ 90, 2.) silver they call them, because the Lord hath rejected¹⁴ them. Their land¹⁶ is full¹⁵ of silver and gold¹⁷. The silver and the gold was weighed in the house of God by the hand of¹⁸ the priest¹⁹. Lo, the winter²⁰ is past²¹, the rain²² is over²³ (and) gone²⁴; the fig tree²⁵ putteth forth²⁶ her green²⁷ figs²⁷. When²⁸ a wicked²⁹ man dieth, (his) expectation³¹ shall perish³⁰: and the hope³² of unjust³³ (men) perisheth. Weeping³⁶ may endure³⁵ for a' night³⁴, but³⁷ joy³⁹ (cometh) in³⁸ the morning. The realm⁴¹ of Jehoshaphat⁴² was quiet⁴⁰, and his God gave him rest⁴³ round about⁴⁴. When⁴⁵, pride⁴⁶ cometh⁴⁵, then⁴⁷ cometh shame⁴⁸. The end⁴⁹ of the wicked shall be cut off⁵⁰. A river went out to water⁵¹ the land. Gihon⁵² compasseth⁵³ the whole land of Ethiopia⁵⁴. Sinai⁵⁵ and Tabor⁵⁶ are⁵⁷ mountains. Siv⁵⁸ is⁵⁷ the second⁵⁹ month. Hebron⁶⁰ is⁵⁷ the city of graves⁶¹. The eye⁶² sees⁶³, the ear hears.

7 to have nothing אַיִן, Pause! 6 שָׁאַל 5 Conv. ו 4 חָרַשׁ 3 עָצֵל 2 חֹרֶף 1 By reason of מִן

עֲרָבִים 8 בּוֹא 9 part. Hi. אֵלָיהָ 10: צֹר 11 סֵתֶר 12 כָּאַס 13 part. Ni. כָּאַכ 14 כָּלָא
זָהָב 17 עַל־יַד 18 כֹּהֲנִים 19 סְתָיו 20 15 Ni. fut. with Conv. ו, with acc. (§ 85, 2 a) אַרְצָם 16
עָבַר 21 גֶּשֶׁם 22 חָלָךְ 23 הָלַךְ (§ 84, 2) 24 תְּאֵנָה 25 חָנַט 26 פָּנֶיהָ 27 28 inf. with בְּ (§ 106, 2)
רָשָׁע 29 תִּקְוָה 30 אָבַד 31 תּוֹחֶלֶת 32 אוֹנִים 33 בָּעֶרֶב 34 לִין 35 בְּכִי 36 וְ 37 לְ 36
רִנָּה 39 ו with Conv. שָׁקַט 40 to be quiet מַלְכוּת 41 יְהוֹשָׁפָט 42 Hi. נוּחַ to give rest
ו 43 with Conv. מַסְבִּיב 44 part. זָדוֹן 45 ו 46 Conv. קָלוֹן 47 48 אַחֲרִית 49 פָּרַת 50 Ni. part.
שָׁקָה 51 Hi. גִּיחוֹן 52 סָבַב 53 part. כּוּשׁ 54 סִינַי 55 תָּבוֹר 56 [§ 77, 3, 57 זִיו 58 שְׁנֵי 59
חֶבְרוֹן 60 קְבָרִים 61 עַיִן 62 רָאָה 63.

§ 58. THE PLURAL AND DUAL.

1. Masculine nouns form their plural by adding ־ִים,
feminine by adding וֹת to the singular: as סוּסִים, from סוּס,
horse, בְּאֵרוֹת, from בְּאֵר a well.

NOTE I. The masc. plural sometimes is ־ִין: as כְּלִין Job 18, 2.
Prov. 31, 3. Micha 3, 12. More seldom ־ִי: as רִמֹּנֵי Cant. 8, 2.
מְנִי Ps. 45, 9. In later Hebrew (Mishna) the ending ־ִין is the
common one: as מַשְׁקִין, מַפְסִיקִין, קוֹרִין; sometimes without the ן:
as מַמְזֵרִי, גֵּירִי, חֲלָלֵי. A few add ־ִי after the Syriac: שָׂרָי,
and thus אֲדֹנָי Lord (§ 82, 4. b.).

2. Nouns ending with ־ִי, take ם only: as עִבְרִים from
עִבְרִי, or the final י of the noun is omitted and indicated by
Dagesh: as לְוִים, from לֵוִי.

3. Nouns ending in ־ֶה drop this syllable when forming the plural: as חֹנִים, from חֹנֶה (part. act. from חָנָה
to encamp.)

4. Fem. nouns in ־ָה, ־ֶת, וֹת change these terminations into וֹת: as תּוֹרָה law, pl. תּוֹרוֹת; כֹּתֶרֶת a crown,
pl. כֹּתָרוֹת (§ 72.) עֵדוּת a precept, pl. עֵדְוֹת.

5. The fem. ending ־ִית is to be considered as a contraction from ־ִיַת; hence the plural (־ַת being changed into
וֹת) ־ִיּוֹת: as תַּבְנִית pattern, model. pl. תַּבְנִיּוֹת.

Nouns with two fem. terminations in ־ִית and ־ִיָּה, form
the plural from the latter, thus תַּחְתִּיּוֹת the lowest parts,
the depths; עִבְרִיּוֹת Hebrew women, f.. עִבְרִיָּה and עִבְרִיָּה.

NOTE II. Some nouns form the plural irregularly: as מַלְכוּת kingdom, pl. מַלְכִיּוֹת, מִנְיוֹת and מְנָאוֹת, from מָנָה a part, portion; טְלָאִים, from אָמָה a maid servant, אֲמָהוֹת, for אָמוֹת, for טָלִים, from טָלֶה a lamb, מִכְלָאוֹת, for מִכְלוֹת, from מִכְלָה a fold. Such, or similar plural terminations by prefixing א or ה׳, are very common in the language of the Mishna: as אִמָּהוֹת, from אֵם mother; אוֹתִיּוֹת, from אוֹת letter; סִימָנִיּוֹת, from סִימָן sign; שְׁדְרָאוֹת, from שְׁדְרָה back-bone, spine.

Cf. Geiger, *Lehrbuch zur Sprache der Mischna,* P. 49, 8.

6. Nouns used in both genders (§ 57, 7.), in the plural often terminate both in ־ִים and וֹת: as נְפָשִׁים and נְפָשׁוֹת.

7. Nouns (both masc. and fem.) representing objects, consisting naturally or artificially of two parts or in pairs (especially the members of human or animal bodies) terminate in ־ַיִם, called the *Dual ending:* as רַגְלַיִם feet, יָדַיִם hands: מֶלְקָחַיִם (m.) tongs, snuffers.

8. In a few instances the dual denotes not a pair, but simply the number *two:* as יוֹמַיִם two days, שְׁנָתַיִם two years.

NOTE III. In the dual ending the tone rests on the penult (־ַ), the Chirek being only a helping vowel, which drops, when the word is lengthened.

9. Many nouns occur only in the form of a plural: as פָּנִים face, חַיִּים life, זְקוּנִים old age.

10. A considerable number of masc. nouns form their plural in וֹת: as אָב father, pl. אָבוֹת; אוֹצָר treasure, pl. אוֹצָרוֹת; בּוֹר or בְּאֵר cistern; גָּג roof, מִזְבֵּחַ altar; חֲלוֹם dream; חִזָּיוֹן vision; כִּסֵּא seat, throne; לוּחַ tablet; לַיִל night; מָאוֹר light; מָטָר rain; מָקוֹם place; מַקֵּל staff, stick; מִשְׁכָּן habitation; נֵר lamp; עוֹר skin; עָפָר dust; צוֹם a fast, fasting; קוֹל voice; קְרָב encounter, battle; שׁוֹפָר trumpet, curved horn; שֻׁלְחָן a table; שֵׁם name, etc., and vice versa many fem. nouns in ־ִים: as שָׁנָה year, pl. שָׁנִים; אִשָּׁה woman, pl. נָשִׁים; אֶבֶן stone, אֲבָנִים; בֵּיצָה egg; דְּבֵלָה a cake of dried figs; דְּבוֹרָה a bee; דָּת law; חִטָּה wheat; חֲשֵׁכָה darkness; יוֹנָה dove; לְבֵנָה brick or tile; מִלָּה word;

שְׂעֹרָה barley; פִּשְׁתָּה flax; עִיר city, pl. עָרִים; נְמָלָה ant; תְּאֵנָה fig-tree etc.

Exercise 96.

עֲשָׂהאֵל[1] קַל[2] בְּרַגְלָיו[3] כְּאַחַד[3] הַצְּבָיִם[4] אֲשֶׁר בַּשָּׂדֶה: וַיֹּאחֲזוּ
פְלִשְׁתִּים אֶת־שִׁמְשׁוֹן[5] וַיְנַקְּרוּ[6] אֶת־עֵינָיו וַיּוֹרִידוּ[7] אוֹתוֹ עַזָּתָה[8]
וַיַּאַסְרוּהוּ[9] בַּנְחֻשְׁתַּיִם[10] וַיְהִי טוֹחֵן[11] בְּבֵית הָאֲסוּרִים[12]: לֹא
לַקַּלִּים הַמֵּרוֹץ[13] וְלֹא לַגִּבּוֹרִים הַמִּלְחָמָה וְגַם לֹא לַחֲכָמִים לֶחֶם
וְגַם לֹא לַנְּבוֹנִים[14] עֹשֶׁר וְגַם לֹא לַיֹּדְעִים[15] חֵן[16] כִּי עֵת וָפֶגַע[17]
יִקְרֶה[18] אֶת־כֻּלָּם: מָוֶת וְחַיִּים בְּיַד לָשׁוֹן[19]: אֵין־חֵלֶק לַלְוִיִּם
בְּקֶרֶב שִׁבְטֵי[20] יִשְׂרָאֵל כִּי־כְהֻנַּת[21] יְהוָה נַחֲלָתוֹ[22] הַלְוִיִּם: כַּחֹמֶץ
לַשִּׁנַּיִם[23] וְכֶעָשָׁן[24] לָעֵינַיִם כֵּן הֶעָצֵל לְשֹׁלְחָיו: הֶחָפֵץ[25] לַיהוָה
בְּעֹלוֹת[26] וּזְבָחִים[27] כִּשְׁמֹעַ[28] בְּקוֹל יְהוָה: רְכַב[29] עֲצָמוֹת[30]
קִנְאָה[31]: הַמֶּלֶךְ שְׁלֹמֹה אָהַב מֵאָבִיוּ[32] עַמָּנִיּוֹת[32] אֲדֹמִיּוֹת[32]
צֵדֹנִיּוֹת[32] חִתִּיּוֹת[32]: מִיַּן[33] עָמְדוּ[34] אַרְבַּע[35] מַלְכֻיּוֹת[36]: וַיַּחֲלֹם[37]
פַּרְעֹה וְהִנֵּה שֶׁבַע[38] שִׁבֳּלִים[39] עֹלוֹת[40] בְּקָנֶה[41] אֶחָד בְּרִיאוֹת[42]
וְטֹבוֹת: לֹקֵחַ נְפָשׁוֹת[43] חָכָם: הֵן גּוֹיִם כְּמַר[44] מִדְּלִי[45] וּכְשַׁחַק[46]
מֹאזְנַיִם[47] נֶחְשָׁבוּ[48]:

n. p.[1] light, swift[2] one of[3] roebucks[4] Samson[5] to bore through, put out[6] to bring down[7] to Gaza[8] to bind[9] fetters of copper[10] to grind[11] (§ 107, 8.) captives, prisoners[12] a running, race[13] men of understanding[14] men of skill[15] favor[16] chance[17] to happen[18] tongue[19] tribe of[20] priesthood, office of the priest[21] possession, estate of[22] the teeth[23] the smoke[24] delight[25] burnt offering[26] sacrifice[27] hear, obey[28] decay, rottenness[29] bone[30] jealousy, envy[31] gent. noun fem. pl.[32] p. n. of a son of Japhet (Gen. 10, 2. 4) the founder of the Greeks, *Ionians*[33] stand up, arise[34] four[35] kingdom[36] to dream[37] seven[38] ears of corn[39] come up[40] stalk, cane[41] full[42] souls[43] a drop of[44] a bucket[45] the small dust[46] a balance[47] to count[48].

Exercise 97.

The Lord heareth[1] the poor[2]. And[3] Absalom[4] prepared[5] him horses and men to run[6] before[7] him. There is no[8] God, are the thoughts[9] of the wicked. God knoweth[10] the secrets[11] of the heart. Judgments[13] are prepared[12] for scorners, and stripes[14] for the back[15] of fools. And[16] Uzziah[17] built towers in Jerusalem and in the desert and digged[18] many wells[19], for he had[20] much cattle[21], husbandmen[22] (also) and vine-dressers[23] in the mountains and in Carmel[24]: for he loved husbandry[25]. There are[27] six[26] (things), which[28] the Eternal hateth[29]: yea[30], seven[31] (are) an abomination[32] unto Him[33]: lofty[34] eyes, a lying tongue[35], and hands that shed innocent blood[36], a heart that[28] deviseth[37] thoughts[38] of iniquity, feet that[28] are swift[39] in running[40] to mischief[41], a false witness[42] (that) breatheth[43] lies[44] and (he that) soweth[45] discord[46] among[47] brethren. Many sorrows[48] (shall be) to the wicked. Job[49] was a father to the poor, eyes to the blind[50] and feet to the lame[51]. God (is) father of the orphans[52] and judge of the widows.

1 part. אֶבְיוֹן 2. 1 ו 3 conv. 4 אַבְשָׁלוֹם 5 עָשָׂה רוּץ 6 part. לִפְנֵי with suff., לְפָנַי 7
[§ 108, 1] אֵין 8 there is no, before a noun אֵין 9 מִזְמָה 10 part. תַּעֲלֻמָה 11 Ni. pret. כּוּן 12
שָׁפַט 13 before the pl. ending:] מַהֲלָכָה 14 ו 15 16 conv. עֻזִּיָּהוּ 17 חָצַב 18
בּוֹר 19 to him [was] 20 מִקְנָה 21 אִכָּר 22 [the Tsere drops] כֶּרֶם 23 כַּרְמֶל 24
אָרַם 25 part. he was loving שֵׁשׁ 26 הִנֵּה 27 [§ 96, 4] 28 שָׂנֵא 29 ו 30 שֶׁבַע 31 תּוֹעֵבַת 32
נַפְשׁוֹ 33 [an abomination of his soul] רָם 34 לְשׁוֹן שֶׁקֶר 35 דָּם־נָקִי 36 חָרַשׁ 37 part.
מַחֲשָׁבָה 38 [before the genitive the pretonic Kamets drops] מָהֵר 39 Pi. part. רוּץ inf. fr.
רָעָה 41 יֵצֶר שֶׁקֶר 42 פּוּחַ 43 Hi. fut. שֶׁקֶר [bef. the pl. ending] שֶׁקֶר 44
שָׁלַח 45 Pi. part. כְּדֹן 46 only in plural בֵּין 47 כַּכְּאוֹב 48 אִיּוֹב 49 עִוֵּר 50 פִּסֵּחַ 51
יָתוֹם [the pretonic Kamets drops],

§ 59. THE CONSTRUCT STATE.

The word standing in the construct state (§ 19, 5.) suffers an alteration of its form:

a. Nouns in ◌ָה change it into ◌ֵה: as מַחֲנֶה camp, מַחֲנֵה יִשְׂרָאֵל Israel's camp.
b. Nouns in ◌ִי change it into ◌ֵי: as חַי living, life, חֵי פַרְעֹה by the life of Pharaoh!
c. Feminine nouns with final ◌ָה change it into ◌ַת: as מַלְכָּה · מַלְכַּת.

d. The plural and dual terminations ◌ִים and ◌ַיִם are changed into ◌ֵי: as סוּסֵי the horses of, עֵינֵי the eyes of.

NOTE I. The vowel changes, which the word in const. state undergoes will be shown in the following § §.

NOTE II. In poetry the const. st. sometimes is found with paragogic וֹ or ◌ִי: as בְּנוֹ 4. Mos. 23, 18, מַעְיְנוֹ Ps. 114, 8. אֹכְרִי 1. Mos. 49, 11. נֶאְדָּרִי 2. Mos. 15, 6. שֹׁכְנִי 5. Mos. 33, 16.

EXERCISE 98.

דֶּרֶךְ עָצֵל כִּמְשֻׂכַת¹ חָדֶק²: רַבָּה רָעַת³ הָאָדָם בָּאָרֶץ: נְבֻכַדְנֶאצַּר⁴ מֶלֶךְ בָּבֶל הִגְלָה⁵ אֶת־כָּל־יְרוּשָׁלַיִם וְאֶת־כָּל־הַשָּׂרִים וְאֵת כָּל־גִּבּוֹרֵי חַיִל⁶ וְכָל־הֶחָרָשׁ⁷ וְהַמַּסְגֵּר⁸ לֹא נִשְׁאַר⁹ זוּלַת¹⁰ דַּלַּת¹¹ עַם־הָאָרֶץ: בְּנַחַל קִישׁוֹן¹² שָׁחַט¹³ אֵלִיָּהוּ¹⁴ אֶת־נְבִיאֵי הַבַּעַל¹⁵: כָּל־אֱלֹהֵי הָעַמִּים אֱלִילִים¹⁶ וַיהוָה שָׁמַיִם עָשָׂה: שִׁמְעוּ זֹאת הַזְּקֵנִים וְהַאֲזִינוּ¹⁷ כֹּל יֹשְׁבֵי הָאָרֶץ הֶהָיְתָה זֹאת בִּימֵיכֶם וְאִם בִּימֵי אֲבֹתֵיכֶם¹⁸: כִּי־גוֹי עָלָה עַל־אַרְצִי¹⁹ עָצוּם²⁰ וְאֵין מִסְפָּר²¹ שִׁנָּיו שִׁנֵּי אַרְיֵה²²: כְּמַרְאֵה²³ סוּסִים מַרְאֵהוּ וּכְפָרָשִׁים²⁴ כֵּן יְרוּצוּן²⁵ כְּאַנְשֵׁי מִלְחָמָה יַעֲלוּ חוֹמָה²⁶: מֹאזְנֵי צֶדֶק אַבְנֵי²⁷ צֶדֶק אֵיפַת²⁸ צֶדֶק וְהִין²⁹ צֶדֶק יִהְיֶה לָכֶם: יִרְאַת³⁰ יְהוָה טְהוֹרָה עֹמֶדֶת לָעַד: מִרְמָה בְּלֶב־חֹרְשֵׁי³¹ רָע וּלְיֹעֲצֵי³² שָׁלוֹם שִׂמְחָה: מָחָר³³ אַתָּה וּבָנֶיךָ עִמִּי גַּם אֶת־מַחֲנֵה³⁴ יִשְׂרָאֵל יִתֵּן יְהוָה בְּיַד פְּלִשְׁתִּים:

hedge, fence¹ (a species of) thorn² wickedness³ p. n. m.⁴ to carry captive⁵ the force⁶ engraver, artificer⁷ smith⁸ to remain⁹ save¹⁰ poverty, hence the poorest sort¹¹ p. n.¹² to kill, (animals) to slay (persons)¹³ Elijah¹⁴ Baal, the tutelary god of the Phenicians¹⁵ idols¹⁶ to give ear, to listen¹⁷ fathers¹⁸ my land¹⁹ mighty²⁰ number²¹ lion²² the appearance²³ horseman, rider²⁴ to run²⁵ a wall, rampart²⁶ stone, weight²⁷ an Ephah, (a corn measure)²⁸ a Hin, (a liquid measure)²⁹ the fear³⁰ to imagine³¹ to counsel³² to morrow³³ the camp³⁴.

EXERCISE 99.

The wisdom¹ of a man maketh his face³ to shine². The Lord smote⁴ the first-born⁵ of Egypt. The inhabitants⁶

§ 60. INFLECTION OF MASCULINE NOUNS.

of Jebus[7] said to David, Thou shalt not come hither[8]. Nevertheless[9] David took[10] the castle[11] of Zion[12], which is the city of David. The Lord is far[13] (§ 79, 3. a.) from the wicked: but[27] He heareth[15] the prayer[14] of the righteous. All Israel saw that the wisdom of God was in[16] Solomon, to do judgment[17]. The queen[18] of Sheba[19] heard (of) the fame[20] of Solomon and she came to prove[21] him with hard[22] questions[22]. Of the Lord (are) the goings[23] of man[24]. Man's[25] are the projects[26] of the heart, but[27] from the Lord (comes) the answer[28] to the tongue's (request) (transl.): the answer of the tongue. Abel[29] was a keeper[30] of sheep[31] and Cain[32] was a tiller[33] of the ground[34]. And the man Moses was very great in the land of Egypt, in the eyes of Pharaoh, and in the eyes of the people.

חָכְמָה 1 Hi. fut. אוּר 2 פָּנִים 3 נָכָה 4 Hi. בְּכוֹר 5 יָשַׁב 6 יָבוּס 7 הִנֵּה 8 Conv. 9
לָכַד 10 מְצָדָה 11 צִיּוֹן 12 רָחוֹק 13 תְּפִלָּה 14 fut. 15 בְּקֶרֶב 16 מִשְׁפָּט 17 מַלְכָּה 18
שְׁבָא 19 שָׁמַע 20 Pi. נסה 21 חִידָה 22 מִצְעָד 23 גֶּבֶר 24 לְאָדָם 25 מַעֲרָךְ 26 ׀ 27
כְּעֵנָה 28 הֶבֶל 29 רָעָה 30 צֹאן 31 קַיִן 32 עָבַד 33 אֲדָמָה 34. drops (ז) *

§ 60. RULES FOR THE INFLECTION OF MASCULINE NOUNS.

1. The formation of the Feminine, Plural, Dual, Construct state, and the connection of the noun with suffixes, in addition to the changes mentioned in the preceding paragraphs, cause considerable vowel changes.

2. These changes are principally effected by the tone, which moves forward one or more syllables, producing greater or less modifications in the form of the word.

3. Generally the two last vowels only of the word are changed by the inflection, the third from the end being very seldom affected.

4. The penultimate vowel, being mutable, may be rejected, the ultimate either rejected or shortened.

5. Two grades occur in the change of vowels, which are represented by the two forms of the construct state: the const. state in the singular: דְּבַר and the construct st.

in the plural: דְּבָרֵי. The comparison of these two forms shows:

a. In the construct st. sing. the vowel in penult is rejected and that of the ultimate is retained, but shortened: דְּבַר, fr. דָּבָר.

b. In the construct st. plur. both vowels of the penult as well as of the ultimate are rejected: דִּבְרֵי, properly it is דְּבְרֵי, the Chirek under ד being only a helping vowel.

6. In the vowel changes therefore are distinguished two classes: a lower grade, corresponding to the const. state sing., and a higher grade, corresponding to the const. state plural.

7. The following forms are inflected according to the lower grade: the singular forms with suffixes, the feminine form, the plural in the absolute state, and the plural forms with light suffixes. According to the higher grade: the plural forms with the grave suffixes: as חָכָם, const. st. sing. חֲכַם, const. st. pl. חַכְמֵי (prop. חֲכָמֵי), fem. חָכְמָה, pl. חֲכָמִים, with light suff. sing. and plur. חֲכָמֵי, חֲכָמַי, with grave suff. pl. חַכְמֵיכֶם.

NOTE I. For Segholate forms, (which are not included in the above rules) see § 66.

NOTE II. Feminine nouns having no distinctive feminine termination: as בְּאֵר a well, are inflected like the masculine, excepting that they regularly form their plural in וֹת, which form remains unchanged before suffixes and in the construct state.

§ 61. DECLENSION OF MASCULINE NOUNS.

1. With reference to the vowel changes exhibited in the foregoing paragraph, the nouns are classed as follows:

CLASS I. Nouns with immutable vowels.
CLASS II. Nouns with a mutable vowel in the ultimate.
CLASS III. Nouns with a mutable vowel in the penult.
CLASS IV. Nouns with mutable vowels in both syllables: the ultimate and penult.
CLASS V. The Segholate forms.

2. This division is observed in the Paradigms. For the sake of brevity we will use the terms: *first, second, third, fourth* and *fifth declensions*.

§ 62. FIRST DECLENSION.

1. To this belong all nouns, of which the vowels are immutable, (§ 14, 1.): as עִיר city, קוֹל voice, לְבוּשׁ garment, גִּבּוֹר hero, מַשְׁחִית destroyer.

2. Some difficulty arises with Kamets and Tsere, as these vowels are sometimes mutable and sometimes immutable. In forms similar to קָם and גֵּר, Kamets and Tsere are immutable, being derived from קוּם and גּוּר and standing for גֵּיר, קָאָם (§ 3, 6. Note 4.). In forms like קָטָל, קָטֵל, the Kamets is immutable, standing for קָטָאל, קְטָאל (§ 56, 3. a. b.): גַּנָּב thief, טַבָּח executioner, כָּתָב writing. To the form קָטֵל belong חָרָשׁ, פָּרָשׁ rider, for פָּרָשׁ, חָרָשׁ engraver, artificer, for חָרָשׁ.

Exercise 100.

וְהָיָה רֵאשִׁיתְךָ¹ מִצְעָר² וְאַחֲרִיתְךָ יִשְׂגֶּה³ מְאֹד: אַל־תֵּצֵא
לָרִב⁴ מַהֵר⁵ פֶּן⁶ מַה־תַּעֲשֶׂה בְּאַחֲרִיתָהּ בְּהַכְלִים⁷ אֹתְךָ רֵעֶךָ:
אָסְרוּ⁸ הַסּוּסִים עֲלוּ⁹ הַפָּרָשִׁים¹⁰ לִבְשׁוּ¹¹ הַסְּרִינוֹת¹²: אַל־
יָנוּסוּ¹³ הַקַּלִּים וְאַל־יִמָּלְטוּ¹⁴ הַגִּבּוֹרִים: כִּי בָא עָלֶיהָ עַל־בָּבֶל
שׁוֹדֵד¹⁵ וְנִלְכְּדוּ¹⁶ גִבּוֹרֶיהָ כִּי אֵל גְּמֻלוֹת¹⁷ יְהוָה שַׁלֵּם יְשַׁלֵּם:
וְהָלְכוּ גוֹיִם לְאוֹרֵךְ: יְהוָה בֵּרַךְ¹⁸ אֶת־אַחֲרִית אִיּוֹב מֵרֵאשִׁתוֹ¹⁸:
לֹא בְחַיִל וְלֹא בְכֹחַ כִּי¹⁹ אִם¹⁹ בְּרוּחִי אָמַר יְהוָה צְבָאוֹת²⁰: עִיר
פְּרוּצָה אֵין חוֹמָה אִישׁ אֲשֶׁר אֵין מַעְצָר²¹ לְרוּחוֹ: כִּי־קָרוֹב²²
יוֹם־יְהוָה עַל־כָּל־הַגּוֹיִם כַּאֲשֶׁר²³ עָשִׂיתָ יֵעָשֶׂה לָּךְ גְּמֻלְךָ יָשׁוּב²⁴
בְּרֹאשֶׁךָ: אֵל רָמִים²⁵ יִשְׁפֹּט: וַאֲנִי הִנֵּה נְתַתִּיךָ²⁶ הַיּוֹם לְעִיר
מִבְצָר²⁷ וּלְעַמּוּד²⁸ בַּרְזֶל וּלְחֹמוֹת נְחֹשֶׁת²⁹ עַל־כָּל־הָאָרֶץ: גֵּרִים
אֲנַחְנוּ לְפָנֶיךָ יְהוָה: כִּי אַתָּה יְהוָה תָּאִיר³⁰ נֵרִי:

beginning[1] small[2] to increase[3] contention, quarrel[4] hastily[5] for fear that[6] to put to shame[7] to harness[8] to go up[9] (§ 80. 5.)[10] to put on[11] coats of mail[12] to flee[13] escape[14] a spoiler[15] to conquer[16] the recompense[17] (§ 91, 2.)[18] (§ 118)[19] the hosts[20] control[21] near[22] (§ 96, 3.)[23] turn back, return[24] to be high[25] (§ 96, 4.) to give, to *make*[26] fortification, hence: a fortified city[27] (§ 83, 6.) a column[28] copper[29] to give light, illuminate[30].

EXERCISE 101.

Hear counsel, and receive[1] instruction[2], that[3] thou mayest[4] be wise in thy (latter) end. And[5] David ran, and stood upon[6] the Philistine[7] and slew him[8] and cut off[9] his head. And when[10] the Philistines saw their champion[11] was dead, they fled[12]. And David took[13] the head of the Philistine and brought[14] it to Jerusalem. And Haman took the apparel[15] of the king and the horse of the king and arrayed[16] Mordecai[17], and brought him on horseback[18] through[19] the street[20] of the city, and proclaimed[21] before him, Thus[22] shall it be done unto the man whom the king delighteth to honor[23]. Her lamp[24] goeth not out[25] by[26] night. And[5] Delilah[27] said to Samson[28], Tell[29] me, I pray thee, wherein[30] thy great strength (lieth), and wherewith[31] thou mightest be bound[32] to afflict thee? Then[5] Samuel[33] took a vial[34] of oil[35], and poured[36] it upon his head, and kissed[37] him, and said, Is it not because[38] the Lord hath anointed[39] thee to (be) captain[40] over His inheritance[41]? And[5] the king of Babylon[43] slew[42] all the princes[44] of Judah[45] in Riblah[46].

קִבֵּל 1 Pi. מוּסָר 2 לְמַעַן 3 [§ 101, III. a)] 4 fut. 1 Conv. 5 אֶל 6 פְּלִשְׁתִּי 7 מֵת 8 Pl.
כָּרַת 9 10 Conv. 1 גִּבּוֹר their champion (כִּי) transl.: that 11 נוּס 12 לָקַח 13 בּוֹא 14 Hi.
לְבוּשׁ 15 לָבַשׁ 16 Hi. מָרְדֳּכַי 16 Hi. 17 רָכַב Hi. 18 to bring on horseback 19 בְּ 20 רְחוֹב 21 קָרָא
כָּכָה 22 יָקַר, honor חָפֵץ בְּ, delighting, delighting in whose honor the king is delighting, transl.
גֵר 24 כָּבָה 25 בְּ 26 לַיְלָה 27 שִׁמְשׁוֹן 28 נָגַד Hi. parag. imp. (§ 34, 4. § 104, 1) 29 (§ 96, 2) 23
בַּמֶּה 30 בַּמֶּה 31 אָסַר 32 Ni. fut. שְׁמוּאֵל 33 פַּךְ 34 שֶׁמֶן 35 יָצַק 36 (§ 51, 1. a) נָשַׁק 37
כִּי 38 מָשַׁח 39 נָגִיד 40 נַחֲלָתוֹ 41 שָׁחַט 42 בְּכָל 43 שַׂר plur. שָׂרִים 44 יְהוּדָה 45
רִבְלָה ה, here with par. רִבְלָתָה.

§ 63. SECOND DECLENSION.

1. Under this are included all nouns having a mutable

vowel in the final syllable; they are either monosyllabic, or their preceding vowels are immutable.

Ad I. (*in the Paradigm.*) Monosyllabic words with a mutable A sound (Kamets or Patach).

a. Nouns with Kamets: as גָּג roof, יָד hand (יָדְךָ, יֶדְכֶם), דָּם blood (דִּמְכֶם).

b. Nouns with Kamets, doubling the final consonant, when the word is lengthened at the end: as יָם sea, pl. יַמִּים; זְמָן time, זְמַנָּם. The Kamets is shortened (§ 14, Short. c.).

c. Nouns with Patach: שַׁד, dual שָׁדַיִם breasts, בַּר son, בְּרִי my son.

d. Nouns with Patach, which double the final radical (derivates from ע"ע): as הַר mountain, (with article הָהָר) plur. הָרִים (for הַרִים), עַם people, pl. עַמִּים, חַי living, pl. חַיִּים, שַׂר chief, prince, pl. שָׂרִים (for שַׂרִים).

Ad II. Polysyllabic nouns with final Kamets or Patach: as מִשְׁפָּט judgment, כּוֹכָב star. Several nouns double the last radical: a) אוּלָם vestibule, porch, אוּלַמִּים; אוֹפָן a wheel, אוֹפַנִּים; מַחְשָׁךְ darkness, dark place, מַחְשַׁכִּים; אֶתְנָן gift, אֶתְנַנִּים; שַׁאֲנָן adj. quiet, subst. wantonness, pride, שַׁאֲנַנִּים; שׁוֹשָׁן a lily, שׁוֹשַׁנִּים. b) מוֹרַג threshing-sledge, מוֹרַגִּים, גַּלְגַּל wheel, גַּלְגַּלִּים.

Ad III. Monosyllabic nouns with mutable Tsere. Chirek in שְׁמִי is the helping vowel. Other nouns of this kind, drop the Tsere only in the construct state plural, hence also with the grave plur. suffixes: as עֵץ tree, עֵצִי, עֵצִים, עֲצֵי, עֲצֵיכֶם; גֵּו back, גֵּוִי; דֵּעַ knowledge, דֵּעִי; רֵעֶה companion, friend, רֵעִי, רֵעַ, דֵּעִי.

Ad IV. 1) Several nouns of this class in the const. st. have final Patach: as מִסְפֵּד lamentation, מִסְפַּד; מִזְבֵּחַ altar, מִזְבַּח; מַרְבֵּץ couching place, מַעֲשֵׂר tithe. 2) Before the suffixes ךָ, כֶם, כֶן some of these take Seghol: as מַקֶּלְכֶם your staff; מוֹפֶתְכֶם your sign, wonder. 3) Some nouns retain the Tsere in the plural absolute: as שָׁלִישׁ

descendant of the third generation, שְׁלִישִׁים. 4) Several double the last consonant: as סַנְסַן palm-branch, סַנְסַנִּים; כַּרְמֶל well cultivated plain-orchard, כַּרְמִלּוֹ.

Ad V. Nouns with Cholem, changing it into Kubbuts before the doubled final radical: as קָרְדֹּם an axe, קָרְדֻּמִּים; חַרְטֹם sacred writer, person skilled in hieroglyphics חַרְטֻמִּים; כַּרְכֹּב margin, border, כַּרְכֻּבִּים; גִּבְעֹן hight, summit, גִּבְעֻנִּים. To these also belong the derived nouns in —ִי, which often double the י, when the word is lengthened: as נָכְרִי a stranger, נָכְרִיָּה; יְהוּדִי a Jew, יְהוּדִיִּים and יְהוּדִים.

Ad VI. Participles Kal, Piel and Hithpael, with the exception of ל״ה. Observe here that the forms with the suffixes ךָ, כֶם, כֶן, ךְ are fourfold: 1) קֹטְלֶךָ, in Pause קֹטְלָךְ. 2) With Ayin guttural אֹהַבְךָ. 3) With Lamed guttural שֹׁלְחֲךָ. 4) אֹיִבְךָ (on account of the י).

Ad VII. Participles and other derivatives from verbs ל״ה, which terminate in —ֶה: as רֹאֶה seer, קָצֶה end, change —ֶה in —ֵה in the const. state and drop —ֶה entirely before any of the afformatives: as רֹאֵה: const. state רֹאֶה, with suff. רֹאִי, plur. רֹאִים, with local —ָה: as מַטָּה downwards, from מַטֶּה, מַעְלָה upwards, from מַעְלֶה.

In a few instances the original termination —ִי (§ 13. 7. a.) is restored. Thus with suff. מְכַסֶּיךָ (sing.) thy covering (as from מְכַסִּי); מִקְנֶיךָ (sing.) Is. 30, 23, בֹּרְאֶיךָ (sing.) (erroneously taken for the plural). Ca. 2, 14. עֹשָׂיו his Creator Ps. 149, 2.

Exercise 102.

לֹא עֲזַבְתָּ דֹּרְשֶׁיךָ יְהוָה: כֹּה־אָמַר יְהוָה עֹשֶׂךָ בֹּרַאֲךָ יַעֲקֹב וְיֹצֶרְךָ יִשְׂרָאֵל אַל־תִּירָא כִּי גְאַלְתִּיךָ קָרָאתִי בְשִׁמְךָ לִי־אָתָּה: יְהוָה לִי בְּעֹזְרָי וַאֲנִי אֶרְאֶה¹ בְשֹׂנְאָי: מַלְכוּתְךָ² מַלְכוּת כָּל־עֹלָמִים: אַל־יֵבֹשׁוּ בִי קֹוֶיךָ³ אֲדֹנָי יְהוִה⁴ צְבָאוֹת אַל־יִכָּלְמוּ בִי

§ 63. Second Declension. 127

מִבַּקָּשְׁךָ אֱלֹהֵי יִשְׂרָאֵל: אֲנִי יְהֹוָה מְקַדִּשְׁכֶם אָמַר יְהֹוָה: מִשְׁפַּט
אֱמֶת שְׁפָטוּ וְחֶסֶד וְרַחֲמִים⁶ עֲשׂוּ אִישׁ אֶת־אָחִיו⁷: אַל־תְּהִי
כְתֹקְעֵי⁸־כָף בַּעֹרְבִים⁹ מַשָּׁאוֹת¹⁰ אִם־אֵין־לְךָ לְשַׁלֵּם לָמָּה יִקַּח
מִשְׁכָּבְךָ¹¹ מִתַּחְתֶּיךָ¹²: מִשְׁפְּטֵי־יְהֹוָה אֱמֶת: יְהֹוָה אַתָּה עֵזֶר
לִי הָפַכְתָּ מִסְפְּדִי¹³ לְמָחוֹל¹⁴ לִי פִּתַּחְתָּ¹⁵ שַׂקִּי¹⁶ וַתְּאַזְּרֵנִי¹⁷
שִׂמְחָה: הוֹי חֹשְׁבֵי־אָוֶן¹⁸ וּפֹעֲלֵי רָע עַל־מִשְׁכְּבוֹתָם בְּאוֹר הַבֹּקֶר
יַעֲשׂוּהָ כִּי יֶשׁ־לְאֵל¹⁹ יָדָם: בְּמוֹתְךָ²⁰ יִמְעַט²¹ מִסְפַּר כְּמַגְנְאֶיךָ²²
וְיִרְבּוּ דוֹבְרֵי שֶׁקֶר אַחֲרֶיךָ: לַפִּיד²³ אֵשׁ בְּיַד שִׁכּוֹר²⁴ כְּמָשְׁלָה²⁵
בְּיַד נָבָל²⁶: קְנֵה רֵעִים²⁷ יְמַלְּטוּךָ מִצָּרָה וְאוֹהֲבִים יַעְזְרוּךָ²⁸
לִמְצוֹא טוֹב: בְּאֶפֶס²⁹ עֵצִים תִּכְבֶּה³⁰־אֵשׁ וּבְאֵין²⁹ נִרְגָּן יִשְׁתֹּק
מָדוֹן:

supply; my desire¹ kingdom² to wait on³ (§ 18. Note)⁴ to be ashamed⁵ compassion, pity⁶ (§ 97, 4,)⁷ to strike⁸ to become a surety, to pledge⁹ debt¹⁰ couch, bed¹¹ (§ 75, 7.)¹² lamentation¹³ dance¹⁴ to loosen, untie¹⁵ sackcloth¹⁶ to gird¹⁷ (§ 85, 1. b.) iniquity¹⁸ in the power of¹⁹ כּוֹה with suff.²⁰ (§ 66, 14.) , to be or become little, few²¹ to envy²² a torch²³ intoxicated, drunk²⁴ dominion, rule²⁵ wicked, foolish²⁶ friend²⁷ to help, assist²⁸ without²⁹ to go out, be extinguished³⁰.

Exercise 103.

And¹ the scribes² of the king were called at³ that time⁴, and it was written according to all that Mordecai commanded to the Jews and to the rulers⁵ of the provinces⁶. Receive⁷ my instruction, the fathers' instruction, our instruction. The angel⁹ of the Lord encampeth⁸ round about the just and delivereth¹⁰ them. And¹ the Philistines gathered¹¹ their camps together¹¹ to fight¹² with¹³ Israel. The Lord thy God walketh¹⁴ in the midst of thy camp, to deliver¹⁵ thee and to give up¹⁶ thine enemies¹⁷ before thee; therefore¹ shall¹⁸ thy camp be¹⁸ holy¹⁹. And¹ Jethro²⁰, the priest of Midian²¹, Moses' father-in-law²², heard (of) all that God had done for²³ Moses, and for Israel, his people, and he said: I, thy father-in-law, am come²⁴ to thee. Blessed²⁵ (be) the Lord, my strength²⁶, which teacheth²⁷ my hands to war²⁸. My refuge²⁹, my deliverer³⁰ and (He) in whom[31] I trust[32]; who subdueth[33] my people under me[34]. The Lord is thy keeper[35]: the Lord is thy shade[36]. The Lord upholdeth[37] all that fall[38]. My son meddle[39] not with rebels[40]. Whoso mocketh[41] the poor reproacheth[42] his Maker[43]. He that trusteth[44] in his (own) heart[45] is a fool. Deceit (is) in the heart of them that imagine[46] evil: but to the counselors[47] of peace (is) joy.

1 Conv. וְ · 2 סֹפֵר · 3 בְּ · 4 fem. עֵת · 5 שַׂר · 6 מְדִינָה · 7 לָקַח · 8 part. חָנָה · 9 כָּלְאֲךָ
10 Pi. חָלַץ · 11 קָבַץ · 12 Ni. לָחֶם · 13 בְּ · 14 Hit. part. הָלַךְ · 15 Hi. נָצַל · 16 נָתַן · 17 אֹיֵב
18 הָיָה · 19 קָדוֹשׁ · 20 יִתְרוֹ · 21 כִּדְיָן · 22 חֹתֵן · 23 לְ · 24 part. בָּרַךְ · 25 part. Kal. · 26 צוּר
לָמַד 27 Pi. part (§ 96, 8) · 28 קָרַב · מְשֻׁגָּב 29 (doubles the last cons.) · 30 Pi. part. פָּלַט · 31 בּוֹ
חָסָה 32 pret. רָדַד 33 part. (§ 96, 8) · 34 (§ 75, 7) תַּחְתִּי · 35 part. שָׁמַר · צֵל (doubles the last
36 cons.) · סָכַךְ 37 part. · 38 part (§ 96, 8) · עָרַב 39 Hit. · שָׁנָה 40 · לָיְגַע 41 with לְ, part. ·
42 Pi. pret. עָשָׂה · 43 part. · בָּטַח 44 with בְּ, part. · לֵב 45 [doubles the last cons.] ·
חָרֵף · 46 part. יָעַץ · 47 part.
חָרַשׁ

§ 64. THIRD DECLENSION.

1. This declension comprises all nouns with an immutable vowel in the final syllable and mutable Kamets or Tsere in the penult: as גָּדוֹל great; אֱמוּן faithfulness, truth; זִכָּרוֹן remembrance.

2. The Kamets or Tsere of the penult is dropped in the const. state and invariably when the word is lengthened. In forms like זִכָּרוֹן, Dagesh of the middle radical is likewise dropped: as זְכָרוֹן. Words as פַּרְזוֹן ruler, leader, with suff. פַּרְזוֹנוֹ (Chirek helping vowel); רְעָבוֹן famine, with suff. רַעֲבוֹן, for רִעֲבוֹן (§ 14, Rising I. b. B.).

3. Some nouns of the form זִכָּרוֹן, when inflected, take Seghol instead of Chirek. Thus חִזָּיוֹן vision, const. state חֶזְיוֹן, plur. חֶזְיוֹנוֹת; עִשָּׂרוֹן a tenth part (dry measure), plur. עֶשְׂרוֹנִים.

4. A few nouns of this class retain the Kamets: as שָׁלִישׁ a measure, (prob. the third part of an Ephah), and a peculiar class of soldiers. מָעוֹז refuge, fortress; מָגֵן shield; מַגִּנִּי; שָׁבוּעַ week Pl. שָׁבֻעִים and שָׁבֻעוֹת, const. st. שָׁבֻעוֹת.

§ 64. Third Declension.

5. In this class are comprehended several nouns, which double the last radical: as עָרוֹם naked, עֲרֻמִּים; חָרוּל nettle, חֲרֻלִּים.

6. In several nouns of the form מָקוֹם place, especially those derived from verbs ע״י, ו is changed into וּ: as מָנוֹס flight, with suff. מְנוּסִי; מָנוֹחַ rest, pl. מְנוּחִים; מָעוֹן habitation, pl. מְעוֹנִים; מָגוֹר fear, pl. מְגוּרִים; מָצוֹר fortress, with suff. מְצוּרְךָ; מָתוֹק sweetness, pl. מְתוּקִים.

Exercise 104.

יְהוָה זֹקֵף¹ כְּפוּפִים²: נְצֹר לְשׁוֹנְךָ מִדַּבֵּר מִרְמָה: לֵב חָכָם לִימִינוֹ וְלֵב כְּסִיל לִשְׂמֹאלוֹ: קָדוֹשׁ קָדוֹשׁ קָדוֹשׁ יְהוָה צְבָאוֹת מְלֹא³ כָל־הָאָרֶץ כְּבוֹדוֹ⁴: לַצַּדִּיק זִכְרוֹן⁵ עוֹלָם⁶: בָּא זָדוֹן⁷ וַיָּבֹא קָלוֹן⁸ וְאֶת־צְנוּעִים⁹ חָכְמָה¹⁰: אָהֲבוּ אֶת־יְהוָה כָּל־חֲסִידָיו אֱמוּנִים¹¹ נֹצֵר יְהוָה: אֶבֶן¹² שְׁלֵמָה¹³ רָצוֹן¹⁴ יְהוָה: הָיְתָה לְמָשָׁל¹⁵ בְּיִשְׂרָאֵל הֲגַם שָׁאוּל בַּנְּבִיאִים: כְּבֹד אֱלֹהִים הַסְתֵּר¹⁶ דָּבָר וּכְבֹד מְלָכִים חֲקֹר¹⁷ דָּבָר: כְּצִפּוֹר נוֹדֶדֶת¹⁸ מִן־קִנָּהּ¹⁹ כֵּן אִישׁ נוֹדֵד מִמְּקוֹמוֹ: יְהוָה אֲדֹנֵינוּ מָה־אַדִּיר²⁰ שִׁמְךָ בְּכָל־הָאָרֶץ: אֵין מִלָּה²¹ בִּלְשׁוֹנִי הֵן²² יְהוָה יָדַעְתָּ כֻלָּהּ: אַל־תִּגְּעוּ²³ בִמְשִׁיחָי²⁴ וְלִנְבִיאַי אַל־תָּרֵעוּ: בִּישִׁישִׁים²⁵ חָכְמָה: לְשׁוֹן חֲכָמִים מַרְפֵּא²⁶: רָשָׁע כַּחֲלוֹם²⁷ יָעוּף²⁸ וְלֹא יִמְצָאוּהוּ²⁹ וְיֻדַּד³⁰ כְּחֶזְיוֹן³¹ לָיְלָה: קְדוֹשִׁים תִּהְיוּ כִּי קָדוֹשׁ אֲנִי יְהוָה אֱלֹהֵיכֶם: יְהוָה יָסַד־אָרֶץ עַל־מְכוֹנֶיהָ³² בַּל־תִּמּוֹט עוֹלָם וָעֶד³³: לֹא הַכִּילַי³⁴ אֲרוֹן הָעֹשֶׁר³⁵ אֲבָל³⁶ הָעֹשֶׁר אֲרוֹן הַכִּילַי:

to raise¹ to bend, bow down² the fullness of³ glory, majesty⁴ (supply: is = His majesty fills the whole earth) remembrance⁵ (§ 83, 6)⁶ wantonness⁷ ignominy⁸ with⁹ lowly¹⁰ faithful¹¹ weight¹² perfect¹³ delight, acceptance¹⁴ proverb¹⁵ to conceal¹⁶ to search out¹⁷ to wander¹⁸ nest¹⁹ mighty²⁰ word²¹ behold²² to touch²³ the anointed (applied to priests, kings,)²⁴ old, aged man²⁵ healing²⁶ a dream²⁷ to fly away, vanish²⁸ (§ 76, 2. c.)²⁹ Hi. to chase away³⁰ vision³¹ foundation, basis³² עֶד perpetuity, eternity, עוֹלָם וָעֶד = eternity *and* eternity = forever and ever³³, avaricious, hard hearted³⁴ riches³⁵ but³⁶.

Exercise 105.

Our Redeemer[1], the Lord of Hosts (is) His name, the Holy One of Israel. The multitude[2] of all the nations[3] that fight[4] against[5] Israel and that distress[6] them shall be as a dream of a night vision[7] (of the vision of night). The upright[8] shall inherit[9] (what is) good. A son[10] honoreth[11] (his) father, and a servant his master[12]: if then[13] I (be) a father, where[14] (is) mine honor[15]? and if I (be) a master[16], where is my fear[17]? saith the Lord of Hosts unto you, O[18] priests, that despise[19] my name. As[20] a dew[21] upon the grass (is) the favor[22] of a king. God stilleth[23] the noise[24] of the seas[25], the noise of their waves[26] and the tumult[27] of the people[28]. The Lord reigneth[29], clouds[30] and darkness[31] (are) round about Him[32]: righteousness and judgment (are) the habitation[33] of His throne[34]. He that walketh[35] uprightly[36] and worketh[37] righteousness[38], and speaketh[39] truth in his heart[40]. He (that) backbiteth[41] not with[42] his tongue, nor doeth evil to his fellow[43], nor taketh up[45] a reproach[44] against his neighbor[46]; He that doeth[47] these (things) shall never[49] totter[48]. God stands[50] at[51] the right hand of the poor.

1 גָּאַל 2 הָמוֹן 3 גּוֹי 4 part. (§ 96, 8) צָבָא 5 עַל 6 צוּק לְ 6 III. part. with 7 חָזוֹן 8 תָּמִים
9 נָחַל 10 בֵּן (§ 101, I. c.) 11 fut. אָדוֹן 12 וְאִם 13 אַיֵּה 14 כָּבוֹד 15 אֲדוֹנִים 16 (§ 82, 4 b.)
17 מוֹרָא 18 (§ 80, 5) 19 part. בָּזָה 20 כְּ 21 טַל 22 רָצוֹן 23 Hi. part. שָׁבַח 24 שָׁאוֹן
יָם 25 (doubles the last cons.) גַּל 26 (doubles the last cons.) הָמוֹן 27 לְאֹם plur., doubles
28 [strong shortening of the vowel § 14, II. Shortening c)] the last cons. — מָלַךְ 29 pret. Pause!
30 sing. עֲרָפֶל 31 סָבִיב 32 with plur. suff. מָכוֹן 33 כִּסְאוֹ 34 35 part. Kal 36 תָּמִים
37 part. פָּעַל 38 צֶדֶק דבר 39 part. Kal. לֵבָב 40 רָגֶל 41 pret. עָלַי 42 רֵעַ 43 חֶרְפָּה 44
נָשָׂא 45 pret. 46 קָרוֹב 47 part. in const. state 48 Ni. fut כּוּט 49 לְעוֹלָם 50 fut. 51 לְ.

§ 65. FOURTH DECLENSION.

1. To this belong nouns of two syllables either with mutable Kamets in both, or with Kamets in the second and Tsere in the first, or with Kamets in the first and Tsere in the last: as דָּבָר word, לֵבָב heart, זָקֵן old.

§ 69. Fourth Declension.

2. Vowel changes in this declension;
a. Kamets or Tsere in the first syllable always drop:
זְקֵנִי, לְכָבִי, דְּבָרִי.
b. Kamets and Tsere in the last syllable, are changed in the const. state sing. and before the suffixes כֶם, כֶן in sing. into Patach: as דְּבַר, זְקַן, לְבַב, דְּבַרְכֶם, זְקַנְכֶם, לְבַבְכֶם.
c. In the plural and before the light suffixes sing. and pl. final Kamets and Tsere are retained: as זְקֵנִים, דְּבָרִים, זְקֵנַי, דְּבָרַי, לְבָבוֹת.
d. In the const. state plur. and before the grave suffixes plur. final Kamets and Tsere drop: as דִּבְרֵי, זִקְנֵיכֶם; but עַנְוֵי, שַׁעֲרֵי, חַכְמֵי, the helping vowel is Patach on account of the guttural.

3 In כָּנָף wing, זָנָב tail, צֵלָע rib, the helping vowel in the plural is Patach instead of Chirek: as כַּנְפֵי, זַנְבוֹת, צַלְעוֹת.

4. In a few nouns of the form קָטָל and קָטֵל, the Segholate form (§ 66.) is used in the const. st. and before suffixes: as עָנָף smoke, const. state עֶשֶׁן and עֲשַׁן; branch, with suff. עַנְפְּכֶם; צֵלָע rib, const. st. צֶלַע and צֶלַע, with suffixes צַלְעִי.

5. Some nouns of the form קָטֵל take the Segholate form in the const. st. e. g. כָּתֵף shoulder, const. st. כֶּתֶף; גָּדֵר wall, const. st. גֶּדֶר; יָרֵךְ hip, const. st. יֶרֶךְ; גֵּזֶל robbery, const. st. גֶּזֶל; אָרֵךְ long, const. st. אֶרֶךְ; כָּבֵד heavy, once const. st. כֶּבֶד; עָרֵל uncircumcised, const. st. עֲרַל and עָרֵל.

6. Some nouns of the form קָטֵל retain Tsere in the plur. const. st. e. g. יָשֵׁן sleeping, const. יְשֵׁנֵי; אָבֵל mourning, אֲבֵלֵי; שָׂמֵחַ joyful, שְׂמֵחֵי (but also יִשְׂמְחֵי) שָׁכֵחַ forgetful, שְׁכֵחֵי; חָפֵץ delighting, חֶפְצֵי.

Exercise 106.

רֹאשׁ[1] דְּבָרְךָ יְהוָה אֱמֶת: יְהוָה נֹתֵן לֶחֶם לָרְעֵבִים: זָרַח[2] בַּחֹשֶׁךְ אוֹר לַיְשָׁרִים: יְהוָה מְהַלֵּךְ עַל־כַּנְפֵי[3] רוּחַ: בְּרָקִים[4]

לָמָטָר עָשָׂה: חַיֵּי בְשָׂרִים⁵ לֵב מַרְפֵּא⁶: הַכְּסִיל חֹבֵק⁷ אֶת־יָדָיו
וְאֹכֵל אֶת־בְּשָׂרוֹ: סוֹד⁸ יְהוָה לִירֵאָיו: אַרְבָּעָה⁹ הֵם קְטַנֵּי־¹⁰
אֶרֶץ וְהֵמָּה חֲכָמִים מְחֻכָּמִים¹¹ הַנְּמָלִים עַם לֹא עָז¹² וַיָּכִינוּ¹³
בַקַּיִץ לַחְמָם: שְׁפַנִּים¹⁴ עַם לֹא־עָצוּם וַיָּשִׂימוּ בַסֶּלַע¹⁵ בֵּיתָם:
מֶלֶךְ אֵין לָאַרְבֶּה¹⁶ וַיֵּצֵא חֹצֵץ¹⁷ כֻּלּוֹ: שְׂמָמִית¹⁸ בְּיָדַיִם תְּתַפֵּשׂ¹⁹
וְהִיא בְּהֵיכְלֵי מֶלֶךְ: הֲדַר²⁰ זְקֵנִים שֵׂיבָה: הָלֹךְ אֶת־חֲכָמִים
יֶחְכָּם: יְהוָה יָשַׁב עַל־חוּג²¹ הָאָרֶץ וְיֹשְׁבֶיהָ לוֹ כַּחֲגָבִים²²:
תְּמִימִים²³ יִשְׁכְּנוּ יָחַד²⁴ וְיִתְעַנְּגוּ עַל רֹב שָׁלוֹם וּבְנֵי בְלִיַּעַל²⁵
יִתְפָּרְדוּ אֵין שָׁלוֹם לָרְשָׁעִים: בְּקָהָל²⁶ מְשַׂחֲקִים²⁷ שָׂחַק²⁸ וּבְסוֹד²⁹
בּוֹכִים בָּכָה:

the summit[1] to break forth[2] wing[3] lightning[4] flesh, body[5] quietness, softness[6] to fold[7] counsel[8] four[9] little[10] (§ 83, 7.) Pual: to be made wise, hence: exceeding wise[11] strong[12] to prepare[13] the coney[14] rock[15] locust (§ 82, 1.)[16] division[17] (by bands) a spider[18] to catch[19] (§ 76, 2. d.) ornament[20] circle[21] locust (a peculiar species, small and edible)[22] upright one[23] conjointly[24] worthlessness, lowness[25] (§ 89, 4.) an assembly[26] to rejoice, to play, dance (Pi.)[27] to laugh, rejoice, dance[28] a circle, an assembly[29].

EXERCISE 107.

The Word of our God shall stand[1] forever. And[2] the Lord had rained down[3] manna[4] upon the Israelites to eat, and had given them (of) the corn[5] of heaven. The Lord is far from the wicked. Two[6] (things) have I required[7] of Thee[8], deny[9] me[10] (them) not before[11] I die[12]! Remove far[15] from me vanity[13] and lies (transl. the word of lie)[14]: give me not poverty[16] nor[17] riches[18]. Lest I be full[19], and deny (Thee)[20], and say, Who is the Lord? or lest I be poor[21], and steal[22], and take[23] the name of my God (in vain). Fear the Lord, (ye) his saints[24]: for there is no[25] want[26] to them that fear[27] Him. If ye hearken[28] to these judgments and keep[29] and do[29] them, the Lord thy God shall keep[29] unto thee His covenant. And He will love[29] thee and bless[29] thee and multiply[29] thee: he will bless[29] thy corn, thy wine[30], thine oil[31], thy flocks[32] and thy herds[33]. Speak ye to[34] the heart of Jerusalem, and

§ 66. FIFTH DECLENSION.

call unto[35] her, that her warfare[36] is accomplished[37], that her iniquity[39] is pardoned[38], for she hath received[40] of the hand of the Lord, double[41] for[42] all her sins[43].

קוּם 1 C. 2. ו 1 קָטַר 3 Hi. כָּן 4 דָּנָן 5 שְׁתַיִם 6 שָׁאַל 7 מֵאִתָּךְ 8 כָּנֵעַ 9 transl. from 10 mc בְּטֶרֶם 11 fut. 12 שָׁוְא 13 כָּזָב 14 רָחַק 15 Hi. רֹאשׁ 16 ו 17 עָשִׁיר 17 שָׁבַע 19 fut. 20 Pi. pret. כחשׁ יָרֵשׁ 21 Ni. fut. נָגַב 22 pret. תָּפַשׂ 23 pret. קָדוֹשׁ 24 אַיִן there is no: 25 26 מַחְסוֹר יָרֵא = to his fearers 27 שָׁמַע 28 with acc. ו 29 pret. with C. תִּירוֹשׁ 30 יִצְהָר 31 (generally masc.) צָבָא 35 with pl. suff. אֶל 34 עַל 33 (§ 82, 1.) בָּקָר 32 (§ 82, 1.) צֹאן כִּפְלַיִם 41 לָקַח 40 (gen. masc., here fem.) 39 עָוֹן 38 Ni. pret. רָצָה 37 כָּלֵא 36 here fem.) בְּ 42 חַטָּאתֶיהָ 43.

§ 66. FIFTH DECLENSION.

1. In this are embraced the large class of nouns called *Segholates*, which had originally three consonants, with but one vowel, following the first one. In order to make them dissyllabic, a helping vowel has been added, regularly Seghol, hence the term: *Segholate forms*. The original vowel was: short a, i, or o (—, —, —): as מֶלֶךְ, קֹדֶשׁ, סֵפֶר. By the addition of the helping Seghol under the second consonant, the short vowel being now in an open syllable is lengthened. The Chirek becomes Tsere, the Kamets-Chatuph, Cholem, the Patach, however, irregularly changes into Seghol, in pause only does it lengthen regularly into Kamets; thus the original מַלְךְ, קֹדְשׁ, סִפְר become מֶלֶךְ, in pause מָלֶךְ, סֵפֶר, קֹדֶשׁ.

2. The second vowel being only a helping vowel, all words of this declension are Milel.

3. On the lengthening of the word the original form is resumed: as קָדְשְׁךָ, סִפְרוֹ, מַלְכִּי.

NOTE I. Hence He local (§ 19, 6.) appended to a Segholate, requires the original form: as אַרְצָה to the land (אֶרֶץ, orig.

בֵּיתָה (אֶרֶץ ;) to the house (בַּיִת, orig. בֵּית). When the original vowel in the segholate form is o, ־ָה is accented: as
אֹהֱלָה, צַעֲרָה.

4. In the const. state sing. the forms קֹדֶשׁ, סֵפֶר, מֶלֶךְ remain unaltered.

Note II. זֶרַע seed, חֶדֶר an apartment, room, סַחַר gain, profit, נֶטַע plantation, plant, הֶבֶל a breath, a vain thing, in const. st.:
הֶבֶל, נֶטַע, סַחַר, חֶדֶר, זֶרַע.

5. A kindred form of this class, embraces all those words of three consonants with but one vowel after the *second* one: as דְּבַשׁ honey; גֶּבֶר and גֶּבֶר man; שְׁכֶם shoulder; לְשַׁד moisture; דְּיוֹ ink; אֲגַם marsh, marshy place, and the infinitives of Kal, of the form קְטֹל, קְטָל. They agree with the Segholates in inflection: as דִּבְשִׁי,
קָטְלִי, שִׁכְמִי.

6. From this form (5. vowel under the second consonant) are taken the plural absolute and the plural forms with light suffixes: as מְלָכִים, סְפָרִים, קְדָשִׁים, מְלָכַי, סְפָרֶיךָ.

7. From the regular (מֶלֶךְ etc.) are formed the plural construct state and the plural with grave suffixes: as מַלְכֵי,
קָדְשֵׁי, סִפְרֵי, קָדְשֵׁיהֶם, מַלְכֵיכֶן, סִפְרֵיכֶן, קָדְשֵׁיהֶן.

Note III. When the final radical is one of the בגדכפת, the aspirated pronunciation of the plural absolute is retained in the const. st. and before the grave suffixes; as מַלְכֵי, מַלְכֵיהֶם, but in sing. מַלְכִּי, מַלְכְּכֶם.

8. In the form of two Seghols, as מֶלֶךְ, the first generally stands for the original Patach (מַלְךְּ). But a considerable number had Chirek originally: as בֶּגֶד garment, בֶּטַח trust, confidence, בֶּרֶךְ knee, גֶּשֶׁם rain, זֵכֶר remembrance etc., with suffixes: בִּגְדִי, זִכְרִי.

9. In the forms with two Seghols (מֶלֶךְ) and Tsere with Seghol (סֵפֶר), some (most of which are Pe gutt.) have Seghol as the original short vowel: as אֵבֶר pinion, with

§ 66. FIFTH DECLENSION. 135

suff. אָבְרוֹ. חֵלֶב fat, חֵלֶק part, חֵפֶץ delight, עֵגֶל calf, עֵזֶר help, עֵרֶךְ valuation, נֶגֶד before, over against, (כְּנֶגְדּוֹ Gen. 2, 18, 20. as over against him, i. e. the counterpart of him), עֶשֶׂר ten etc.

10. When the third radical is a guttural, the helping vowel under the second radical is Patach: as זֶרַע seed, יֵשַׁע salvation, אֹרַח way. When the second radical is a guttural, both vowels of the forms קֶטֶל and קָטֶל are Patach: as נַעַר boy, lad, יַעַר wood, forest.

12. The form קֶטֶל has in a few instances Kubbuts in the inflection before suffixes: as סְבָךְ thicket, סֻבְכוֹ; גֹּדֶל greatness, גֻּדְלוֹ (also גָּדְלוֹ); קֹמֶץ handful, קֻמְצוֹ.

12. The form קֶטֶל with middle letter guttural takes Kamets before the suffixes כֶן, כֶם, ךָ: as אׇהָלְךָ thy tent, פׇעָלְךָ thy deed, work (Inf. with suff. § 45).

13. The form קֶטֶל vocalizes the plural absolute:
1) פְּעָלִים actions, בְּרֹשִׁים cypress-flowers, רְמָחִים spears.
2) with Pe gutt.: עֲפָרִים gazelles, אֳרָחוֹת ways, but also without guttural: הַקְּדָשִׁים (thus always with the article).
3) The two nouns שֹׁרֶשׁ root, and קֹדֶשׁ holiness, have שָׁרָשִׁים and קָדָשִׁים. The noun אֹהֶל tent, has pl. אֹהָלִים, whence אׇהֳלֵי, but also אׇהֳלֶיךָ, אֹהָלָיו; אֹרַח way, makes אׇרְחֹתָם, אׇרְחֹתָיו.

14. With ע״ו and ע״י the segholate form is only distinguishable in the sing. absolute. With ו the form קֶטֶל lengthens the Patach before ו into Kamets: as מָוֶת death, before י the Patach remains unchanged: as זַיִת olive. In all the other forms the ו and י lose their consonantal power and are contracted with the preceding vowel into a diphthong: a + ו = וֹ; a + י = ֵ — (§ 12, 7. b. 2.); hence מוֹת, זֵית; אָוֶן adversity, with suff. אוֹנִי; תָּוֶךְ midst, const. תּוֹךְ, with suff. תּוֹכִי; בַּיִת house, const. בֵּית, with suff. בֵּיתִי.

15. I. The Segholates of the verb ל״ה, exhibit the

three original forms as follows: חֲצִי (פְּרִי), fruit, חֲצִי half, חֳלִי (חֲלִי), sickness, (חָלִי); hence פֶּרִי in pause פְּרִי, suff. חָלִי in pause חֳלִי, suff. חֶצְיִי, חֲלִיִי, חֲצִיִי, פִּרְיִי.

II. From such nouns of ל"ה, the third radical of which was originally ו, arise שַׂחוּ, from שָׂחוֹ, תֹּהוּ, בֹּהוּ from בָּהוּ, תָּהוּ (§ 12, 7, b. 3.)

Exercise 108.

אֹרַח¹ צַדִּיקִים כְּאוֹר נֹגַהּ²: כָּל־דַּרְכֵי־אִישׁ זַךְ³ בְּעֵינָיו וְתֹכֵן⁴ רוּחוֹת יְהוָֹה: יְהוָֹה עֶזְרֵנוּ וּמָגִנֵּנוּ⁵: וְהָיָה הַצַּדִּיק כְּעֵץ שָׁתוּל⁶ עַל־פַּלְגֵי⁷־מַיִם אֲשֶׁר פִּרְיוֹ⁸ יִתֵּן בְּעִתּוֹ וְעָלֵהוּ לֹא־יִבּוֹל⁹: בְּאָזְנֵי כְסִיל אַל־תְּדַבֵּר כִּי־יָבוּז לְשֵׂכֶל¹⁰ מִלֶּיךָ: הַלְלוּ אֵל בְּקָדְשׁוֹ הַלְלוּהוּ כְּרֹב גָּדְלוֹ¹¹: יְהוָֹה נֹתֵן לְכֹל אֶת־אָכְלָם¹²: רָאִיתִי עֲבָדִים עַל־סוּסִים וְשָׂרִים הֹלְכִים כַּעֲבָדִים עַל־הָאָרֶץ: לֹא יְמַלֵּט רֶשַׁע¹³ אֶת־בְּעָלָיו¹⁴: עַל־כֶּרֶם אִישׁ עָצֵל עָבַרְתִּי וְהִנֵּה גָּדֵר¹⁵ אֲבָנָיו¹⁶ נֶהֱרָסָה¹⁷: בַּבֹּקֶר זְרַע אֶת־זַרְעֶךָ: גְּדֹלִים מַעֲשֵׂי יְהוָֹה הוֹד¹⁸ וְהָדָר פָּעֳלוֹ¹⁹: זִבְחֵי²⁰ אֱלֹהִים רוּחַ נִשְׁבָּרָה: גֶּבֶר מַחֲלִיק²¹ עַל־רֵעֵהוּ רֶשֶׁת פּוֹרֵשׂ²² עַל־פְּעָמָיו²³: חֹשֵׂךְ שִׁבְטוֹ שׂוֹנֵא בְנוֹ וְאֹהֲבוֹ שִׁחֲרוֹ²⁴ מוּסָר: שֹׁמֵר נַפְשׁוֹ נֹצֵר דַּרְכּוֹ: לֵב אָדָם יְחַשֵּׁב²⁵ דַּרְכּוֹ וַיהוָֹה יָכִין²⁶ צַעֲדוֹ²⁷: לֹא תָבוּז לֶעָנִי²⁸ בְּעֵינָיו²⁹: הָרָשׁ יִכָּבֵד בְּחָכְמָתוֹ³⁰ וְהֶעָשִׁיר בְּעָשְׁרוֹ: בֵּין רְשָׁעִים לֹא תֵשֵׁב וּבְחֶבֶל³¹ מְלוּצָצִים³² אֹטֵם אָזְנֶךָ: אַל תִּירָא מָוֶת כִּי זֶה חֶלְקֶךָ: כַּשֶּׁמֶשׁ מֵאִיר לַכֹּל כֵּן רַחֲמֵי יְהוָֹה עַל כָּל מַעֲשָׂיו גְּדֹלוֹ יָעִידוּ³³ הַשָּׁמַיִם וְחַסְדּוֹ מָלְאָה הָאָרֶץ: עַזָּה כַמָּוֶת אַהֲבָה קָשָׁה³⁴ כִשְׁאוֹל קִנְאָה רְשָׁפֶיהָ³⁵ רִשְׁפֵּי אֵשׁ שַׁלְהֶבֶתְיָה³⁶: אִם־יִתֵּן אִישׁ אֶת־ כָּל־הוֹן בֵּיתוֹ בָּאַהֲבָה בּוֹז יָבוּזוּ לוֹ:

the path[1] brightness, splendor[2] pure[3] to weigh[4] shield[5] to plant[6] rill[7] fruit[8] to wither[9] intelligence[10] greatness[11] food[12] wickedness[13] possessor, person given or addicted to a thing[14] the wall[15] stone[16] to break, pull down[17] (§ 93, 7.) magnificence[18] the deed[19] sacrifice (§ 83, 4.)[20] to flatter[21]

§ 66. Fifth Declension.

to spread[22] step, footstep[23] to seek early, diligently[24] (§ 93, 3. = seeks early it, the correction) to devise[25] to direct, prepare[26] step[27] poor, afflicted[28] fr. עָנִי affliction, misery[29] wisdom[30] company[31] scorner, scoffer[32] to testify, bear witness[33] hard, vehement[34] flame, burning[35] the flame of Jah, i. e. kindled by God[36].

Exercise 109.

Bless the Lord my soul[1], and my innermost[2] (bless) His holy[3] name. I will lift up[4] mine eyes to the hills[5], from whence[6] cometh my help[7]. My help (cometh) from[8] the Lord, who made[9] heaven and earth. He will not suffer[10] thy foot[12] to totter[11]. The earth is full[14] of the goodness[13] of the Lord. Say not, I will do so[16] to him as[15] he has done to me: I will render[17] to the man according to his work[18]. And[19] Hiram[20] sent to Solomon, saying, I have heard what[21] thou sentest to me for[21]: (and) I[22] will do all thy desire[23] concerning[24] cedar-trees (trees of cedars)[25], and concerning fir[26]-trees. My servants shall bring[27] (them) down[27] from Lebanon[28] unto[29] the sea, and thou[30] shalt do my desire in[31] giving bread for my household (bread of my house). Saul[32] and Jonathan[33], lovely[34] and pleasant[35] in their lives, also[36] in their death were not parted[37], they were swifter[40] than[38] eagles[39], they were stronger[42] than lions[41]. Arise, walk through[43] the land in[44] the length[45] of it and in the breadth[46] of it; for I will give it unto thee. My flesh[48] and my heart[49] faileth[47], (but) God (is) the strength[50] of my heart, and my portion[51] for ever.

[1 fem. נֶפֶשׁ. 2 plur. קֶרֶב. 3 (§ 83, 6. b.) 4 נָשָׂא 5 (with the art. הָהָר; in plur. § 17, 1) הַר
6 מֵאַיִן 7 עֵזֶר 8 מֵעִם 9 = the maker of (part. עֹשֶׂה) 10 נָתַן 11 רָגֶל 12 (subst. with art.) מוֹט
13 חֶסֶד 14 (§ 85, 2.) כָּלֵא 15 כַּאֲשֶׁר 16 כֵּן 17 Hi. שׁוּב 18 פֹּעַל 19 Conv. וּ 20 חִירָם
21 (§ 111, 2.) אֶת אֲשֶׁר 22 (§ 93; Note) אֲנִי 23 חֵפֶץ 24 בְּ 25 אֶרֶז 26 בְּרוֹשׁ 27 Hi. יָרַד
28 (§ 80, 3.) לְבָנוֹן 29 (§ 19, 6.) אַתָּה 30 (§ 93, Note) 31 with inf. לְ 32 שָׁאוּל 33 יוֹנָתָן
34 Part. Ni. with art. אהב 35 with art. נָעִים 36 ו 37 Ni. פָּרַד 38. § 91, 1. 2.] 39 נֶשֶׁר
40 pret. קָלַל 41 pl. וֹת, אֲרִי 42 גָּבַר — גָּבְרוּ pl.] 43 בְּ 44 לְ 45 אֶרֶךְ 46 רֹחַב
47 כָּלָה 48 שְׁאֵר 49 לֵבָב 50 צוּר 51 חֵלֶק.]

§ 67. THE FORMATION OF FEMININES.

1. The feminine termination ‎ָה is appended to the masc. noun, affecting it in the same manner as the light suffixes. I. סוּס, fem. סוּסָה; מוֹצָא, מוֹצָאָה; II. Decl. חֹזֶה, fem. חֹזָה; אֹרֵחַ, אֹרְחָה; מוֹקֵד, fem. מוֹקְדָה; III. Decl. זָקֵן; חֲכָמָה, חָכָם; IV. Decl. מֵקִים, מְקִימָה; גָּדוֹל, גְּדוֹלָה; עֵגֶל, עֶגְלָה; עֶלֶם, עַלְמָה; מֶלֶךְ, מַלְכָּה; V. Decl. זִקְנָה, צֵיד, צֵידָה; אָכְלָה, אֹכֶל.

2. The toneless fem. ending ‎ֶת, modifies a) the antepenult like ‎ָה: as גְּדֵרֶת wall, from גָּדֵר; b) the penult like the Seghol in מֶלֶךְ, for מָלַךְ, viz. by the Seghol of ‎ֶת the preceding vowel, with a few exceptions, becomes like it in sound: Patach and Kamets become Seghol: as פַּחַת, פַּחֶתֶת; עֲצֶרֶת, עֲצָרָה; Tsere becomes Seghol: גָּדֵר, גְּדֵרֶת; Chirek (‎ִי) becomes Seghol: גְּבִיר, גְּבֶרֶת.

When ‎ֶת is appended to the nouns in ‎ִי and וּ (Derivatives from ל"ה), i–et and u–et are contracted into ‎ִית and וּת. שְׁבִית (for שְׁבִיָּת), שְׁבוּת (for שְׁבֻוַּת), שְׁבִי, שְׁבִית.

§ 68. DECLENSION OF FEMININES.

In inflection feminine nouns undergo less change than masculine ones, and are classed as follows:

CLASS I. Nouns with immutable vowels before the feminine termination ‎ָה: as גְּדוֹלָה, קְטֵלָה, חֻקָּה statute, law.

CLASS II. Nouns with mutable Kamets or Tsere before the fem. termination ‎ָה: as עֵצָה counsel, תּוֹעֵבָה abomination, צְדָקָה righteousness.

CLASS III. Nouns derived from the segholate form of the masculine: as מַלְכָּה, from מֶלֶךְ; נַעֲרָה a young woman, from נַעַר; אִמְרָה word, saying, from אֵמֶר; חָזְקָה strength, from חֹזֶק.

CLASS IV. Nouns properly Segholates, terminating in

§ 69. FIRST DECLENSION OF FEM. NOUNS. 139

ת־ָ (with gutturals ת־ַ־ַ) ה־ָ, ה־ֶ־ֶ, ־־ֶת: as גְּבֶרֶת mistress; אֵשֶׁת wife: כְּתֹנֶת coat.

§ 69. FIRST DECLENSION.

In this declension the ending only undergoes changes in the const. st.: ה־ָ is commuted into ת־ַ: as חֻקָּה const. st. חֻקַּת.

Before light suffixes the Patach of ת־ַ being in an open syllable becomes Kamets: as סוּסָתִי, but סוּסַתְכֶם. The plural סוּסוֹת remains unchanged in all forms.

He local (ה־ָ) changes the fem. termination ה־ָ into ת־ָ: as מָרָתָה, from מָרָה n. p. (bitter fountain).

Exercise 110.

יְהֹוָה יֹדֵעַ תַּעֲלֻמוֹת¹ לֵב: תְּחִלַּת² חָכְמָה יִרְאַת יְהֹוָה: אַשְׁרֵי תְמִימֵי³־דָרֶךְ הַהֹלְכִים⁴ בְּתוֹרַת יְהֹוָה: הַשֶּׁמֶשׁ כְּחָתָן⁵ יֵצֵא מֵחֻפָּתוֹ⁶ יָשִׂישׂ⁷ כְגִבּוֹר לָרוּץ אֹרַח: מִקְצֵה⁸ הַשָּׁמַיִם מוֹצָאוֹ⁹ וּתְקוּפָתוֹ¹⁰ עַל־קְצוֹתָם⁸ וְאֵין נִסְתָּר¹¹ מֵחַמָּתוֹ¹²: אַךְ¹³ אֶל־אֱלֹהִים דּוּמִיָּה¹⁴ נַפְשִׁי מִמֶּנּוּ יְשׁוּעָתִי: אֲשַׁלֵּם תּוֹדוֹת לַיהֹוָה כִּי הִצִּיל¹⁵ נַפְשִׁי מִמָּוֶת: הַדְרִיכֵנִי בִּנְתִיב¹⁶ מִצְוֹתֶיךָ כִּי בוֹ חָפָצְתִּי: שִׁמְעוּ רְחוֹקִים¹⁷ אֲשֶׁר עָשִׂיתִי וּדְעוּ קְרוֹבִים¹⁸ גְּבוּרָתִי: נַפְשִׁי תָגִיל בַּיהֹוָה תָּשִׂישׂ בִּישׁוּעָתוֹ: לְשׁוֹנִי תֶּהְגֶּה¹⁹ צִדְקֶךָ²⁰ כָּל־הַיּוֹם תְּהִלָּתֶךָ²¹: שְׁמֹר פִּיו²² וּלְשׁוֹנוֹ שֹׁמֵר מִצָּרוֹת נַפְשׁוֹ: רַבּוֹת רָעוֹת צַדִּיק וּמִכֻּלָּן יַצִּילֶנּוּ יְהֹוָה: בְּרָעָתוֹ יִדָּחֶה²³ רָשָׁע: לוּלֵי²⁴ תוֹרָתְךָ שַׁעֲשֻׁעָי²⁵ אָז אָבַדְתִּי בְעָנְיִי: אֱלֹהֵי עוֹלָם יְהֹוָה אֵין חֵקֶר²⁶ לִתְבוּנָתוֹ:

secret¹ the beginning² perfect³ (§ 83, 7:) (§ 96, 8.)⁴ bridegroom⁵ bridalchamber⁶ to rejoice⁷ the end, extremity⁸ a going out, a rising⁹ circuit¹⁰ to hide, conceal¹¹ the heat¹² only¹³ silent resignation¹⁴ (i. e. perfectly resigned) to deliver, rescue¹⁵ path¹⁶ far off, remote¹⁷ near¹⁸ to utter¹⁹ righteousness²⁰ praise²¹ his mouth²² push, thrust down²³ unless²⁴ delight²⁵ searching, אֵין חֵקֶר לֹא unsearchable²⁶. (§ 108, 1.)*

Part 1. Exercises.

Exercise 111.

My soul, wait[3] thou only[1] upon[2] God; for my hope[4] (is) from Him. He only (is) my rock[5] and my salvation[6]: He (is) my defence[7], I shall not totter[8]. As[9] the man (is), (so is) his might[10]. Thou shatterest the ships[11] of Tarshish with[12] an east[14] wind[13]. According to Thy name O God, so (is) Thy praise[15] unto[16] the ends[17] of the earth. The fear[18] of the Lord (is) clean[19], enduring[20] forever. My son[21], walk[22] not thou in the way of wicked; refrain[23] thy foot from their path[24]. And Rechab[25] and Baanah[26] came into[27] the midst[28] of the house, and the king lay[29] on[30] his bed[31] in his bed[32]chamber[33], (in the chamber of h. b.) and they smote him, and slew[34] him. Behold, we (were) binding[35] sheaves[36] in the field, and, lo, my sheaf arose, and also[37] stood upright[38]; and behold, your sheaves surrounded[39], and prostrated themselves[40] to my sheaf. Go and cry[41] unto the gods, which ye have chosen; let them save[42] you[43] in the time[44] of your distress[45]. And ye have this day scorned[46] your God, who himself[47] saved[48] you out of all your evils[49] and your troubles[50].

אַךְ 1 לְ 2 דָּמַם 3 תִּקְוָה 4 צוּר 5 יְשׁוּעָה 6 מִשְׂגָּב 7 [doubles the last cons.] מוֹט 8 Ni.
כְּ 9 נְבִירָה 10 אֳנִיָּה 11 כְּ 12 רוּחַ 13 קָדִים 14 תְּהִלָּה 15 עַל 16 קְצֵי 17 יִרְאָה 18
טָהוֹר 19 עָמַד 20 [part.] בֵּן 21 Kal 22 מָנַע 23 נְתִיבָה 24 רֵכָב 25 בַּעֲנָה 26 עַד 27
תּוֹךְ 28 שָׁכַב 29 part. עַל 30 מָטָּה 31 חֶדֶר 32 כִּשְׁכָּב 33 מוּת 34 Hi. אלם 35 Pi.
אֲלֻקָּה 36 [plur. וֹת]—and ים—. נָצַב 37 גַּם Pause! Ni. 38 סָבַב 39 fut. שׁחה 40 Hith. with C. ו,
זָעַק 41 Hi. fut. יֵשַׁע 42 dative 43 עֵרָה 44 צָרָה 45 מָאַס 46 הוּא 47 part. 48
רֵעָה 49 צָרָה 50.

§ 70. SECOND DECLENSION.

1. The words of this declension drop the Kamets and Tsere in the inflection, excepting in the plural absolute: as שָׁנָה year, שְׁנַת, שְׁנָתִי, but שָׁנוֹת.

2. When Sh'va precedes the termination הָ—, הְ— (as in paradigm) a helping vowel is used: as צִדְקַת, for צְדָקָה, from.

§ 70. SECOND DECLENSION OF FEM. NOUNS.   141

3. In the following words Kamets and Tsere are immutable, hence all these words belong to the first declension: יַבָּשָׁה (the feminine of קָטֵל § 62, 2.) dry land; בַּקָּשָׁה request; נֶאָצָה reproach; חֲשֵׁכָה (for חֲשִׁיכָה) darkness; אַזְכָּרָה memorial; פַּרְשָׁה (for פָּרָשָׁה) exposition; הַצָּלָה deliverance; הַכָּרָה a knowing; צָרָה (fr. צרר, Kamets to comp. the Dagesh), רָעָה evil, (fr. רעע); בָּרָה pure, (fr. ברר); מְאֵרָה curse, (fr. ארר); גֵּרָה rumination, (גרר); מְגֵרָה a saw, (fr. נגר); זָרָה strange, (fr. זור); בָּמָה hight; עֵדָה witness; מְלֵאָה full; טְמֵאָה unclean; אֲבֵדָה something lost; גְּזֵלָה robbery; אֲפֵלָה darkness; בְּרֵכָה pool; גְּנֵבָה something stolen; מְרֵרָה gall; שְׂרֵפָה burning; תְּאֵנָה fig; מַהְפֵּכָה overthrow; מַגֵּפָה plague etc.

4. Several nouns take in the const. st. and before suff. the Segholate form —ֶת or —ַת: as

מַמְלָכָה	kingdom,	const. מַמְלֶכֶת,	with suff.	מַמְלַכְתִּי
מִשְׁפָּחָה	family,	" מִשְׁפַּחַת,	"	מִשְׁפַּחְתִּי
מְלָאכָה	work,	" מְלֶאכֶת,	"	מְלַאכְתְּךָ
מֶרְכָּבָה	chariot,	" מֶרְכֶּבֶת,	"	מֶרְכַּבְתּוֹ
מֶמְשָׁלָה	government,	" מֶמְשֶׁלֶת,	"	מֶמְשַׁלְתּוֹ
מִלְחָמָה	war,	" "	"	מִלְחַמְתִּי
תִּפְאָרָה	ornament,	" תִּפְאֶרֶת,	"	תִּפְאַרְתּוֹ

בְּהֵמָה cattle, with suff. בְּהֶמְתְּךָ, בְּהֶמְתֵּנוּ; עֲטָרָה crown, const. עֲטֶרֶת; גְּבִירָה mistress, const. גְּבֶרֶת; לֶהָבָה flame, const. לֶהֶבֶת.

Exercise 112.

מְתוּקָה[1] שְׁנַת[2] הָעֹבֵד[3]: בְּבִרְכַּת יְשָׁרִים תָּרוּם[4] קָרֶת[5]: בִּרְכוֹת לְרֹאשׁ צַדִּיק: בְּפֶשַׁע שְׂפָתַיִם מוֹקֵשׁ[6] רָע וַיֵּצֵא מִצָּרָה צַדִּיק: צַדִּיק יְהוָֹה צְדָקוֹת[7] אָהֵב: כָּל־לִבָבוֹת דֹּרֵשׁ[8] יְהוָֹה וְכָל־יֵצֶר[9] מַחֲשָׁבוֹת[10] מֵבִין[11]: נֵר יְהוָֹה נִשְׁמַת[12] אָדָם חֹפֵשׂ[13] כָּל־חַדְרֵי־[14] בָטֶן: תּוֹעֲבַת[15] יְהוָֹה כָּל־גְּבַהּ[16]־לֵב: חֲמַת מֶלֶךְ מַלְאֲכֵי[17] מָוֶת:

142 PART 1. EXERCISES.

בְּרָב ¹⁸-עָם הֲדָרַת ¹⁹-מֶלֶךְ וּבְאֶפֶס ²⁰ לְאֹם ²¹ מְחִתַּת ²² רָזוֹן ²³:
יֵדַע ²⁴ צַדִּיק נֶפֶשׁ ²⁵ בְּהֶמְתּוֹ ²⁶: עֹבֵד אַדְמָתוֹ ²⁷ יִשְׂבַּע ²⁸-לָחֶם:
יְהוָה אֵלִי בְּדוֹר דּוֹרִים ²⁹ שְׁנוֹתֶיךָ: לֹא מַחְשְׁבוֹתַי מַחְשְׁבוֹתֵיכֶם
וְלֹא דַרְכֵיכֶם דְּרָכַי נְאֻם יְהוָה: מִכָּל ³⁰ מִשְׁמָר ³¹ נְצֹר לִבֶּךָ כִּי
מִמֶּנּוּ תוֹצָאוֹת ³² חַיִּים: עַד־מָתַי עָצֵל תִּשְׁכָּב מָתַי תָּקוּם
מִשְּׁנָתֶךָ: מְעַט שֵׁנוֹת מְעַט תְּנוּמוֹת ³³ מְעַט חִבֻּק ³⁴ יָדַיִם לִשְׁכָּב:
וּבָא כִמְהַלֵּךְ ³⁵ רֵאשֶׁךָ ³⁶ וּמַחְסֹרְךָ ³⁷ כְּאִישׁ מָגֵן ³⁸: רַבּוֹת מַחֲשָׁבוֹת
בְּלֶב־אִישׁ וַעֲצַת יְהוָה הִיא תָקוּם: ³⁹

sweet¹ sleep² laborer³ to be exalted⁴ a city⁵ snare, gin⁶ righteous acts⁷ to search⁸ form, imagination⁹ thought¹⁰ to understand¹¹ the breath, spirit¹² to search¹³ chamber, inward part¹⁴ abomination¹⁵ high, proud (§ 83, 7.)¹⁶ messenger¹⁷ the multitude¹⁸ the honor¹⁹ the want²⁰ people²¹ destruction, ruin²² prince²³ to know, regard²⁴ the life²⁵ beast²⁶ ground²⁷ to be satisfied²⁸ throughout all ages (§ 91, 3. b.)²⁹ above, more than all³⁰ a watching, guarding³¹ issue, result³² slumber³³ folding³⁴ one that travels³⁵ poverty³⁶ want³⁷ a man of a shield = armed with a shield³⁸ to stand³⁹.

EXERCISE 113.

The Lord will render¹ to every² man² his righteousness³ and his faithfulness⁴. The lips⁵ of a fool enter⁶ into⁷ contention⁸. How⁹ shall we sing¹⁰ the Lord's song¹¹ in a strange¹³ land¹² (in the land of a. st. § 83; 6. b.). My sighs¹⁵ (are) many¹⁴. And¹⁶ if¹⁶ there be (fut.) in a man a sin¹⁷ (deserving) the judgment of death, and he be put¹⁸ to death¹⁸, and thou hang¹⁹ him on²⁰ a tree; his body²² shall not remain²¹ all night²¹ upon the tree, for he that is hanged²⁴ is a curse²³ of God, that²⁵ thou defile²⁶ not the land, which the Lord thy God giveth thee (for) an inheritance²⁷. And he said, Thy brother came with²⁸ subtlety²⁹ and hath taken³⁰ thy blessing³¹. Whoso stoppeth³² his ear at³³ the cry³⁴ of (the) poor, he also shall cry³⁵ (himself) but³⁶ shall not be answered. Jealousy³⁷ (is) the rage³⁸ of a man³⁹, therefore⁴⁰ he will not spare⁴¹ in the day of vengeance⁴². The sacrifice of wicked ones (is) an abomination to the Lord: but³⁶ the prayer of upright ones (is) His delight⁴³. My rigteousness I hold

§ 71. THIRD DECLENSION OF FEM. NOUNS.   143

fast[14], and will not let it go[45] all[46] the while[46] my breath[47] (is) in me.

[1] Hi. שׁוּב, [2] אִישׁ, [3] צְדָקָה, [4] אֱמוּנָה, [5] שָׂפָה, [6] fut. בּוֹא, [7] ב רִיב, [8] אֵיךְ, [9] שׁוּר, [10] Hi.
[11] שִׁיר, [12] אֲדָמָה, [13] גֶּבֶר, [14] pret. רָבַב, [15] אֲנָחָה, [16] וְכִי, [17] חָטָא, [18] Hophal pret. מוּת
[19] pret. תָּלָה, [20] עַל, [21] Hi. לוּן, [22] נְבֵלָה, [23] קְלָלָה, [24] part. pass., [25] וּ, [26] Pi. טָמֵא
[27] נַחֲלָה, [28] ב, [29] מִרְמָה, [30] Conv. ו, לקח, [31] בְּרָכָה, [32] part. אָטַם, [33] מ, [34] זְעָקָה
[35] קָרָא, [36] וּ, [37] קִנְאָה, [38] חֵמָה, [39] גֶּבֶר, [40] וּ, [41] חָמַל, [42] נָקַם, [43] רָצוֹן,
[44] Hi. pret. with ב חָזַק, [45] Hi. רָפָה, [46] כָּל־עוֹד, [47] נְשָׁמָה.

§ 71. THIRD DECLENSION.

The nouns of this class, having already been changed in form by the addition of the feminine ending, remain unaltered, with the exception of the plural absolute, which is formed like that of the masculine Segholates, in — ֹ —: as מְלָכוֹת queens, from מַלְכָּה, like מְלָכִים, from מֶלֶךְ king, but const. st. מַלְכוֹת, and so with suffixes מַלְכוֹתַי.

EXERCISE 114.

יְהוָה צְבָאוֹת בֹּחֵן צַדִּיק רֹאֶה כְלָיוֹת[1] וָלֵב: בְּנִי אִם־חָכַם לִבֶּךָ יִשְׂמַח לִבִּי גַם־אָנִי[2]: וְתַעֲלֹזְנָה[3] כִלְיוֹתַי בְּדַבֵּר שְׂפָתֶיךָ מֵישָׁרִים[4]: אִמְרוֹת[5] יְהוָה אֲמָרוֹת טְהֹרוֹת כֶּסֶף צָרוּף בַּעֲלִיל[6] לָאָרֶץ[7] מְזֻקָּק[8] שִׁבְעָתָיִם[9]: נִחַם[10] יְהוָה צִיּוֹן נִחַם כָּל־חָרְבֹתֶיהָ[11] וַיָּשֶׂם מִדְבָּרָהּ כְּעֵדֶן[12] וְעַרְבָתָהּ[13] כְּגַן יְהוָה: כְּשֻׁעָלִים[14] בֶּחֳרָבוֹת נְבִיאֶיךָ יִשְׂרָאֵל הָיוּ: מִי־מָדַד[15] בְּשָׁעֳלוֹ[16] מַיִם וְשָׁמַיִם בַּזֶּרֶת[17] תִּכֵּן[18] וְכָל[19] בַּשָּׁלִשׁ[20] עֲפַר הָאָרֶץ וְשָׁקַל[21] בַּפֶּלֶס[22] הָרִים וּגְבָעוֹת בְּמֹאזְנָיִם: כָּל־אָרְחוֹת יְהוָה חֶסֶד וֶאֱמֶת לְנֹצְרֵי בְרִיתוֹ וְעֵדֹתָיו[24]: אָרְחוֹתֶיךָ יְהוָה לַמְּדֵנִי: הֶהָרִים יָמוּשׁוּ[25] וְהַגְּבָעוֹת תְּמוּטֶינָה וְחַסְדִּי מֵאִתֵּךְ לֹא יָמוּשׁ וּבְרִית שְׁלוֹמִי לֹא תָמוּט נְאֻם־יְהוָה:

reins, kidneys[1] (§ 94, 2,)[2] to exult[3] right things[4] the saying[5] furnace[6] (§ 83, 10.)[7] to refine[8] seven-fold (§ 92, 4.)[9] to comfort[10] ruin[11] Eden[12] the plain[13] a fox[14] to measure[15] the palm of his hand[16] the span[17] to mete out[18] to comprehend[19] a measure (prob. a third part of an Ephah)[20] to weigh[21] the scales[22] the hill[23] testimony[24] to give way, to depart[25].

Exercise 115.

The land of Canaan (is) a land of mountains and valleys[1], (and) drinketh[4] water of[2] the rain[3] of heaven. And the inhabitants of Gibeon[5] took worn[7] shoes[6] upon their feet and worn outer[8] garments[8] upon them. My beloved[10] is like[9] to a gazelle[11]; behold, he[12] cometh leaping[13] over[14] the mountains, bounding[15] over the hills[16]. Ye, mountains of Israel, ye shall shoot forth[18] your branches[17], and bear[20] your fruit[19] for[21] my people of Israel. For, behold, I[22] (am) for[23] you, and[24] I will turn[25] unto you, and[24] the cities[26] shall be inhabited[27], and the ruins[28] shall be built, and[24] I will settle[29] you after[30] your former[31] state[31]. Thou hast said in thy heart I will go up[33] into[32] the heaven; I will sit upon the mount of appointment[34], in the two sides[35] (the remotest parts) of the north[36], yet[37] thou shalt be brought down[39] to the grave[38], to the two sides of the pit. They went up the ascent[40] to the city and found damsels[41], going out to draw water.

8 שְׁלֹמָה 7 בָּלָה fem. בָּלָה 6 fem. נַעַל 5 גִּבְעוֹן 4 שָׁתָה 3 מָטָר 2 לְ 1 בִּקְעָה
17 sing. עָנָף 16 גִּבְעָה 15 Pi. קָפַץ 14 עַל 13 Pi. דָּלַג 12 זֶה 11 צְבִי 10 דּוֹר 9 part. דָּמָה
27 Ni. יָשַׁב 26 עָרִים 25 פָּנָה 24 Conv. וְ 23 אֶל 22 (§ 75, 3.) לְ 21 נָשָׂא 20 פְּרִי 19 נָתַן 18
34 מוֹעֵד 33 עָלָה 32 (§ 85, 4) 31 plur. קַדְמָה 30 כְּ 29 Hi. יָשַׁב 28 חָרְבָּה
41 נַעֲרָה. 40 c. st. (§ 83, 4) מַעֲלָה 39 Ho. יָרַד 38 שְׁאוֹל 37 אַךְ 36 צָפוֹן 35 Dual. c. st.

§ 72. FOURTH DECLENSION.

1. The nouns of this class generally agree with the masculine Segholates. The const. st. sing. remains unchanged, and before suffixes the original short vowel (—, —, —) reappears: as מִשְׁמֶרֶת, with suff. מִשְׁמַרְתִּי. In the pl. absolute the following is peculiar to nouns of this class, that the vowel preceding the plural termination (which in the masc. Segholates is Kamets: מְלָכִים) drops: as מִשְׁמָרוֹת; in the form ת—ְ a trace of the (o) is preserved in —ְ: as שִׁבֹּלֶת, plur. שִׁבֳּלִים; כְּתֹנֶת, plur. כֻּתֳּנוֹת, const. state מַחְלְקוֹת, pl. מַחֲלֹקֶת, גִּלְגָּלוֹת pl. גֻּלְגֹּלֶת; but כֻּתֳּנוֹת.

§ 72. FOURTH DECLENSION OF FEM. NOUNS.

NOTE. There are several nouns of this class in whose plural absolute, Kamets and Tsere appear in the penult: כֹּתֶרֶת chapiter, pl. כּוֹתָרוֹת; תּוֹכַחַת reproof, pl. תּוֹכָחוֹת; מַאֲכֶלֶת knife, pl. מַאֲכָלוֹת; מִקְלַעַת, pl. מִקְלָעוֹת, carved work, טַבַּעַת ring, pl. טַבָּעוֹת; מֵינֶקֶת nurse, pl. מֵינִיקוֹת (as if from מֵינִיקָה); מַחֲרֶשֶׁת plowshare, plur. מַחֲרֵשׁוֹת; עַשְׁתֹּרֶת Astarte, plur. עַשְׁתָּרוֹת; בְּצֹרֶת draught, pl. בַּצָּרוֹת.

2. As קְטֶל in general, the form in ־ֶת takes before suffixes either Patach or Chirek: Patach, if the masc. terminates in A (־ַ or ־ָ); Chirek, if the masc. terminates in Tsere or Chirek: מִשְׁמֶרֶת, with suff. מִשְׁמַרְתִּי, from the masc. מִשְׁמָר; שֶׁבֶת (infinit. פ״י.) שִׁבְתִּי, from the masc. שֵׁב; מֵינֶקֶת nurse, מֵינִקְתּוֹ, from the masc. מֵינִיק.

3. Before the suffix ךָ, Seghol occasionally occurs: as אִשְׁתֶּךָ thy wife, otherwise אִשְׁתִּי. לֶכֶת (Inf. from הלך) has Seghol with all the suffixes לֶכְתִּי, לֶכְתְּךָ, לֶכְתּוֹ.

4. The form ־ֶת is inflected in certain words (especially when the masculine has וּ) with Kubbuts: as מַשְׂכֹּרֶת wages, מַשְׂכֻּרְתִּי; נְחֹשֶׁת (masc. נָחוּשׁ), with suff. נְחֻשְׁתִּי; מַחֲלֹקֶת division, מַתְכֹּנֶת measure.

5. In many words the two forms ־ָה and ־ֶת exist, either by the use of both in the absolute, or of the form ־ָה in the absolute only. In both cases the form in ־ֶת is most frequently used in the const. state: as עֲצָרָה assembly and עֲצֶרֶת, const. עֲצֶרֶת; עֲשָׂרָה and עֲשֶׂרֶת, מַחֲשָׁבָה thought and מַחֲשֶׁבֶת, מְלָאכָה work, מַמְלָכָה kingdom, dominion.

EXERCISE 116.

אֶהְיֶה כְטַל לְיִשְׂרָאֵל יִפְרַח[1] כַּשּׁוֹשַׁנָּה[2] יֵלְכוּ יוֹנְקוֹתָיו[3] וִיהִי כָזֵית[4] הוֹדוֹ[5]: עֲטֶרֶת[6] זְקֵנִים בְּנֵי בָנִים וְתִפְאֶרֶת[7] בָּנִים אֲבוֹתָם: כְּכֶלֶב[8] שָׁב[9] עַל־קֵאוֹ[10] כְּסִיל שׁוֹנֶה[11] בְּאִוַּלְתּוֹ: הִנֵּה כְעֵינֵי עֲבָדִים אֶל־יַד אֲדוֹנֵיהֶם[12] כְּעֵינֵי שִׁפְחָה[13] אֶל־יַד גְּבִרְתָּהּ[14] כֵּן

עֵינֵינוּ אֶל־יְהוָה אֱלֹהֵינוּ: כַּעַס לְיוֹלַדְתּוֹ בֵּן כְּסִיל: בָּרְכוּ יְהוָה כָּל־מַעֲשָׂיו בְּכָל־מְקֹמוֹת מֶמְשַׁלְתּוֹ[15]: הוֹי הַבְּגָדִים בַּיהוָה בְּאָמְרָם[16] שָׁוְא[16] עֲבֹד אֱלֹהִים וּמַה־בֶּצַע[17] כִּי שָׁמַרְנוּ מִשְׁמַרְתּוֹ[18]: וְאַתֶּם תִּהְיוּ־לִי מַמְלֶכֶת[19] כֹּהֲנִים וְגוֹי קָדוֹשׁ אֵלֶּה הַדְּבָרִים אֲשֶׁר תְּדַבֵּר אֶל־בְּנֵי יִשְׂרָאֵל: כֹּה אָמַר יְהוָה זָכַרְתִּי לָךְ חֶסֶד[20] נְעוּרַיִךְ[21] לֶכְתֵּךְ אַחֲרַי בַּמִּדְבָּר בְּאֶרֶץ לֹא זְרוּעָה: בִּרְבוֹת[22] רְשָׁעִים יִרְבֶּה־פָּשַׁע וְצַדִּיקִים בְּמַפַּלְתָּם[23] יִרְאוּ:

to blossom[1] the lily[2] sucker, sprout[3] the olive tree[4] beauty[5] the crown[6] glory, honor[7] the dog[8] to return[9] the vomit[10] to repeat[11] master, lord[12] female servant, handmaid[13] mistress[14] dominion[15] vain[16] profit[17] the charge, law[18] a kingdom[19] kindness[20] boyhood[21] to increase[22] fall, ruin[23].

Exercise 117.

Beforetime[1] in Israel, when a man went (transl. in his going) to inquire[2] (of) God, thus he spake, come[3], let us go to the seer[4]. The hope[5] of righteous ones (shall be) gladness[6], but the expectation[7] of wicked ones shall perish. And[8] Hezekiah[9] wrote letters[10] to[11] all Israel, that[12] they should come to the House of the Lord at Jerusalem. And[8] the Lord made garments[13] for the skin[14] (of the skin § 82, 4.) to Adam[15] and his wife[16] and clothed them. And ye shall keep mine ordinance[17]. And[8] he took the crown[18] of their king from off[19] his head. Though[20] thou shouldest bray[21] the fool[22] in the mortar[23] among[24] the groundcorn[25] with the pestle[26], (yet) will not his foolishness[28] depart[27] from him[19]. Thy kingdom[29] (is) an everlasting[30] kingdom, and Thy dominion[31] (endureth) throughout[32] all[33] generations. And[8] a certain[34] woman cast[35] an upper[37] millstone[36] upon Abimelech's[38] head, and shivered[39] his skull[40]. And it shall be, when[41] he sitteth (about (the time of) his sitting) upon the throne[42] of his kingdom[43], that[44] he shall write him a copy[45] of this law in[46] a book.

לִפְנִים[1] דָּרַשׁ[2] with acc. הָלַךְ[3] imp. pl. רָאֹה[4] תּוֹחֶלֶת[5] שִׂמְחָה[6] תִּקְוָה[7] ו 8 c. יְחִזְקִיָּהוּ[9] אִגֶּרֶת[10] עַל[11] ל with inf.[12] כְּתֹנֶת[13] עוֹר[14] אָדָם[15] אִשְׁתּוֹ[16] מִשְׁמֶרֶת[17] עֲטָרֶת[18] מֵעַל[19] אִם[20] כָּתַשׁ[21] fut. אֱוִיל[22] מַכְתֵּשׁ[23] בְּתוֹךְ[24] רִיפוֹת[25]

§ 71. IRREGULAR NOUNS. 147

עָלַי 26 סוּר 27 אוֹלָה 28 מַלְכִית 29 כָּל־עוֹלָמִים (of all eternity § 83, G.) 30 מִמְשָׁלָה 31
ב 32 (§ 88, c.) 33 אַחַת 34 שָׁלַךְ 35 lit. רֶכֶב 37 פֶּלַח (the upper : hence, lit. the rider) 36 רֶכֶב
אֲבִימֶלֶךְ 38 רָצִין 39 גְּלִנְלֹת 40 with inf. כ 41 כְּאָא 42 כַּמַּלְכַּת 43 Conv.ו 44 מִשְׁנָה 45 עַל 46.

§ 73. IRREGULAR NOUNS.

A. Derivatives of ל״ה

1. אָב father, const. st. אֲבִי (like a Segholate form from ל״ה), with light suffixes: אֲבִי, אָבִיךָ, with grave suffixes אֲבִיהֶם, אֲבִיכֶם, plur. אָבוֹת, const. st. אֲבוֹת.

2. אָח, brother, const. אֲחִי, with suff.: אָחִי, but אֲחִיכֶם, plural אַחִים, const. אֲחֵי, with suff.: אַחַי, אָחִיו, אָחִיךָ.

3. אָחוֹת sister, const. אֲחוֹת, with suff.: אֲחוֹתִי, (pl. abs. and const. does not occur), plur. with suff.: אַחְיוֹתַי, also אַחוֹתֶיךָ. (The ending וֹת in the singular אָחוֹת is not the plural ending, but contracted from אָחֲוֹת, cf. מוֹת, c. st. from מָוֶת).

4. חָם stepfather, with suff. חָמִיהָ, חָמִיךָ.

5. חָמוֹת stepmother, with suff. חֲמוֹתָהּ, חֲמוֹתֵךְ.

6. בֵּן son (for בֶּנֶה, from בָּנָה to build), const. st. בֶּן־, before Makkeph בֶּן־; seldom בִּן; once בְּנִי and בְּנוֹ Num. 24, 3, Gen. 49, 11. With suffixes בְּנִי, בִּנְךָ; plural בָּנִים, const. st. בְּנֵי, with suff. בָּנַי etc.

7. בַּת daughter (for בֶּנֶת, fem. from בֶּן), const. st. בַּת, with suff.: בִּתִּי (for בִּנְתִּי), plur. בָּנוֹת, const. st. בְּנוֹת.

8. בַּיִת house (supposed to be derived from בָּנָה to build), const. st. בֵּית, with suff. בֵּיתִי; plur. בָּתִּים, const. st. בָּתֵּי, with suff. בָּתַּי.

9. אָמָה maid-servant, const. st. אֲמַת, with suff. אֲמָתִי; plur. אֲמָהוֹת, const. st. אַמְהוֹת.

10. כְּלִי vessel, plur. כֵּלִים.

11. פֶּה mouth (prop. for פֶּאֶה), const. st. פִּי, with suff. פִּי my mouth, פִּיו and פִּיהוּ; plural פִּים (from פִּיִּים), פִּיּוֹת (Prov. 5, 4.) and פֵּיוֹת (Jud. 3, 16.).

B. Derivatives from Verbs ע״נ.

1. אִישׁ man (from אָנַשׁ), const. st. אִישׁ, with suff. אִישִׁי.

In plur. the original form reappears, אֲנָשִׁים (probably at first אֲנוֹשִׁים, fr. the sing. אֱנוֹשׁ) (seldom אִישִׁים), const. st. אַנְשֵׁי, with suff.: אֲנָשַׁי, אַנְשֵׁיכֶם.

2. אִשָּׁה woman (for אַנְשָׁה), const. st. אֵשֶׁת, with suff.: אִשְׁתִּי, plur. נָשִׁים.

C. Derivatives from ע"י and ע"ו.

1. יוֹם day, with suff.: יוֹמִי, dual יוֹמַיִם, plur. יָמִים, c. st. יְמֵי, with local (ה‐) יָמִימָה.

2. עִיר city, pl. עָרִים (once עִיָרִים Ju. 10, 4.) c. st. עָרֵי.

D. A derivative from ע"א is רֹאשׁ head, (for רֵאשׁ Segholate form) plur. רָאשִׁים (for רְאָשִׁים) (§ 14, Rising III.) const. st. רָאשֵׁי, with suff. רָאשֵׁי, once with suff. רָאשָׁיו.

E. מַיִם water, c. st. מֵי and מֵימֵי, w. suff. מֵימַי, מֵימֶיךָ.

Exercise 118.

בֵּית וָהוֹן נַחֲלַת¹ אָבוֹת וּמֵיְהוָה אִשָּׁה מַשְׂכָּלֶת²: מוּסַר אָב לְוָיַת³ חֵן⁴ לְרֹאשׁ בָּנִים: לֹא־יָמוּשׁ סֵפֶר הַתּוֹרָה הַזֶּה* מִפִּיךָ: עֶבֶד מַשְׂכִּיל בְּתוֹךְ אַחִים יַחֲלֹק⁵ נַחֲלָה: כִּכְלוּב⁶ מָלֵא עוֹף כֵּן בָּתֵּי רְשָׁעִים מְלֵאִים מִרְמָה: אֲבִי יְתוֹמִים וְדַיָּן⁷ אַלְמָנוֹת אֱלֹהִים: לֹא־יִהְיֶה כְלִי⁸־גֶבֶר עַל־אִשָּׁה וְלֹא יִלְבַּשׁ גֶּבֶר שִׂמְלַת⁹ אִשָּׁה כִּי־תוֹעֲבַת יְהוָה כָּל־עֹשֵׂה אֵלֶּה: כִּי יִקָּרֵא¹⁰ קַן־צִפּוֹר לְפָנֶיךָ בַּדֶּרֶךְ בְּכָל־עֵץ אוֹ עַל־הָאָרֶץ אֶפְרֹחִים¹¹ אוֹ בֵיצִים¹² וְהָאֵם רֹבֶצֶת¹³ עַל־הָאֶפְרֹחִים אוֹ עַל־הַבֵּיצִים לֹא־תִקַּח הָאֵם עַל הַבָּנִים: כַּבֵּד אֶת־אָבִיךָ וְאֶת־אִמֶּךָ לְמַעַן יַאֲרִכוּן יָמֶיךָ עַל הָאֲדָמָה אֲשֶׁר יְהוָה אֱלֹהֶיךָ נֹתֵן לָךְ: אָנֹכִי יְהוָה אֱלֹהֶיךָ אֵל קַנָּא¹⁴ פֹּקֵד עֲוֹן אָבֹת עַל בָּנִים:

the inheritance[1] prudent[2] wreath[3] grace (§ 89, 2-)[4] divide, have part[5] bird-cage[6] judge, defender[7] apparel[8] garment[9] chance to be[10] the young of birds, a brood[11] egg[12] to crouch[13] jealous[14]. (§ 83, 9.)*

Exercise 119.

Who can[2] find a virtuous[1] woman (a. w. of virtue[1])? her price[5] (is) far[3] above[4] rubies. The heart of her husband does trust[6] in her. Her children arise up[7] and call her blessed[8]. Many daughters have done virtuously[1], but[9] thou[10] excellest[11] them all[12]. And[13] Isaac[15] abode[14] in[16] Gerar[17]. And[13] the men of the place asked (him) of[18] his wife; and he said, She is[19] my sister: for he feared to say, She is my wife; lest (said he), the men of the place should slay[20] me for[21] Rebekah[22]. These (are) the words of the letter[23], that Jeremiah[24], the prophet, sent from Jerusalem to the children of Israel, whom Nebuchadnezzar[26] had carried into exile[25] to Babylon: Thus saith the Lord: Build ye houses and abide (in them); and plant[27] gardens[28], and eat the fruit of them; Take[29] ye wives, and beget[30] sons and daughters; and take wives for your sons and give your daughters to husbands[31], that they may bear[32] sons and daughters. And seek[33] the peace of the cities, whither[34] I have caused you to be carried into exile[35].

1 חַיִל [(§ 101 III, a)] 2 fut. (§ 91) 3 רָחוֹק מִ 4 כָּרָה 5 בָּטַח בְּ, with 6 pret. קוּם 7 pret.
1 אָשַׁר Pi., with Conv. 8 to call blessed: 9 וְ 10 (§ 93 Note.) יָעַל, with following 11 pret.
etc.) כֹּל, כֻּלָּנוּ 12 (with suff.) וְ 13 Conv. יָשַׁב 14 יִצְחָק 15 ב 16 גֵּרָר 17 ל 18 (§ 77, 3) 19
הָרַג (§ 108, 2) 20 fut. עַל 21 רִבְקָה 22 סֵפֶר 23 יִרְמְיָה 24 Hi. גָּלָה carry into exile
אִישׁ 31 Hi. 30 יָלַד 29 לָקַח 28 com. (doubles the last cons.) גַּן 27 נָטַע 26 נְבוּכַדְנֶאצַּר
יָלַד 32 דָּרַשׁ 33 אֲשֶׁר־שָׁמָּה 34 Hi. גָּלָה 35 to cause to be c. i. e.

§ 74. THE NUMERALS.

1. The numerals are either cardinal or ordinal. The cardinals must be considered as nouns, having two genders and the const. state.

2. CARDINALS.

	Feminine.		Masculine.	
	Const.	Absol.	Const.	Absol.
א 1.	אַחַת	אַחַת	אַחַד	אֶחָד
ב 2.	שְׁתֵּי	שְׁתַּיִם	שְׁנֵי	שְׁנַיִם
ג 3.	שְׁלֹשׁ	שָׁלֹשׁ	שְׁלֹשֶׁת	שְׁלֹשָׁה
ד 4.	אַרְבַּע	אַרְבַּע	אַרְבַּעַת	אַרְבָּעָה

Part I. Exercises.

	Feminine.		Masculine.	
	Const.	Absol.	Const.	Absol.
5. ה	חֲמֵשׁ	חָמֵשׁ	חֲמֵשֶׁת	חֲמִשָּׁה
6. ו	שֵׁשׁ	שֵׁשׁ	שֵׁשֶׁת	שִׁשָּׁה
7. ז	שְׁבַע	שֶׁבַע	שִׁבְעַת	שִׁבְעָה
8. ח	שְׁמֹנֶה	שְׁמֹנֶה	שְׁמֹנַת	שְׁמֹנָה
9. ט	תֵּשַׁע	תֵּשַׁע	תְּשַׁעַת	תִּשְׁעָה
10. י	עֶשֶׂר	עֶשֶׂר	עֲשֶׂרֶת	עֲשָׂרָה
11. יא	אַחַת עֶשְׂרֵה ⎱ עַשְׁתֵּי עֶשְׂרֵה ⎰		אַחַד עָשָׂר ⎱ עַשְׁתֵּי עָשָׂר ⎰	
12. יב	שְׁתֵּים עֶשְׂרֵה ⎱ שְׁתֵּי עֶשְׂרֵה ⎰		שְׁנֵים עָשָׂר ⎱ שְׁנֵי עָשָׂר ⎰	
13. יג	שְׁלֹשׁ עֶשְׂרֵה		שְׁלֹשָׁה עָשָׂר	
14. יד	אַרְבַּע עֶשְׂרֵה		אַרְבָּעָה עָשָׂר	
15. טו	חֲמֵשׁ עֶשְׂרֵה		חֲמִשָּׁה עָשָׂר	
16. טז	שֵׁשׁ עֶשְׂרֵה		שִׁשָּׁה עָשָׂר	
17. יז	שְׁבַע עֶשְׂרֵה		שִׁבְעָה עָשָׂר	
18. יח	שְׁמֹנֶה עֶשְׂרֵה		שְׁמֹנָה עָשָׂר	
19. יט	תְּשַׁע עֶשְׂרֵה		תִּשְׁעָה עָשָׂר	

כ. 20. עֶשְׂרִים, כא. 21. אֶחָד וְעֶשְׂרִים, עֶשְׂרִים וְאֶחָד, כב. 22. שְׁנַיִם וְעֶשְׂרִים, ל. 30. שְׁלֹשִׁים, מ. 40. אַרְבָּעִים, נ. 50. חֲמִשִּׁים, ס. 60. שִׁשִּׁים, ע. 70. שִׁבְעִים, פ. 80. שְׁמֹנִים, צ. 90. תִּשְׁעִים. ק. 100. מֵאָה, c. st., : Hundreds and Thousands מְאַת; ר. 200. מָאתַיִם [or מָאתָיִם], (§ 13, 6.. B. 3.) ש. 300. שְׁלֹשׁ מֵאוֹת, ת. 400. אַרְבַּע מֵאוֹת, תק. 500. חֲמֵשׁ מֵאוֹת, etc. א or אֶ. 1000. אֶלֶף, ב. 2000. אַלְפַּיִם, ג. 3000. שְׁלֹשֶׁת אֲלָפִים, ד. 4000. אַרְבַּעַת אֲלָפִים, 10000. רְבָבָה, רִבּוֹ (.plur רְבָבוֹת) (myriads also) and עֲשֶׂרֶת אֲלָפִים, עֲשָׂרָה אֲלָפִים, עֲשָׂרָה אֶלֶף (Ez. 45, 1).

§ 74. THE NUMERALS.

עֶשְׂרִים אֶלֶף (רִבּוֹתַיִם) Ps. 68, 18. שְׁתֵּי רִבּוֹא (Neh. 7, 72). 20000.
שְׁלֹשִׁים אֶלֶף 30000. etc. מֵאָה אֶלֶף 100000., אֶלֶף אֲלָפִים 1000000.

NOTE I. From 13 to 19 incl. the units with the masculine, stand in the absolute state; with the feminine in the const. st.

NOTE II. The numerals are denoted by letters. The Units: from א to ט; the Tens: from י to צ; the Hundreds: from ק to ת and the final letters ך, ם, ן, ף, ץ: ך = 500, ם = 600, ן = 700, ף = 800, ץ = 900; but more usually תק = 500; תר = 600 etc. The connection of a decimal and a unit is seen in the table above. For 15 is employed ט״ו and not י״ה, this last being the abbreviation for יְהֹוָה (§ 18. Note). For the thousands and the higher numbers the dotted alphabet is used: as א (or אׇ) = 1000; בׇ = 2000, גׇ = 3000 etc.

NOTE III. The termination (ה־ָ) of the numerals with masc. nouns is the adverbial-ending (§ 75, 1. Note). Before fem. nouns (ה־ָ) is dropped, lest it be considered as the fem. ending (ה־ָ) (§ 57, 6, I).

3.   ORDINALS.

FEM.	MASC.		FEM.	MASC.	
שִׁשִּׁית	שִׁשִּׁי	6th	רִאשׁוֹנָה	רִאשׁוֹן	1st
שְׁבִיעִית	שְׁבִיעִי	7th	שֵׁנִית	שֵׁנִי	2d
שְׁמִינִית	שְׁמִינִי	8th	שְׁלִישִׁית	שְׁלִישִׁי	3d
תְּשִׁיעִית	תְּשִׁיעִי	9th	רְבִיעִית	רְבִיעִי	4th
עֲשִׂירִית	עֲשִׂירִי	10th	חֲמִישִׁית	חֲמִישִׁי	5th

From the eleventh, the cardinals with the article are used instead of the ordinals, and follow the noun; when without the article, they are found both before and after it, especially in the numbering of years, months and days: as Hag. 1, 15. בְּיוֹם עֶשְׂרִים וְאַרְבָּעָה and Gen. 8, 4. בְּשִׁבְעָה עָשָׂר יוֹם

4. Syntactical rules see § 92.

EXERCISE 120.

וְהָיָה יְהֹוָה לְמֶלֶךְ עַל כָּל־הָאָרֶץ בַּיּוֹם הַהוּא יִהְיֶה יְהֹוָה אֶחָד

וְשָׁמְעוּ אֶחָד׃ תּוֹרָה אַחַת וּמִשְׁפָּט אֶחָד יִהְיֶה לָכֶם וְלַגֵּר הַגָּר
אִתְּכֶם׃ אֵיכָה[1] יִרְדֹּף אֶחָד אֶלֶף וּשְׁנַיִם יָנִיסוּ[2] רְבָבָה׃ גִּלָּה
סוֹדְךָ לְאֶחָד מֵאָלֶף׃ אֵלֶּה מוֹעֲדֵי[3] יְהוָה׃ בַּחֹדֶשׁ הָרִאשׁוֹן
בְּאַרְבָּעָה עָשָׂר לַחֹדֶשׁ בֵּין הָעַרְבַּיִם[4] פֶּסַח[5] לַיהוָה׃ וּבַחֲמִשָּׁה
עָשָׂר יוֹם לַחֹדֶשׁ הַזֶּה חַג הַמַּצּוֹת[6] לַיהוָה שִׁבְעַת יָמִים מַצּוֹת
תֹּאכֵלוּ׃ שִׁבְעָה שָׁבֻעוֹת[7] תִּסְפָּר־לָךְ מֵהָחֵל חֶרְמֵשׁ[8] בַּקָּמָה[9]
וְעָשִׂיתָ חַג שָׁבֻעוֹת לַיהוָה אֱלֹהֶיךָ׃ בַּחֹדֶשׁ הַשְּׁבִיעִי בְּאֶחָד לַחֹדֶשׁ
יִהְיֶה לָכֶם שַׁבָּתוֹן[10] זִכְרוֹן[11] תְּרוּעָה[12] מִקְרָא[13]־קֹדֶשׁ׃ אַךְ[14]
בֶּעָשׂוֹר לַחֹדֶשׁ הַשְּׁבִיעִי הַזֶּה יוֹם הַכִּפֻּרִים[15] הוּא לְכַפֵּר[16] עֲלֵיכֶם
לִפְנֵי יְהוָה אֱלֹהֵיכֶם׃ וְעִנִּיתֶם[17] אֶת־נַפְשֹׁתֵיכֶם בְּתִשְׁעָה לַחֹדֶשׁ
בָּעֶרֶב מֵעֶרֶב עַד־עֶרֶב תִּשְׁבְּתוּ[18] שַׁבַּתְּכֶם׃ בַּחֲמִשָּׁה עָשָׂר יוֹם
לַחֹדֶשׁ הַשְּׁבִיעִי הַזֶּה חַג הַסֻּכּוֹת[19] שִׁבְעַת יָמִים לַיהוָה׃ יוֹסֵף
הָיָה ל' וּמֹשֶׁה פ' שָׁנָה בְּעָמְדָם לִפְנֵי פַרְעֹה׃ אַבְרָהָם חַי קע"ה,
יִצְחָק ק"פ, יַעֲקֹב קמ"ז, יוֹסֵף ק"י, מֹשֶׁה ק"כ וְאַהֲרֹן קכ"ג
שָׁנָה׃ בִּשְׁנַת אלקמ"ה שָׁנָה לְמִסְפָּרֵנוּ (מִבְּרִיאַת[20] הָעוֹלָם)[21]
נוֹלַד אַבְרָהָם׃ הָעֹמֶר עֲשִׂירִית הָאֵיפָה וְהָאֵיפָה עֲשִׂירִית הַחֹמֶר׃[22]

how[1] put to flight[2] appointed festival[3] between the two evenings, twilight[4] the passover[5] unleavened bread[6] week[7] the sickle[8] standing corn[9] strict rest[10] a memorial[11] a sound of a trumpet[12] a convocation[13] only, but[14] expiation[15] to make an expiation[16] to afflict, humble[17] to celebrate, to keep[18] booth, tabernacle[19] creation[20] world[21] a measure for dry goods[22].

Exercise 121.

We (are) all one man's sons. We (are) twelve brethren, sons of our father, one (is) not[1], and the little one is this day with[2] our father in the land of Canaan. The whole congregation together[3] (was) forty and two thousand three hundred and three score, beside[4] their man-servants and their maid-servants, of whom[5] (there were) seven thousand three hundred thirty and seven: and they had[6] two hundred forty and five singing-men[7] and singing-women[7]. Their horses, seven hundred thirty and six: their mules[8], two hundred forty and five: (Their) camels[9], four hundred

§ 75. IN GENERAL.   153

thirty and five: six thousand seven hundred and twenty asses. Two women went out. If[10] thou buy[11] a Hebrew[12] servant, six years[13] he shall serve: and in the seventh he shall go out free[14], for nothing[15]. Seven abominations (are) in the heart of the wicked. When[16] I break[17] the staff[18] of your bread, ten women shall bake[19] your bread in one oven[20] and[21] ye shall eat, and not be satisfied[22]. Eve[23] was the first woman. And the Lord spake to Moses on[24] the first[25] (day) of[26] the second month, in[27] the second year after[28] they were come[29] out of the land of Egypt.

אֵין with suff. 1 (§ 75, 3.)   אֵת 2   כְּאֶחָד 3   מִלְּבַד 4   אֵלֶּה 5 of whom   6 to them (were)   שׁוּר 7 part. Pi. masc. and fem. pl. of   גָּרַד 8   9 (doubles the last cons.)   כִּי 10   קָנָה 11   עִבְרִי 12   שָׁנָה 13 (§ 58, 10.)   חָפְשִׁי 14   חִנָּם 15   ב 16 with inf.   שָׁבַר 17 (in my breaking)   מַטֶּה 18   19 pret. with Conv. ו   תַּנּוּר 20   21 Conv. ו   שָׂבֵעַ 22   חַוָּה 23   ב 24   אֶחָד 25   ל 26 (§ 83, 10.)   ב 27   28 with inf. and suff. (after their coming out)   יָצָא 29.

CHAPTER XI.
PARTICLES.
§ 75. IN GENERAL.

1. The particles which comprise adverbs, prepositions, conjunctions and interjections are divided into *inseparable* and *separable*. The inseparable are prefixed or postfixed syllables, of the most of them we have already treated, as בככלם § § 18, 19, local ־ָה § 19, 6.

2. The separable consisting of entire words are partly I. *primitive:* as (a) the negations אַל, לֹא and the poetic בַּל not; (b) local and temporal terms: as שָׁם, שָׁמָּה (with local ה) there, פֹּה here, אֵי where? אָז then; (c) expressing the manner and mode of actions: as כֹּה thus, נָא a par-

20

ticle of entreaty; partly II *derivative:* as מִבַּיִת within, יַחְדָּו together, סָבִיב circuit, הַרְבֵּה (Inf. Hi.) much, the interrogative adverbs לָמָּה why, מַדּוּעַ (compounded of the interrog. מָה and יָדוּעַ (p. pass. perceived, seen) why = what hast thou seen? cf. Gen. 20, 10.

NOTE. Fem. forms are frequently converted into adverbs, e. g. בָּרִאשׁוֹנָה sooner, בָּאַחֲרוֹנָה later, מְהֵרָה quickly, עַתָּה now (fr. עֵת time, prop. at the time), כָּלָה wholly, completely, אָמְנָה truly. On adverbs in ־ם, see (§ 56 ב, 2. c) Nouns in the accus. are often adverbs, e. g. רוֹמָה haughtily, בֶּטַח safely, מֵאָה a hundred-fold, a hundred-times Prov. 17, 10. Cf. (§ 85, 4.). On Adverbs formed by ל (see § 84, 3).

3. Some of the derivative adverbs, which include the signification of the verb or noun from which they are derived, are connected with suffixes: as הִנֵּה behold! lo! with suffixes: הִנְנִי, הִנֵּנִי and הִנְנִי behold I, (properly: behold me) הִנְּךָ, הִנָּךְ behold thou, הִנּוֹ behold he, etc. עוֹד yet, as yet, still, w. suff.: עוֹדֶנִּי, עֹדִי, עוֹדְךָ, עוֹדֶנּוּ, עוֹדֶנָּה I am, thou art, he, she is as yet or still; בְּעוֹד, בְּעַד while, while yet: בְּעוֹדִי while yet I am; מֵעוֹד since: מֵעוֹדִי since I am.

אַיִן, const. st. אֵין not, with suff. אֵינֶנִּי I am or was not, אֵינְךָ, אֵינֶנּוּ, אֵינֶנָּה, אֵינָם.

יֵשׁ יֶשׁ־ there is, there are, with suff.: יֶשְׁךָ thou art, יֶשְׁנוֹ he is, יֶשְׁכֶם ye are.

אַי, const. st. אֵי where, אַיֵּכָה where art thou? אַיּוֹ where is he? אַיָּם where are they? The force of the substantive verb *to be* is conveyed by all these adverbs.

4. *Prepositions.* The greater number of prepositions are nouns in the accusative or const. st.: as אֵצֶל (subst. the side) by, near, בֵּין (בַּיִן separation, interval) between, and they can be connected with other prepositions: as מִתַּחַת from under, from beneath, מֵאֵת from with, i. e. from, or they appear abbreviated as prefixes: thus בכ״ל״ם.

5. The prepositions being nouns can take suffixes (the

§ 75. IN GENERAL.

nominal suff., seldom the verbal suff.): as תַּחַת under, with suff.: תַּחְתִּי; אֵת with, is distinguished from אֵת the accusative particle, that the former with suffixes is commuted into אִת, the latter into אֵת (אוֹת): as אִתִּי with me; אֹתִי me.

6. Several prepositions were originally plural nouns, accordingly they receive only plural suffixes. To these belong: אַחַר, אַחֲרֵי behind, after, אַחֲרַי behind me, אַחֲרֶיךָ behind thee, אַחֲרָיו behind him etc.

אֶל (אֱלֵי poet.) towards, to: אֵלַי to me, אֵלֶיךָ, אֵלָיו, אֲלֵיכֶם.

בֵּין between, with suff. בֵּינִי, בֵּינְךָ; but also with pl. masc. and plur. fem. suff. בֵּינֶיךָ, בֵּינֵיכֶם, בֵּינוֹתֵינוּ, בֵּינוֹתָם.

עַד as far as, unto, (עֲדֵי poet.) with suffixes: עָדֶיךָ, עָדָיו, עֲדֵיכֶם.

עַל upon, over (עֲלֵי poet.) w. suff. עָלַי, עָלֶיךָ, עָלָיו, עֲלֵיהֶם.

תַּחַת under, below, beneath, תַּחְתִּי, תַּחְתֶּיךָ, תַּחְתָּיו, תַּחְתֵּינוּ, תַּחְתָּם, תַּחְתֵּיהֶם (with the sing. only, תַּחְתֵּנִי (verb. suff.) תַּחְתֶּנָּה).

7. *Conjunctions.* The conjunctions are unchangeable. On the conjunction ו and its vocalization, see (§ 12, 7. b.).

8. *Interjections.* אִי, אוֹי, אוֹיָה, הוֹי, אֲבוֹי, אָח, אֲהָהּ, הָהּ ah! אַלְלַי woe! alas!

Other parts of speech used as interjections: בִּי (it is supposed to be contracted from בְּעִי entreaty) I pray: always with אֲדֹנָי, אֲדֹנִי my Lord.

הָבָה and הָבוּ (Imp. of יָהַב to give) come! come on! go to!

הַס hist! hush! pl. הַסּוּ (Imp. Piel of הָסָה to be silent.)

חָלִילָה (fr. חָלַל to violate, break a covenant) profane! fie! far be it! followed by לְ of the person and inf. with מִן: as חָלִילָה לְךָ מֵעֲשׂוֹת far be it from thee to do.

נָא I pray; used: I. with the imp. opt. and fut. II. with particles: אִמְרִי נָא say, I pray thee, אֵלְכָה־נָּא let me go, I pray the, אַל־נָא nay, or not so, I pray thee; אוֹי־נָא woe now! alas! At the beginning of a sentence: אָנָּא (written also אָנָּה) contracted from אָהּ־נָא oh now! I pray.

Exercise 122.

וְעַתָּה אִם־יֶשְׁכֶם עֹשִׂים חֶסֶד וֶאֱמֶת אֶת־אֲדֹנִי הַגִּידוּ לִי וְאִם־
לֹא הַגִּידוּ לִי וְאֶפְנֶה־¹ עַל־יָמִין אוֹ עַל־שְׂמֹאל: יְהֹוָה אֲשֶׁר
הִתְהַלַּכְתִּי² לְפָנָיו יִשְׁלַח מַלְאָכוֹ³ אִתָּךְ וְהִצְלִיחַ דַּרְכֶּךָ: לֹא
תָלִין⁴ פְּעֻלַּת⁵ שָׂכִיר⁶ אִתְּךָ עַד־בֹּקֶר: לֵאלֹהִים עֵצָה וּתְבוּנָה
עִמּוֹ חָכְמָה וּגְבוּרָה: שְׁמַע תְּפִלָּה⁷ עָרֶיךָ⁷ כָּל־בָּשָׂר יָבֹאוּ⁸:
כֹּרֶה שַׁחַת בָּהּ יִפֹּל וְגֹלֵל⁹ אֶבֶן אֵלָיו תָּשׁוּב: וַיִּתְהַלֵּךְ חֲנוֹךְ אֶת־
הָאֱלֹהִים וְאֵינֶנּוּ כִּי־לָקַח אֹתוֹ אֱלֹהִים: אִם־רָשַׁעְתִּי¹⁰ אַלְלַי לִי:
עוֹד¹¹ מְעַט וְאֵין רָשָׁע וְהִתְבּוֹנַנְתָּ¹² עַל־מְקוֹמוֹ וְאֵינֶנּוּ: וַיָּבֹאוּ
כָּל־שִׁבְטֵי יִשְׂרָאֵל אֶל־דָּוִד חֶבְרוֹנָה וַיֹּאמְרוּ לֵאמֹר הִנְנוּ עַצְמְךָ
וּבְשָׂרְךָ אֲנָחְנוּ וַיִּמְשָׁחוּ לְמֶלֶךְ עֲלֵיהֶם¹³: וַיְהִי אַחַר הַדְּבָרִים
הָאֵלֶּה כֶּרֶם הָיָה לְנָבוֹת¹⁴ הַיִּזְרְעֵאלִי¹⁵: וַיְדַבֵּר אַחְאָב מֶלֶךְ
שֹׁמְרוֹן אֶל־נָבוֹת לֵאמֹר תְּנָה־לִּי אֶת־כַּרְמְךָ וִיהִי־לִי לְגַן־יָרָק¹⁶
כִּי הוּא קָרוֹב אֵצֶל בֵּיתִי וְאֶתְּנָה לְךָ תַּחְתָּיו כֶּרֶם טוֹב¹⁷ מִמֶּנּוּ
אִם טוֹב בְּעֵינֶיךָ אֶתְּנָה־לְךָ כֶסֶף¹⁸ מְחִיר¹⁹ זֶה: וַיֹּאמֶר נָבוֹת
אֶל־אַחְאָב חָלִילָה לִּי מֵיְהֹוָה מִתִּתִּי אֶת־נַחֲלַת אֲבֹתַי לָךְ:

to turn one's self¹ to walk, live² angel³ to remain over night⁴ wages⁵ hireling, hired laborer⁶ supplication, prayer⁷ to, unto⁸ to roll⁹ to act wickedly, to be guilty¹⁰ yet¹¹ diligently consider¹² (§ 97, 2.)¹³ p. n. m.¹⁴ the Jezreelite¹⁵ herbs¹⁶ (§ 91, 1.)¹⁷ money¹⁸ the price¹⁹.

Exercise 123.

Inquire¹ (after) good, and not² evil, that³ ye may⁴ live: and⁵ so⁶ the Lord, the God of Hosts, shall be with⁷ you, as⁸ ye have said. How⁹ do ye say¹⁰, we (are) wise, and the law of the Lord (is) with⁷ us? Lo, certainly¹¹ in¹² vain¹³ made he (it), the pen¹⁴ of the Scribes¹⁵ (is) in vain. Deborah¹⁶ abode under¹⁷ the palm-tree¹⁸ of Deborah, between¹⁹ Ramah²⁰ and between Beth-el²⁰ in mount Ephraim²¹; and²² the children of Israel came up to her for¹² judgment. Hezekiah trusted in the Lord God of Israel; so that²³ after²⁴ him was none²⁵ like²⁶ him among²⁷

§ 75. THE SUBJECT. 157

all the kings of Judah. To the hired servant, at his day thou shalt give his hire[28], neither shall the sun go down[29] upon[30] it; for he is poor[31], and setteth his heart upon it, (and to it he beareth[32] his soul) lest[33] he call[34] against thee unto the Lord, and it be[35] sin unto[36] thee.

[1] with acc. דָּרַשׁ [2] אֶל [3] לְמַעַן [4] fut. [5] to connect with the verb [6] כֵּן [7] אֵת [8] כַּאֲשֶׁר [9] אֵיכָה [10] fut. אָמַר [11] אָכֵן [12] with the art. (§ 84, 3.) לְ [13] שֶׁקֶר [14] עֵט [15] סֵפֶר [16] דְּבוֹרָה [17] תַּחַת [18] תֹּמֶר [19] בֵּין [20] רָמָה (§ 80, 3.) [20] בֵּית־אֵל [21] אֶפְרַיִם [22] Conv. וְ [23] וְאַחַר, אַחֲרֵי [24] plur. const. [25] לֹא [26] before light suff. כְּמוֹ, כָּמֹו [27] בְּ [28] שָׂכָר [29] בּוֹא [30] עַל [31] עָנִי [32] part. נָשָׂא [33] וְלֹא [34] fut. [35] pret. with Conv. וְ [36] בְּ.

PART II.

SYNTAX.

CHAPTER I.

THE ESSENTIAL PARTS OF A SENTENCE.

§ 76. THE SUBJECT

1. The subject of a proposition appears either in the form of a substantive or in that of an adjective, const. infinitive or pronoun, supplying the place of the substantive.

2. When the sentence is without a definite subject, the *impersonal* construction is employed. The subject is then indicated:

a. By the third person of the passive conjugations (Ni. Pu. Ho.), e. g. לְזֹאת יִקָּרֵא אִשָּׁה it is called to this woman = she is called woman. Gen. 2. 23.

b. By the third person of the sing. active, e. g. קָרָא שְׁמוֹ he (some one) called his name. Gen. 11, 9.

c. By the third person of the plural active: as וַיַּגִּידוּ and they told, i. e. certain men told. 1. Sam. 19, 21.

d. By the second person of the future: as לֹא־תָבוֹא שָׁמָּה

there shall no one go thither. Isa. 7, 25, or by the infin. with the suff. of the second person; with regard to the latter a phrase of frequent occurrence is: עַד בֹּאֲךָ till thy coming = till one comes.

3. The third pers. sing. often has for a subject *it* understood: as וַיְהִי and it happened; חַם לִי it was warm to me.

4. The impersonal construction expressed by the 3. pers. passive, is often found with a following accusative: as וַיּוּשַׁב אֶת־מֹשֶׁה it was brought back Moses (acc.) = some one brought back Moses.

Note. A noun often is made prominent as subject at the beginning of a sentence or clause by אֵת, אֶת־, or אֶת is used for the purpose of emphasizing the subject in a passive or intransitive connection, e. g. Gen. 4, 18. Ex. 10, 8, 21, 28. Nu. 32, 5.

5. When the active subject can be conjectured from the action itself, the participle of the same verb is used as subject: as לֹא יִדְרֹךְ הַדֹּרֵךְ the treader (some one) shall not tread.

§ 77. THE COPULA.

1. The copula is generally not expressed, the relation of the subject and predicate being shown by placing them together: as גָּדוֹל הָאִישׁ the man is great; טוֹב יְהוָה God is good.

2. The verb הָיָה to be, is used to exactly define the time: as הַנָּחָשׁ הָיָה עָרוּם the serpent was crafty; אַהֲרֹן יִהְיֶה נְבִיאֶךָ Aaron shall be thy prophet, or to convey the proper conception of the verb: the *existence* or *non-existence* of the subject, which may be still more forcibly rendered by יֵשׁ or אַיִן (§ 75, 3.): as לֹא יִהְיֶה בְּךָ אֶבְיוֹן no needy shall be among you, Deut. 15, 4. הֲיֵשׁ יְהוָה בְּקִרְבֵּנוּ אִם־אָיִן Is the Lord among us or not, Ex. 17, 7.

3. The third person of the pers. pron. הוּא, הִיא, הֵם, הֵנָּה, הֵן, הֵמָּה, dropping the pronominal idea entirely and expressing only the verb *to be*, is employed to avoid ambiguity and to distinctly point out the noun or adjective standing in the predicate: as דָּוִד הוּא הַמֶּלֶךְ Da-

vid is the king, whereas דָּוִד הַמֶּלֶךְ could be taken as: the king David; or it is used, when the preceding subject is more remote from the predicate than usual: as אִשֵּׁה יְהֹוָה אֱלֹהֵי יִשְׂרָאֵל הוּא נַחֲלָתוֹ the fire-offerings (collectively) of the Lord, the God of Israel, are their inheritance, Jos. 13, 14. Even when the subject is of the first or second person, הוּא can be used as the copula: as אַתָּה הוּא אֱלֹהִים Thou art God; אַתֶּם הֵמָּה ye are. Zeph. 2, 12.

4. This use of the 3. pers. pron. as copula, particularly comes forth in union with the demonstr. pronoun, e. g. אֵלֶּה הֵם these are, Gen. 25, 16. מָה הִנֵּה אֵלֶּה what are these? Gen. 21, 29. מִי הוּא זֶה who is this? Esth. 7. 5.

§ 78. THE PREDICATE AND ITS AGREEMENT WITH THE SUBJECT.

1. The predicate appears either in the form of a verb, substantive, adjective, adj. pron., or even in that of a derivative adverb: as שְׂכָרְךָ הַרְבֵּה מְאֹד much, מְעַט little, שְׂכָרְךָ הַרְבֵּה מְאֹד thy reward (shall be) very great, Gen. 15, 1. אֲנָשִׁים בָּהּ מְעָט the men within it (were) few. Eccl. 9, 14.

2. When the predicate is an adjective, adj. pronoun, participle or noun, it has no article (excepting the adjective in superlative [§ 91, 3.]), and by this it is distinguished from the subject, in case the latter is defined by the article or otherwise: לֹא טוֹבָה הָעֵצָה the counsel is not good, 2. Sam. 17, 7 כִּי־גִבּוֹר אָבִיךָ for thy father is a hero, ibi. 10.

3. The predicate generally agrees with the subject, when a verb, in gender, number and person: דָּלְפָה נַפְשִׁי מִתּוּגָה my soul melteth for sadness, Ps. 119, 28., when an adjective, participle or adj. pronoun, in gender and number: יָשָׁר דְּבַר יְהֹוָה the word of the Lord is upright, Ps. 33, 4. זֹאת הָאִשָּׁה וְזֶה־בְּנָהּ this (is) the woman, and this (is) her son, II. Kings 8, 5. Nevertheless the Hebrew allows more freedom in this respect than other languages, using a construction correspondent to the sense more than to the external form.

4. *Exceptions.*

a. When the predicate commences the sentence, the third person masc. sing. is occasionally used impersonally: as וַיְהִי לוֹ שְׁלֹשִׁים בָּנִים and he had thirty sons.

b. Nouns of multitude frequently take a plural verb: as וַיִּרְאוּ הָעָם and the people saw, and vice versa substantives used in the plural form (§ 82, 4.) are often joined with a verb singular: as בָּרָא אֱלֹהִים God created.

c. The predicate does not agree with the subject, but with the genitive belonging to it, in case the genitive is the more important word: as קוֹל דְּמֵי אָחִיךָ צֹעֲקִים the voice of thy brothers blood cries (Gen. 4, 10.), the predicate is governed by דְּמֵי the drops of blood. וְרוּחַ הַקָּדִים נָשָׂא אֶת־הָאַרְבֶּה and the east wind brought the locusts, Ex. 10, 13. רוּחַ feminine, but נָשָׂא refers to קָדִים. In the same manner with רֹב שָׁנִים יוֹדִיעוּ חָכְמָה׃ רֹב the multitude of years teach wisdom, Job 32, 7. and nearly always with כֹּל, וַיִּהְיוּ כָּל־יְמֵי אָדָם and all the days of Adam were.

d. A verb singular joined with the subject in plural and vice versa, often has a distributive signification: as בַּהֲמוֹת שָׂדֶה תַּעֲרוֹג the beasts (i. e. each of the beasts) of the field shall cry, Joel 1, 20. נָסוּ וְאֵין־רֹדֵף רָשָׁע the wicked (every wicked man) flee, although no one pursueth. Prov. 25, 1.

5. When the predicate belongs to several nouns or pronouns, the following rules must be observed: a) It generally takes the plural: as אֲנִי וּבְנִי שְׁלֹמֹה חַטָּאִים I and my son Solomon are sinners, I. Kings I, 21. b) When they are of different genders, the masculine is preferred to the feminine: as בָּנָיו וּבְנוֹתָיו אֹכְלִים his sons and his daughters (were) eating, Job 1, 13. c) When they are of different persons, the predicate follows the most important, i. e. the first person rather than the second, and the second in preference to the third: נִכְרְתָה בְרִית אֲנִי וָאַתָּה let us make a

covenant, I and thou, Gen. 31, 44.: as אֲנִי וְהַנַּעַר נֵלְכָה עַד־כֹּה I and the lad will go yonder, Gen. 22, 5. d) Sometimes, especially when the predicate precedes the subject, it agrees only with one of the nouns, most frequently with the nearest, being understood for the others: as וַיָּבֹא נֹחַ וּבָנָיו וְאִשְׁתּוֹ and Noah came in, and his sons and his wife (came in); וַתְּדַבֵּר מִרְיָם וְאַהֲרֹן and Miriam spoke and Aaron (spoke).

§ 79. VERBAL ARRANGEMENT.

1. As a leading principle, the word upon which the most stress is to be laid, always begins the sentence: as בְּרֵאשִׁית בָּרָא אֱלֹהִים *In the beginning* God created, בְּרֵאשִׁית as the most important word taking the lead; hence every word to be emphatic, precedes the rest.

2. In a simple and independent normal sentence, the words are in the natural succession of Subject, Predicate and Object: as בָּנֶיךָ אֹכְלִים וְשֹׁתִים יָיִן thy sons were eating and drinking wine, Job 1, 18.

3. The predicate precedes the subject:

a. When it is an adjective: as גָּדוֹל עֲוֹנִי my iniquity is great; Gen. 4, 13. טוֹבָה חָכְמָה עִם נַחֲלָה wisdom is good with an inheritance, Eccl. 7, 11.

b. When it is a verb connected with Conversive Vav; without this connection with ו the succession is regular: as וַיָּבֹא יִצְחָק and Isaac came, but וְיִצְחָק בָּא and I. came, וַיְהִי הָאִישׁ and the man was, but וְהָאִישׁ הָיָה.

c. When אֲשֶׁר, an adverb of negation לֹא etc., an interrogative pronoun or prefix, and particles like כִּי, אוּלַי stand before the predicate: as כָּל מְלַאכְתּוֹ אֲשֶׁר בָּרָא אֱלֹהִים all his work which God had created, Gen, 2, 3. לֹא נוֹתַר כָּל־יֶרֶק there was not left any green thing; הֲשֹׁמֵר אָחִי אָנֹכִי am I my brother's keeper? כִּי אֻמְלַל אָנִי for I languish; אוּלַי יַחְסְרוּן חֲמִשִּׁים הַצַּדִּיקִים חֲמִשָּׁה peradventure there shall lack five of the fifty righteous.

d. When a verb stands in jussive or the construction is

impersonal: as יִקָּווּ הַמַּיִם the waters shall be drawn together, יְהִי מְאֹרֹת let there be luminaries.

4. When the subject follows the predicate, the object takes its place after the subject: as בְּרֵאשִׁית בָּרָא אֱלֹהִים אֵת הַשָּׁמַיִם וְאֵת הָאָרֶץ.

5. The object connected with an interrogative pronoun or prefix, stands before the verb: as אֶת־שׁוֹר מִי לָקַחְתִּי וַחֲמוֹר מִי לָקָחְתִּי whose ox have I taken? or whose ass have I taken? 1. Sam. 12, 3.

6. Of two accusatives, the one of a person, the other of a thing, the former precedes; and the same rule obtains when besides the accusative of a thing the person stands in indirect relation to the verb: as כִּי אַתָּה תַּנְחִיל אֶת־הָעָם הַזֶּה אֶת־הָאָרֶץ for unto this people shalt thou divide for an inheritance the land Jos. 1, 6. הוּא עָשָׂה לָנוּ אֶת־הָרָעָה הַגְּדוֹלָה הַזֹּאת he has done us this great evil, I. Sam, 6, 9. וְאֶעֱשֶׂה עִמּוֹ חֶסֶד אֱלֹהִים that I may do the mercy of God unto him, 2. Sam, 9, 3.

NOTE. Many exceptions are to be found to the foregoing rules, but as by giving them, we would only confuse the mind of the student, they are omitted.

CHAPTER II.

SYNTAX OF THE PARTS OF SPEECH.*

§ 80 THE ARTICLE.

1. The article is omitted, when the noun is defined by a suffix, or a following genitive, or if it is a proper name: as בֵּית הַמֶּלֶךְ the house of the king; בֵּיתִי my house; אַבְרָהָם Abraham.

---

*·The dependence of the several parts of compound sentences cannot be understood, until the student has become acquainted with the syntax of the parts of speech and the influence which they mutually exert in a proposition.

§ 80. THE ARTICLE.

2. The adjective or the demonstrative pronoun *attributively* employed requires the article, when they belong to a *determined* substantive: as בֵּיתִי הַגָּדוֹל my large house; בֵּית מֶלֶךְ הַגָּדוֹל the large house of the king.

3. Proper names originally appellative, take the article: as הַלְּבָנוֹן the Lebanon (the white mountain), הָרָמָה Ramah (the Hight, the high city).

4. The article has occasionally demonstrative power: as הַיּוֹם this day; הַפַּעַם this time; הַשָּׁנָה this year.

5. The vocative case often takes the article: as הַמֶּלֶךְ O king!

NOTE. Except when the article could not have been joined to the nominative: *not* הַדָּוִד O David!

6. The indefinite article is indicated by the omission of the הַ: as בַּיִת a house, אִישׁ a man; though sometimes expressed by the numeral אֶחָד: as נָבִיא אֶחָד a prophet, or אִישׁ in the sense of *person* indefinitely used, standing before nouns or adjectives, particularly before gentile names: אִישׁ צַדִּיק a just (man), אִישׁ גִּבּוֹר a hero, אִישׁ יְהוּדִי a Jew, אִישׁ עִבְרִי a Hebrew.

7. מִזְמוֹר דָּוִד, עֶבֶד שַׂר הַטַּבָּחִים, אֹפֶה הַמֶּלֶךְ may mean *the* baker, or *a* baker of the king; *the* servant, or *a* servant of the officer of the executioners; *the* song, or *a* song of David; to avoid ambiguity a circumlocution (לְ, אֲשֶׁר) is used: as אֹפֶה לְמֶלֶךְ אֲנִי I am a baker of the king; הָאֹפֶה אֲשֶׁר לְמֶלֶךְ the baker of the king; מִזְמוֹר לְדָוִד a song of David; עֶבֶד לְשַׂר הַטַּבָּחִים a servant of the officer of the executioners.

8. The article must be repeated before several nouns following one another, even when of the same gender or number: as הַמַּסּוֹת הַגְּדֹלֹת אֲשֶׁר רָאוּ עֵינֶיךָ וְהָאֹתֹת וְהַמֹּפְתִים וְהַיָּד הַחֲזָקָה וְהַזְּרֹעַ הַנְּטוּיָה: the great trials which thine eyes saw, and the signs, and the wonders, and the strong hand, and the stretched-out arm.

9. On the article used as a relative pronoun, see (§ 96, 8.).

THE NOUN.

§ 81. GENDER.

1. For the neuter the masculine is sometimes used: as זֶה יִתְּנוּ כָּל־הָעֹבֵר עַל־הַפְּקֻדִים this (hoc) they shall give every one that passeth among them that are mustered, the feminine, however, most frequently: as מִי שָׁמַע כָּזֹאת who has heard such a thing? (דָּבָר res, negotium, a thing, must be considered here as omitted, and the part of speech agreeing with it, is employed most commonly in the feminine, as in German: dieses, for diese Sache, and in Latin: factum, for res facta). Hence a verb being the predicate of an antecedent sentence either expressed or understood, takes the feminine form: as וַתְּהִי חֹק בְּיִשְׂרָאֵל and it was a custom in Israel, Jud. 11, 39. (חֹק masc.) for וַיְהִי מֵאֵת יְהוָֹה הָיְתָה זֹּאת; הַדָּבָר הַזֶּה חֹק from God was this, for אַחַת שָׁאַלְתִּי מֵאֵת יְיָ; הָיָה הַדָּבָר הַזֶּה one (thing) have I desired of the Lord, for שָׁאַלְתִּי דָּבָר אֶחָד. Comp. כִּי עָשִׂיתָ אֶת־הַדָּבָר הַזֶּה 1. Mos. 3, 14. and כִּי עָשִׂיתָ זֹּאת 1. Mos. 20, 10.

Adjectives with the feminine ending either in singular or plural, are often considered as abstract nouns, conveying a neuter sense: נְכֹחָה righteousness; הַגְּדֹלוֹת וְהַנּוֹרָאוֹת הָאֵלֶּה the great and fearful things (magna et timenda).

2. When the abstract stands for the concrete, the signification often determines the gender: as וְגָלֻת... יִרְשׁוּ and the exile = the exiles shall possess. Obad. 1, 20.

§ 82. NUMBER.

1. The singular is often used in a collective sense: as בָּקָר cattle; צֹאן small cattle, flock; כֶּסֶף silver; חִטָּה wheat.

2. When these collectives occur in plural, their meaning is modified: as חִטִּים grains of wheat, כְּסָפִים money pieces.

3. The singular of patronymics with the article, very often has a plural signification: as הַיְבוּסִי the Jebusites.

4. The plural in some instances is employed to express dignity or majesty, hence it is called: *Plural of Majesty.*

To this belong:

a. אֱלֹהִים God, when meaning the true God most frequently takes a singular verb: as בְּרֵאשִׁית בָּרָא אֱלֹהִים In the beginning God created. Sometimes the verb stands in plural: כַּאֲשֶׁר הִתְעוּ אוֹתִי אֱלֹהִים when God caused me to wander, Gen. 20, 13. At a later period, however, the construction with the plural was avoided as polytheistic.

b. אֲדֹנָי (antiquated form of plural), the regular form is אֲדֹנִים, const. st. אֲדֹנֵי, from the sing. אָדוֹן master, lord. In addressing the Supreme Deity the form אֲדֹנָי is employed; in accosting a person of rank אֲדֹנַי (with Patach) Gentlemen! instead of אֲדֹנִי Sir!

c. שַׁדַּי the Almighty; ancient plural of שַׁד (Arab. שׂדיד strong, vehement).

d. קְדוֹשִׁים the Holiest, plur. of קָדוֹשׁ holy.

e. בַּעַל Lord, master, superior, when connected with suff. the plural commonly occurs: as בְּעָלָיו, בְּעָלֶיהָ his, her master, but בְּעָלִי my husband.

With the plural of majesty the verbs stand in the singular, the adjectives and appositions either in the singular or plural.

5. Words with a plural form and singular signification occasionally occur: as נְקָמוֹת = נָקָם or נְקָמָה vengeance. The poets frequently take advantage of this license, to add power to their language, or to give a period a more musical termination, § 58, 9.

6. The plural of a compound expression conveying one idea (a noun in the const. state followed by a genitive) is formed by giving the first noun the plural termination: as בְּנֵי יִשְׂרָאֵל Israelites, the children of Israel.

THE CASES.

§ 83. CONSTRUCT STATE AND THE GENITIVE.

1. The genitive having no proper form is only recognised by the preceding construct state: as בְּנֵי יוֹסֵף Joseph's sons.

2. Nouns in the const. state cannot be connected by וְ; the cattle and horses of the king cannot be translated מַשְׁקֵה וְאֹפֵה מֶלֶךְ; but בְּקַר הַמֶּלֶךְ וְסוּסוֹ, not בָּקָר וְסוּס הַמֶּלֶךְ. מַשְׁקֵה מֶלֶךְ מִצְרַיִם וְהָאֹפֶה, but מִצְרַיִם Gen. 40, 1. or הַמַּשְׁקֶה וְהָאֹפֶה אֲשֶׁר לְמֶלֶךְ מִצְרַיִם ib. 5. Nouns in the genitive may be connected: as קֹנֵה שָׁמַיִם וָאָרֶץ possessor of heaven and earth, or more usually the word in the construct state is repeated: as אֱלֹהֵי הַשָּׁמַיִם וֵאלֹהֵי הָאָרֶץ.

3. Several words in construction may follow each other: as לֵב רָאשֵׁי עַם־הָאָרֶץ the heart of the chiefs of the people of a land, וְאֵלֶּה יְמֵי שְׁנֵי־חַיֵּי אַבְרָהָם and these (are) the days of the years of the life of Abraham. The predicate must agree with the first as the principal noun; in case the first is of less importance, the predicate is governed by the following noun: as in connection with כֹּל all, רֹב multitude, מִבְחַר choice, best, especially with כֹּל and following participle: as מִבְחַר עֲמָקַיִךְ מָלֵאוּ thy choicest valleys are full, prop. the choice of thy valleys is full.

4. The genitive is sometimes to be understood objectively: as יִרְאַת יְהֹוָה the fear of the Lord; דֶּרֶךְ מִצְרַיִם the way to Egypt; מֶמְשֶׁלֶת הַיּוֹם the ruler of the day = which rules the day; זַעֲקַת סְדֹם the cry of Sodom = against Sodom.

5. The const. st. is often used when nouns are in apposition, especially when the genus is to be defined by the species: נְהַר פְּרָת the river Euphrates: קִרְיַת חֻצוֹת the city Chutzoth; בְּתוּלַת בַּת יְהוּדָה the virgin, the daughter Judah.

6. The Hebrew being deficient in adjectives a) the material is expressed by a substantive in genitive: as קְעָרַת כֶּסֶף

§ 83. Construct State and the Genitive. 167

a dish of silver, i. e. a silver dish; כְּלִי בַרְזֶל vessels of iron, i. e. iron vessels; b) other adjective conceptions: as הַר קָדְשֶׁךָ the mountain of thy holiness, for thy holy mountain; שִׂפְתֵי שֶׁקֶר lips of a lie, for lying lips; אִישׁ שֵׂכֶל a man of understanding, for a prudent man.

7. Participles or adjectives to be more nearly limited or defined by a following substantive stand in the const. st.: as גְּדוֹל הָעֵצָה great in counsel; יְפֵה תֹאַר masc., יְפַת תֹּאַר fem. beautiful of form; רֹדְפֵי צֶדֶק the pursuers of righteousness; שְׁבוּרֵי לֵב the broken of heart = the broken-hearted. Infinitives being considered as substantives and even adverbs with a subtantive meaning can stand in the const. st.: שֶׁבֶת אַחִים the dwelling of brethren; מְעַט כֶּסֶף a little silver, literally: the smallness or fewness of silver.

8. The word in the genitive may be any word capable of defining the preceding const. st.: a pronoun, interrogative or demonstrative: בַּת מִי whose daughter? עֹשֵׂה אֵלֶּה who does these (prop. doing of these); an adjective: יֵין הַטּוֹב (Song of Sol. 7, 10.) good wine; a numeral: מִשְׁפַּט אֶחָד one judgment, בִּשְׁנַת הָרְבִיעִית in the fourth year; a noun preceded by a preposition: כְּשִׂמְחַת בַּקָּצִיר as joy of in harvest = as joy of (a man) in h.; הָרֵי בַגִּלְבֹּעַ mountains of the Gilboa; a whole sentence: שְׂפַת לֹא יָדַעְתִּי (cf. 9.).

9. The noun following the const. st. is sometimes omitted and must be supplied. Often the relative שְׁ follows: שְׂפַת לֹא יָדַעְתִּי a language (of a man) which I know not, Ps. 81, 6. שְׁלָחֲנָא בְּיַד־תִּשְׁלַח Ex. 4, 13. אַשְׁרֵי שֶׁיְשַׁלֶּם לָךְ Ps. 137 8. cfr. § 96, 45.

10. No third word can be interposed between the const. st. and its genitive: hence the adjective or demonstrative qualifying the const. st. must follow the genitive: the good hand of God יַד אֱלֹהִים הַטּוֹבָה; this book of the law, סֵפֶר הַתּוֹרָה הַזֶּה; the little children of the king בְּנֵי מֶלֶךְ הַקְּטַנִּים. Occasionally intervene: a) prepositions (8): b) the local ה: as הָאֹהֱלָה שָׂרָה into the tent of Sarah; אַרְצָה כְּנַעַן into the land of Canaan.

c) עוֹד yet, still, after כֹּל בִּי נִשְׁמָתִי כָּל־עוֹד all the while my breath is in me.

11. The genitive is also indicated by לְ אֲשֶׁר (which belong to): as הָרֹעִים אֲשֶׁר לְשָׁאוּל the herdsmen of Saul, or by לְ alone: as מִזְמוֹר לְדָוִד a psalm of David; the latter especially occurring (a) in enumerations: as בְּשִׁבְעָה וְעֶשְׂרִים יוֹם לַחֹדֶשׁ on the twenty-seventh day of the month, (b) when many genitives follow one another: as דִּבְרֵי הַיָּמִים לְמַלְכֵי יִשְׂרָאֵל the books of the Chronicles (literally: the words of the days) of the kings of Israel, (cf. § 80, 7.); (c) when the governing noun is separated from the governed by words inserted: עִיר גְּדוֹלָה לֵאלֹהִים a great city of God, Jon. 1, 3. בִּשְׁנַת שְׁתַּיִם לְמֶלֶךְ in the second year of the king. (d) to avoid ambiguity, cf. § 80, 7.

§ 84. DATIVE.

1. The common sign for the dative is אֶל or לְ, its abbreviation. The verb הָיָה to be, when followed by לְ has the meaning of *to become:* as וְהָיוּ לְבָשָׂר אֶחָד and they become one flesh.

2. לְ with a suffix of the same person as that of the verb is often used pleonastically after verbs of motion, rest, going, coming, sending etc. especially with imp. and future: as אֵלְךָ־לִי I will go; לֶךְ־לְךָ go; שְׁבוּ־לָכֶם פֹּה abide ye here. It is a *dativus commodi*, indicating that the action is done for the benefit of the subject performing it.

3. By לְ are formed adverbs, which express a becoming of what the noun says, e. g. לָעַיִן (Ez. 12, 12.) to the eye, i. e. plainly; לָבֶטַח (Job 11, 18.) to safety, i. e. safe; לָרֹב (2. Chr. 20, 25.) to a multitude, i. e. much.

§ 85. ACCUSATIVE.

1. The accusative is employed for the nearer object (with or without אֵת § 19, 4.) after transitive verbs.

2. The accusative stands to indicate the remoter object: *a)* After verbs denoting abundance or want: מָלֵא to be

§ 85. ACCUSATIVE.

full, to fill; שָׂבֵעַ to be satiated; שָׁרַץ to swarm with; רָמַשׂ to creep; נָטַף and רָעַף to drop, distill. Kindred conceptions are: בֵּרֵךְ to bless; הָלַךְ in the sense of overflow: הַגְּבָעוֹת תֵּלַכְנָה חָלָב the hills shall flow with milk; חָסֵר to want; חָדַל to cease, leave off (with מִן, rarely with an acc.); שָׁכֹל to lose (children).

b) After verbs which signify *to cover*, in which are embraced all those denoting: to clothe or unclothe, to gird, to crown, to plant, to sow: כָּסָה to cover; לָבֵשׁ and לָבַשׁ to put on a garment, הִלְבִּישׁ Hi. with two accus.; עָטָה to cover, to clothe; פָּשַׁט to strip or put off a garment; עָדָה to put on, sc. an ornament; נָעַל to tie or latch the sandals for any one; חָגַר to gird; עָטַר to crown; נָטַע to plant; זָרַע to sow.

c) After the verbs of teaching, commanding, questioning and answering: לָמַד to learn; לִמֵּד to teach; הִזְהִיר to enlighten, to teach, to warn; צִוָּה to command; שָׁאַל to ask, question; עָנָה to answer.

d) After the verbs to do good or evil to any one, to reward or to punish: גָּמַל to retribute, to recompense; שִׁלֵּם to requite, recompense; חָנַן to be gracious, merciful, compassionate to any one; עָנַשׁ to punish.

3. The accusative stands in apposition with the nearer object after the verbs which signify to make, to form, to build: as וַיִּבֶן אֶת־הָאֲבָנִים מִזְבֵּחַ and with the stones he built an altar; יוֹם לַיְלָה הֶחְשִׁיךְ he makes the day dark with night. The verbs שָׂם to set, constitute, נָתַן to give, constitute, make, עָשָׂה to make, are more usually constructed with לְ, to express the making or converting of an object into any special thing.

4. The accusative is also used adverbially and then answers: a) the questions of place: *Whither?* after the verbs of motion: as עָלוּ רֹאשׁ הַגִּבְעָה they went up to the top of the hill; וַיֵּצֵא הָעָם הַשָּׂדֶה the people went out into the field. *Where?* וְהוּא יֹשֵׁב פֶּתַח־הָאֹהֶל and he sat in the entrance of the tent. b) the questions of time: *How long?*

22

שְׁתֵּים עֶשְׂרֵה שָׁנָה עֲבָדוּ twelve years they served. *When?* חֲצוֹת־לַיְלָה אָקוּם לְהוֹדוֹת לָךְ at midnight I will rise to give thanks unto Thee; עֶרֶב וִידַעְתֶּם Ex. 16, 6. c) the questions of mood: *How?* כָּלָה גֵּרֵשׁ יְגָרֵשׁ אֶתְכֶם Ex. 11, 1. he shall thrust you out entirely (כָּלָה completion). מִסְפַּר נַפְשֹׁתֵיכֶם Ex. 16, 16. according to the number of your persons.

Note I. The above questions are more frequently answered by prepositions: as בְּעֶרֶב יָלִין בְּכִי וַנֵּשֶׁב בָּאֹהָלִים and we abode in tents. Ps. 30, 6.

Note II. *How old?* is commonly expressed by בֵּן or בַּת with the addition of the year: as אַבְרָם בֶּן־חָמֵשׁ שָׁנִים וְשִׁבְעִים שָׁנָה בְּצֵאתוֹ מֵחָרָן: Abram was seventy and five years old, when he went out from Haran.

d) To define the extent of the action expressed by the verb, or to indicate the part to which this action applies (concerning, in relation to, as to): חָלָה אֶת־רַגְלָיו he was diseased (concerning) his feet; הַכִּסֵּא אֶגְדַּל מִמֶּךָ (as to) the throne will I be greater than thou.

Note III. This is the Greek acc. synecdochical.

5. The accusative sometimes expresses the means or instruments: as רָגְמוּ אוֹתוֹ אֶבֶן they overwhelmed him with stones; חֶרֶב תְּאֻכְּלוּ ye shall be devoured with the sword.

§ 86. THE ABSOLUTE CASE.

1. A noun beginning a proposition, which forming a clause by itself is not connected with what follows, is said to be in the *absolute case*, and is usually explained by supplying: as to, concerning, etc.

2. This case is used to give emphasis or prominence to a word.

3. It stands a) for the nominative: as לַיִשׁ גִּבּוֹר בַּבְּהֵמָה a lion, the strongest among the beasts; b) for the dative: as אִישׁ זְרוֹעַ לוֹ הָאָרֶץ the man of power, to him belongs the earth; c) for the accusative: as קַיִץ וָחֹרֶף אַתָּה יְצַרְתָּם as to summer and winter, thou hast made them; d) for the ablative: וּמִפְּרִי־הָעֵץ אֲשֶׁר בְּתוֹךְ הַגָּן but of the fruit of the tree which is in the midst of the garden, God hath said, ye shall not eat of it.

§ 87. APPOSITION.

1. Nouns are often found in apposition in Hebrew, where in other languages, an adjective or another noun in the genitive would be employed, especially in the determination of number, measure, weight and time: as אֵיפָה שְׂעוֹרִים an ephah of barley, הַבָּקָר הַנְּחֹשֶׁת the oxen, the brass, i. e. the brazen oxen.

2. When the first noun in accus. has אֶת, the second noun can take or omit it: as אֶת־אָחִיו אֶת־הָבֶל his brother Abel, אֶת־קְמוּאֵל אֲבִי אֲרָם Kemuel, the father of Aram. Thus it is with the prepositions: as לְנָחוֹר אָחִיךָ to thy brother Nahor. The repetition takes place, when the second noun is not only an attribute to the first, but is employed to give a more complete and correct idea than the first: as וַיִּפְצְרוּ בָאִישׁ בְּלוֹט and they pressed sore upon the man, upon Lot; לַאדֹנִי לְעֵשָׂו to my Lord, Esau; בַּשָּׂדֶה בַּמִּדְבָּר in the field, in the desert. Jos. 8, 24.

3. The noun which limits or qualifies the other, takes the second place, except הַמֶּלֶךְ, which stands regularly before: הַמֶּלֶךְ שְׁלֹמֹה the king Solomon.

§ 88. DUPLICATION OF NOUNS.

The immediate repetition of the same noun indicates: a) a strengthening of the original meaning, or an emphasis: as אֶרֶץ אֶרֶץ אֶרֶץ O earth, earth, earth, hear the word of the Lord! צֶדֶק צֶדֶק תִּרְדֹּף justice, justice thou shalt follow; b) a great number: as בְּאֵרוֹת בְּאֵרוֹת חֵמָר the vale of Shiddim was pits, pits of slime i. e. full of slime pits; c) a distributive sense, expressed in English by: *each, by:* as בַּבֹּקֶר בַּבֹּקֶר in the morning, in the morning i. e. every morning, יוֹם יוֹם day by day; d) a diversity or variety, in which case they are connected by וְ: as אֶבֶן וָאָבֶן thou shalt not have stone and stone, i. e. diverse weights; בְּלֵב וָלֵב יְדַבֵּרוּ with heart and heart they speak, i. e. with different hearts, with duplicity.

§ 89. SUBSTANTIVES USED IN THE PLACE OF ADJECTIVES.

1. A deficiency in adjectives is partially supplied by

verbs: as גָּדַל to be great; מָלֵא to be full, partially by substantives in the genitive or in apposition.

2. Abstract nouns in the relation of a genitive, take the place of adjectives: as כֹּל the whole of, expressive of totality, stands for the whole (adj.): as כָּל־הָאָרֶץ the whole earth, or for all: כָּל־הַגּוֹיִם all nations; תָּמִיד continuance, permanence, for continual: as נֵר תָּמִיד a continual light, lamp; עוֹלַת הַתָּמִיד continual, i. e. daily burnt-offering, קֹדֶשׁ holiness, for holy: as בִּגְדֵי הַקֹּדֶשׁ the holy garments; עוֹלָם eternity, for eternal: as דֹּרֹת עוֹלָם generations for ever (prop. generations of eternity).

3. Substantives are used for adjectives of material (§ 83, 6.): נָחָשׁ נְחֹשֶׁת a serpent of copper.

4. Personal qualities are expressed by a circumlocution with the nouns בַּעַל, אִישׁ lord, possessor, בֶּן: as אִישׁ שֵׂיבָה an old man (a man of gray hair); בַּעַל הַחֲלֹמוֹת the dreamer; בֶּן־חַיִל a warrior (son of strength); בֶּן־עַוְלָה a perverse man (son of perverseness).

Note. A kind of adjectives are formed poetically by אֵין, בְּלִי, בִּלְתִּי before the noun, corresponding to the English in, less: as אֵין אַיִל strengthless, אֵין חֵקֶר unsearchable, בְּלִי לְבוּשׁ unclothed.

§ 90. ADJECTIVES.

1. The adjectives agree with their substantives in gender, number and definition by the article (§ 80, 2.).

2. When following the noun, they represent the attribute: as הָעִיר הַגְּדוֹלָה the great city; when preceding, the predicate: גְּדוֹלָה הָעִיר the city is great.

Note I Sometimes the adjective as predicate follows the noun, viz: when several words follow, which limit more nearly the signification of the adjective: as הָעִיר הַזֹּאת קְרֹבָה לָנוּס שָׁמָּה this city is near to flee unto; הֵן עוֹד הַיּוֹם גָּדוֹל לֹא עֵת הֵאָסֵף הַמִּקְנֶה Lo, it is yet high day, it is not yet time for the cattle to be gathered.

§ 91. COMPARISON.

1. The *comparative* having no proper form is expressed

by the simple adjective with מִן *of, from*, which precedes the object compared: as מָתוֹק מִדְּבַשׁ sweeter than honey.

2. Hence this form of the comparative is also employed after verbs and nouns of quality: as הַדָּבָר אֲשֶׁר יִקְשֶׁה מִכֶּם the cause that is too hard for you; רַק הַכִּסֵּא אֶגְדַּל מִמֶּךָ only in the throne will I be greater than thou. Before the infinitive, this מִן is translated: *than that*: as גָּדוֹל עֲוֹנִי מִנְּשׂוֹא my iniquity is greater than that it can be forgiven.

3. *Superlative.* The superlative also possessing no proper form is indicated: a) by the article before the adjective: as דָּוִד הוּא הַקָּטָן David was the youngest.

מַה־הוּא הַיָּקָר[1] עֲלֵי הָאֲדָמָה? הַנֶּפֶשׁ; מַה־הוּא הַמַּר[2]? הָעוֹנִי[3]; מַה־הוּא הַמָּתוֹק? הָאַהֲבָה; מַה־הוּא הַקָּרוֹב? הַמָּוֶת; מַה־הָרָחוֹק? הַמַּזָּל[4]; מַה־הוּא הַקָּשֶׁה[5]? דַּעַת אֶת־עֶרְכּוֹ[6]; מַה־הוּא הַקַּל? רְאוֹת נִגְעֵי[7] אֲחֵרִים.

precious[1] bitter[2] poverty[3] good fortune[4] (modern Hebrew) hard, difficult[5] value[6] blemish, defect[7].

b) By doubling the adjective or noun, so that the latter stands in the genitive plural: as עֶבֶד עֲבָדִים servant of servants, i. e. the lowest servant; קֹדֶשׁ הַקֳּדָשִׁים holy of holies, i. e. the most holy place.

c) In poetry the words מָוֶת, יְהוָה, אֵל, אֱלֹהִים convey a superlative meaning: as הַרְרֵי אֵל mountains of God, i. e. the highest mountains; נְשִׂיא אֱלֹהִים a prince of God, i. e. an eminent prince; תַּרְדֵּמַת יְהוָה a deep sleep from the Lord = the deepest sleep; מְהוּמַת מָוֶת a tumult of death, i. e. a most fearful tumult.

§ 92. NUMERALS.

1. The numerals can either follow or precede the substantive, with the exception of אֶחָד which invariably follows it.

2. In combinations of higher numbers either the higher or the lower takes the lead connected by וְ: as וַיִּהְיוּ חַיֵּי שָׂרָה Gen. 23, 1. מֵאָה שָׁנָה וְעֶשְׂרִים שָׁנָה וְשֶׁבַע שָׁנִים שֶׁבַע וְעֶשְׂרִים

אַבְרָם בֶּן־חָמֵשׁ שָׁנִים וְשִׁבְעִים שָׁנָה Esth. 1, 1. וּמֵאָה מְדִינָה
בְּצֵאתוֹ מֵחָרָן: Gen. 12, 4.

3. The nouns to which are joined the cardinals 2—10 are invariably plural. In higher numbers the singular is frequently found, as with יוֹם day, שִׁשָּׁה עָשָׂר יוֹם 16 days, לַיְלָה night, Gen. 7, 4. שָׁנָה year, אִישׁ man, אֶלֶף thousand, אַמָּה a cubit (prop.: the fore-arm), etc. but the plur. is used, when they precede the numeral: as שְׁמֹנָה עָשָׂר יָמִים 18 days, עָרִים אַרְבָּעִים וּשְׁמֹנֶה forty-eight cities, Jos. 21, 40., but אַרְבָּעִים וּשְׁמֹנֶה עִיר Num. 35, 6, 7.

4. To the numerals suffixes may be appended: as שְׁנֵיהֶם they two, or both of them; שְׁלָשְׁתְּכֶם you three. With the dual ending, they indicate multiplication: as שִׁבְעָתַיִם seven-fold; for which purpose רֶגֶל, פַּעַם time (properly foot, tread or step) are often employed: as שָׁלֹשׁ רְגָלִים, שָׁלֹשׁ פְּעָמִים three times.

5. The feminine of the ordinals also signifies a part of a unit, hence it expresses the fractional numbers: as שִׁשִּׁית the sixth part of $= \frac{1}{6}$, רְבִיעִית the fourth part of $= \frac{1}{4}$.

6. The distributive numerals are expressed by the doubling of the cardinals: as שְׁנַיִם שְׁנַיִם two by two.

7. When something is summed up, בְּ before numbers is used, in which case it is to be translated *consisting of:* בְּשִׁבְעִים נֶפֶשׁ consisting of seventy, Deut. 10, 22. Job 23, 13.

PRONOUNS.

§ 92. PERSONAL PRONOUN.

1. In the separate personal pronoun may be contained both the subject and substantive verb: as מֵאַיִן אַתֶּם מֵחָרָן אֲנָחְנוּ whence are ye? of Haran we are.

2. To give emphasis to a noun or a suffix (verbal or nominal), a separate pronoun of the same gender, number and person is added pleonastically: אֲנִי הִנֵּה בְרִיתִי אִתָּךְ Gen. 17, 4.; the separate pronoun being often preceded by גַּם: as בָּרֲכֵנִי גַם אָנִי אָבִי bless me, even me (Hebr. even I),

Gen. 27, 38. וּלְשֵׁת גַּם הוּא יֻלַּד בֵּן and to Seth, to him also (Hebr. *he*) there was born a son, Gen. 4, 26.

3. Vice versa, the noun sometimes occurs, after it has been indicated by a verbal or nominal suffix: as וַתִּרְאֵהוּ אֶת־הַיֶּלֶד she saw it—the child, Exod. 2, 6. יְבִיאֶהָ אֶת־תְּרוּמַת יְהוָה he shall bring her (it), the offering of the Lord, Exod. 35, 5. בְּבֹאוֹ הָאִישׁ when he came, the man, Ex. 10. 3.

4. The verbal suffix conveys the meaning of an accusative, in rare instances, as with נָתַן to give, of a dative: נְתַתָּנִי thou hast given *to* me (Josh. 15, 19.); וַיִּזְעָקוּךָ and they cried *to* Thee (Neh. 9, 28.).

5. When the verb has a double pronominal accusative, the former is connected with the verb, the latter with אֵת: as וְהִרְאַנִי אֹתוֹ וְאֶת־נָוֵהוּ and he will show me both it and his abode, 2. Sam. 15, 25.

6. The nominal suffix is often objective in sense: as יִרְאָתוֹ fear before Him; וּמוֹרַאֲכֶם וְחִתְּכֶם and the fear of you and the dread of you. Gen, 9, 2.

7. When a noun in the const. st. conveys with its following genitive one conception, the suffix is attached to the genitive: as כְּלִי מִלְחַמְתּוֹ his instruments of war (properly: the instrument of his war); הַר קָדְשִׁי my holy mountain (prop.: the mountain of my holiness).

NOTE I. The personal pronouns are implied in the preformatives and afformatives of the verb, and are expressed only, when they denote emphasis or opposition: as אַתָּה אָמַרְתָּ בִלְבָבְךָ thou, thou hast said in thy heart, Isa. 14, 13. כֹּה אָמַר יְהוָה אָנֹכִי הֶעֱלֵיתִי אֶת־יִשְׂרָאֵל מִמִּצְרַיִם.... וְאַתֶּם מְאַסְתֶּם אֶת־אֱלֹהֵיכֶם thus saith the Lord: I, I brought up Israel out of Egypt and ye, ye have scorned your God; וְשַׂמְתִּי אֲנִי אֶת־פָּנַי בָּאִישׁ הַהוּא I, I will set my face against that man.

§ 94. DEMONSTRATIVE.

1. The personal pronoun of the third person is used demonstratively: as בַּיּוֹם הַהוּא in that day, pointing out the more remote object. § 22, 2.

§ Part II. Syntax.

2. The demonstrative when standing *before* the noun must be considered as the predicate of a clause: as זֶה חַסְדֵּךְ אֲשֶׁר תַּעֲשִׂי עִמָּדִי this is thy kindness, which thou shalt do unto me; .... זֶה לַחְמֵנוּ חָם this is our bread, we took it hot for our provision; זֹאת הָאִשָּׁה this is the woman; הוּא הָאִישׁ that is the man.

3. The demonstrative when *following* the noun is considered an attribute, and usually has the article: as הַבַּיִת הַזֶּה this house; הָאֲנָשִׁים הָאֵלֶּה these men.

Note I. הוּא is used to make the subject very prominent and distinguish it from other things, and so it may be rendered *self*: as Num, 18, 22., hence הוּא may be joined to the first or second pers. pronoun, e. g. אָנֹכִי הוּא I myself, Isa. 43, 55. אַתָּה הוּא thou thyself, Jer. 49, 12.

Note II. הוּא, הִיא before a noun with a following demonstrative makes the meaning stronger: הוּא הַלַּיְלָה הַזֶּה this same night, Ex. 12, 42.

Note III. אֵלֶּה in connection with numbers is always placed after them: Gen. 9, 19; 22, 23; Ex. 21, 11.

4. When a demonstrative and an adjective are both attributes, the adjective is second in order, the demonstrative third: as הָהָר הַגָּדוֹל הַזֶּה this high mountain. If the adjective follows the demonstrative, the sense will be altered: as הָהָר הַזֶּה הַגָּדוֹל this mountain (which is) the high.

5. The feminine זֹאת *when separate* has a neuter meaning: as עָשׂוּ זֹאת Gen. 45. 17. כָּזֹאת וְכָזֹאת thus and thus, so and so; בְּתָם לְבָבְךָ עָשִׂיתָ זֹּאת in the integrity of thy heart thou didst this (thing). Gen. 20, 6. § 81, 1.

6. זֶה is occasionally used relatively: as מָקוֹם זֶה יָסַדְתָּ לָהֶם the place which thou hast founded.

Note. זֶה in connection with interrogative particles or appended to words of exclamation makes the question more animated and gives emphasis: מִי זֶה who there? אֵי זֶה who? מַה־זֶּה what then? הִנֵּה זֶה see there! Relating to time it is equivalent to the German ſchon, English *now:* זֶה פַעֲמַיִם now twice, cf. Gen, 31, 38, 43, 10.

§ 95. INTERROGATIVE.

1. The interrog. מִי relates to both genders and numbers, usually it refers to persons, rarely to things: as מִי־שְׁמֶךָ what is thy name? Jud. 13, 17. מָה ,־מַה what? of things, in questions either direct or indirect, Num. 13, 18.

NOTE I, Sometimes מִי and esp. מַה are used in a prohibitory, denying, blaming sense: מַה־תְּנַסּוּן why tempt ye? Ex. 17, 2. מַה־תְּרִיבוּן what do ye strive about? ib. so that it forms the transition to a negation; sometimes it is quite negative: 1. Kings, 12, 16. Job 6, 25. Num. 23, 10. Is. 53, 1.

2. הֲ in a direct interrogation: הֲשַׂמְתָּ לִבְּךָ אֶל־עַבְדִּי אִיּוֹב hast thou considered my servant Job? In an indirect interrogation, *whether:* הֲיִשְׁכֶם אֹהֲבִים אֶת־יְהֹוָה to know—whether ye love the Lord.

3. In disjunctive questions הֲ is used in the first, אִם in the second clause: הֲלָנוּ אַתָּה אִם לְצָרֵינוּ art thou for us or for our adversaries?

NOTE II. מִי and מָה followed by a relative, become also relative in signification: מִי אֲשֶׁר לָמַד he who learned; מַה שֶּׁהָיָה that which was.

§ 96. RELATIVE.

1. The particle אֲשֶׁר gives to pronouns, substantives, adverbs and even to a whole sentence a relative signification.

Relating to a preceding noun that expresses place, time and manner, it can denote with respect to place *where*, with respect to time *then, when*, with respect to manner *that, wherefore.*

2. The verb or other part of speech that governs the word belonging to אֲשֶׁר (which as relative begins the clause), is interposed between them: as הַמַּלְאָךְ אֲשֶׁר שָׁלַחְתִּי אֹתוֹ the messenger (angel) whom I have sent, not הַמַּלְאָךְ אֲשֶׁר אֹתוֹ שָׁלַחְתִּי

3. אֲשֶׁר often appears with prefixes, in which case *that, the personal pronoun,* or another antecedent, that has been omitted must be supplied: as עָשָׂה לִי מַטְעַמִּים כַּאֲשֶׁר אָהַבְתִּי

make unto me savory meat, as which I love (i. e. such—as that); כַּאֲשֶׁר הוּא שָׁם for God has heard the voice of the lad—in which he is there, (i. e. in the place in which):

לַאֲשֶׁר to that person or thing, who or which;
אֶת אֲשֶׁר him who, that which;
מֵאֲשֶׁר from or of that which;
כַּאֲשֶׁר as that, according to etc.

4. אֲשֶׁר is often omitted, not only as the relative in English, when governed by the verb or by a particle, but also when governing the verb itself: as (Isa. 42, 16.) I will cause the blind to go in a way לֹא יָדְעוּ (which) they know not, (Exod. 6, 28.). And it was in the day דְּבֶר יְהֹוָה (in which) the Lord spake to Moses.

5. When an entire sentence is the object of the principal sentence, אֶת אֲשֶׁר precedes the sentence in the objective: as שָׁמַעְנוּ אֵת אֲשֶׁר הוֹבִישׁ יְהֹוָה אֶת מֵי יַם־סוּף we have heard how the Lord dried up the water of the Red Sea.

6. אֲשֶׁר לְ another form of the genitive, see § 83, 10.

7. Sometimes, especially before participles, the article הַ (הָ, הֶ) stands for the relative: as הַנִּמְצָאוּ that are found, 1. Chron. 29, 17. הַהֹלְכִים בְּתוֹרַת יְהֹוָה who walk in the law of the Lord, Ps. 119, 1.

§ 97. REFLEXIVE AND RECIPROCAL PRONOUNS.

1. The reflexive pronoun signifying the accusative, is expressed by the reflexive conjugations Niphal and Hithpael or in case these cannot be employed, by אֹתָהּ, אֹתוֹ etc.: Do they provoke Me to anger? הֲלוֹא אֹתָם (do they) not (provoke) *themselves* to the confusion of their own faces? Jer. 7, 19. Woe be to the shepherds of Israel אֲשֶׁר הָיוּ רֹעִים אוֹתָם that do feed *themselves!* Ez. 34, 2, 8, 10.

2. Denoting the remoter object i. e. the dative or the case governed by a preposition, it is expressed by the suff. of the third person: as (Jud. 8. 33.) and made Baal-berith God לָהֶם to them (*themselves*) (Gen. 46, 7.). His sons, his daughters and all his seed הֵבִיא אִתּוֹ brought he with himself (him) into Egypt.

§ 98. OTHER PRONOUNS.

יֹסֵר¹ לֵץ לֹקֵחַ לוֹ קָלוֹן²: רָאִיתִי חֲכָמִים דֹּמִים³ לָרוֹפְאִים⁴ יוֹעֲצֵי שֵׂכֶל⁵ הֵם לָאֲחֵרִים וְלֹא לָהֶם:

to chastise, to instruct¹ disgrace² to be like³ physician⁴ (§ 83, 6.)⁵.

3. By certain substantives with suffixes, conveying similar ideas to the following: נֶפֶשׁ soul. לֵב heart, כָּבוֹד honor, קֶרֶב inward part, עֶצֶם bone, עַיִן eye, (עֵינַי I myself, Job 19, 27. מִנֶּגֶד עֵינַי before me, Isa. 1, 16.), or: my flesh, my name, etc.: as אָמַר בְּלִבּוֹ he hath said in his heart = to himself, Ps. 10, 6. And Sarah laughed בְּקִרְבָּהּ within herself, Gen. 18, 12. עֶצֶם commonly used in this sense in modern Hebrew (Mishna): לְעַצְמוֹ to himself. Comp. Job 2, 5. עַצְמוֹ he himself; עַצְמִי I myself, Job 30, 30.

4. The *reciprocals: the one, the other, one another*, are expressed by אִישׁ אָחִיו the man—his brother; אִשָּׁה אֲחוֹתָהּ the woman—her sister; אִישׁ רֵעֵהוּ the man—his neighbor; אִשָּׁה רְעוּתָהּ the woman—her companion.

§ 98. OTHER PRONOUNS.

1. אִישׁ or אָדָם used indefinitely, signify *some one, any one*. כָּל־דָּבָר, כָּל־דָּבָר without the article, *something, anything*. אֵין or לֹא connected with the foregoing: אֵין כֹּל, מָה וּמָה for מְאוּמָה, לֹא מְאוּמָה, אֵין דָּבָר i. e. whatever) not anything = *nothing*.

2. For *each, every* when substantive, אִישׁ, אִשָּׁה are employed, sometimes in repetition: as אִישׁ אִישׁ, אִישׁ וָאִישׁ

To convey the sense of an adjective, the noun is either doubled, or כָּל is used: as בַּבֹּקֶר בַּבֹּקֶר every morning; כָּל־אָדָם (without the article) every man. כֹּל with the article after it, expresses *all, the whole:* כָּל־הָאָדָם all men, כָּל־הַגּוֹי the whole nation, כָּל־הַגּוֹיִם all nations. Thus כֹּל with suffixes: כֻּלְּכֶם ye all, כֻּלָּם they all.

3. The *same, himself*, with persons הוּא, הִיא (Num. 18. 23. Ps. 50, 6.); the meaning appears stronger, when הוּא or הִיא precedes the noun, and הַזֶּה, הַזֹּאת follows it: הוּא הַלַּיְלָה הַזֶּה this same night, Ex. 12, 42.; § 94, Note II.

with things by עֶצֶם same, selfsame: בְּעֶצֶם הַיּוֹם הַזֶּה in the selfsame day.

4. *No, nobody, no one* is expressed by אַיִן following: אָדָם אַיִן, and אֵין preceding or following: אֵין יִרְאַת אֱלֹהִים the fear of God is not; by לֹא, or by אֶפֶס: עַד אֶפֶס מָקוֹם till (there was) no place.

5. *Whoever:* מִי; *whosoever:* מִי אֲשֶׁר; *whatever, anything, something:* מָה, מַה or מְאוּמָה following the const. st. in the genitive: דְּבַר מָה Num 23, 3. מַשְׂאַת מְאוּמָה Deut. 24, 10. *That which:* מָה שֶׁ׳, מָה אֲשֶׁר

6. *Some, several of,* by מִן: מִן הָעָם several of the people, Ex. 16, 27. מִדָּם some of the blood, Ex. 12, 7.

THE VERB.
§ 99. IN GENERAL.

1. The *Preterite* and the *Future*, properly the only tenses, convey in different ways almost all the conceptions of time.

2. Their primary inherent meanings are however: Preterite— what is past or completed; Future— what is incomplete, what still continues, and what is to come.

§ 100. THE PRETERITE.

The preterite denotes:

I. The Past.

a) The absolutely past: as מִי הִגִּיד לְךָ who told thee?

b) The historical tense (Aorist): as רָחֵל הָיְתָה יְפַת־תֹּאַר Rachel was of beautiful form.

c) *The Pluperfect:* as וַיהוָה בֵּרַךְ אֶת־אַבְרָהָם בַּכֹּל and the Lord had blessed Abraham in all things, 1. Mos. 24, 1., especially 1) in relative or dependent sentences and clauses, which define the principal action and in the point of time precede it: as וַיַּעַשׂ נֹחַ כְּכֹל אֲשֶׁר צִוָּהוּ יְהוָה and Noah did according to all that the Lord had commanded him; 2) when it is connected in the same sentence with another past tense: as וַיְהִי הַשֶּׁמֶשׁ בָּאָה and the sun had gone down.

§ 100. THE PRETERITE. 181

II. *The Present:*

a) In verbs of quality, as חָכַם to be or become wise, גָּדַל to be or become great, קָטֹן to be little, small: קָטֹנְתִּי מִכֹּל הַחֲסָדִים I am unworthy (prop. little) of all the mercies.

b) In verbs of habit or frequency: אֱלֹהַי בְּךָ בָטַחְתִּי אַל־אֵבוֹשָׁה my God I trust in Thee, let me not be ashamed, Ps. 25, 2.

c) In verbs of state or condition: לָמָּה חָרָה לָךְ וְלָמָּה נָפְלוּ פָנֶיךָ wherefore art thou wrath? and wherefore is thy face fallen?

d) Of a state or condition commenced in the past, and yet continuing: אַנְשֵׁי מִקְנֶה הָיוּ עֲבָדֶיךָ thy servants are cattle-keepers (men of cattle).

III. *The Future:*

a) In predictions, prophesies and assurances, which are regarded as certain, as though already fulfilled: Isa. 9, 1, 11, 8.

b) When indicating the consequence of an action in the present or past, or when connected with a sentence expressing a result: וּדְפָקוּם יוֹם אֶחָד וָמֵתוּ כָּל־הַצֹּאן and if (men) should overdrive them one day, all the flocks will die, 1. Mos. 33, 13.

c) Connected with a sentence standing in the future, when it has conversive Vav: וְהָיָה כִּי יִקְרָא לָכֶם פַּרְעֹה וְאָמַר מַה־מַּעֲשֵׂיכֶם and it shall come to pass, when Pharaoh shall call you and say, what is your occupation?

d) Or with a sentence containing a future condition, when it is either itself conditional or expresses the result of the condition: וְעַתָּה אִם־שָׁמוֹעַ תִּשְׁמְעוּ בְּקֹלִי וּשְׁמַרְתֶּם אֶת־בְּרִיתִי וִהְיִיתֶם Now, therefore, if ye will obey my voice indeed and keep my covenant, then ye shall be......

IV. *The Subjunctive:*

When joined to such a sentence: as פֶּן־תִּדְבָּקַנִי הָרָעָה וָמַתִּי lest some evil cleave unto me, and I die, 1. Mos. 19. 19.

V. *The Imperative and Optative:*

1) By connection with a similar sentence: לֵךְ וְאָסַפְתָּ אֶת־זִקְנֵי יִשְׂרָאֵל וְאָמַרְתָּ אֲלֵיהֶם go and gather the elders of Israel together and say unto them.

2) After a conditional sentence: as אִם בֵּן הוּא וַהֲמִתֶּן אֹתוֹ וְאִם בַּת הִיא וָחָיָה if it be a son, then ye shall put him to death, but if it be a daughter, then she shall live, 2. Mos. 1, 16.

VI. *The Future perfect:* as מֵעֵת הוּסַר הַתָּמִיד from the time that the continual (sacrifice) will be taken away, Dan. 12, 11. אִם רָחַץ אֲדֹנָי אֵת צֹאַת בְּנוֹת־צִיּוֹן when the Lord shall have washed away the filth of the daughters of Zion, Isa. 4, 4.

§ 101. THE FUTURE.

The Future expresses:

I. a) The *future absolute:* as אֶמְחֶה אֶת־הָאָדָם I will blot out the man, 1. Mos. 6, 7.

   b) The *future perfect:* as אֲשֶׁר יִמָּצֵא אִתּוֹ יִהְיֶה לִי עָבֶד he with whom it shall have been found, shall be my servant, 1. Mos. 44, 10.

   c) The *present*, especially when conveying the ideas of quality, permanence, iteration or frequency, or in general and moral truths: בֵּן יְכַבֵּד אָב וְעֶבֶד אֲדֹנָיו a son honoreth (his) father, and a servant his lord, Mal. 1, 6.

II. *The Past.*

א) In all states or actions continuing in the past, and in those, which were often repeated in the past: אֲשֶׁר יָבֹאוּ which (often) came; כֹּה יִתֵּן thus Solomon gave to Hiram year by year, or ב) when the past is expressly indicated by an external sign. Such are 1) adverbs of time אָז then, טֶרֶם not yet; 2) conversive Vav.

III. *The following Moods:*

a) The *subjunctive* and the auxiliaries *may, can, might, would, should* etc.: מִכֹּל עֵץ הַגָּן אָכֹל תֹּאכֵל Gen. 2, 16. וְהָיָה כָל־מֹצְאִי יַהַרְגֵנִי ib. 4, 14.

§ 102. THE CONVERSIVE VAV.

b) The *imperative*, a) in prohibitions, the imp. never being used negatively: לֹא תִגְנֹבוּ וְלֹא־תְכַחֲשׁוּ וְלֹא תְשַׁקְּרוּ אִישׁ בַּעֲמִיתוֹ Lev. 19, 11.; b) after a preceding imperative: דַּבֵּר אֶל בְּנֵי יִשְׂרָאֵל וְיָשֻׁבוּ וְיַחֲנוּ Ex. 14, 2.

NOTE. The third person of the imperative, which is wanting, is always expressed by the future (Jussive): יְהִי אוֹר be there light.

c) For the optative, especially with the particle נָא: יִגְמָר נָא Oh, let come to an end, Ps. 7, 10.

§ 102. THE CONVERSIVE VAV.

1. The conception of time, contained in the principal sentence of an argument or narration, affects the following sentences, determining their respective tenses.

2. This influence, however, is only exerted when the verb begins the sentence, but is entirely neutralized when the sentence commences with any other word.

3. The converted tenses (preterite and future with conv. Vav) substituted for the simple tenses, are the same in signification.

4. The preterite with convers. ו must be preceded by a future, an imperative, or by some word or phrase expressing futurity: as בֹּקֶר וּרְאִיתֶם tomorrow, and you will see; עוֹד מְעַט וּסְקָלֻנִי yet a little, and they would stone me. Vice versa the future with convers. ו must follow a preterite with its original signification or another word or phrase referring to past time: בִּשְׁנַת־מוֹת הַמֶּלֶךְ עֻזִּיָּהוּ וָאֶרְאֶה In the year of the death of the king Uzziah. I saw... Isa. 6, 1.

5. The converted tenses are *only* employed when the verb commences the clause, so that the copulative force conveyed by the convers. ו relates also to the time of the preceding sentence (which may be either expressed or understood). But if any other word commences the clause, the simple tense must be used: as אִם־תֵּלְכִי עִמִּי וְהָלַכְתִּי וְאִם־לֹא תֵלְכִי עִמִּי לֹא אֵלֵךְ If thou wilt go with me, then I will go, but if thou wilt not go with me, then I will not go.

(The converted tense וְהָלַכְתִּי is used, because it commences the clause, the simple אֵלֵךְ, because לֹא precedes).

6. The converted future, following a preterite with the pluperfect signification, must often be translated as pluperfect: as וַיָּשָׁב יִצְחָק וַיַּחְפֹּר אֶת־בְּאֵרֹת הַמַּיִם אֲשֶׁר חָפְרוּ בִּימֵי אַבְרָהָם אָבִיו וַיְסַתְּמוּם פְּלִשְׁתִּים And Isaac digged again the wells of water, which they had digged in the days of Abraham, his father; and the Philistines had stopped them.

7. The connecting influence of the convers. ו is not confined to the time, but also extends to the mood, so that a preterite with convers. ו takes the meaning of the subjunctive or imperative, if the preceding verb is used in either signification: אַל תִּירָא אֹתוֹ ... וְעָשִׂיתָ לּוֹ fear him not ... and thou shalt do him ... 4. Mos. 21, 34.; פֶּן יִשְׁלַח יָדוֹ וְלָקַח גַּם מֵעֵץ הַחַיִּים lest he put forth his hand, and take also of the tree of life; פֶּן־יָבוֹא וְהִכַּנִי אֵם עַל־בָּנִים lest he will come and smite me, the mother with the children.

NOTE. Books and chapters commence with a converted future, (וַיְהִי, וַיֹּאמֶר frequently occur) past time being presumed and the books being considered as continuations of a preceding narration.

§ 103. PARAGOGIC AND APOCOPATED FUTURE.

1. The future lengthened by ־ָה usually occurs in the first person (§ 32). It has the signification of exciting or urging one's self to action. It also expresses wish or purpose, when connected by ו with the antecedent, which ו may be translated *in order that:* וְהָבִיאָה לִּי וְאֹכֵלָה bring it to me in order that I may eat, Gen. 27, 4.

NOTE. The apocopated future, in Hiphil only possesses a proper distinctive form, with the exception of ל״ה, in which it is found in all conjugations. It supplies the third person in the imperative (wanting), and in the second person, when expressing a command has a less forcible signification.

§ 104. THE IMPERATIVE.

1. The imperative commands or encourages. In the latter sense the particle נָא, denoting respectful entreaty or exhortation is added: as אִמְרִי נָא say, I pray thee. .

2. Prohibition and dissuasion is expressed by the future (jussive) with אַל or לֹא: אַל יֵצֵא אִישׁ let no man go out. לֹא chiefly precedes the preterite, and if the future, it denotes a distinct command: אַל־תִּרְצַח kill not! לֹא תִרְצָח thou shalt not kill!

3. The imperative following the future, is sometimes translated by the future: as אֶתֵּן לָכֶם וַאֲכַלְתֶּם I will give to you and ye shall eat.

4. Two imperatives following each other, stand in the relation of cause and effect: זֹאת עֲשׂוּ וִחְיוּ this do, that ye may live, (prop. and live) כָּתְבֵם עַל לוּחַ לִבֶּךָ וּמְצָא חֵן write them upon the table of thy heart, so shalt thou find favor, (prop. and find favor) Prov. 3, 3.

§ 105. INFINITIVE ABSOLUTE.

1. The infinitive absolute being for the most part used adverbially, and either preceding or following the finite verb, denotes increased intensity of action, certainty or confirmation: as כִּי־בָרֵךְ אֲבָרֶכְךָ I will greatly bless thee; וְהַרְבָּה אַרְבֶּה אֶת־זַרְעֶךָ and I will exceedingly multiply thy seed.

2. The inf. abs. is employed for the finite verb, when several actions of the same person are spoken of successively. The first verb is then found in the requisite finite form, the following verbs taking the form of abstract nouns in the infin. abs.: as Gen. 41, 43.; 1. Sam. 2, 28.; Jer. 14, 5.

3. The infin. abs. occasionally begins the sentence in an animated style, which resembles the case absolute of nouns. The context determines the translation: as הָרֹג בָּקָר וְשָׁחֹט צֹאן אָכֹל בָּשָׂר וְשָׁתוֹת יַיִן אָכוֹל וְשָׁתוֹ כִּי מָחָר נָמוּת slaying oxen and slaughtering sheep, eating flesh and drinking wine, let us eat and drink, for to-morrow we shall die, Isa. 22, 13.

4. Most frequently, the infin. absolute has the sense of a very emphatic imperative: as הָלֹוךְ וְקָרָאתָ Go and call Jer. 2, 2. זָכוֹר אֶת־יוֹם הַשַּׁבָּת לְקַדְּשׁוֹ. Remember the sabbath day to sanctify it, 2. Mos, 20, 9.

5. To give more emphasis, the infin. absol. is often used in expressions, where we would expect the inf. construct: as לִמְדוּ הֵיטֵב learn to do well, Isa. 1, 17. לֹא אָבוּ בִדְרָכָיו הָלוֹךְ they would not walk in His ways, Isa. 42, 24.

6. The infinitive absolute is sometimes employed as a mere adverb: as וְשָׁחַקְתָּ מִמֶּנָּה הָדֵק and thou shalt rub (some) of it very small, (from דקק Inf. Hi. to beat small, break in pieces).

7. An inf. absol. immediately following the same verb, and appearing to convey one idea, adds to its signification completeness and duration. This infinitive is translated by: always, further, continually, totally, utterly etc.: as וַיֵּלֶךְ הָלוֹךְ he is quite gone; שִׁמְעוּ שָׁמוֹעַ וּרְאוּ רָאוֹ hear ye indeed, and see ye indeed. When two infinitives of this kind (one of the same, the other of another verb) follow the verb, the expression receives additional force: as וַיֵּצֵא יָצוֹא וָשׁוֹב it went out to and fro (going and returning), וָאֲדַבֵּר אֲלֵיכֶם הַשְׁכֵּם וְדַבֵּר and I spake unto you, rising up early and speaking, Jer. 7. 13. הָלַךְ is most frequently used in this manner. By its infinitive הָלוֹךְ the continuance or the gradual progress of an action is indicated: as וְהַמַּיִם הָיוּ הָלוֹךְ וְחָסוֹר and the waters decreased continually (were going and decreasing). Sometimes by the participle: וְהַנַּעַר הָיָה הֹלֵךְ וְגָדֵל וָטוֹב and the lad became greater and better (went and grew and was good).

§ 106. INFINITIVE CONSTRUCT.

1. The infinitive constructs are considered as verbal nouns (the English: *ing*) and occur in all cases, with suffixes and prepositions: as בְּיוֹם אֲכָלְכֶם in the day of your eating.

2. The abbreviated בכ"ל (§ 30, 1.) are joined with the infin. —constituting gerunds—: as בְּפִגְעוֹ בוֹ in his lightening upon him, i. e. when he alighted. Subordinate clauses conveying the idea of time, are most frequently denoted by the infinitive with בְּ and כְּ. When the action is understood as of prior occurrence כְּ is used (most gener-

erally, giving the infinitive the meaning of the pluperfect), but בְּ when taking place at the same time: וְלֹא־עָמַד אִישׁ אִתּוֹ בְּהִתְוַדַּע יוֹסֵף אֶל־אֶחָיו and there stood no man with him, while Joseph made himself known unto his brethren, 1. Mos. 45, 2. אֲשֶׁר רָאִינוּ צָרַת נַפְשׁוֹ בְּהִתְחַנְנוֹ אֵלֵינוּ that we saw the distress of his soul, when he implored us, 1. Mos. 42, 21. וַיְהִי כִשְׁמֹעַ לָבָן אֶת־שֵׁמַע יַעֲקֹב וַיָּרָץ לִקְרָאתוֹ when Laban had heard the report of Jacob, he ran towards him, 1. Mos. 29, 13. וּבְנֵי יַעֲקֹב בָּאוּ מִן־הַשָּׂדֶה כְּשָׁמְעָם and the sons of Jacob came from the field, when they had heard...1. Mos. 43, 7. ל may be variously rendered: *to, till, that, so that, because, when, about:* כַּלֹּה לְדַבֵּר he finished to speak. When a noun as regens precedes, it expresses the genitive of the infinitive noun or the Latin gerund, e. g. עֵת לָלֶדֶת Eccles. 3, 2.

The infinit. with מ is used as a noun in the ablative: וַיָּשֻׁבוּ מִתּוּר הָאָרֶץ and they returned from searching of the land. Often it includes negation: מִפְּקֹד from visiting, i. e. that he may not visit; מִדַּבֵּר that thou speakest not, Gen. 31, 29.; מֵעֲבֹר that they not pass over, Num. 32, 7.

NOTE. כּ before the inf. const. denotes comparison of the two actions with one another. כּ must be considered as the shortened בְּעֵת, בְּיוֹם, which sometimes is still retained: as בְּעֵת יַחֵם הַצֹּאן Gen. 31, 10., for בְּהִתְיַחֲמָם; בְּעֵת הָצֵר לוֹ Chro. II. 28, 22., for בְּאָכְלְכֶם. Thus בְּיוֹם אֲכָלְכֶם מִמֶּנּוּ Gen. 3, 5,. for בְּהָצֵר לוֹ, מִמֶּנּוּ (it cannot be taken literally: at the day, because Adam lived after having eaten of the forbidden fruit 900 years).

3. The inf. const. can be (a) the subject of a sentence: טוֹב לָנוּ שׁוּב better (were it) for us to return, Num. 14, 3.; רַע וָמָר עָזְבֵךְ אֶת־יְהוָה Jer. 2, 19.; (b) the object: מֵאֵן בִּלְעָם הֲלֹךְ עִמָּנוּ 4. Mos. 22, 14.; (c) the attribute of a noun: עֵת סְפוֹד וְעֵת רְקוֹד Eccl. 3, 4.

4. The infinitive of a transit. verb takes the accusative of the object and the genitive of the subject; the genitive immediately succeeding the infin., and the accus. taking the third place: בְּשַׂנְאַת יְהוָה אֹתָנוּ Deut. 1, 27.

5. The infinitive partaking of the properties of both noun and verb, uses a verbal suffix, if the suffix denotes an object, a nominal suffix, if it expresses a subject: as לְהָרְגֵנִי to slay me, 2. Mos. 2, 14. כַּהֲרִימִי קוֹלִי as I lifted up my voice (prop. my lifting up).

6. The infinitive, when representing a finite verb, commences the sentence: as וַיְהִי כִשְׁמֹעַ כָּל־הַמְּלָכִים Jos. 9, 1. As subject it takes its proper place: לֹא טוֹב הֱיוֹת הָאָדָם לְבַדּוֹ it is not good, that man should be alone (prop. the being of man). As object it follows the verb: as אִם יָרֵא אַתָּה לָרֶדֶת Jud. 7, 10. וַיְבַקֵּשׁ הֲמִיתוֹ 2. Mos. 4, 24.

7. The verb הָיָה to be, the particles יֵשׁ and אֵין (including the verb to be), with ל and the inf. const. express: 1) to be about to do something, to be on the point of doing: as וַיְהִי הַשֶּׁמֶשׁ לָבוֹא and the sun was about to go down; 2) it is to be done, must be accomplished: as מֶה לַעֲשׂוֹת לָךְ what is to be done unto thee? הֲיֵשׁ לְדַבֶּר־לָךְ אֶל הַמֶּלֶךְ wouldst thou be spoken for to the king, 2. Ki. 4, 13.

8. The verb נָתַן to give, with ל and the inf. const. and the accusative of person, expresses *to allow, to permit:* as לֹא יִתֵּן אֶתְכֶם לַהֲלֹךְ he will not let you go, 2. Mos. 3. 19.

9. A peculiar construction is, that the inf. with or without ל, following the finite form of the verbs: כָּלָה, יָסַף, הוֹאִיל שׁוּב, מִהַר etc. expresses the principal idea, the finite verb being rendered adverbially: as לָמָּה נַחְבֵּאתָ לִבְרֹחַ wherefore didst thou flee *secretly?* (prop.: wherefore hast thou hidden thyself to flee?); וְלֹא־יָסְפָה שׁוּב אֵלָיו עוֹד and it returned not *again* (prop.: it added not again to return), לֹא תְכַלֶּה פְּאַת שָׂדְךָ לִקְצֹר thou shalt not *wholly* reap the corner of thy field (prop.: thou shalt not complete to reap the...).

Sometimes the verbs are both finite, either connected by ו or without ו: וַיֵּשֶׁב וַיִּשְׁלַח 2. Kings 1, 11. אֹסִיף אֲבַקְשֶׁנּוּ עוֹד Prov. 23, 35. הוֹאִיל הָלָךְ he walked willingly (he was willing, walked), Hos. 5, 11.

§ 107. THE PARTICIPLE.

1. The participle associating in itself the nature of both the verb and noun (substant. and adject.), as substantive represents either the subject, the object, or stands in apposition, being inflected precisely as a noun: as subject: עֹבֵד אַדְמָתוֹ יִשְׂבַּע לָחֶם Prov. 12, 11. as object: שָׁמַעְתִּי אֹמְרִים נֵלְכָה דֹּתָיְנָה Gen. 37, 17., in apposition: הִנֵּה שָׁמַעְתִּי אֶת־אָבִיךָ מְדַבֵּר Gen. 27, 6. As adjective it agrees with the noun in gender, number and definition by the article.

2. The participle of a trans. verb, when substantively employed, is followed by the genitive, as object: אֹהֲבֵי שְׁמֶךָ they that love thy name; שֹׁמְרֵי הַסַּף they that keep the door.

3. The participle as verb but faintly conveys the notion of time: the part. act. most frequently expressing present time, especially when connected with the pers. pronoun: אָנֹכִי הֹלֵךְ I go; the part. passive past time: קָטוּל killed = who has been killed. Sometimes the latter is used for the partic. pass. fut. (in Latin: ndus): as נוֹלָד to be born (nascendus), Ps. 22, 23. נִבְרָא to be created (creandus), Ps. 102, 19. מְהֻלָּל to be praised (laudandus), Ps. 48, 2., or if formed from an intrans. verb it represents the Latin deponens: בָּטוּחַ nixus, confidens.

NOTE. The pers. pron. regularly precedes the partic., to convey the notion of present, seldom following: אֹמֵר אֲנִי מַעֲשַׂי לְמֶלֶךְ Ps. 45, 2. רֹאֶה אָנֹכִי Gen. 31, 5. In later Hebrew this construction is the most common; יוֹדֵעַ אֲנִי I know; מוֹדֶה אֲנִי I confess; מַשְׁבִּיעַ אֲנִי I adjure.

4. The participle without pronoun and without copula, is very frequently used for the present, in sentences conveying truths of a practical or moral nature. This present generally includes the subject and relative or the conjunctions: he who—whosoever, or: as he—when he, so that we would render in Hebrew: he who kills by: קֹטֵל. There יֵשׁ מַחֲרִישׁ כִּי אֵין בְּפִיו מַעֲנֶה וְיֵשׁ עוֹצֵר מַעֲנֵהוּ לְעִתּוֹ.

is (one that) keepeth silence, because he hath no answer in his mouth, and there is (one that) holdeth back his answer for his time. מַרְבֶּה דְבָרִים מַרְבֶּה כְזָבִים (He that) useth many words, useth many lies.

5. The participle standing in the place of a finite verb, of the past, present or future, always adds the idea of permanence or duration: יֹדֵעַ אֱלֹהִים God knows; נָהָר יֹצֵא a river goes out; עֵינֵיכֶם הָרֹאוֹת your eyes have seen. Often the copula is expressed: הַנַּעַר הָיָה מְשָׁרֵת and the lad ministered (was ministering), וְחַנָּה הִיא מְדַבֶּרֶת עַל־לִבָּהּ and Hannah spake in her heart, 1. Sam. 1, 13.

6. The participle according to its verbal or nominal meaning, is connected with either the verbal or nominal suffix (§ 47.).

7. Sometimes one participle is added to another, objectively, (instead of an infinitive) to complete its meaning: as אִישׁ יֹדֵעַ מְנַגֵּן בְּכִנּוֹר a man knowing to play on a harp.

NOTE. The participle in a few instances is connected with הָיָה to express the perfect: וַיְהִי בֹנֶה עִיר; וָאֱהִי נָגוּעַ כָּל־הַיּוֹם; In later Hebrew, this construction frequently occurs: הָיִיתִי בָא I came on the way (ברכות פ"א מ"ה); לֹא הָיְתָה שׁוֹתָה she did not drink (פ"ד מ"ד); כָּךְ הָיָה אוֹמֵר thus he spoke (סוטה פ"ו מ"ר); (יומא פ"ד מ"ב)

The future of הָיָה, being also employed to express future time: (תרומות פ"ח מ"ד) ויהיו אסורין

PARTICLES.

§ 108. PARTICLES OF NEGATIVE SENTENCES.

1. לֹא, אַל: לֹא expressing the direct and real negation, is used before verbs in the preterite and future, אַל the desired, intended or supposed negation is used only before verbs in the future; both regularly precede the verb. לֹא, אֵין, בַּל, בִּלְתִּי: לֹא and בַּל (the latter chiefly used in poetry) deny the predicate, אֵין, אַיִן the subject: לֹא אָכַלְתִּי I have not eaten; בַּל יָקֻמוּ וְיִרְשׁוּ אָרֶץ they do not rise nor possess the land; אָמַר נָבָל בְּלִבּוֹ אֵין אֱלֹהִים the

§ 108. PARTICLES OF NEGATIVE SENTENCES. 191

base man saith in his heart, there is no God. בִּלְתִּי chiefly found before an infinitive (where לֹא never stands): לֶאֱכֹל to eat, בִּלְתִּי לֶאֱכֹל = לְבִלְתִּי אֲכֹל not to eat.

אֵין (absol. st.) closes a member of the sentence: וְאָדָם אַיִן Gen. 2, 5. אֵין (const. st.) appears before the noun, inf. or partic. אֵין מִסְפָּר without number, Gen. 41, 49.

NOTE I. The partic. mostly representing the noun is preceded by אֵין, more rarely by לֹא; לֹא־יוֹדֵעַ עָוֶל בֹּשֶׁת Zeph. 3, 5. In the Mishna לֹא is often used, when standing immediately before the participle, אֵין when a pronoun intervenes: לֹא אוֹכְלִין וְלֹא שׂוֹרְפִין (ביצה פ״ה מ״ב) לֹא רוֹכְבִין (פסחים פ״א מ״ה) אֵין אֲנִי מַשְׁקֶה (יבמות צ״ה).

NOTE II. לֹא and אַל may be best compared with the Latin *non* and *ne*

2. פֶּן *lest,* indicating a prevention of what follows, is with but few exceptions, connected with the future: פֶּן תְּמֻתוּן *lest ye die.*

3. The preposition מִ, מִן conveying the notion of *away from,* is occasionally used as a negation: אֹתִי מָאֲסוּ מִמְּלֹךְ עֲלֵיהֶם Sam. 8, 7. ...that I should not reign over them; עַל הֶעָבִים אֲצַוֶּה מֵהַמְטִיר Isa. 5, 6. ...that they reign not. § 106, 2.

4. The conjunction אִם in swearing is properly conditional: *if, provided:* as in Sam. 3, 17. God do so to thee, and more so, אִם תְּכַחֵד מִמֶּנִּי דָּבָר if thou hide anything from me; but when the form of imprecation is omitted, it is best rendered by a negative: *not,* and the phrase אִם לֹא by an affirmative: אִם יִרְאוּ אֶת הָאָרֶץ if they shall see the land = they shall *not* see, 4. Mos. 14, 23. אִם לֹא כֵן אֶעֱשֶׂה לָכֶם if I will not do so unto you = I will do, 4. Mos. 14, 28.

5. Two negations in the same sentence do not affirm, as in English, but give more emphasis to the negation: as אֵין כֶּסֶף לֹא נֶחְשָׁב silver was *nothing* accounted of (in the days of Solomon), 1. Ki. 10, 21.

§ 109. PARTICLES OF INTERROGATIVE SENTENCES.

1. הֲ, הֲלֹא (§ 24, 4.). הֲלֹא is also used elliptically for a whole sentence: הֲלֹא אִם תֵּטִיב is it not so? Gen. 4, 7.

2. אִם *if*, is an interrogative particle in indirect questions: as נִרְאֶה אִם־פָּרְחָה הַגֶּפֶן let us see if the vine flourish; or in indirect disjunctive questions before the second member: as הַאַתָּה זֶה בְּנִי עֵשָׂו אִם־לֹא whether thou be my son Esau or not.

NOTE. The second member is but seldom introduced by אִם: מִי יוֹדֵעַ הֶחָכָם יִהְיֶה אוֹ סָכָל Eccl. 2, 19. or by הֲ repeated: as הֶחָזָק הוּא הֲרָפֶה whether they are strong or weak, 4. Mos. 13, 18.

3. Sometimes the interrogative particle is wanting, and the question indicated by the collocation of the words, or by the tone of the voice: אַתָּה זֶה art thou? עוֹדְךָ מַחֲזִיק בָּם wilt thou hold them still?

4. The answer „*yes*" is regularly expressed by a repetition of the word to be affirmed or denied: as הֲיֵשׁ דָּבָר מֵאֵת יְהֹוָה וַיֹּאמֶר יֵשׁ is there any word from the Lord? And he said, There is, Jer. 37, 17.

§ 110. PARTICLES OF OPTATIVE SENTENCES.

1. לוּ (negatively לוּלֵי or לוּלֵא) O if! O that! utinam! It is coupled with the future: as לוּ יִשְׁמָעֵאל יִחְיֶה 1. Mos. 17, 18., with the jussive: לוּ יְהִי כִדְבָרֶךָ O that it might be according to thy word, 1. Mos. 30, 34., with the imperative: אַךְ אִם־אַתָּה לוּ שְׁמָעֵנִי if thou wouldst only hear me! 1. Mos. 23, 18., with the elliptic participle: לוּ עַמִּי שֹׁמֵעַ לִי O that my people would hearken unto me, Ps. 81, 13. if the wish refer to the future. If referring to the past, to what should have happened, but has not, the perfect is employed, where we would use the pluperfect: as לוּ מַתְנוּ O that we had been dead! O si mortui essemus! Sometimes אִם is used as an optative particle: as יִשְׂרָאֵל אִם תִּשְׁמַע לִי O Israel, if thou wilt hearken unto me, Ps. 81, 9.

2. A wish is often expressed in the form of a question: as רַבִּים אֹמְרִים מִי־יַרְאֵנוּ טוֹב many say, who will show us

any good, Ps. 4, 7. A peculiar formula of wishing, for *O that!* is: מִי יִתֵּן who will give, with following accusative: מִי יִתֵּן עֶרֶב would it were even! 5. Mos. 28, 67.; with following infinitive: as מִי־יִתֵּן מוּתֵנוּ would that we had died, 2. Mos. 16, 3.; with following finite verb with or without ו: as מִי יִתֵּן וְהָיָה זֶה לְבָבָם לָהֶם O that there were such an heart in them! 5. Mos. 5, 26.; מִי יִתֵּן יָדַעְתִּי O that I knew! Job 23, 3.

§ 111. PARTICLES OF OBJECTIVE SENTENCES.

1. After the verbs of seeing, knowing, saying, hearing, believing etc. the sentence employed as the object is introduced by כִּי or less frequently by אֲשֶׁר: רָאוּ כִּי לָכַד they saw that they had conquered, Jos. 8, 21.; מִי הִגִּיד לְךָ כִּי עֵירֹם אָתָּה who told thee that thou wast naked? Gen. 3, 11. After verbs denoting the operations of the senses, the subject of the dependent clause becomes the object of the principal sentence, and is followed by the dependent clause with its introductory particle: וַיַּרְא אֱלֹהִים אֶת־הָאוֹר כִּי טוֹב instead of: וַיַּרְא אֱלֹהִים כִּי טוֹב הָאוֹר (almost the Latin Accusat. before the Infin.)

2. אֲשֶׁר: אֲשֶׁר יַפְלֶה יְהוָה that ye may know, that the Lord distinguishes, Ex. 11, 7. or אֶת אֲשֶׁר cf. (§ 96, 5.)

§ 112. PARTICLES OF FINAL SENTENCES.

Dependent sentences in which intention or purpose is expressed, take the particle: (a) אֲשֶׁר: אֲשֶׁר יִיטַב לָךְ that it may be well with thee, Deut. 6. 3., or the more precise בַּעֲבוּר, לְמַעַן, יַעַן with or without אֲשֶׁר; as prepositions, they are connected with the infinitive, as conjunctions with the future: יַעַן אֲשֶׁר לֹא יִרְאֶה that he may not see. Ez. 12, 12.; לְמַעַן אֲשֶׁר יְצַוֶּה Gen. 18, 19.; לְמַעַן הָבִיא ib.; בַּעֲבוּר הַרְאֹתְךָ אֶת־כֹּחִי Gen. 22. 30.; בַּעֲבוּר תִּהְיֶה־לִּי לְעֵדָה Ex. 9. 16. (b) לְ with the infinitive: סָר לִרְאוֹת Ex. 3, 4. Ez. 12, 2. (c) וְ: and bring your youngest brother unto me וְאֵדְעָה that I know, Gen. 42, 34. קַוֵּה לַיהוָה וְיֹשַׁע לָךְ Prov. 20, 22. (d) פֶּן, לְבִלְתִּי lest: פֶּן יִשְׁלַח יָדוֹ Gen. 3, 22. לְבִלְתִּי אֲכָל־מִמֶּנּוּ ib. 3, 11.

§ 113. PARTICLES OF INFERENTIAL SENTENCES.

Inferential sentences are usually introduced in English by *that*. In Hebrew *that* is expressed by: a) וְ: as God is not a man וִיכַזֵּב that he lies. b) לְ with infinitive: לְהַחֲיוֹת אֶת־נַפְשִׁי (thou hast magnified Thy mercy) in keeping alive my soul, 1. Mos. 19, 19. c) אֲשֶׁר :יַכְּכָה יְהֹוָה אֲשֶׁר לֹא־תוּכַל לְהֵרָפֵא the Lord will smite thee, that thou canst not be healed, Deut. 28, 27. d) כִּי after interrogatives: as מַה־כֹּחִי כִּי אֲיַחֵל what is my strength, that I should hope. Job 6, 11.

§ 114. PARTICLES OF TEMPORAL SENTENCES.

a) The introductory וַיְהִי is of especial importance, as it occurs with the greatest frequency in adverbial sentences relating to time; b) the prefixes בְּ and כְּ with the infinitive (§ 106, 2.); c) וְ connected with the finite verb or participle: as, the angel came to the woman וְהִיא יוֹשֶׁבֶת while she was sitting; d) the conjunctions: כִּי :כִּי הֶחֱרַשְׁתִּי when I kept silence, my bones withered, Ps. 32, 3. :כַּאֲשֶׁר וַיְהִי כַּאֲשֶׁר קָרַב 2. Mos. 32, 19. אִם: אִם כָּלָה בָצִיר when the vintage is finished, Isa. 24, 13. בְּטֶרֶם :בְּטֶרֶם, מָאָז: מֵאָז בָּאתִי, אֶצְרְךָ בְּבֶטֶן יְדַעְתִּיךָ Jer. 1, 5. since I came to Pharaoh, Ex. 5, 23. עַד: עַד אֲשֶׁר, עַד כִּי, Jos. 2, 16. 2. Sam. 23, 10. Deut. 2, 14.

NOTE. Sometimes conjunctions denoting time are omitted: הַשֶּׁמֶשׁ יָצָא עַל־הָאָרֶץ וְלוֹט בָּא צֹעֲרָה Gen. 19, 23.

§ 115. PARTICLES OF CAUSAL SENTENCES.

a) כִּי because: כִּי עָשִׂיתָ זֹאת Gen. 3, 14, 17. b) יַעַן because, :יַעַן אֲשֶׁר, יַעַן כִּי Num. 20, 12. Gen. 22, 16. Num. 11, 20. אֲשֶׁר alone: אֲשֶׁר הוֹבִישׁ for the Lord dried up the waters of the Jordan, Jos. 2, 23. c) עֵקֶב, עֵקֶב אֲשֶׁר, עֵקֶב כִּי because, because that: Num. 14, 24.; Gen. 22, 18.; 2. Sam. 12, 10. d) כִּי עַל־כֵּן :Gen. 38, 26. e) וְהוּא אֲשֶׁר לוֹ הַיָּם עָשָׂהוּ Whose is the sea, for He made it, Ps. 95, 5.

§ 116. PARTICLES OF CONDITIONAL SENTENCES.

1. a) For conditional sentences the two particles אִם and

§ 116. Particles of Conditional Sentences.

לוּ are used, or their negations: אִם לֹא and לוּלֵא (לוּלֵי), אִם in case the condition and consequence are real, לוּ when they are only presumed: וְאִם לֹא תֵלְכִי... אִם־תֵּלְכִי עִמִּי... if thou wilt go with me, then I will go, but if thou wilt not go with me, (then) I will not go, Jud. 4, 8. לוּ חָפֵץ יְהוָה לַהֲמִיתֵנוּ.... if the Lord were pleased to put us to death... Jud. 13, 23. Frequently the expression is elliptical, the subordinate sentence, expressing the consequence, being omitted, whereby לוּ gives an optative signification to the verb: לוּ־מַתְנוּ בְּאֶרֶץ מִצְרַיִם would that we had died in the land of Egypt, Num. 14, 2. לוּ יִשְׁמָעֵאל יִחְיֶה לְפָנֶיךָ O that Ishmael might live before Thee, Gen. 17, 18.

אִם with the preterite *immediately* following gives to the latter the signification of the *future perfect:* אִם־גֻּלַּחְתִּי וְסָר מִמֶּנִּי כֹחִי if I shall have been shaven, then my strength will depart from me, Jud. 16, 17.

b) כִּי if, supposed that: כִּי תִקְנֶה עֶבֶד עִבְרִי Ex. 21, 2.

Note I. אִם is purely conditional, in כִּי the conditional idea is often incorporated with the clause of time. Compare Ex. 21, 2. 3, 5, 14, 18.

c) אֲשֶׁר: אֲשֶׁר תִּשְׁמְעוּ... the blessing, if ye obey ... Deut. 11, 27.

d) הֵן or הִנֵּה: וְהֵן לֹא־יַאֲמִינוּ לִי if they will not believe me, Ex. 4, 1. הִנֵּה יְהוָה עֹשֶׂה אֲרֻבּוֹת if the Lord make windows in the heaven, 2. Ki. 7, 2.

e) וְאָמְרוּ־לִי: וְאִם יַעֲזֹב = וְעָזַב אֶת אָבִיו Gen. 44, 22. וְאִם תְּמָאֵן = וַתְּמָאֵן לְשַׁלְּחוֹ Ex. 3, 13. וְאִם יֹאמְרוּ = מַה־שְּׁמוֹ Ex. 4, 23.

f) כְּ with the inf. const.: Gen. 44, 30, 31. כִּרְאֹתוֹ, כְּבֹאִי

Note II. The conditional particle is frequently omitted: יִפֹּל מִצִּדְּךָ אֶלֶף... (if) a thousand shall fall at thy side ... Ps. 91, 7.

2. The second member most frequently commences 1) without any particle: אִם־נָא מָצָאתִי... דַּבְּרוּ נָא if now I have found favor in your eyes, speak, I pray you, in the ears of Pharaoh, Gen. 50. 4.; 2) with וּ: אִם תֵּלְכִי עִמִּי וְהָלַכְתִּי

3) with stronger particles: as אָז, אֲזַי, שֶׁעֲשַׂי תּוֹרָתְךָ לוּלֵי אָז אָבַדְתִּי בְעָנְיִי Ps. 119, 92. If it had not been the Lord, who was for us ... אֲזַי חַיִּים בְּלָעוּנוּ Ps. 124, 2, 3.

§ 117. PARTICLES OF DISJUNCTIVE SENTENCES.

As well—as both—and } גַּם־תֶּבֶן גַּם־מִסְפּוֹא: גַּם־גַּם; וְאַתָּה וְאַהֲרֹן: וְ—וְ Gen. 24, 25. גַּם—וְגַם: וְגַם—וְגַם גַּם עִם־יְהוּדָה וְגַם עִם־אֲנָשִׁים 1. Sam. 2, 26.; מִ—עַד, מִ—וְעַד, מִ—לְ: Deut. 29, 10.; Gen. 19, 11.; Gen. 9—10. Neither—nor: גַּם—גַּם...לֹא אוֹ—אוֹ: Ex. גַּם־לִי גַּם־לָךְ לֹא יִהְיֶה 1. Ki. 3, 26. Either or: 21, 31.; אִם—אִם: Ex. 19, 13.; אִם—וְאִם: אִם־הַרְבֵּה וְאִם־מְעַט יֹאכַל Eccl. 5, 11.

§ 118. PARTICLES OF ADVERSATIVE SENTENCES.

The most frequent adversative particle is וּ: וּמֵעֵץ but from the tree, Gen. 2, 17. All this is come upon us וְלֹא שְׁכַחֲנוּךָ yet have we not forgotten Thee, Ps. 44, 18. Stronger: וְאוּלָם, אוּלָם, but: Gen. 28, 19. כִּי אִם but: thy name shall be called no more Jacob כִּי אִם־יִשְׂרָאֵל but Israel, Gen. 32, 29. אַךְ but, אָכֵן but, limiting what precedes: אַךְ לֹא but not, Gen. 20, 12. Ps. 31, 23.

גַּם־כִּי although, usually at the beginning of a sentence: גַּם כִּי־תַרְבּוּ תְפִלָּה although you multiply prayers, Isa. 1, 15. אִם although: come now and let us argue אִם־יִהְיוּ חֲטָאֵיכֶם כַּשָּׁנִים though your sins be as scarlet, Isa. 1. 18. וְ although: thou shalt die for the woman, whom thou hast taken וְהִוא בְּעֻלַת בָּעַל although she is a man's wife, Gen. 20. 3.

§ 119. INTERJECTIONS.

אַלְלַי, אוֹיָה, אָח, הָהּ, הוֹי, אוֹי exclamations of grief, complaint: ah! woe! alas! for the most part with following לְ: אוֹי־לְךָ מוֹאָב Num. 21, 29.: הָהּ לַיּוֹם Ez. 30, 2. Ez. 6, 11. אַלְלַי לִי Micha. 7, 1. אֲהָהּ with לְ Jo. 1, 15., for the most part with יְהוָה אֱלֹהִים Josh. 7, 7. הֶאָח exclamation of joy, aha! Ps. 35, 25., of terror or mockery: Ps. 40. 16. Isa. 44, 16. בִּי an exclamation of pressing entreaty: O that! in addressing God with אֲדֹנָי Jos. 7, 8., with אֲדֹנִי in addressing superiors; 1. Ki. 3, 17.

PARADIGMS.

A. PARTICLES WITH SUFFIXES.

לְ to, sign of the dative.	בְּ in.	כְּ as, for which כְּמוֹ, כְּמוֹ also	מִן, מֵ.
Sing.			
1. c. לִי to me	בִּי in me	כָּמוֹנִי as I	מִמֶּנִּי, poet. מִנִּי from me
2. m. לְךָ in p. לָךְ to thee.	בְּךָ in p. בָּךְ in thee	כָּמוֹךָ as thou	מִמְּךָ, in pause מִמֶּךָּ, from thee
f. לָךְ	בָּךְ	—	מִמֵּךְ
3. m. לוֹ to him, לָמוֹ poet.	בּוֹ in him	כָּמוֹהוּ as he	מִמֶּנּוּ, poet. מִנְהוּ, מִנֵּהוּ from him
f. לָהּ to her	בָּהּ in her	כָּמוֹהָ as she	מִמֶּנָּה from her
Plur.			
1. c. לָנוּ to us	בָּנוּ in us	כָּמוֹנוּ as we	מִמֶּנּוּ from us
2. m. לָכֶם to you	בָּכֶם in you	כָּכֶם as ye, seldom כְּמוֹכֶם	מִכֶּם from you
f. לָכֶן	—	—	מִכֶּן
3. m. לָהֶם to them	בָּם in them	כָּהֶם, כָּהֵם, כְּמוֹהֶם as they	מֵהֶם, poet. מִנְהֶם from them
f. לָהֶן	בָּהֶן, בָּהֵן	— — —	מֵהֶן

אֵת sign of the accusative.   אֵת at, with.

	Sing.	*Plur.*	*Sing.*	*Plur.*
1. c.	אוֹתִי, אֹתִי me	אֹתָנוּ us	אִתִּי at, with me	אִתָּנוּ with us
2. m.	אֹתְךָ, in p. אֹתָךְ thee	אֶתְכֶם you	אִתְּךָ, in p. אִתָּךְ with thee	אִתְּכֶם with you
f.	אֹתָךְ	—	אִתָּךְ	אִתְּכֶן
3. m.	אֹתוֹ him	אֹתָם them	אִתּוֹ at, with him	אִתָּם with them
f.	אֹתָהּ her	אֹתָן	אִתָּהּ at, with her	אִתָּן

עִם with.

w. me   w. thee   w. him   w. her   w. us   w. you   w. them
עִמִּי, עִמְּךָ, in p. עִמָּךְ, עִמּוֹ, עִמָּהּ, עִמָּנוּ, עִמָּכֶם — עִמָּם, עִמָּהֶם

B. REGULAR

			Kal. Transitive.	Kal. Intransitive.		Niphal.	Piel.
Pret.	3.	m.	קָטַל*	כָּבֵד*	יָכֹל*	נִקְטַל*	קִטֵּל*
	3.	f.	קָטְלָה	כָּבְדָה	יָכְלָה	נִקְטְלָה	קִטְּלָה
	2.	m.	קָטַלְתָּ	כָּבַדְתָּ	יָכֹלְתָּ	נִקְטַלְתָּ	קִטַּלְתָּ
	2.	f.	קָטַלְתְּ	כָּבַדְתְּ	—	נִקְטַלְתְּ	קִטַּלְתְּ
	1.	c.	קָטַלְתִּי	כָּבַדְתִּי[1]	יָכֹלְתִּי	נִקְטַלְתִּי	קִטַּלְתִּי
Plur.	3.		קָטְלוּ	כָּבְדוּ	יָכְלוּ[2]	נִקְטְלוּ	קִטְּלוּ
	2.	m.	קְטַלְתֶּם	כְּבַדְתֶּם	—	נִקְטַלְתֶּם	קִטַּלְתֶּם
	2.	f.	קְטַלְתֶּן	כְּבַדְתֶּן	—	נִקְטַלְתֶּן	קִטַּלְתֶּן
	1.	c.	קָטַלְנוּ	כָּבַדְנוּ	—	נִקְטַלְנוּ	קִטַּלְנוּ
Inf. const.			קְטֹל*	absol. קָטוֹל*		הִקָּטֵל* (נִקְטֹל) (הִקָּטֵל)	קַטֵּל (נִקְטֹל)
Imp.		m.	קְטֹל	כְּבַד*		הִקָּטֵל	קַטֵּל
		f.	קִטְלִי	כִּבְדִי		הִקָּטְלִי	קַטְּלִי
Plur.		m.	קִטְלוּ	כִּבְדוּ		הִקָּטְלוּ	קַטְּלוּ
		f.	קְטֹלְנָה	כְּבַדְנָה		הִקָּטַלְנָה	קַטֵּלְנָה
Fut.	3.	m.	יִקְטֹל	יִכְבַּד		יִקָּטֵל	יְקַטֵּל
	3.	f.	תִּקְטֹל	תִּכְבַּד		תִּקָּטֵל	תְּקַטֵּל
	2.	m.	תִּקְטֹל	תִּכְבַּד		תִּקָּטֵל	תְּקַטֵּל
	2.	f.	תִּקְטְלִי	תִּכְבְּדִי		תִּקָּטְלִי	תְּקַטְּלִי
	1.	c.	אֶקְטֹל	אֶכְבַּד		אֶקָּטֵל	אֲקַטֵּל
Plur.	3.	m.	יִקְטְלוּ	יִכְבְּדוּ		יִקָּטְלוּ	יְקַטְּלוּ
	3.	f.	תִּקְטֹלְנָה	תִּכְבַּדְנָה		תִּקָּטַלְנָה	תְּקַטֵּלְנָה
	2.	m.	תִּקְטְלוּ	תִּכְבְּדוּ		תִּקָּטְלוּ	תְּקַטְּלוּ
	2.	f.	תִּקְטֹלְנָה	תִּכְבַּדְנָה		תִּקָּטַלְנָה	תְּקַטֵּלְנָה
	1.	c.	נִקְטֹל	נִכְבַּד		נִקָּטֵל	נְקַטֵּל
The length. Fut. (Optative) Fut. apoc. (Jussive)			אֶקְטְלָה —			אֶקָּטְלָה	אֲקַטְּלָה
Part. act. pass.			קֹטֵל קָטוּל	כָּבֵד		נִקְטָל	מְקַטֵּל

1 in p. יְכָלְתִּי 2 in p. יָכְלוּ

VERB, §§ 29—39.

Pual	Hiphil	Hophal	Hithpael
קֻטַּל*	הִקְטִיל*	הָקְטַל*	הִתְקַטֵּל*
קֻטְּלָה	הִקְטִילָה	הָקְטְלָה	הִתְקַטְּלָה
קֻטַּלְתָּ	הִקְטַלְתָּ	הָקְטַלְתָּ	הִתְקַטַּלְתָּ
קֻטַּלְתְּ	הִקְטַלְתְּ	הָקְטַלְתְּ	הִתְקַטַּלְתְּ
קֻטַּלְתִּי	הִקְטַלְתִּי	הָקְטַלְתִּי	הִתְקַטַּלְתִּי
קֻטְּלוּ	הִקְטִילוּ	הָקְטְלוּ	הִתְקַטְּלוּ
קֻטַּלְתֶּם	הִקְטַלְתֶּם	הָקְטַלְתֶּם	הִתְקַטַּלְתֶּם
קֻטַּלְתֶּן	הִקְטַלְתֶּן	הָקְטַלְתֶּן	הִתְקַטַּלְתֶּן
קֻטַּלְנוּ	הִקְטַלְנוּ	הָקְטַלְנוּ	הִתְקַטַּלְנוּ

| קֻטֵּל (קֻטַּל*) | הַקְטִיל*(הַקְטֵל) | הָקְטֵל (הֻקְטַל) | הִתְקַטֵּל* |

wanting.	הַקְטֵל	wanting.	הִתְקַטֵּל
	הַקְטִילִי		הִתְקַטְּלִי
	הַקְטִילוּ		הִתְקַטְּלוּ
	הַקְטֵלְנָה		הִתְקַטֵּלְנָה

יְקֻטַּל	יַקְטִיל	יָקְטַל	יִתְקַטֵּל
תְּקֻטַּל	תַּקְטִיל	תָּקְטַל	תִּתְקַטֵּל
תְּקֻטַּל	תַּקְטִיל	תָּקְטַל	תִּתְקַטֵּל
תְּקֻטְּלִי	תַּקְטִילִי	תָּקְטְלִי	תִּתְקַטְּלִי
אֲקֻטַּל	אַקְטִיל	אָקְטַל	אֶתְקַטֵּל
יְקֻטְּלוּ	יַקְטִילוּ	יָקְטְלוּ	יִתְקַטְּלוּ
תְּקֻטַּלְנָה	תַּקְטֵלְנָה	תָּקְטַלְנָה	תִּתְקַטֵּלְנָה
תְּקֻטְּלוּ	תַּקְטִילוּ	תָּקְטְלוּ	תִּתְקַטְּלוּ
תְּקֻטַּלְנָה	תַּקְטֵלְנָה	תָּקְטַלְנָה	תִּתְקַטֵּלְנָה
נְקֻטַּל	נַקְטִיל	נָקְטַל	נִתְקַטֵּל

| | אַקְטִילָה | | אֶתְקַטְּלָה |
| | יַקְטֵל | | |

| מְקֻטָּל | מַקְטִיל | מָקְטָל (מֻקְטָל) | מִתְקַטֵּל (מֻקְטָל) |

C. VERB PE GUTTURAL. (§ 40)

	Kal.	Niphal.	Hiphil.	Hophal.
Pret. 3. m.	עָמַד*	נֶעֱמַד*	הֶעֱמִיד*	הָעֳמַד*
3. f.	עָמְדָה	נֶעֶמְדָה	הֶעֱמִידָה	הָעָמְדָה
2. m.	עָמַדְתָּ	נֶעֱמַדְתָּ	הֶעֱמַדְתָּ	הָעֳמַדְתָּ
2. f.	עָמַדְתְּ	נֶעֱמַדְתְּ	הֶעֱמַדְתְּ	הָעֳמַדְתְּ
1. c.	עָמַדְתִּי	נֶעֱמַדְתִּי	הֶעֱמַדְתִּי	הָעֳמַדְתִּי
Plur. 3.	עָמְדוּ	נֶעֶמְדוּ	הֶעֱמִידוּ	הָעָמְדוּ
2. m.	עֲמַדְתֶּם	נֶעֱמַדְתֶּם	הֶעֱמַדְתֶּם	הָעֳמַדְתֶּם
2. f.	עֲמַדְתֶּן	נֶעֱמַדְתֶּן	הֶעֱמַדְתֶּן	הָעֳמַדְתֶּן
1. c.	עָמַדְנוּ	נֶעֱמַדְנוּ	הֶעֱמַדְנוּ	הָעֳמַדְנוּ

Inf. const. עֲמֹד* abs. (עָמוֹר) הֵעָמֵר* (נֵעָמוֹר) הַעֲמִיד* (הַעֲמֵד) הָעֳמֵד

Imp. m.	חֲזַק	עֲמֹד	הֵעָמֵד	הַעֲמֵד	
f.	חִזְקִי	עִמְדִי	הֵעָמְדִי	הַעֲמִידִי	wanting.
Plur. m.	חִזְקוּ	עִמְדוּ	הֵעָמְדוּ	הַעֲמִידוּ	
f.	חֲזַקְנָה	עֲמֹדְנָה	הֵעָמַדְנָה	הַעֲמֵדְנָה	

Fut. 3. m.	יַחֲזַק	יַעֲמֹד	יֵעָמֵד	יַעֲמִיד	יָעֳמַד
3. f.	תֶּחֱזַק	תַּעֲמֹד	תֵּעָמֵד	תַּעֲמִיד	תָּעֳמַד
2. m.	תֶּחֱזַק	תַּעֲמֹד	תֵּעָמֵד	תַּעֲמִיד	תָּעֳמַד
2. f.	תֶּחֶזְקִי	תַּעַמְדִי	תֵּעָמְדִי	תַּעֲמִידִי	תָּעָמְדִי
1. c.	אֶחֱזַק	אֶעֱמֹד	אֵעָמֵד	אַעֲמִיד	אָעֳמַד
Plur. 3. m.	יֶחֶזְקוּ	יַעַמְדוּ	יֵעָמְדוּ	יַעֲמִידוּ	יָעָמְדוּ
3. f.	תֶּחֱזַקְנָה	תַּעֲמֹדְנָה	תֵּעָמַדְנָה	תַּעֲמֵדְנָה	תָּעֳמַדְנָה
2. m.	תֶּחֶזְקוּ	תַּעַמְדוּ	תֵּעָמְדוּ	תַּעֲמִידוּ	תָּעָמְדוּ
2. f.	תֶּחֱזַקְנָה	תַּעֲמֹדְנָה	תֵּעָמַדְנָה	תַּעֲמֵדְנָה	תָּעֳמַדְנָה
1. c.	נֶחֱזַק	נַעֲמֹד	נֵעָמֵד	נַעֲמִיד	נָעֳמַד

Fut. apoc. (Jussive) יַעֲמֵד

Part. act. עֹמֵד pass. עָמוּד נֶעֱמָד מַעֲמִיד מָעֳמָד

D. VERB AYIN GUTTURAL. (§ 41).

	Kal.	Niphal.	Piel.	Pual.	Hithpael.
Pret. 3. m.	שָׁחַט	נִשְׁחַט	בֵּרֵךְ	בֹּרַךְ	הִתְבָּרֵךְ
3. f.	שָׁחֲטָה	נִשְׁחֲטָה	בֵּרְכָה	בֹּרְכָה	הִתְבָּרְכָה
2. m.	שָׁחַטְתָּ	נִשְׁחַטְתָּ	בֵּרַכְתָּ	בֹּרַכְתָּ	הִתְבָּרַכְתָּ
2. f.	שָׁחַטְתְּ	נִשְׁחַטְתְּ	בֵּרַכְתְּ	בֹּרַכְתְּ	הִתְבָּרַכְתְּ
1. c.	שָׁחַטְתִּי	נִשְׁחַטְתִּי	בֵּרַכְתִּי	בֹּרַכְתִּי	הִתְבָּרַכְתִּי
Plur. 3. c.	שָׁחֲטוּ	נִשְׁחֲטוּ	בֵּרְכוּ	בֹּרְכוּ	הִתְבָּרְכוּ
2. m.	שְׁחַטְתֶּם	נִשְׁחַטְתֶּם	בֵּרַכְתֶּם	בֹּרַכְתֶּם	הִתְבָּרַכְתֶּם
2. f.	שְׁחַטְתֶּן	נִשְׁחַטְתֶּן	בֵּרַכְתֶּן	בֹּרַכְתֶּן	הִתְבָּרַכְתֶּן
1. c.	שָׁחַטְנוּ	נִשְׁחַטְנוּ	בֵּרַכְנוּ	בֹּרַכְנוּ	הִתְבָּרַכְנוּ
Inf.	שְׁחֹט	הִשָּׁחֵט	בָּרֵךְ	בֹּרַךְ	הִתְבָּרֵךְ
Inf. absol.	שָׁחוֹט	נִשְׁחֹט	בָּרוֹךְ		
Imp. m.	שְׁחַט	הִשָּׁחֵט	בָּרֵךְ		הִתְבָּרֵךְ
f.	שַׁחֲטִי	הִשָּׁחֲטִי	בָּרְכִי	wanting.	הִתְבָּרְכִי
Plur. m.	שַׁחֲטוּ	הִשָּׁחֲטוּ	בָּרְכוּ		הִתְבָּרְכוּ
f.	שְׁחַטְנָה	הִשָּׁחַטְנָה	בָּרֵכְנָה		הִתְבָּרֵכְנָה
Fut. 3. m.	יִשְׁחַט	יִשָּׁחֵט	יְבָרֵךְ	יְבֹרַךְ	יִתְבָּרֵךְ
3. f.	תִּשְׁחַט	תִּשָּׁחֵט	תְּבָרֵךְ	תְּבֹרַךְ	תִּתְבָּרֵךְ
2. m.	תִּשְׁחַט	תִּשָּׁחֵט	תְּבָרֵךְ	תְּבֹרַךְ	תִּתְבָּרֵךְ
2. f.	תִּשְׁחֲטִי	תִּשָּׁחֲטִי	תְּבָרְכִי	תְּבֹרְכִי	תִּתְבָּרְכִי
1. c.	אֶשְׁחַט	אֶשָּׁחֵט	אֲבָרֵךְ	אֲבֹרַךְ	אֶתְבָּרֵךְ
Plur. 3. m.	יִשְׁחֲטוּ	יִשָּׁחֲטוּ	יְבָרְכוּ	יְבֹרְכוּ	יִתְבָּרְכוּ
3. f.	תִּשְׁחַטְנָה	תִּשָּׁחַטְנָה	תְּבָרֵכְנָה	תְּבֹרַכְנָה	תִּתְבָּרֵכְנָה
2. m.	תִּשְׁחֲטוּ	תִּשָּׁחֲטוּ	תְּבָרְכוּ	תְּבֹרְכוּ	תִּתְבָּרְכוּ
2. f.	תִּשְׁחַטְנָה	תִּשָּׁחַטְנָה	תְּבָרֵכְנָה	תְּבֹרַכְנָה	תִּתְבָּרֵכְנָה
1. c.	נִשְׁחַט	נִשָּׁחֵט	נְבָרֵךְ	נְבֹרַךְ	נִתְבָּרֵךְ
Part.	שֹׁחֵט	נִשְׁחָט	מְבָרֵךְ	מְבֹרָךְ	מִתְבָּרֵךְ
pass.	שָׁחוּט				

E. VERB

	Kal.	Niphal.	Piel.
Pret. 3. m.	שָׁמַע*	נִשְׁמַע*	שִׁמַּע*
3. f.	שָׁמְעָה	נִשְׁמְעָה	שִׁמְּעָה
2. m.	שָׁמַעְתָּ	נִשְׁמַעְתָּ	שִׁמַּעְתָּ
2. f.	שָׁמַעַתְּ	נִשְׁמַעַתְּ	שִׁמַּעַתְּ
Plur. 2. m.	שְׁמַעְתֶּם	נִשְׁמַעְתֶּם	שִׁמַּעְתֶּם
Inf.	שְׁמֹעַ	הִשָּׁמֵעַ*	שַׁמֵּעַ*
Inf. absol.	שָׁמוֹעַ	נִשְׁמֹעַ	שַׁמֵּעַ
Imp. m.	שְׁמַע*	הִשָּׁמַע	שַׁמַּע
	שִׁמְעִי	הִשָּׁמְעִי	שַׁמְּעִי
	שִׁמְעוּ	הִשָּׁמְעוּ	שַׁמְּעוּ
	שְׁמַעְנָה	הִשָּׁמַעְנָה	שַׁמַּעְנָה
Fut. 3. m.	יִשְׁמַע	יִשָּׁמַע	יְשַׁמַּע
3. f.	תִּשְׁמַע	תִּשָּׁמַע	תְּשַׁמַּע
2. m.	תִּשְׁמַע	תִּשָּׁמַע	תְּשַׁמַּע
2. f.	תִּשְׁמְעִי	תִּשָּׁמְעִי	תְּשַׁמְּעִי
1. c.	אֶשְׁמַע	אֶשָּׁמַע	אֲשַׁמַּע
Plur. 3. m.	יִשְׁמְעוּ	יִשָּׁמְעוּ	יְשַׁמְּעוּ
3. f.	תִּשְׁמַעְנָה	תִּשָּׁמַעְנָה	תְּשַׁמַּעְנָה
2. m.	תִּשְׁמְעוּ	תִּשָּׁמְעוּ	תְּשַׁמְּעוּ
2. f.	תִּשְׁמַעְנָה	תִּשָּׁמַעְנָה	תְּשַׁמַּעְנָה
1. c.	נִשְׁמַע	נִשָּׁמַע	נְשַׁמַּע
Fut. with. Suff.	יִשְׁמָעֵנִי		
Part. act.	שׁוֹמֵעַ pass. שָׁמוּעַ	נִשְׁמָע	מְשַׁמֵּעַ

LAMED GUTTURAL. (§ 42)

Pual.	Hiphil.	Hophal.	Hithpael.
שִׁמַּע׳	הִשְׁמִיעַ׳	הָשְׁמַע׳	הִשְׁתַּמַּע׳
שִׁמְּעָה	הִשְׁמִיעָה	הָשְׁמְעָה	הִשְׁתַּמְּעָה
שֻׁמַּעְתָּ	הִשְׁמַעְתָּ	הָשְׁמַעְתָּ	הִשְׁתַּמַּעְתָּ
שֻׁמַּעַתְּ	הִשְׁמַעַתְּ	הָשְׁמַעַתְּ	הִשְׁתַּמַּעַתְּ
שֻׁמַּעְתֶּם	הִשְׁמַעְתֶּם	הָשְׁמַעְתֶּם	הִשְׁתַּמַּעְתֶּם

| שֻׁמַּע | הַשְׁמִיעַ׳ | הָשְׁמַע | הִשְׁתַּמַּע |
| — | הַשְׁמֵעַ | הָשְׁמֵעַ | הִשְׁתַּמֵּעַ |

	הַשְׁמַע		הִשְׁתַּמַּע
wanting.	הַשְׁמִיעִי	wanting.	—
	הַשְׁמִיעוּ		—
	הַשְׁמַעְנָה		—

יְשֻׁמַּע	יַשְׁמִיעַ	יָשְׁמַע	יִשְׁתַּמַּע
תְּשֻׁמַּע	תַּשְׁמִיעַ	תָּשְׁמַע	תִּשְׁתַּמַּע
תְּשֻׁמַּע	תַּשְׁמִיעַ	תָּשְׁמַע	תִּשְׁתַּמַּע
תְּשֻׁמְּעִי	תַּשְׁמִיעִי	תָּשְׁמְעִי	תִּשְׁתַּמְּעִי
אֲשֻׁמַּע	אַשְׁמִיעַ	אָשְׁמַע	אֶשְׁתַּמַּע
יְשֻׁמְּעוּ	יַשְׁמִיעוּ	יָשְׁמְעוּ	יִשְׁתַּמְּעוּ
תְּשֻׁמַּעְנָה	תַּשְׁמַעְנָה	תָּשְׁמַעְנָה	תִּשְׁתַּמַּעְנָה
תְּשֻׁמְּעוּ	תַּשְׁמִיעוּ	תָּשְׁמְעוּ	תִּשְׁתַּמְּעוּ
תְּשֻׁמַּעְנָה	תַּשְׁמַעְנָה	תָּשְׁמַעְנָה	תִּשְׁתַּמַּעְנָה
נְשֻׁמַּע	נַשְׁמִיעַ	נָשְׁמַע	נִשְׁתַּמַּע

| Fut. apoc. | | יַשְׁמַע | | |

| מְשֻׁמָּע | מַשְׁמִיעַ | מָשְׁמָע | מִשְׁתַּמַּע |

F. VERB LAMEDH

	Kal.	Niphal.	Piel.
Pret. 3. m.	מָצָא*	נִמְצָא*	מִצָּא*
3. f.	מָצְאָה	נִמְצְאָה	מִצְּאָה
2. m.	מָצָאתָ	נִמְצֵאתָ	מִצֵּאתָ
2. f.	מָצָאת	נִמְצֵאת	מִצֵּאת
1. c.	מָצָאתִי	נִמְצֵאתִי	מִצֵּאתִי
Plur. 3. c.	מָצְאוּ	נִמְצְאוּ	מִצְּאוּ
2. m.	מְצָאתֶם	נִמְצֵאתֶם	מִצֵּאתֶם
2. f.	מְצָאתֶן	נִמְצֵאתֶן	מִצֵּאתֶן
1. c.	מָצָאנוּ	נִמְצֵאנוּ	מִצֵּאנוּ
Inf.	מְצֹא abs. (מָצוֹא)	הִמָּצֵא* (נִמְצֹא)	מַצֵּא* (מַצֹּא)
Imp. m.	מְצָא*	הִמָּצֵא	מַצֵּא
f.	מִצְאִי	הִמָּצְאִי	מַצְּאִי
Plur. m.	מִצְאוּ	הִמָּצְאוּ	מַצְּאוּ
f.	מְצֶאנָה	הִמָּצֶאנָה	מַצֶּאנָה
Fut. 3. m.	יִמְצָא	יִמָּצֵא	יְמַצֵּא
3. f.	תִּמְצָא	תִּמָּצֵא	תְּמַצֵּא
2. m.	תִּמְצָא	תִּמָּצֵא	תְּמַצֵּא
2. f.	תִּמְצְאִי	תִּמָּצְאִי	תְּמַצְּאִי
1. c.	אֶמְצָא	אֶמָּצֵא	אֲמַצֵּא
Plur. 3. m.	יִמְצְאוּ	יִמָּצְאוּ	יְמַצְּאוּ
3. f.	תִּמְצֶאנָה	תִּמָּצֶאנָה	תְּמַצֶּאנָה
2. m.	תִּמְצְאוּ	תִּמָּצְאוּ	תְּמַצְּאוּ
2. f.	תִּמְצֶאנָה	תִּמָּצֶאנָה	תְּמַצֶּאנָה
1. c.	נִמְצָא	נִמָּצֵא	נְמַצֵּא
Fut. apoc. (Jussive)			
Fut. with Suff.			יְמַצְּאֵנִי
Part. act.	מֹצֵא pass. מָצוּא	נִמְצָא	מְמַצֵּא

ALEPH (ל"א). (§ 49)

Pual.	Hiphil.	Hophal.	Hithpael.
מֻצָּא·	הִמְצִיא·	הֻמְצָא·	הִתְמַצֵּא·
מֻצְּאָה	הִמְצִיאָה	הֻמְצְאָה	הִתְמַצְּאָה
מֻצֵּאתָ	הִמְצֵיאתָ	הֻמְצֵאתָ	הִתְמַצֵּאתָ
מֻצֵּאת	הִמְצֵאת	הֻמְצֵאת	הִתְמַצֵּאת
מֻצֵּאתִי	הִמְצֵיאתִי	הֻמְצֵאתִי	הִתְמַצֵּאתִי
מֻצְּאוּ	הִמְצִיאוּ	הֻמְצְאוּ	הִתְמַצְּאוּ
מֻצֵּאתֶם	הִמְצֵאתֶם	הֻמְצֵאתֶם	הִתְמַצֵּאתֶם
מֻצֵּאתֶן	הִמְצֵאתֶן	הֻמְצֵאתֶן	הִתְמַצֵּאתֶן
מֻצֵּאנוּ	הִמְצֵאנוּ	הֻמְצֵאנוּ	הִתְמַצֵּאנוּ

| מֻצָּא | הַמְצִיא· abs.(הַמְצֵא) הָמְצָא (הָמְצֵא) | | הִתְמַצֵּא |

	הַמְצֵא		הִתְמַצֵּא
wanting.	הַמְצִיאִי	wanting.	הִתְמַצְּאִי
	הַמְצִיאוּ		הִתְמַצְּאוּ
	הַמְצֶאנָה		הִתְמַצֶּאנָה

יְמֻצָּא	יַמְצִיא	יֻמְצָא	יִתְמַצֵּא
תְּמֻצָּא	תַּמְצִיא	תֻּמְצָא	תִּתְמַצֵּא
תְּמֻצָּא	תַּמְצִיא	תֻּמְצָא	תִּתְמַצֵּא
תְּמֻצְּאִי	תַּמְצִיאִי	תֻּמְצְאִי	תִּתְמַצְּאִי
אֲמֻצָּא	אַמְצִיא	אֻמְצָא	אֶתְמַצֵּא
יְמֻצְּאוּ	יַמְצִיאוּ	יֻמְצְאוּ	יִתְמַצְּאוּ
תְּמֻצֶּאנָה	תַּמְצֶאנָה	תֻּמְצֶאנָה	תִּתְמַצֶּאנָה
תְּמֻצְּאוּ	תַּמְצִיאוּ	תֻּמְצְאוּ	תִּתְמַצְּאוּ
תְּמֻצֶּאנָה	תַּמְצֶאנָה	תֻּמְצֶאנָה	תִּתְמַצֶּאנָה
נְמֻצָּא	נַמְצִיא	נֻמְצָא	נִתְמַצֵּא

| | יַמְצֵא | | |

| | יַמְצִיאֵנִי | | |

| מְמֻצָּא | מַמְצִיא | מֻמְצָא | מִתְמַצֵּא |

G. VERB PE ALEPH (פ״א). § 48.

	Kal.	Niphal.	Hiphil.	Hophal.
Pret. 3. m.	אָכַל	נֶאֱכַל	הֶאֱכִיל	הָאֳכַל

Like the Verb Pe Guttural, in Paradigm C.

		Kal	Niphal	Hiphil	Hophal
Inf.		אֲכֹל abs. (אָכוֹל) הֱאָכֵל (הֵאָכֹל)	הַאֲכִיל	הָאֳכַל
Imp.	m.	אֱכֹל	הֵאָכֵל	הַאֲכֵל	
	f.	אִכְלִי	etc.	etc.	wanting.
Plur.	m.	אִכְלוּ			
	f.	אֱכֹלְנָה			
Fut.	3. m.	יֹאכַל (יֹאכַל in p.)	יֵאָכֵל	יַאֲכִיל	יָאֳכַל
	3. f.	תֹּאכַל			
	2. m.	תֹּאכַל			
	2. f.	תֹּאכְלִי	etc.	etc.	etc.
	1. c.	אֹכַל			
Plur.	3. m.	יֹאכְלוּ			
	3. f.	תֹּאכַלְנָה			
	2. m.	תֹּאכְלוּ			
	2. f.	תֹּאכַלְנָה			
	1. c.	נֹאכַל			

Fut. Vav Conv. וַיֹּאכַל, וַיֹּאמֶר

| Part. act. | אֹכֵל pass. אָכוּל | נֶאֱכָל | מַאֲכִיל | מָאֳכָל |

H. VERB פ"ן (§ 50).

		Kal.	Niphal.	Hiphil.	Hophal.
Pret.	3. m.	נָגַשׁ*	נִגַּשׁ*	הִגִּישׁ*	הֻגַּשׁ*
	3. f.		נִגְּשָׁה	הִגִּישָׁה	הֻגְּשָׁה
	2. m.	etc.	נִגַּשְׁתָּ	הִגַּשְׁתָּ	הֻגַּשְׁתָּ
	2. f.		נִגַּשְׁתְּ	הִגַּשְׁתְּ	הֻגַּשְׁתְּ
	1. c.	regular.	נִגַּשְׁתִּי	הִגַּשְׁתִּי	הֻגַּשְׁתִּי
Plur.	3.		נִגְּשׁוּ	הִגִּישׁוּ	הֻגְּשׁוּ
	2. m.		נִגַּשְׁתֶּם	הִגַּשְׁתֶּם	הֻגַּשְׁתֶּם
	2. f.		נִגַּשְׁתֶּן	הִגַּשְׁתֶּן	הֻגַּשְׁתֶּן
	1. c.		נִגַּשְׁנוּ	הִגַּשְׁנוּ	הֻגַּשְׁנוּ
Inf. constr.		גֶּשֶׁת abs. (נָגוֹשׁ) הַגֵּשׁ* (הִנָּגֵשׁ) הַגִּישׁ* (הַגֵּשׁ) (הֻגֵּשׁ)			
Imp.	m.	גַּשׁ*	הִנָּגֵשׁ	הַגֵּשׁ	
	f.	גְּשִׁי	הִנָּגְשִׁי	הַגִּישִׁי	wanting.
Plur.	m.	גְּשׁוּ	הִנָּגְשׁוּ	הַגִּישׁוּ	
	f.	גַּשְׁנָה	הִנָּגַשְׁנָה	הַגֵּשְׁנָה	
Fut.	3. m.	יִגַּשׁ	יִנָּגֵשׁ	יַגִּישׁ	יֻגַּשׁ
	3. f.	תִּגַּשׁ	תִּנָּגֵשׁ	תַּגִּישׁ	תֻּגַּשׁ
	2. m.	תִּגַּשׁ	תִּנָּגֵשׁ	תַּגִּישׁ	תֻּגַּשׁ
	2. f.	תִּגְּשִׁי	תִּנָּגְשִׁי	תַּגִּישִׁי	תֻּגְּשִׁי
	1. c.	אֶגַּשׁ	אֶנָּגֵשׁ	אַגִּישׁ	אֻגַּשׁ
Plur.	3. m.	יִגְּשׁוּ	יִנָּגְשׁוּ	יַגִּישׁוּ	יֻגְּשׁוּ
	3. f.	תִּגַּשְׁנָה	תִּנָּגַשְׁנָה	תַּגֵּשְׁנָה	תֻּגַּשְׁנָה
	2. m.	תִּגְּשׁוּ	תִּנָּגְשׁוּ	תַּגִּישׁוּ	תֻּגְּשׁוּ
	2. f.	תִּגַּשְׁנָה	תִּנָּגַשְׁנָה	תַּגֵּשְׁנָה	תֻּגַּשְׁנָה
	1. c.	נִגַּשׁ	נִנָּגֵשׁ	נַגִּישׁ	נֻגַּשׁ
The length. Fut.		אֶגְּשָׁה	אֶנָּגְפָה	אַגִּישָׁה	
Fut. apoc.				יַגֵּשׁ	
Part. act.		נֹגֵשׁ pass. נָגוּשׁ	נִגָּשׁ	מַגִּישׁ	מֻגָּשׁ

I. VERB PE YODH

		Kal.		Niphal.
Pret.	3. m.	יָשַׁב*		נוֹשַׁב*
	3. f.	יָשְׁבָה		נוֹשְׁבָה
	2. m.	יָשַׁבְתָּ		נוֹשַׁבְתָּ
	2. f.	יָשַׁבְתְּ		נוֹשַׁבְתְּ
	1. c.	יָשַׁבְתִּי		נוֹשַׁבְתִּי
Plur.	3. c.	יָשְׁבוּ		נוֹשְׁבוּ
	2. m.	יְשַׁבְתֶּם		נוֹשַׁבְתֶּם
	2. f.	יְשַׁבְתֶּן		נוֹשַׁבְתֶּן
	1. c.	יָשַׁבְנוּ		נוֹשַׁבְנוּ

| Inf. | | יְסֹד (יָשׁוֹב) abs., שֶׁבֶת | | הִוָּשֵׁב* |

Imp.	m.	שֵׁב*	יְרַשׁ	הִוָּשֵׁב
	f.	שְׁבִי	יִרְשִׁי	הִוָּשְׁבִי
Plur.	m.	שְׁבוּ	יִרְשׁוּ	הִוָּשְׁבוּ
	f.	שֵׁבְנָה	יְרַשְׁנָה	הִוָּשַׁבְנָה

Fut.	3. m.	יֵשֵׁב	יִירַשׁ	יִוָּשֵׁב
	3. f.	תֵּשֵׁב	תִּירַשׁ	תִּוָּשֵׁב
	2. m.	תֵּשֵׁב	תִּירַשׁ	תִּוָּשֵׁב
	2. f.	תֵּשְׁבִי	תִּירְשִׁי	תִּוָּשְׁבִי
	1. c.	אֵשֵׁב	אִירַשׁ	אִוָּשֵׁב
Plur.	3. m.	יֵשְׁבוּ	יִירְשׁוּ	יִוָּשְׁבוּ
	3. f.	תֵּשַׁבְנָה	תִּירַשְׁנָה	תִּוָּשַׁבְנָה
	2. m.	תֵּשְׁבוּ	תִּירְשׁוּ	תִּוָּשְׁבוּ
	2. f.	תֵּשַׁבְנָה	תִּירַשְׁנָה	תִּוָּשַׁבְנָה
	1. c.	נֵשֵׁב	נִירַשׁ	נִוָּשֵׁב

| Fut. apoc. (Jussive) | | | | |
| Fut. with Vav Conv. | וַיֵּשֶׁב | | | |

| Part. act. | יֹשֵׁב | pass. יָשׁוּב | | נוֹשָׁב |

J. Verb prop. Pe Yodh (פ״י) (orig. פ״ו) (§ 51.) פ״י

Hiphil.	Hophal.	Kal.	Hiphil.
הוֹשִׁיב*	הוּשַׁב*	יָטַב*	הֵיטִיב*
הוֹשִׁיבָה	הוּשְׁבָה		הֵיטִיבָה
הוֹשַׁבְתָּ	הוּשַׁבְתָּ		הֵיטַבְתָּ
הוֹשַׁבְתְּ	הוּשַׁבְתְּ	regular.	הֵיטַבְתְּ
הוֹשַׁבְתִּי	הוּשַׁבְתִּי		הֵיטַבְתִּי
הוֹשִׁיבוּ	הוּשְׁבוּ		הֵיטִיבוּ
הוֹשַׁבְתֶּם	הוּשַׁבְתֶּם		הֵיטַבְתֶּם
הוֹשַׁבְתֶּן	הוּשַׁבְתֶּן		הֵיטַבְתֶּן
הוֹשַׁבְנוּ	הוּשַׁבְנוּ		הֵיטַבְנוּ
הוֹשִׁיב abs. (הוֹשֵׁיב, הוֹשֵׁב)	הוּשַׁב (הוּשֵׁב, הוֹשֵׁב)	יְטֹב (יָטוֹב) הֵיטִיב (הֵיטֵב)
הוֹשֵׁב		יְטַב*	הֵיטֵב
הוֹשִׁיבִי		יִטְבִי	הֵיטִיבִי
הוֹשִׁיבוּ	wanting.	יִטְבוּ	הֵיטִיבוּ
הוֹשֵׁבְנָה		יְטַבְנָה	הֵיטֵבְנָה
יוֹשִׁיב	יוּשַׁב	יִיטַב	יֵיטִיב
תּוֹשִׁיב	תּוּשַׁב	תִּיטַב	תֵּיטִיב
תּוֹשִׁיב	תּוּשַׁב	תִּיטַב	תֵּיטִיב
תּוֹשִׁיבִי	תּוּשְׁבִי	תִּיטְבִי	תֵּיטִיבִי
אוֹשִׁיב	אוּשַׁב	אִיטַב	אֵיטִיב
יוֹשִׁיבוּ	יוּשְׁבוּ	יִיטְבוּ	יֵיטִיבוּ
תּוֹשֵׁבְנָה	תּוּשַׁבְנָה	תִּיטַבְנָה	תֵּיטֵבְנָה
תּוֹשִׁיבוּ	תּוּשְׁבוּ	תִּיטְבוּ	תֵּיטִיבוּ
תּוֹשֵׁבְנָה	תּוּשַׁבְנָה	תִּיטַבְנָה	תֵּיטֵבְנָה
נוֹשִׁיב	נוּשַׁב	נִיטַב	נֵיטִיב
יוֹשֵׁב			יֵיטֵב
וַיּוֹשֶׁב		וַיִּיקֶץ, וַיִּיטֶב	
מוֹשִׁיב	מוּשָׁב	יָטוֹב, יָטֹב	מֵיטִיב

K. VERB AYIN DOU-

	Kal.		Niphal.
Pret. 3. m.	סַב׳		נָסַב*
3. f.	סַבָּה		נָסַבָּה
2. m.	סַבּוֹתָ		נְסַבּוֹתָ
2. f.	סַבּוֹת		נְסַבּוֹת
1. c.	סַבּוֹתִי		נְסַבּוֹתִי
Plur. 3. c.	סַבּוּ		נָסַבּוּ
2. m.	סַבּוֹתֶם		נְסַבּוֹתֶם
2. f.	סַבּוֹתֶן		נְסַבּוֹתֶן
1. c.	סַבּוֹנוּ		נְסַבּוֹנוּ
Inf. constr.	סֹב* abs. (סָבוֹב)		הִסַּב (הִסּוֹב)
Imp. m.	סֹב		הִסַּב
f.	סֹבִּי		הִסַּבִּי
Plur. m.	סֹבּוּ		הִסַּבּוּ
f.	סֻבֶּינָה		הִסַּבֶּינָה
Fut. 3. m.	יָסֹב	יִסֹּב	יִסַּב
3. f.	תָּסֹב	תִּסֹּב	תִּסַּב
2. m.	תָּסֹב	תִּסֹּב	תִּסַּב
2. f.	תָּסֹבִּי	תִּסֹּבִּי	תִּסַּבִּי
1. c.	אָסֹב	אֶסֹּב	אֶסַּב
Plur. 3. m.	יָסֹבּוּ	יִסֹּבּוּ	יִסַּבּוּ
3. f.	תְּסֻבֶּינָה	תִּסֹּבְנָה	תִּסַּבֶּינָה
2. m.	תָּסֹבּוּ	תִּסֹּבּוּ	תִּסַּבּוּ
2. f.	תְּסֻבֶּינָה	תִּסֹּבְנָה	תִּסַּבֶּינָה
1. c.	נָסֹב	נִסֹּב	נִסַּב
Fut. with Vav Conv.	וַיָּסָב		
Fut. with Suff.	יְסֻבֵּנִי		
Part. act.	סָבוּב pass. סוֹבֵב		נָסָב

BLED (עי״ע), (§ 52).

Hiphil.	Hophal.	Piël.	Puäl.
הֵסֵב׳	הוּסַב׳	סוֹבֵב׳	סוֹבַב׳
הֵסֵבָּה	הוּסַבָּה	סוֹבְבָה	סוֹבְבָה
הֲסִבּוֹת	הוּסַבּוֹת	סוֹבַבְתָּ	סוֹבַבְתָּ
הֲסִבּוֹת	הוּסַבּוֹת	סוֹבַבְתְּ	סוֹבַבְתְּ
הֲסִבּוֹתִי	הוּסַבּוֹתִי	סוֹבַבְתִּי	סוֹבַבְתִּי
הֵסֵבּוּ	הוּסַבּוּ	סוֹבְבוּ	סוֹבְבוּ
הֲסִבּוֹתֶם	הוּסַבּוֹתֶם	סוֹבַבְתֶּם	סוֹבַבְתֶּם
הֲסִבּוֹתֶן	הוּסַבּוֹתֶן	סוֹבַבְתֶּן	סוֹבַבְתֶּן
הֲסִבּוֹנוּ	הוּסַבּוֹנוּ	סוֹבַבְנוּ	סוֹבַבְנוּ
הָסֵב׳	הוּסַב	סוֹבֵב	סוֹבַב
הָסֵב		סוֹבֵב	
הָסֵבִּי	wanting.	סוֹבְבִי	wanting.
הָסֵבּוּ		סוֹבְבוּ	
הֲסִבֶּינָה		סוֹבֵבְנָה	
יָסֵב	יוּסַב	יְסוֹבֵב	יְסוֹבַב
תָּסֵב	תּוּסַב	תְּסוֹבֵב	תְּסוֹבַב
תָּסֵב	תּוּסַב	תְּסוֹבֵב	תְּסוֹבַב
תָּסֵבִּי	תּוּסַבִּי	תְּסוֹבְבִי	תְּסוֹבְבִי
אָסֵב	אוּסַב	אֲסוֹבֵב	אֲסוֹבַב
יָסֵבּוּ	יוּסַבּוּ	יְסוֹבְבוּ	יְסוֹבְבוּ
תְּסִבֶּינָה	תּוּסַבֶּינָה	תְּסוֹבֵבְנָה	תְּסוֹבַבְנָה
תָּסֵבּוּ	תּוּסַבּוּ	תְּסוֹבְבוּ	תְּסוֹבְבוּ
תְּסִבֶּינָה	תּוּסַבֶּינָה	תְּסוֹבֵבְנָה	תְּסוֹבַבְנָה
נָסֵב	נוּסַב	נְסוֹבֵב	נְסוֹבַב
וַיָּסֵב			
יְסֻבֵּנִי (יְסֻבְּכֶם)		יְסוֹבְבֵנִי	
מֵסֵב	מוּסָב	מְסוֹבֵב	מְסוֹבָב

L. VERB AYIN VAV

	Kal.	Niphal.	Hiphil.	Hophal.
Pret. 3. m.	קָם֗	נָקוֹם֗	הֵקִים֗	הוּקַם֗
3. f.	קָמָה	נָקוֹמָה	הֵקִימָה	הוּקְמָה
2. m.	קַ֫מְתָּ	נְקוּמוֹתָ	הֲקִימוֹתָ	הוּקַ֫מְתָּ
2. f.	קַ֫מְתְּ	נְקוּמוֹת	הֲקִימוֹת	הוּקַ֫מְתְּ
1. c.	קַ֫מְתִּי	נְקוּמוֹתִי	הֲקִימוֹתִי	הוּקַ֫מְתִּי
Plur. 3. c.	קָ֫מוּ	נָקוֹמוּ	הֵקִ֫ימוּ	הוּקְמוּ
2. m.	קַמְתֶּם	נְקוּמוֹתֶם	הֲקִימוֹתֶם	הוּקַמְתֶּם
2. f.	קַמְתֶּן	נְקוּמוֹתֶן	הֲקִימוֹתֶן	הוּקַמְתֶּן
1. c.	קַ֫מְנוּ	נְקוּמוֹנוּ	הֲקִימ֫וֹנוּ	הוּקַ֫מְנוּ
Inf. const.	קוּם (abs. קוֹם)*	הִקּוֹם*	הָקִים* (הֲקֵם, הֲקִים)	הוּקַם (הֻקַם, הֻקֵם)
Imp. m.	קוּם	הִקּוֹם	הָקֵם	
f.	ק֫וּמִי	הִקּ֫וֹמִי	הָקִ֫ימִי	wanting.
Plur. m.	ק֫וּמוּ	הִקּ֫וֹמוּ	הָקִ֫ימוּ	
f.	קֹ֫מְנָה	הִקּ֫וֹמְנָה	הָקֵ֫מְנָה	
Fut. 3. m.	יָקוּם	יִקּוֹם	יָקִים	יוּקַם
3. f.	תָּקוּם	תִּקּוֹם	תָּקִים	תּוּקַם
2. m.	תָּקוּם	תִּקּוֹם	תָּקִים	תּוּקַם
2. f.	תָּק֫וּמִי	תִּקּ֫וֹמִי	תָּקִ֫ימִי	תּוּקְמִי
1. c.	אָקוּם	אִקּוֹם	אָקִים	אוּקַם
Plur. 3. m.	יָק֫וּמוּ	יִקּ֫וֹמוּ	יָקִ֫ימוּ	יוּקְמוּ
3. f.	תְּקוּמֶ֫ינָה	תִּקֹּ֫מְנָה	תְּקִמֶ֫נָה	תּוּקַ֫מְנָה
2. m.	תָּק֫וּמוּ	תִּקּ֫וֹמוּ	תָּקִ֫ימוּ	תּוּקְמוּ
2. f.	תְּקוּמֶ֫ינָה	תִּקֹּ֫מְנָה	תְּקִמֶ֫נָה	תּוּקַ֫מְנָה
1. c.	נָקוּם	נִקּוֹם	נָקִים	נוּקַם
Fut. apoc.	יָקֹם		יָקֵם	
conv.	וַיָּ֫קָם, וַיָּ֫קֹם		וַיָּ֫קֶם	
Fut. with suff.	יְקִימֵ֫נִי		יְקִימֵ֫נִי	
Part. act.	קָם pass. קוּם	נָקוֹם	מֵקִים	מוּקָם

Niphal.	Kal.		Pual.	Piel.
נָבוֹן	בִּין	בָּן	קוֹמַם־	קוֹמֵם־
נָבוֹנָה	בִּינָה	בָּנָה	קוֹמְמָה	קוֹמְמָה
נְבוּנוֹתָ	בִּינוֹתָ	בַּנְתָ	קוֹמַמְתָּ	קוֹמַמְתָּ
נְבוּנוֹת	בִּינוֹת	בַּנְתְ	קוֹמַמְתְּ	קוֹמַמְתְּ
נְבוּנוֹתִי	בִּינוֹתִי	בַּנְתִּי	קוֹמַמְתִּי	קוֹמַמְתִּי
נְבוֹנוּ	בִּינוּ	בָּנוּ	קוֹמְמוּ	קוֹמְמוּ
נְבוּנוֹתֶם	בִּינוֹתֶם	בַּנְתֶּם	קוֹמַמְתֶּם	קוֹמַמְתֶּם
נְבוּנוֹתֶן	בִּינוֹתֶן	בַּנְתֶּן	קוֹמַמְתֶּן	קוֹמַמְתֶּן
נְבוֹנוּ	בִּינוֹנוּ	בַּנּוּ	קוֹמַמְנוּ	קוֹמַמְנוּ
הִכּוֹן*	(בֹּן)	בִּין*	קוֹמֵם	קוֹמֵם
הִכּוֹן	בִּין		קוֹמֵם	קוֹמֵם
as הָקוֹם	בִּינִי		wanting.	קוּכְמִי
—	בִּינוּ			קוּכְמוּ
—	—			קוֹמֵמְנָה
יִכּוֹן	יָבִין		יְקוֹמַם	יְקוֹמֵם
as יָקוּם	תָּבִין		תְּקוֹמַם	תְּקוֹמֵם
	תָּבִין		תְּקוֹמַם	תְּקוֹמֵם
	תָּבִינִי		תְּקוֹמְמִי	תְּקוֹמְמִי
	אָבִין		אֲקוֹמַם	אֲקוֹמֵם
	יָבִינוּ		יְקוֹמְמוּ	יְקוֹמְמוּ
	תְּבִינֶינָה		תְּקוֹמַמְנָה	תְּקוֹמֵמְנָה
	תָּבִינוּ		תְּקוֹמְמוּ	תְּקוֹמְמוּ
	תְּבִינֶינָה		תְּקוֹמַמְנָה	תְּקוֹמֵמְנָה
	נָבִין		נְקוֹמַם	נְקוֹמֵם
	יָבֵן			
	וַיָּבֶן			
	יְבִינֵנִי			.
נָבוֹן	בֹּן · בּוּן		מְקוֹמָם	מְקוֹמֵם

N. VERB LAMEDH

	Kal.	Niphal.	Piel.
Pret. 3. m.	גָּלָה	נִגְלָה*	גִּלָּה*
3. f.	גָּלְתָה	נִגְלְתָה	גִּלְּתָה
2. m.	גָּלִיתָ	נִגְלֵיתָ	גִּלִּיתָ (גִּלֵּיתָ)
2. f.	גָּלִית	נִגְלֵית	גִּלִּית
1. c.	גָּלִיתִי	נִגְלֵיתִי	גִּלִּיתִי
Plur. 3. c.	גָּלוּ	נִגְלוּ	גִּלּוּ
2. m.	גְּלִיתֶם	נִגְלֵיתֶם	גִּלִּיתֶם
2. f.	גְּלִיתֶן	נִגְלֵיתֶן	גִּלִּיתֶן
1. c.	גָּלִינוּ	נִגְלֵינוּ	גִּלִּינוּ
Inf. constr.	גְּלוֹת abs. (גָּלֹה) (poet. גָּלוֹ) הִגָּלוֹת (נִגְלֹה) גַּלּוֹת (גַּלֹּה)		
Imp. m.	גְּלֵה*	הִגָּלֵה*	גַּלֵּה*
f.	גְּלִי	הִגָּלִי	גַּלִּי
Plur. m.	גְּלוּ	הִגָּלוּ	גַּלּוּ
f.	גְּלֶינָה	הִגָּלֶינָה	גַּלֶּינָה
Fut. 3. m.	יִגְלֶה	יִגָּלֶה	יְגַלֶּה
3. f.	תִּגְלֶה	תִּגָּלֶה	תְּגַלֶּה
2. m.	תִּגְלֶה	תִּגָּלֶה	תְּגַלֶּה
2. f.	תִּגְלִי	תִּגָּלִי	תְּגַלִּי
1. c.	אֶגְלֶה	אֶגָּלֶה	אֲגַלֶּה
Plur. 3. m.	יִגְלוּ	יִגָּלוּ	יְגַלּוּ
3. f.	תִּגְלֶינָה	תִּגָּלֶינָה	תְּגַלֶּינָה
2. m.	תִּגְלוּ	תִּגָּלוּ	תְּגַלּוּ
2. f.	תִּגְלֶינָה	תִּגָּלֶינָה	תְּגַלֶּינָה
1. c.	נִגְלֶה	נִגָּלֶה	נְגַלֶּה
Fut. apoc.	יִגֶל	יִגָּל	יְגַל
Fut. with Suff.	יִגְלֵנִי		יְגַלֵּנִי
Part. act.	גֹּלֶה pass. גָּלוּי	נִגְלֶה	מְגַלֶּה

HE (ל״ה). (§ 54).

Pual.	Hiphil.	Hophal.	Hithpael.
גִּלָּה	הִגְלָה	הָגְלָה	הִתְגַּלָּה
גִּלְּתָה	הִגְלְתָה	הָגְלְתָה	הִתְגַּלְּתָה
גֻּלֵּיתָ	הִגְלֵיתָ (הִגְלִיתָ)	הָגְלֵיתָ	הִתְגַּלֵּיתָ
גֻּלֵּית	הִגְלֵית	הָגְלֵית	הִתְגַּלֵּית
גֻּלֵּיתִי	הִגְלֵיתִי	הָגְלֵיתִי	הִתְגַּלֵּיתִי
גֻּלּוּ	הִגְלוּ	הָגְלוּ	הִתְגַּלּוּ
גֻּלֵּיתֶם	הִגְלֵיתֶם	הָגְלֵיתֶם	הִתְגַּלֵּיתֶם
גֻּלֵּיתֶן	הִגְלֵיתֶן	הָגְלֵיתֶן	הִתְגַּלֵּיתֶן
גֻּלֵּינוּ	הִגְלֵינוּ	הָגְלֵינוּ	הִתְגַּלֵּינוּ

גְּלוֹת (גְּלֵה) הַגְלוֹת (הַגְלֵה) הָגְלוֹת (הָגְלֵה) הִתְגַּלּוֹת (הִתְגַּלֵּה)

	הַגְלֵה		הִתְגַּלֵּה
wanting.	הַגְלִי	wanting.	הִתְגַּלִּי
	הַגְלוּ		הִתְגַּלּוּ
	הַגְלֶינָה		הִתְגַּלֶּינָה

יְגֻלֶּה	יַגְלֶה	יָגְלֶה	יִתְגַּלֶּה
תְּגֻלֶּה	תַּגְלֶה	תָּגְלֶה	תִּתְגַּלֶּה
תְּגֻלֶּה	תַּגְלֶה	תָּגְלֶה	תִּתְגַּלֶּה
תְּגֻלִּי	תַּגְלִי	תָּגְלִי	תִּתְגַּלִּי
אֲגֻלֶּה	אַגְלֶה	אָגְלֶה	אֶתְגַּלֶּה
יְגֻלּוּ	יַגְלוּ	יָגְלוּ	יִתְגַּלּוּ
תְּגֻלֶּינָה	תַּגְלֶינָה	תָּגְלֶינָה	תִּתְגַּלֶּינָה
תְּגֻלּוּ	תַּגְלוּ	תָּגְלוּ	תִּתְגַּלּוּ
תְּגֻלֶּינָה	תַּגְלֶינָה	תָּגְלֶינָה	תִּתְגַּלֶּינָה
נְגֻלֶּה	נַגְלֶה	נָגְלֶה	נִתְגַּלֶּה

| | יַגֵּל | | יִתְגַּל |

| | יַגְלֵנִי | | |

| מְגֻלֶּה | מַגְלֶה | מָגְלֶה | מִתְגַּלֶּה |

O. REGULAR VERB

Suffixes *for*	1 Sing.	2 Sing. m.	2. Sing. f.	3. Sing. m.
Pret. Kal. 3. m.	קְטָלַ֫נִי	קְטָלְךָ	קְטָלֵךְ	{ קְטָלָ֫הוּ / קְטָלוֹ }
3. f.	קְטָלַ֫תְנִי	קְטָלַ֫תְךָ	קְטָלָ֫תֶךְ	{ קְטָלַ֫תְהוּ / קְטָלַ֫תּוּ }
2. m.	{ קְטַלְתַּ֫נִי / קְטַלְתָּ֫נִי }	—	—	{ קְטַלְתָּ֫הוּ / קְטַלְתּוֹ }
2. f.	קְטַלְתִּ֫ינִי	—	—	{ קְטַלְתִּ֫יהוּ / קְטַלְתִּיו }
1. c.	—	קְטַלְתִּ֫יךָ	קְטַלְתִּיךְ	קְטַלְתִּיו
Plur. 3. c.	קְטָל֫וּנִי	קְטָל֫וּךָ	קְטָל֫וּךְ	קְטָל֫וּהוּ
2. m.	קְטַלְתּ֫וּנִי	—	—	קְטַלְתּ֫וּהוּ
1. c.	—	קְטַלְנ֫וּךָ	קְטַלְנ֫וּךְ	קְטַלְנ֫וּהוּ
Inf. Kal. suff. nom. / suff. verb.	{ קָטְלִי / קָטְלֵ֫נִי }	{ קָטְלְךָ / קָטְלֶ֫ךָ }	קָטְלֵךְ	קָטְלוֹ
Imp. Kal.	קָטְלֵ֫נִי	—	—	קָטְלֵ֫הוּ
Fut. Kal. 3. m.	יִקְטְלֵ֫נִי	יִקְטָלְךָ	יִקְטְלֵךְ	יִקְטְלֵ֫הוּ
3. m. with *Nun* epenthetic	יִקְטְלֶ֫נִּי	יִקְטָלֶ֫ךָ	—	יִקְטְלֶ֫נּוּ
Plur. 3. m.	יִקְטְל֫וּנִי	יִקְטְל֫וּךָ	יִקְטְל֫וּךְ	יִקְטְל֫וּהוּ
Pret. Piel.	קִטְּלַ֫נִי	קִטֶּלְךָ	קִטְּלֵךְ	קִטְּלוֹ

WITH SUFFIXES. § 42—47.

3. Sing. f.	1 Plur.	2 Plur. m.	2 Plur. f.	3 Plur. m	3 Plur. f.
קְטָלָהּ	קְטָלָנוּ	קְטָלְכֶם	קְטָלְכֶן	קְטָלָם	קְטָלָן
קְטָלַתָּה	קְטָלַתְנוּ	קְטָלַתְכֶם	קְטָלַתְהֶן	קְטָלָתַם	קְטָלָתַן
קְטַלְתָּהּ	קְטַלְתָּנוּ	—	—	קְטַלְתָּם	קְטַלְתָּן
קְטַלְתִּיהָ	קְטַלְתִּינוּ	—	—	קְטַלְתִּים	קְטַלְתִּין
קְטָלוּהָ	קְטָלוּנוּ	קְטָלוּכֶם	קְטָלוּכֶן	קְטָלוּם	קְטָלוּן
קְטַלְתּוּהָ	קְטַלְתּוּנוּ	—	—	קְטַלְתּוּם	קְטַלְתּוּן
קְטַלְנוּהָ	—	קְטַלְנוּכֶם	קְטַלְנוּכֶן	קְטַלְנוּם	קְטַלְנוּן
קָטְלָהּ	קָטְלָנוּ	קָטְלְכֶם	קָטְלְכֶן	קָטְלָם	קָטְלָן
{ קָטְלָהּ / קָטְלָהּ }	קָטְלֵנוּ	—	—	קָטְלֵם	—
{ יִקְטְלָהּ / יִקְטְלָהּ }	יִקְטְלֵנוּ	יִקְטָלְכֶם	יִקְטָלְכֶן	יִקְטְלֵם	יִקְטְלֵן
יִקְטְלֶנָּה / יִקְטְלוּהָ	יִקְטְלֵנוּ / יִקְטְלוּנוּ	יִקְטְלוּכֶם	יִקְטְלוּכֶן	יִקְטְלוּם	יִקְטְלוּן
קָטְלָהּ	קָטְלֵנוּ	קָטְלְכֶם	קָטְלְכֶן	קָטְלֵם	קָטְלֵן

P. MASCULINE

1. Declension. — SECOND

	I.	II.	III.
Sing. absol.	hero גִּבּוֹר	hand יָד	star כּוֹכָב	name שֵׁם
— constr.	גְּבוֹר	יַד	כּוֹכַב	שֵׁם
Light Suffixes.	גִּבּוֹרִי	יָדִי	כּוֹכָבִי	שְׁמִי
	גִּבּוֹרְךָ	יָדְךָ	כּוֹכָבְךָ	שִׁמְךָ
Grave Suffixes.	גִּבּוֹרְכֶם	יֶדְכֶם	כּוֹכַבְכֶם	שִׁמְכֶם
Plur. absol.	גִּבּוֹרִים	יָדִים Du. יָדַיִם	כּוֹכָבִים	שֵׁמוֹת
— constr.	גִּבּוֹרֵי	יְדֵי	כּוֹכְבֵי	שְׁמוֹת
Light Suffixes.	גִּבּוֹרַי	יָדַי	כּוֹכָבַי	שְׁמוֹתַי
Grave Suffixes.	גִּבּוֹרֵיכֶם	יְדֵיכֶם	כּוֹכְבֵיכֶם	שְׁמוֹתֵיכֶם

Fourth Declension. — FIFTH

Sing. absol.	word דָּבָר	grape עֵנָב	old זָקֵן	King מֶלֶךְ	book סֵפֶר
— constr.	דְּבַר	עֵנַב	זְקַן	מֶלֶךְ	סֵפֶר
Light Suffixes	דְּבָרִי	עֲנָבִי	זְקֵנִי	מַלְכִּי	סִפְרִי
	דְּבָרְךָ	עֲנָבְךָ	זְקֵנְךָ	מַלְכְּךָ	סִפְרְךָ
Grave Suffixes	דְּבַרְכֶם	עֲנַבְכֶם	זְקַנְכֶם	מַלְכְּכֶם	סִפְרְכֶם
Plur. absol.	דְּבָרִים	עֲנָבִים	זְקֵנִים	מְלָכִים	סְפָרִים
— constr.	דִּבְרֵי	עִנְבֵי	זִקְנֵי	מַלְכֵי	סִפְרֵי
Light Suffixes	דְּבָרַי	עֲנָבַי	זְקֵנַי	מְלָכַי	סְפָרַי
Grave Suffixes	דִּבְרֵיכֶם	עִנְבֵיכֶם	זִקְנֵיכֶם	מַלְכֵיכֶם	סִפְרֵיכֶם

FEMININE

1. Declension. — SECOND DECLENSION.

Sing. absol.	law חֻקָּה	year שָׁנָה	sleep שֵׁנָה	righteousness צְדָקָה
— constr.	חֻקַּת	שְׁנַת	שְׁנַת	צִדְקַת
Light Suffixes	חֻקָּתִי	שְׁנָתִי	שְׁנָתִי	צִדְקָתִי
	חֻקָּתְךָ	שְׁנָתְךָ	שְׁנָתְךָ	צִדְקָתְךָ
Grave Suffixes	חֻקַּתְכֶם	שְׁנַתְכֶם	שְׁנַתְכֶם	צִדְקַתְכֶם
Plur. absol.	חֻקּוֹת	שָׁנוֹת	שְׁנוֹת	צְדָקוֹת
— constr.	חֻקּוֹת	שְׁנוֹת	—	צִדְקוֹת
Light Suffixes	חֻקּוֹתַי	שְׁנוֹתַי	—	צִדְקוֹתַי
Grave Suffixes	חֻקּוֹתֵיכֶם	שְׁנוֹתֵיכֶם	—	צִדְקוֹתֵיכֶם

NOUNS. § 61—66.

3. Declension.

DECLENSION
IV.   V.   VI.   VII.

	IV. staff	V. axe	VI. enemy	VII. seer	a noble one	remembrance
	מַקֵּל	קַרְדֹּם	אֹיֵב	חֹזֶה	נָדִיב	זִכָּרוֹן
	מַקֵּל	קַרְדֹּם	אֹיֵב	חֹזֶה	נָדִיב	זִכְרוֹן
	מַקְלִי	קַרְדֻּמִּי	אֹיְבִי	חֹזִי	נְדִיבִי	זִכְרוֹנִי
	מַקֶּלְךָ	—	אֹיִבְךָ	חֹזְךָ	נְדִיבְךָ	זִכְרוֹנְךָ
	מַקֶּלְכֶם	—	אֹיִבְכֶם	חֹזְכֶם	נְדִיבְכֶם	זִכְרוֹנְכֶם
	מַקְלוֹת	קַרְדֻּמִּים	אֹיְבִים	חֹזִים	נְדִיבִים	זִכְרוֹנִים
	מַקְלוֹת	קַרְדֻּמֵּי	אֹיְבֵי	חֹזֵי	נְדִיבֵי	זִכְרוֹנֵי
	מַקְלוֹתַי	—	אֹיְבַי	חֹזַי	נְדִיבַי	זִכְרוֹנַי
	מַקְלוֹתֵיכֶם	—	אֹיְבֵיכֶם	חֹזֵיכֶם	נְדִיבֵיכֶם	זִכְרוֹנֵיכֶם

DECLENSION

	sanctuary קֹדֶשׁ	lad נַעַר	power נֵצַח	work פֹּעַל	fruit פְּרִי	death מָוֶת	olive זַיִת
	קֹדֶשׁ	נַעַר	נֵצַח	פֹּעַל	פְּרִי	מוֹת	זֵית
	קָדְשִׁי	נַעֲרִי	נִצְחִי	פָּעֳלִי	פִּרְיִי	מוֹתִי	זֵיתִי
	קָדְשְׁךָ	נַעַרְךָ	נִצְחֲךָ	פָּעָלְךָ	פִּרְיְךָ	מוֹתְךָ	זֵיתְךָ
	קָדְשְׁכֶם	נַעַרְכֶם	נִצְחֲכֶם	פָּעָלְכֶם	פִּרְיְכֶם	מוֹתְכֶם	זֵיתְכֶם
	קָדָשִׁים	נְעָרִים	נְצָחִים	פְּעָלִים	(פִּרְיָם)	—	זֵיתִים
	קָדְשֵׁי	נַעֲרֵי	נִצְחֵי	פָּעֳלֵי	pl. only in modern Hebrew	מוֹתֵי	זֵיתֵי
	קָדְשֵׁי	נַעֲרַי	נְצָחַי	פְּעָלַי	פֵּרוֹת	מוֹתַי	זֵיתַי
	קָדְשֵׁיכֶם	נַעֲרֵיכֶם	נִצְחֵיכֶם	פְּעָלֵיכֶם	פְּרִי	מוֹתֵיכֶם	זֵיתֵיכֶם

NOUNS. § 69—72.
Third Declension.   FOURTH DECLENSION.

	queen מַלְכָּה	word אִמְרָה	desert חָרְבָּה	twig יוֹנֶקֶת	coat כֻּתֹּנֶת
	מַלְכַּת	אִמְרַת	—	יוֹנֶקֶת	כֻּתֹּנֶת
	מַלְכָּתִי	אִמְרָתִי	חָרְבָּתִי	יוֹנַקְתִּי	כֻּתָּנְתִּי
	מַלְכָּתְךָ	אִמְרָתְךָ	חָרְבָּתְךָ	יוֹנַקְתְּךָ	כֻּתָּנְתְּךָ
	מַלְכַּתְכֶם	אִמְרַתְכֶם	חָרְבַּתְכֶם	יוֹנַקְתְּכֶם	כֻּתָּנְתְּכֶם
	מְלָכוֹת	אֲמָרוֹת	חֲרָבוֹת	יוֹנְקוֹת	כֻּתֳּנוֹת
	מַלְכוֹת	אִמְרוֹת	חָרְבוֹת	יוֹנְקוֹת	כֻּתֳּנוֹת
	מַלְכוֹתַי	אִמְרוֹתַי	חָרְבוֹתַי	יוֹנְקוֹתַי	כֻּתֳּנוֹתַי
	מַלְכוֹתֵיכֶם	אִמְרוֹתֵיכֶם	חָרְבוֹתֵיכֶם	יוֹנְקוֹתֵיכֶם	כֻּתֳּנוֹתֵיכֶם

CHRESTOMATHY.

I. Abraham is commanded to offer up his child as a burnt sacrifice. (Genesis 22).

1 וַיְהִי אַחַר הַדְּבָרִים הָאֵלֶּה וְהָאֱלֹהִים נִסָּה אֶת־אַבְרָהָם וַיֹּאמֶר
2 אֵלָיו אַבְרָהָם וַיֹּאמֶר הִנֵּנִי: וַיֹּאמֶר קַח־נָא אֶת־בִּנְךָ אֶת־[1]יְחִידְךָ
אֲשֶׁר־אָהַבְתָּ אֶת־יִצְחָק וְלֶךְ־לְךָ[2] אֶל־אֶרֶץ הַמֹּרִיָּה וְהַעֲלֵהוּ שָׁם
3 לְעֹלָה עַל אַחַד הֶהָרִים אֲשֶׁר אֹמַר אֵלֶיךָ: וַיַּשְׁכֵּם אַבְרָהָם בַּבֹּקֶר
וַיַּחֲבֹשׁ אֶת־חֲמֹרוֹ וַיִּקַּח אֶת־שְׁנֵי נְעָרָיו אִתּוֹ[3] וְאֵת יִצְחָק בְּנוֹ
וַיְבַקַּע עֲצֵי עֹלָה וַיָּקָם וַיֵּלֶךְ אֶל־הַמָּקוֹם אֲשֶׁר־אָמַר־לוֹ הָאֱלֹהִים:
4 בַּיּוֹם הַשְּׁלִישִׁי וַיִּשָּׂא אַבְרָהָם אֶת־עֵינָיו וַיַּרְא אֶת־הַמָּקוֹם מֵרָחֹק:
5 וַיֹּאמֶר אַבְרָהָם אֶל־נְעָרָיו שְׁבוּ־לָכֶם[2] פֹּה עִם־הַחֲמוֹר וַאֲנִי וְהַנַּעַר
6 נֵלְכָה עַד־כֹּה וְנִשְׁתַּחֲוֶה וְנָשׁוּבָה אֲלֵיכֶם: וַיִּקַּח אַבְרָהָם אֶת־
עֲצֵי הָעֹלָה וַיָּשֶׂם עַל־יִצְחָק בְּנוֹ וַיִּקַּח בְּיָדוֹ אֶת־הָאֵשׁ וְאֶת־
7 הַמַּאֲכֶלֶת וַיֵּלְכוּ שְׁנֵיהֶם[4] יַחְדָּו: וַיֹּאמֶר יִצְחָק אֶל־אַבְרָהָם אָבִיו
וַיֹּאמֶר אָבִי וַיֹּאמֶר הִנֶּנִּי בְנִי וַיֹּאמֶר הִנֵּה הָאֵשׁ וְהָעֵצִים וְאַיֵּה
8 הַשֶּׂה לְעֹלָה: וַיֹּאמֶר אַבְרָהָם אֱלֹהִים יִרְאֶה־לּוֹ[2] הַשֶּׂה לְעֹלָה
9 בְּנִי וַיֵּלְכוּ שְׁנֵיהֶם יַחְדָּו: וַיָּבֹאוּ אֶל־הַמָּקוֹם אֲשֶׁר אָמַר־לוֹ הָאֱלֹהִים
וַיִּבֶן שָׁם אַבְרָהָם אֶת־הַמִּזְבֵּחַ וַיַּעֲרֹךְ אֶת־הָעֵצִים וַיַּעֲקֹד אֶת־
10 יִצְחָק בְּנוֹ וַיָּשֶׂם אֹתוֹ עַל־הַמִּזְבֵּחַ מִמַּעַל לָעֵצִים: וַיִּשְׁלַח אַבְרָהָם
11 אֶת־יָדוֹ וַיִּקַּח אֶת־הַמַּאֲכֶלֶת לִשְׁחֹט אֶת־בְּנוֹ: וַיִּקְרָא אֵלָיו מַלְאַךְ
12 יְהוָה מִן־הַשָּׁמַיִם וַיֹּאמֶר אַבְרָהָם אַבְרָהָם וַיֹּאמֶר הִנֵּנִי: וַיֹּאמֶר
אַל־תִּשְׁלַח יָדְךָ אֶל־הַנַּעַר וְאַל־תַּעַשׂ לוֹ מְאוּמָה כִּי עַתָּה יָדַעְתִּי
כִּי־יְרֵא[5] אֱלֹהִים אַתָּה וְלֹא חָשַׂכְתָּ אֶת־בִּנְךָ אֶת־יְחִידְךָ מִמֶּנִּי:
13 וַיִּשָּׂא אַבְרָהָם אֶת־עֵינָיו וַיַּרְא וְהִנֵּה־אַיִל אַחַר נֶאֱחַז בַּסְּבַךְ בְּקַרְנָיו
14 וַיֵּלֶךְ אַבְרָהָם וַיִּקַּח אֶת־הָאַיִל וַיַּעֲלֵהוּ לְעֹלָה תַּחַת בְּנוֹ: וַיִּקְרָא
אַבְרָהָם שֵׁם־הַמָּקוֹם הַהוּא יְהוָה יִרְאֶה אֲשֶׁר יֵאָמֵר[6] הַיּוֹם בְּהַר

15 יְהוָֹה יִרְאֶה⁷ : וַיִּקְרָא מַלְאַךְ יְהוָֹה אֶל־אַבְרָהָם שֵׁנִית מִן־הַשָּׁמָיִם:
16 וַיֹּאמֶר בִּי⁸ נִשְׁבַּעְתִּי נְאֻם־יְהוָֹה כִּי⁹ יַעַן אֲשֶׁר עָשִׂיתָ אֶת־הַדָּבָר
17 הַזֶּה וְלֹא חָשַׂכְתָּ אֶת־בִּנְךָ אֶת־יְחִידֶךָ: כִּי־בָרֵךְ אֲבָרֶכְךָ וְהַרְבָּה
אַרְבֶּה אֶת־זַרְעֲךָ כְּכוֹכְבֵי הַשָּׁמַיִם וְכַחוֹל אֲשֶׁר עַל־שְׂפַת הַיָּם
18 וְיִרַשׁ זַרְעֲךָ אֵת שַׁעַר אֹיְבָיו: וְהִתְבָּרֲכוּ בְזַרְעֲךָ כֹּל גּוֹיֵי הָאָרֶץ
19 עֵקֶב אֲשֶׁר שָׁמַעְתָּ בְּקֹלִי: וַיָּשָׁב אַבְרָהָם אֶל־נְעָרָיו וַיָּקֻמוּ וַיֵּלְכוּ
יַחְדָּו אֶל־בְּאֵר שָׁבַע וַיֵּשֶׁב אַבְרָהָם בִּבְאֵר שָׁבַע:

1 § 87, 2.   2 § 84, 2   3 § 97, 2.   4 § 92, 4.   5 § 83, 7.
6 § 76, 2, a.   7 צִיּוֹן the south-western hill of Jerusalem to which
מֹרִיָּה, with Solomo's temple on it, belonged, was called הַר יְהוָֹה,
הַר הַבַּיִת or fuller הַר בֵּית יְהוָֹה (Isa. 2, 2.) the temple-mountain. About this mountain the proverbial adage was current:
בְּהַר יְהוָֹה יֵרָאֶה on the mountain of God one is seen, i. e. is provided for. 8 with בְּ of the person or thing by whom one swears;
here God swears by Himself. 9 § 111, 1.

II. Birth of Moses. His flight to Midian. (Exodus 2.)

1 וַיֵּלֶךְ אִישׁ מִבֵּית לֵוִי וַיִּקַּח אֶת־בַּת־לֵוִי: וַתַּהַר הָאִשָּׁה וַתֵּלֶד 2
3 בֵּן וַתֵּרֶא אֹתוֹ כִּי־טוֹב הוּא וַתִּצְפְּנֵהוּ שְׁלֹשָׁה יְרָחִים: וְלֹא־יָכְלָה
עוֹד הַצְּפִינוֹ¹ וַתִּקַּח־לוֹ תֵּבַת גֹּמֶא וַתַּחְמְרָה² בַּחֵמָר וּבַזָּפֶת
וַתָּשֶׂם בָּהּ אֶת־הַיֶּלֶד וַתָּשֶׂם בַּסּוּף עַל־שְׂפַת הַיְאֹר: וַתֵּתַצַּב³ 4
5 אֲחֹתוֹ מֵרָחֹק לְדֵעָה⁴ מַה־יֵּעָשֶׂה לוֹ: וַתֵּרֶד בַּת־פַּרְעֹה לִרְחֹץ
עַל־הַיְאֹר וְנַעֲרֹתֶיהָ הֹלְכֹת עַל־יַד הַיְאֹר וַתֵּרֶא אֶת־הַתֵּבָה בְּתוֹךְ
6 הַסּוּף וַתִּשְׁלַח אֶת־אֲמָתָהּ וַתִּקָּחֶהָ: וַתִּפְתַּח וַתִּרְאֵהוּ⁵ אֶת־הַיֶּלֶד
7 וְהִנֵּה־נַעַר בֹּכֶה וַתַּחְמֹל עָלָיו וַתֹּאמֶר מִיַּלְדֵי הָעִבְרִים זֶה: וַתֹּאמֶר
אֲחֹתוֹ אֶל־בַּת־פַּרְעֹה הַאֵלֵךְ וְקָרָאתִי לָךְ אִשָּׁה מֵינֶקֶת מִן הָעִבְרִיֹּת
8 וְתֵינִק לָךְ אֶת־הַיָּלֶד: וַתֹּאמֶר־לָהּ בַּת־פַּרְעֹה לֵכִי וַתֵּלֶךְ הָעַלְמָה
9 וַתִּקְרָא אֶת־אֵם הַיָּלֶד: וַתֹּאמֶר לָהּ בַּת־פַּרְעֹה הֵילִיכִי⁶ אֶת־
הַיֶּלֶד הַזֶּה וְהֵינִקִהוּ לִי וַאֲנִי אֶתֵּן אֶת־שְׂכָרֵךְ וַתִּקַּח הָאִשָּׁה הַיֶּלֶד

10 וַתְּנִיקֵהוּ: וַיִּגְדַּל הַיֶּלֶד וַתְּבִאֵהוּ לְבַת־פַּרְעֹה וַיְהִי־לָהּ לְבֵן וַתִּקְרָא
11 שְׁמוֹ מֹשֶׁה וַתֹּאמֶר כִּי מִן־הַמַּיִם מְשִׁיתִהוּ: וַיְהִי בַּיָּמִים הָהֵם
וַיִּגְדַּל מֹשֶׁה וַיֵּצֵא אֶל־אֶחָיו וַיַּרְא בְּסִבְלֹתָם וַיַּרְא אִישׁ מִצְרִי מַכֶּה
12 אִישׁ־עִבְרִי מֵאֶחָיו: וַיִּפֶן כֹּה וָכֹה וַיַּרְא כִּי אֵין אִישׁ וַיַּךְ[7] אֶת־
13 הַמִּצְרִי וַיִּטְמְנֵהוּ בַּחוֹל: וַיֵּצֵא בַּיּוֹם הַשֵּׁנִי וְהִנֵּה שְׁנֵי־אֲנָשִׁים
14 עִבְרִים נִצִּים וַיֹּאמֶר לָרָשָׁע לָמָּה תַכֶּה רֵעֶךָ: וַיֹּאמֶר מִי שָׂמְךָ
לְאִישׁ שַׂר וְשֹׁפֵט עָלֵינוּ הַלְהָרְגֵנִי אַתָּה אֹמֵר כַּאֲשֶׁר הָרַגְתָּ אֶת־
15 הַמִּצְרִי וַיִּירָא מֹשֶׁה וַיֹּאמַר אָכֵן נוֹדַע הַדָּבָר: וַיִּשְׁמַע פַּרְעֹה אֶת־
הַדָּבָר הַזֶּה וַיְבַקֵּשׁ לַהֲרֹג אֶת־מֹשֶׁה וַיִּבְרַח מֹשֶׁה מִפְּנֵי פַרְעֹה
16 וַיֵּשֶׁב בְּאֶרֶץ־מִדְיָן וַיֵּשֶׁב עַל־הַבְּאֵר: וּלְכֹהֵן מִדְיָן שֶׁבַע בָּנוֹת
וַתָּבֹאנָה וַתִּדְלֶנָה[8] וַתְּמַלֶּאנָה אֶת־הָרְהָטִים לְהַשְׁקוֹת צֹאן אֲבִיהֶן:
17 וַיָּבֹאוּ הָרֹעִים וַיְגָרְשׁוּם[9] וַיָּקָם מֹשֶׁה וַיּוֹשִׁעָן וַיַּשְׁקְ אֶת־צֹאנָם:
18 וַתָּבֹאנָה אֶל־רְעוּאֵל אֲבִיהֶן וַיֹּאמֶר מַדּוּעַ מִהַרְתֶּן[10] בֹּא הַיּוֹם:
19 וַתֹּאמַרְןָ אִישׁ מִצְרִי הִצִּילָנוּ מִיַּד הָרֹעִים וְגַם־דָּלֹה דָלָה לָנוּ
20 וַיַּשְׁקְ אֶת־הַצֹּאן: וַיֹּאמֶר אֶל־בְּנֹתָיו וְאַיּוֹ לָמָּה זֶּה[11] עֲזַבְתֶּן אֶת־
21 הָאִישׁ קִרְאֶן לוֹ וְיֹאכַל לָחֶם: וַיּוֹאֶל מֹשֶׁה לָשֶׁבֶת אֶת־הָאִישׁ
22 וַיִּתֵּן אֶת־צִפֹּרָה בִתּוֹ לְמֹשֶׁה: וַתֵּלֶד בֵּן וַיִּקְרָא אֶת־שְׁמוֹ גֵּרְשֹׁם
23 כִּי אָמַר גֵּר הָיִיתִי בְּאֶרֶץ נָכְרִיָּה: וַיְהִי בַיָּמִים הָרַבִּים הָהֵם וַיָּמָת
מֶלֶךְ מִצְרַיִם וַיֵּאָנְחוּ בְנֵי־יִשְׂרָאֵל מִן־הָעֲבֹדָה וַיִּזְעָקוּ וַתַּעַל שַׁוְעָתָם
24 אֶל־הָאֱלֹהִים מִן־הָעֲבֹדָה: וַיִּשְׁמַע אֱלֹהִים אֶת־נַאֲקָתָם וַיִּזְכֹּר
25 אֱלֹהִים אֶת־בְּרִיתוֹ אֶת־אַבְרָהָם אֶת־יִצְחָק וְאֶת־יַעֲקֹב: וַיַּרְא
אֱלֹהִים אֶת־בְּנֵי יִשְׂרָאֵל וַיֵּדַע אֱלֹהִים:

---

[1] The sibilants צ, שׁ and the letters נ, ק, ל sometimes are doubled for the sake of euphony (Dagesh euphonic). [2] The third f. s. suff. often without Mappik: הָ — instead of הָּ —. [3] for וַתִּתְיַצֵּב cf. § 12, 6, B. 3. and § 14, II. 1. [4] inf. of יָדַע § 51, 4. [5] § 93, 3. [6] Hi. II. of יָלַךְ הוֹלִיךְ (only in imp. fem.) regul. [7] § 55, b. [8] וַתִּדְלֶנָה = וַתִּדְלֶינָה fr. דָּלָה. [9] וַיְגָרְשׁוּם for וַיְגָרְשׁוּן, the masc. suffix sometimes used irregularly for the fem., thus צֹאנָם for צֹאנָן. [10] § 106, 9. [11] § 94, 6. Note.

III. The Appointment of Moses. (Exodus III.)

1 וּמֹשֶׁה הָיָה רֹעֶה¹ אֶת־צֹאן יִתְרוֹ חֹתְנוֹ כֹּהֵן מִדְיָן וַיִּנְהַג אֶת־
2 הַצֹּאן אַחַר הַמִּדְבָּר וַיָּבֹא אֶל־הַר הָאֱלֹהִים חֹרֵבָה: וַיֵּרָא מַלְאַךְ
יְהוָה אֵלָיו בְּלַבַּת־אֵשׁ מִתּוֹךְ הַסְּנֶה וַיַּרְא וְהִנֵּה הַסְּנֶה בֹּעֵר בָּאֵשׁ
3 וְהַסְּנֶה אֵינֶנּוּ אֻכָּל:² וַיֹּאמֶר מֹשֶׁה אָסֻרָה־נָּא וְאֶרְאֶה אֶת־הַמַּרְאֶה
4 הַגָּדֹל³ הַזֶּה מַדּוּעַ לֹא־יִבְעַר הַסְּנֶה: וַיַּרְא יְהוָה כִּי סָר לִרְאוֹת
וַיִּקְרָא אֵלָיו אֱלֹהִים מִתּוֹךְ הַסְּנֶה וַיֹּאמֶר מֹשֶׁה מֹשֶׁה וַיֹּאמֶר הִנֵּנִי:
5 וַיֹּאמֶר אַל־תִּקְרַב הֲלֹם שַׁל⁴־נְעָלֶיךָ מֵעַל רַגְלֶיךָ כִּי הַמָּקוֹם אֲשֶׁר
6 אַתָּה עוֹמֵד עָלָיו אַדְמַת־קֹדֶשׁ⁵ הוּא: וַיֹּאמֶר אָנֹכִי אֱלֹהֵי אָבִיךָ
אֱלֹהֵי אַבְרָהָם אֱלֹהֵי יִצְחָק וֵאלֹהֵי יַעֲקֹב וַיַּסְתֵּר מֹשֶׁה פָּנָיו כִּי
7 יָרֵא מֵהַבִּיט אֶל־הָאֱלֹהִים: וַיֹּאמֶר יְהוָה רָאֹה רָאִיתִי אֶת־עֳנִי
עַמִּי אֲשֶׁר בְּמִצְרָיִם וְאֶת־צַעֲקָתָם שָׁמַעְתִּי מִפְּנֵי נֹגְשָׂיו כִּי יָדַעְתִּי
8 אֶת־מַכְאֹבָיו: וָאֵרֵד לְהַצִּילוֹ מִיַּד מִצְרַיִם וּלְהַעֲלֹתוֹ מִן־הָאָרֶץ
הַהִוא אֶל־אֶרֶץ טוֹבָה וּרְחָבָה אֶל־אֶרֶץ זָבַת⁶ חָלָב וּדְבָשׁ אֶל־
9 מְקוֹם הַכְּנַעֲנִי וְהַחִתִּי וְהָאֱמֹרִי וְהַפְּרִזִּי וְהַחִוִּי וְהַיְבוּסִי: וְעַתָּה
הִנֵּה צַעֲקַת בְּנֵי־יִשְׂרָאֵל בָּאָה אֵלָי וְגַם־רָאִיתִי אֶת־הַלַּחַץ אֲשֶׁר
10 מִצְרַיִם לֹחֲצִים אֹתָם: וְעַתָּה לְכָה וְאֶשְׁלָחֲךָ אֶל־פַּרְעֹה וְהוֹצֵא
11 אֶת־עַמִּי בְנֵי־יִשְׂרָאֵל מִמִּצְרָיִם: וַיֹּאמֶר מֹשֶׁה אֶל־הָאֱלֹהִים מִי
אָנֹכִי כִּי אֵלֵךְ אֶל־פַּרְעֹה וְכִי אוֹצִיא אֶת־בְּנֵי יִשְׂרָאֵל מִמִּצְרָיִם:
12 וַיֹּאמֶר כִּי־אֶהְיֶה עִמָּךְ וְזֶה־לְּךָ הָאוֹת כִּי אָנֹכִי שְׁלַחְתִּיךָ בְּהוֹצִיאֲךָ
13 אֶת־הָעָם מִמִּצְרַיִם תַּעַבְדוּן אֶת־הָאֱלֹהִים עַל הָהָר הַזֶּה: וַיֹּאמֶר
מֹשֶׁה אֶל־הָאֱלֹהִים הִנֵּה אָנֹכִי בָא אֶל־בְּנֵי יִשְׂרָאֵל וְאָמַרְתִּי לָהֶם
אֱלֹהֵי אֲבוֹתֵיכֶם שְׁלָחַנִי אֲלֵיכֶם וְאָמְרוּ־לִי מַה־שְּׁמוֹ מָה אֹמַר
14 אֲלֵהֶם: וַיֹּאמֶר אֱלֹהִים אֶל־מֹשֶׁה אֶהְיֶה אֲשֶׁר אֶהְיֶה⁷ וַיֹּאמֶר
15 כֹּה תֹאמַר לִבְנֵי יִשְׂרָאֵל אֶהְיֶה⁸ שְׁלָחַנִי אֲלֵיכֶם: וַיֹּאמֶר עוֹד
אֱלֹהִים אֶל־מֹשֶׁה כֹּה תֹאמַר אֶל־בְּנֵי יִשְׂרָאֵל יְהוָה אֱלֹהֵי אֲבֹתֵיכֶם

אֱלֹהֵי אַבְרָהָם אֱלֹהֵי יִצְחָק וֵאלֹהֵי יַעֲקֹב שְׁלָחַנִי אֲלֵיכֶם זֶה־שְּׁמִי לְעֹלָם וְזֶה זִכְרִי לְדֹר דֹּר:

1 § 107, 7. Note.   2 § 37, Note I.   3 § 94, 4.   4 In the East a mark of respect and reverence.   5 § 83, 6.   6 const. st. part. fem. of זוּב.   7 I remain always the same, I am unchangeable.   8 With this name the tetragrammaton יְהֹוָה in the following verse is identical. (See § 18, I. Note.) The correct pronunciation of the latter was *Jahaveh* or *Jahveh*, according to the Samaritans *Jabe*.

IV. The Proclamation of the Decalogue on Mount Sinai. (Exodus 19. 20, 1—18.)

1 בַּחֹדֶשׁ¹ הַשְּׁלִישִׁי לְצֵאת בְּנֵי־יִשְׂרָאֵל מֵאֶרֶץ מִצְרָיִם בַּיּוֹם הַזֶּה²
2 בָּאוּ מִדְבַּר סִינָי: וַיִּסְעוּ מֵרְפִידִים וַיָּבֹאוּ מִדְבַּר סִינַי וַיַּחֲנוּ בַּמִּדְבָּר
3 וַיִּחַן־שָׁם יִשְׂרָאֵל נֶגֶד הָהָר³: וּמֹשֶׁה עָלָה אֶל־הָאֱלֹהִים וַיִּקְרָא אֵלָיו יְהוָה מִן־הָהָר לֵאמֹר כֹּה תֹאמַר לְבֵית יַעֲקֹב וְתַגֵּיד לִבְנֵי
4 יִשְׂרָאֵל: אַתֶּם רְאִיתֶם אֲשֶׁר עָשִׂיתִי לְמִצְרָיִם וָאֶשָּׂא אֶתְכֶם עַל־
5 כַּנְפֵי נְשָׁרִים וָאָבִא אֶתְכֶם אֵלָי: וְעַתָּה אִם־שָׁמוֹעַ תִּשְׁמְעוּ בְּקֹלִי וּשְׁמַרְתֶּם אֶת־בְּרִיתִי וִהְיִיתֶם לִי סְגֻלָּה מִכָּל־הָעַמִּים כִּי־לִי כָּל־
6 הָאָרֶץ: וְאַתֶּם תִּהְיוּ־לִי מַמְלֶכֶת כֹּהֲנִים וְגוֹי קָדוֹשׁ אֵלֶּה הַדְּבָרִים
7 אֲשֶׁר תְּדַבֵּר אֶל־בְּנֵי יִשְׂרָאֵל: וַיָּבֹא מֹשֶׁה וַיִּקְרָא לְזִקְנֵי הָעָם
8 וַיָּשֶׂם לִפְנֵיהֶם אֵת כָּל־הַדְּבָרִים הָאֵלֶּה אֲשֶׁר צִוָּהוּ יְהוָה: וַיַּעֲנוּ כָל־הָעָם יַחְדָּו וַיֹּאמְרוּ כֹּל אֲשֶׁר־דִּבֶּר יְהוָה נַעֲשֶׂה וַיָּשֶׁב מֹשֶׁה
9 אֶת־דִּבְרֵי הָעָם אֶל־יְהוָה: וַיֹּאמֶר יְהוָה אֶל־מֹשֶׁה הִנֵּה אָנֹכִי בָּא אֵלֶיךָ בְּעַב הֶעָנָן בַּעֲבוּר יִשְׁמַע הָעָם בְּדַבְּרִי עִמָּךְ וְגַם־בְּךָ
10 יַאֲמִינוּ לְעוֹלָם וַיַּגֵּד מֹשֶׁה אֶת־דִּבְרֵי הָעָם אֶל־יְהוָה: וַיֹּאמֶר יְהוָה אֶל־מֹשֶׁה לֵךְ אֶל־הָעָם וְקִדַּשְׁתָּם הַיּוֹם וּמָחָר וְכִבְּסוּ שִׂמְלֹתָם:
11 וְהָיוּ נְכֹנִים לַיּוֹם הַשְּׁלִישִׁי כִּי בַּיּוֹם הַשְּׁלִישִׁי יֵרֵד יְהוָה לְעֵינֵי כָל־
12 הָעָם עַל־הַר סִינָי: וְהִגְבַּלְתָּ אֶת־הָעָם סָבִיב לֵאמֹר הִשָּׁמְרוּ לָכֶם
13 עֲלוֹת בָּהָר וּנְגֹעַ בְּקָצֵהוּ כָּל־הַנֹּגֵעַ בָּהָר מוֹת יוּמָת: לֹא־תִגַּע

בּוֹ יָד כִּי־סָקוֹל יִסָּקֵל אוֹ־יָרֹה יִיָּרֶה אִם־בְּהֵמָה
יִחְיֶה בִּמְשֹׁךְ הַיֹּבֵל[5] הֵמָּה יַעֲלוּ בָהָר׃ וַיּוֹצֵא מ'
לִקְרַאת הָאֱלֹהִים מִן־הַמַּחֲנֶה וַיִּתְיַצְּבוּ בְּתַחְתִּית הָ
עָשַׁן כֻּלּוֹ מִפְּנֵי אֲשֶׁר יָרַד עָלָיו יְהוָֹה בָּאֵשׁ וַיַּעַ
הַכִּבְשָׁן וַיֶּחֱרַד כָּל־הָהָר מְאֹד׃ וַיְהִי קוֹל הַשֹּׁפָ
מְאֹד מֹשֶׁה יְדַבֵּר וְהָאֱלֹהִים יַעֲנֶנּוּ בְקוֹל׃ וַיְדַ
כָּל־הַדְּבָרִים הָאֵלֶּה לֵאמֹר׃ אָנֹכִי יְהוָֹה אֱלֹהֶיךָ
מֵאֶרֶץ מִצְרַיִם מִבֵּית עֲבָדִים׃ לֹא־יִהְיֶה לְךָ אֱלֹהִ
פָּנָי[7]׃ לֹא תַעֲשֶׂה־לְךָ פֶסֶל וְכָל־תְּמוּנָה אֲשֶׁר בַּשָּׁמַ'
בָּאָרֶץ מִתָּחַת וַאֲשֶׁר בַּמַּיִם מִתַּחַת לָאָרֶץ׃ לֹא ו
וְלֹא תָעָבְדֵם[8] כִּי אָנֹכִי יְהוָֹה אֱלֹהֶיךָ אֵל קַנָּא
עַל־בָּנִים עַל־שִׁלֵּשִׁים וְעַל־רִבֵּעִים לְשֹׂנְאָי[9]׃ וְעֹשֶׂ
לְאֹהֲבַי וּלְשֹׁמְרֵי מִצְוֹתָי׃ לֹא תִשָּׂא אֶת־שֵׁם־יְהוָֹ
כִּי לֹא יְנַקֶּה יְהוָֹה אֵת אֲשֶׁר־יִשָּׂא אֶת־שְׁמוֹ לַשָּׁוְ
יוֹם הַשַּׁבָּת לְקַדְּשׁוֹ׃ שֵׁשֶׁת יָמִים[11] תַּעֲבֹד וְעָשִׂיתָ[12]
וְיוֹם[13] הַשְּׁבִיעִי שַׁבָּת לַיהוָֹה אֱלֹהֶיךָ לֹא[14] תַעֲשֶׂ
אַתָּה וּבִנְךָ וּבִתֶּךָ עַבְדְּךָ וַאֲמָתְךָ וּבְהֶמְתֶּךָ וְגֵרְךָ
כִּי שֵׁשֶׁת־יָמִים עָשָׂה יְהוָֹה אֶת־הַשָּׁמַיִם וְאֶת־הָ
וְאֶת־כָּל־אֲשֶׁר־בָּם וַיָּנַח בַּיּוֹם הַשְּׁבִיעִי עַל־כֵּן בֵּרַ
הַשַּׁבָּת וַיְקַדְּשֵׁהוּ׃ כַּבֵּד אֶת־אָבִיךָ וְאֶת־אִמֶּךָ לְ
עַל הָאֲדָמָה אֲשֶׁר־יְהוָֹה אֱלֹהֶיךָ נֹתֵן לָךְ׃ לֹא
תִנְאָף׃ לֹא תִּגְנֹב׃ לֹא־תַעֲנֶה בְרֵעֲךָ עֵד שָׁקֶ
בֵּית רֵעֶךָ לֹא־תַחְמֹד אֵשֶׁת רֵעֶךָ וְעַבְדּוֹ וַאֲמָתוֹ
וְכֹל אֲשֶׁר לְרֵעֶךָ׃ וְכָל־הָעָם רֹאִים אֶת־הַקּוֹלֹ
וְאֵת קוֹל הַשֹּׁפָר וְאֶת־הָהָר עָשֵׁן וַיַּרְא הָעָם וַיָּנֻעוּ
וַיֹּאמְרוּ אֶל־מֹשֶׁה דַּבֵּר־אַתָּה עִמָּנוּ וְנִשְׁמָעָה וְ
אֱלֹהִים פֶּן־נָמוּת׃ וַיֹּאמֶר מֹשֶׁה אֶל־הָעָם אַל־תִּ

נַסּוֹת אֶתְכֶם בָּא הָאֱלֹהִים וּבַעֲבוּר תִּהְיֶה יִרְאָתוֹ עַל־פְּנֵיכֶם לְבִלְתִּי תֶחֱטָאוּ׃

¹ חֹדֶשׁ the new moon, the first day on which the new moon is visible. ² On the same (the first) day. ³ The Sinai. ⁴ § 117. ⁵ מָשַׁךְ בְּקֶרֶן הַיּוֹבֵל or fuller מָשַׁךְ הַיּוֹבֵל (Jos. 6, 5.) to blow the trumpet in protracted sounds, i. e. continually. ⁶ § 105, 7. ⁷ פָּנִים face, then *person* generally, פָּנַי my person, myself. ⁸ תַעֲבְרֵם not Ho. but Kal = תַּעֲבִרֵם. ⁹ לְ denotes here: *as to, with respect to*. ¹⁰ § 105, 4. ¹¹ § 85, 4. b. ¹² § 102. 7. ¹³ § 118. ¹⁴ § 98, 1. ¹⁵ § 104, 2.

V. Moral Laws. (Leviticus 19, 1—4, 9—18.)

1 וַיְדַבֵּר יְהוָֹה אֶל־מֹשֶׁה לֵּאמֹר׃ דַּבֵּר אֶל־כָּל־עֲדַת בְּנֵי־יִשְׂרָאֵל
2 וְאָמַרְתָּ¹ אֲלֵהֶם קְדֹשִׁים תִּהְיוּ כִּי קָדוֹשׁ אֲנִי יְהוָֹה אֱלֹהֵיכֶם׃
3 אִישׁ² אִמּוֹ וְאָבִיו תִּירָאוּ וְאֶת־שַׁבְּתֹתַי תִּשְׁמֹרוּ אֲנִי יְהוָֹה אֱלֹהֵיכֶם׃
4 אַל־תִּפְנוּ אֶל־הָאֱלִילִים וֵאלֹהֵי מַסֵּכָה לֹא תַעֲשׂוּ לָכֶם אֲנִי יְהוָֹה אֱלֹהֵיכֶם׃
9 וּבְקֻצְרְכֶם³ אֶת־קְצִיר אַרְצְכֶם לֹא תְכַלֶּה⁴ פְּאַת שָׂדְךָ
10 לִקְצֹר⁴ וְלֶקֶט קְצִירְךָ לֹא תְלַקֵּט׃ וְכַרְמְךָ לֹא תְעוֹלֵל וּפֶרֶט כַּרְמְךָ לֹא תְלַקֵּט לֶעָנִי וְלַגֵּר תַּעֲזֹב אֹתָם אֲנִי יְהוָֹה אֱלֹהֵיכֶם׃
11 לֹא תִּגְנֹבוּ וְלֹא־תְכַחֲשׁוּ וְלֹא־תְשַׁקְּרוּ אִישׁ בַּעֲמִיתוֹ׃ וְלֹא־תִשָּׁבְעוּ
13 בִשְׁמִי לַשָּׁקֶר וְחִלַּלְתָּ אֶת־שֵׁם אֱלֹהֶיךָ אֲנִי יְהוָֹה׃ לֹא־תַעֲשֹׁק
14 אֶת־רֵעֲךָ וְלֹא תִגְזֹל לֹא־תָלִין פְּעֻלַּת שָׂכִיר אִתְּךָ עַד־בֹּקֶר׃ לֹא־תְקַלֵּל חֵרֵשׁ וְלִפְנֵי עִוֵּר לֹא תִתֵּן מִכְשֹׁל וְיָרֵאתָ מֵאֱלֹהֶיךָ אֲנִי
15 יְהוָֹה׃ לֹא־תַעֲשׂוּ עָוֶל בַּמִּשְׁפָּט לֹא־תִשָּׂא פְנֵי־דָל וְלֹא תֶהְדַּר
16 פְּנֵי גָדוֹל בְּצֶדֶק תִּשְׁפֹּט עֲמִיתֶךָ׃ לֹא־תֵלֵךְ רָכִיל בְּעַמֶּיךָ לֹא
17 תַעֲמֹד עַל־דַּם⁵ רֵעֶךָ אֲנִי יְהוָֹה׃ לֹא־תִשְׂנָא אֶת־אָחִיךָ בִּלְבָבֶךָ
18 הוֹכֵחַ תּוֹכִיחַ אֶת־עֲמִיתֶךָ וְלֹא־תִשָּׂא עָלָיו חֵטְא׃ לֹא־תִקֹּם וְלֹא
תִטֹּר אֶת־בְּנֵי עַמֶּךָ וְאָהַבְתָּ לְרֵעֲךָ⁶ כָּמוֹךָ אֲנִי יְהוָֹה׃

¹ § 100, V. 1). ² § 98, 1. ³ The inf. with suff. like the Segholate קְטֶל sometimes has Kubbuts. cf. § 45, 1. and § 66, 11. ⁴ § 106, 9.

5 עָמַד עַל to stand up *against*, דָם the blood, i. e. the life, the slanderer standing up against the life of the slandered (Ibn Esra).
6 אָהַב with accus.: *to love* in the widest sense, with לְ of the person: to bestow love upon one, to be devoted to. (Fuerst. Lex.).

VI. The Priests Benediction. (Num. 6, 22—27.)

²²₂₃ וַיְדַבֵּר יְהֹוָה אֶל־מֹשֶׁה לֵּאמֹר: דַּבֵּר אֶל־אַהֲרֹן וְאֶל־בָּנָיו לֵאמֹר
24 כֹּה תְבָרְכוּ אֶת־בְּנֵי יִשְׂרָאֵל אָמוֹר¹ לָהֶם: יְבָרֶכְךָ יְהֹוָה וְיִשְׁמְרֶךָ:
²⁵₂₆ יָאֵר יְהֹוָה פָּנָיו אֵלֶיךָ וִיחֻנֶּךָּ²: יִשָּׂא יְהֹוָה פָּנָיו אֵלֶיךָ וְיָשֵׂם לְךָ
27 שָׁלוֹם: וְשָׂמוּ אֶת־שְׁמִי עַל־בְּנֵי יִשְׂרָאֵל וַאֲנִי אֲבָרֲכֵם:

1 § 105, §. 2 § 52, 8.

VII. Exhortation to love the One God. (Deut. 6, 4—9.)

⁴₅ שְׁמַע יִשְׂרָאֵל יְהֹוָה אֱלֹהֵינוּ יְהֹוָה אֶחָד: וְאָהַבְתָּ אֵת יְהֹוָה
6 אֱלֹהֶיךָ בְּכָל־לְבָבְךָ וּבְכָל־נַפְשְׁךָ וּבְכָל־מְאֹדֶךָ: וְהָיוּ הַדְּבָרִים
7 הָאֵלֶּה אֲשֶׁר אָנֹכִי מְצַוְּךָ הַיּוֹם עַל־לְבָבֶךָ: וְשִׁנַּנְתָּם¹ לְבָנֶיךָ
וְדִבַּרְתָּ בָּם בְּשִׁבְתְּךָ בְּבֵיתֶךָ וּבְלֶכְתְּךָ² בַדֶּרֶךְ וּבְשָׁכְבְּךָ וּבְקוּמֶךָ:
⁸₉ וּקְשַׁרְתָּם לְאוֹת עַל־יָדֶךָ וְהָיוּ לְטֹטָפֹת בֵּין עֵינֶיךָ: וּכְתַבְתָּם עַל־
מְזֻזוֹת בֵּיתֶךָ וּבִשְׁעָרֶיךָ:

1 Refers to הדברים. 2 § 51, 7.

VIII. Exhortation to revere God and to observe His commandments. (Deut. 10, 12—22.)

12¹ וְעַתָּה יִשְׂרָאֵל מָה יְהֹוָה אֱלֹהֶיךָ שֹׁאֵל מֵעִמָּךְ כִּי אִם־לְיִרְאָה
אֶת־יְהֹוָה אֱלֹהֶיךָ לָלֶכֶת בְּכָל־דְּרָכָיו וּלְאַהֲבָה¹ אֹתוֹ וְלַעֲבֹד אֶת־
13 יְהֹוָה אֱלֹהֶיךָ בְּכָל־לְבָבְךָ וּבְכָל־נַפְשֶׁךָ: לִשְׁמֹר אֶת־מִצְוֹת יְהֹוָה
14 וְאֶת־חֻקֹּתָיו אֲשֶׁר אָנֹכִי מְצַוְּךָ הַיּוֹם לְטוֹב לָךְ: הֵן לַיהֹוָה אֱלֹהֶיךָ
15 הַשָּׁמַיִם וּשְׁמֵי הַשָּׁמָיִם הָאָרֶץ וְכָל־אֲשֶׁר־בָּהּ: רַק בַּאֲבֹתֶיךָ חָשַׁק

16 יְהוָה לְאַהֲבָה אוֹתָם וַיִּבְחַר בְּזַרְעָם אַחֲרֵיהֶם בָּכֶם מִכָּל־הָעַמִּים כַּיּוֹם² הַזֶּה: וּמַלְתֶּם אֵת עָרְלַת לְבַבְכֶם וְעָרְפְּכֶם לֹא תַקְשׁוּ
17 עוֹד: כִּי יְהוָה אֱלֹהֵיכֶם הוּא אֱלֹהֵי הָאֱלֹהִים וַאֲדֹנֵי הָאֲדֹנִים הָאֵל הַגָּדֹל הַגִּבֹּר וְהַנּוֹרָא אֲשֶׁר לֹא־יִשָּׂא פָנִים וְלֹא יִקַּח שֹׁחַד:
18 עֹשֶׂה מִשְׁפַּט יָתוֹם וְאַלְמָנָה וְאֹהֵב גֵּר לָתֶת לוֹ לֶחֶם וְשִׂמְלָה:
19/20 וַאֲהַבְתֶּם אֶת־הַגֵּר כִּי־גֵרִים הֱיִיתֶם בְּאֶרֶץ מִצְרָיִם: אֶת־יְהוָה
21 אֱלֹהֶיךָ תִּירָא אֹתוֹ תַעֲבֹד וּבוֹ תִדְבָּק וּבִשְׁמוֹ תִּשָּׁבֵעַ: הוּא תְהִלָּתְךָ וְהוּא אֱלֹהֶיךָ אֲשֶׁר־עָשָׂה אִתְּךָ אֶת־הַגְּדֹלֹת³ וְאֶת־
22 הַנּוֹרָאֹת³ הָאֵלֶּה אֲשֶׁר רָאוּ עֵינֶיךָ: בְּשִׁבְעִים⁴ נֶפֶשׁ יָרְדוּ אֲבֹתֶיךָ מִצְרָיְמָה וְעַתָּה שָׂמְךָ יְהוָה אֱלֹהֶיךָ כְּכוֹכְבֵי הַשָּׁמַיִם לָרֹב⁵:

1 Inf. of ירא cf. § 30, 4.   2 as it is this day, just now.   3 § 81, 1.
4 § 92, 7.   5 § 84, 3.

IX. Appointment of Joshua to succeed Moses. (Joshua 1, 1—9.)

1 וַיְהִי¹ אַחֲרֵי מוֹת מֹשֶׁה עֶבֶד יְהוָה וַיֹּאמֶר יְהוָה אֶל־יְהוֹשֻׁעַ בִּן־
2 נוּן מְשָׁרֵת מֹשֶׁה לֵאמֹר: מֹשֶׁה עַבְדִּי מֵת וְעַתָּה קוּם עֲבֹר אֶת־ הַיַּרְדֵּן הַזֶּה אַתָּה וְכָל־הָעָם הַזֶּה אֶל־הָאָרֶץ אֲשֶׁר אָנֹכִי נֹתֵן
3 לָהֶם לִבְנֵי יִשְׂרָאֵל: כָּל־מָקוֹם³ אֲשֶׁר⁴־תִּדְרֹךְ כַּף־רַגְלְכֶם בּוֹ⁴
4 לָכֶם נְתַתִּיו כַּאֲשֶׁר דִּבַּרְתִּי אֶל־מֹשֶׁה: מֵהַמִּדְבָּר וְהַלְּבָנוֹן הַזֶּה וְעַד־הַנָּהָר הַגָּדוֹל נְהַר־פְּרָת כֹּל אֶרֶץ הַחִתִּים וְעַד־הַיָּם הַגָּדוֹל⁶
5 מְבוֹא הַשֶּׁמֶשׁ יִהְיֶה גְּבוּלְכֶם: לֹא־יִתְיַצֵּב אִישׁ לְפָנֶיךָ כֹּל יְמֵי חַיֶּיךָ כַּאֲשֶׁר הָיִיתִי עִם־מֹשֶׁה אֶהְיֶה עִמָּךְ לֹא אַרְפְּךָ וְלֹא אֶעֶזְבֶךָּ:
6 חֲזַק וֶאֱמָץ כִּי אַתָּה תַּנְחִיל אֶת־הָעָם הַזֶּה אֶת־הָאָרֶץ אֲשֶׁר־
7 נִשְׁבַּעְתִּי לַאֲבוֹתָם לָתֵת לָהֶם: רַק חֲזַק וֶאֱמַץ מְאֹד לִשְׁמֹר לַעֲשׂוֹת כְּכָל־הַתּוֹרָה אֲשֶׁר צִוְּךָ מֹשֶׁה עַבְדִּי אַל־תָּסוּר מִמֶּנּוּ
8 יָמִין וּשְׂמֹאול לְמַעַן תַּשְׂכִּיל בְּכֹל אֲשֶׁר תֵּלֵךְ: לֹא־יָמוּשׁ סֵפֶר הַתּוֹרָה הַזֶּה מִפִּיךָ וְהָגִיתָ בּוֹ יוֹמָם⁷ וָלַיְלָה לְמַעַן תִּשְׁמֹר לַעֲשׂוֹת

כְּכָל־הַכָּתוּב בּוֹ כִּי־אָז תַּצְלִיחַ אֶת־דְּרָכֶךָ וְאָז תַּשְׂכִּיל: הֲלוֹא 9
צִוִּיתִיךָ חֲזַק וֶאֱמָץ אַל־תַּעֲרֹץ וְאַל־תֵּחָת כִּי עִמְּךָ יְהוָה אֱלֹהֶיךָ
בְּכֹל אֲשֶׁר תֵּלֵךְ:

1 § 102 Note. 2 § 73, 6. 3 § 86. 4 § 96, 2. 5 All the interior of the Phœnician inland. 6 The Mediterranean Sea. 7 § 56, ב, 2. c. and § 85, 4. b.

X. David slayeth the giant Goliath. (1. Sam. 17, 1.—54.)

וַיַּאַסְפוּ פְלִשְׁתִּים אֶת־מַחֲנֵיהֶם לַמִּלְחָמָה וַיֵּאָסְפוּ שֹׂכֹה¹ אֲשֶׁר 1
לִיהוּדָה וַיַּחֲנוּ בֵּין־שׂוֹכֹה וּבֵין־עֲזֵקָה בְּאֶפֶס דַּמִּים: וְשָׁאוּל וְאִישׁ־ 2
יִשְׂרָאֵל נֶאֶסְפוּ וַיַּחֲנוּ בְּעֵמֶק הָאֵלָה וַיַּעַרְכוּ מִלְחָמָה לִקְרַאת
פְּלִשְׁתִּים: וּפְלִשְׁתִּים עֹמְדִים אֶל־הָהָר מִזֶּה וְיִשְׂרָאֵל עֹמְדִים אֶל־ 3
הָהָר מִזֶּה וְהַגַּיְא בֵּינֵיהֶם: וַיֵּצֵא אִישׁ־הַבֵּנַיִם מִמַּחֲנוֹת פְּלִשְׁתִּים 4
גָּלְיָת שְׁמוֹ מִגַּת גָּבְהוֹ שֵׁשׁ אַמּוֹת וָזָרֶת: וְכוֹבַע נְחֹשֶׁת עַל־רֹאשׁוֹ 5
וְשִׁרְיוֹן קַשְׂקַשִּׂים הוּא לָבוּשׁ וּמִשְׁקַל הַשִּׁרְיוֹן חֲמֵשֶׁת־אֲלָפִים
שְׁקָלִים נְחֹשֶׁת: וּמִצְחַת נְחֹשֶׁת עַל־רַגְלָיו וְכִידוֹן נְחֹשֶׁת בֵּין כְּתֵפָיו: 6
וְחֵץ חֲנִיתוֹ כִּמְנוֹר אֹרְגִים וְלַהֶבֶת חֲנִיתוֹ שֵׁשׁ־מֵאוֹת שְׁקָלִים בַּרְזֶל 7
וְנֹשֵׂא הַצִּנָּה הֹלֵךְ לְפָנָיו: וַיַּעֲמֹד וַיִּקְרָא אֶל־מַעַרְכֹת יִשְׂרָאֵל 8
וַיֹּאמֶר לָהֶם לָמָּה תֵצְאוּ לַעֲרֹךְ מִלְחָמָה הֲלוֹא אָנֹכִי הַפְּלִשְׁתִּי
וְאַתֶּם עֲבָדִים לְשָׁאוּל בְּרוּ־לָכֶם אִישׁ וְיֵרֵד אֵלָי: אִם־יוּכַל לְהִלָּחֵם 9
אִתִּי וְהִכָּנִי וְהָיִינוּ לָכֶם לַעֲבָדִים וְאִם־אֲנִי אוּכַל־לוֹ וְהִכִּיתִיו וִהְיִיתֶם
לָנוּ לַעֲבָדִים וַעֲבַדְתֶּם אֹתָנוּ: וַיֹּאמֶר הַפְּלִשְׁתִּי אֲנִי חֵרַפְתִּי אֶת־ 10
מַעַרְכוֹת יִשְׂרָאֵל הַיּוֹם הַזֶּה תְּנוּ־לִי אִישׁ וְנִלָּחֲמָה יָחַד: וַיִּשְׁמַע 11
שָׁאוּל וְכָל־יִשְׂרָאֵל אֶת־דִּבְרֵי הַפְּלִשְׁתִּי הָאֵלֶּה² וַיֵּחַתּוּ³ וַיִּרְאוּ⁴
מְאֹד: וְדָוִד בֶּן־אִישׁ אֶפְרָתִי הַזֶּה מִבֵּית לֶחֶם יְהוּדָה וּשְׁמוֹ יִשַׁי 2
וְלוֹ שְׁמֹנָה בָנִים וְהָאִישׁ בִּימֵי שָׁאוּל זָקֵן בָּא בַאֲנָשִׁים⁵: וַיֵּלְכוּ 3
שְׁלֹשֶׁת בְּנֵי־יִשַׁי הַגְּדֹלִים⁶ הָלְכוּ אַחֲרֵי־שָׁאוּל לַמִּלְחָמָה וְשֵׁם
שְׁלֹשֶׁת בָּנָיו אֲשֶׁר הָלְכוּ בַמִּלְחָמָה אֱלִיאָב הַבְּכוֹר וּמִשְׁנֵהוּ אֲבִינָדָב

14 וְהַשְּׁלֹשִׁי שַׁמָּה׃ וְדָוִד הוּא הַקָּטָן וּשְׁלֹשָׁה הַגְּדֹלִים הָלְכוּ אַחֲרֵי
15 שָׁאוּל׃ וְדָוִד הֹלֵךְ וָשָׁב מֵעַל שָׁאוּל לִרְעוֹת אֶת־צֹאן אָבִיו בֵּית־
16 לָחֶם׃ וַיִּגַּשׁ הַפְּלִשְׁתִּי הַשְׁכֵּם וְהַעֲרֵב וַיִּתְיַצֵּב אַרְבָּעִים יוֹם׃
17 וַיֹּאמֶר יִשַׁי לְדָוִד בְּנוֹ קַח־נָא לְאַחֶיךָ אֵיפַת הַקָּלִיא הַזֶּה וַעֲשָׂרָה
18 לֶחֶם הַזֶּה וְהָרֵץ הַמַּחֲנֶה לְאַחֶיךָ׃ וְאֵת עֲשֶׂרֶת חֲרִצֵי הֶחָלָב
הָאֵלֶּה תָּבִיא לְשַׂר־הָאָלֶף וְאֶת־אַחֶיךָ תִּפְקֹד לְשָׁלוֹם וְאֶת־
19 עֲרֻבָּתָם תִּקָּח׃ וְשָׁאוּל וְהֵמָּה וְכָל־אִישׁ יִשְׂרָאֵל בְּעֵמֶק הָאֵלָה
20 נִלְחָמִים עִם־פְּלִשְׁתִּים׃ וַיַּשְׁכֵּם דָּוִד בַּבֹּקֶר וַיִּטֹּשׁ אֶת־הַצֹּאן עַל־
שֹׁמֵר וַיִּשָּׂא וַיֵּלֶךְ כַּאֲשֶׁר צִוָּהוּ יִשָׁי וַיָּבֹא הַמַּעְגָּלָה וְהַחַיִל הַיֹּצֵא
21 אֶל־הַמַּעֲרָכָה וְהֵרֵעוּ בַּמִּלְחָמָה׃ וַתַּעֲרֹךְ יִשְׂרָאֵל וּפְלִשְׁתִּים
22 מַעֲרָכָה לִקְרַאת מַעֲרָכָה׃ וַיִּטֹּשׁ דָּוִד אֶת־הַכֵּלִים מֵעָלָיו עַל־
יַד שׁוֹמֵר הַכֵּלִים וַיָּרָץ הַמַּעֲרָכָה וַיָּבֹא וַיִּשְׁאַל לְאֶחָיו לְשָׁלוֹם׃
23 וְהוּא מְדַבֵּר עִמָּם וְהִנֵּה אִישׁ הַבֵּנַיִם עוֹלֶה גָּלְיַת הַפְּלִשְׁתִּי שְׁמוֹ
מִגַּת מִמַּעַרְכוֹת פְּלִשְׁתִּים וַיְדַבֵּר כַּדְּבָרִים הָאֵלֶּה וַיִּשְׁמַע דָּוִד׃
24 וְכֹל אִישׁ יִשְׂרָאֵל בִּרְאוֹתָם אֶת־הָאִישׁ וַיָּנֻסוּ מִפָּנָיו וַיִּרְאוּ מְאֹד׃
25 וַיֹּאמֶר אִישׁ יִשְׂרָאֵל הַרְּאִיתֶם הָאִישׁ הָעֹלֶה הַזֶּה כִּי לְחָרֵף אֶת־
יִשְׂרָאֵל עֹלֶה וְהָיָה הָאִישׁ אֲשֶׁר־יַכֶּנּוּ יַעְשְׁרֶנּוּ הַמֶּלֶךְ עֹשֶׁר גָּדוֹל
26 וְאֶת־בִּתּוֹ יִתֶּן־לוֹ וְאֵת בֵּית אָבִיו יַעֲשֶׂה חָפְשִׁי בְּיִשְׂרָאֵל׃ וַיֹּאמֶר
דָּוִד אֶל־הָאֲנָשִׁים הָעֹמְדִים עִמּוֹ לֵאמֹר מַה־יֵּעָשֶׂה לָאִישׁ אֲשֶׁר
יַכֶּה אֶת־הַפְּלִשְׁתִּי הַלָּז וְהֵסִיר חֶרְפָּה מֵעַל יִשְׂרָאֵל כִּי מִי
27 הַפְּלִשְׁתִּי הֶעָרֵל הַזֶּה כִּי חֵרֵף מַעַרְכוֹת אֱלֹהִים חַיִּים׃ וַיֹּאמֶר
28 לוֹ הָעָם כַּדָּבָר הַזֶּה לֵאמֹר כֹּה יֵעָשֶׂה לָאִישׁ אֲשֶׁר יַכֶּנּוּ׃ וַיִּשְׁמַע
אֱלִיאָב אָחִיו הַגָּדוֹל בְּדַבְּרוֹ אֶל־הָאֲנָשִׁים וַיִּחַר־אַף אֱלִיאָב בְּדָוִד
וַיֹּאמֶר לָמָּה־זֶּה יָרַדְתָּ וְעַל־מִי נָטַשְׁתָּ מְעַט הַצֹּאן הָהֵנָּה בַּמִּדְבָּר
אֲנִי יָדַעְתִּי אֶת־זְדֹנְךָ וְאֵת רֹעַ לְבָבֶךָ כִּי לְמַעַן רְאוֹת הַמִּלְחָמָה
29 יָרָדְתָּ׃ וַיֹּאמֶר דָּוִד מֶה עָשִׂיתִי עָתָּה הֲלוֹא דָּבָר הוּא׃ וַיִּסֹּב
30 מֵאֶצְלוֹ אֶל־מוּל אַחֵר וַיֹּאמֶר כַּדָּבָר הַזֶּה וַיְשִׁבֻהוּ הָעָם דָּבָר כַּדָּבָר

CHRESTOMATHY. 231

31 הָרִאשׁוֹן: וַיִּשְׁמְעוּ הַדְּבָרִים אֲשֶׁר דִּבֶּר דָּוִד וַיַּגִּדוּ[18] לִפְנֵי־שָׁאוּל
32 וַיִּקָּחֵהוּ: וַיֹּאמֶר דָּוִד אֶל־שָׁאוּל אַל־יִפֹּל לֵב־[19]אָדָם עָלָיו[20] עַבְדְּךָ
33 יֵלֵךְ וְנִלְחַם עִם־הַפְּלִשְׁתִּי הַזֶּה: וַיֹּאמֶר שָׁאוּל אֶל־דָּוִד לֹא תוּכַל
לָלֶכֶת אֶל־הַפְּלִשְׁתִּי הַזֶּה לְהִלָּחֵם עִמּוֹ כִּי־נַעַר אַתָּה וְהוּא אִישׁ
34 מִלְחָמָה מִנְּעֻרָיו: וַיֹּאמֶר דָּוִד אֶל־שָׁאוּל רֹעֶה הָיָה עַבְדְּךָ לְאָבִיו
35 בַּצֹּאן וּבָא הָאֲרִי וְאֶת[21]־הַדּוֹב וְנָשָׂא שֶׂה מֵהָעֵדֶר: וְיָצָאתִי אַחֲרָיו
וְהִכִּתִיו וְהִצַּלְתִּי מִפִּיו וַיָּקָם עָלַי וְהֶחֱזַקְתִּי בִּזְקָנוֹ וְהִכִּתִיו וַהֲמִיתִּיו[22]:
36 גַּם[23] אֶת־הָאֲרִי גַּם־הַדּוֹב הִכָּה עַבְדֶּךָ וְהָיָה הַפְּלִשְׁתִּי הֶעָרֵל
37 הַזֶּה כְּאַחַד מֵהֶם כִּי חֵרֵף מַעַרְכֹת אֱלֹהִים חַיִּים: וַיֹּאמֶר דָּוִד
יְהוָה אֲשֶׁר הִצִּלַנִי מִיַּד הָאֲרִי וּמִיַּד הַדֹּב הוּא יַצִּילֵנִי מִיַּד הַפְּלִשְׁתִּי
38 הַזֶּה וַיֹּאמֶר שָׁאוּל אֶל־דָּוִד לֵךְ וַיהוָה יִהְיֶה עִמָּךְ: וַיַּלְבֵּשׁ שָׁאוּל
אֶת־דָּוִד מַדָּיו וְנָתַן קוֹבַע נְחֹשֶׁת עַל־רֹאשׁוֹ וַיַּלְבֵּשׁ אֹתוֹ שִׁרְיוֹן:
39 וַיַּחְגֹּר דָּוִד אֶת־חַרְבּוֹ מֵעַל לְמַדָּיו וַיֹּאֶל לָלֶכֶת כִּי לֹא־נִסָּה וַיֹּאמֶר
דָּוִד אֶל־שָׁאוּל לֹא־אוּכַל לָלֶכֶת בָּאֵלֶּה כִּי לֹא נִסִּיתִי וַיְסִרֵם דָּוִד
40 מֵעָלָיו: וַיִּקַּח מַקְלוֹ בְּיָדוֹ וַיִּבְחַר־לוֹ חֲמִשָּׁה חַלֻּקֵי[24]־אֲבָנִים מִן־
הַנַּחַל וַיָּשֶׂם אֹתָם בִּכְלִי הָרֹעִים אֲשֶׁר־לוֹ וּבַיַּלְקוּט וְקַלְעוֹ בְיָדוֹ
41 וַיִּגַּשׁ אֶל־הַפְּלִשְׁתִּי: וַיֵּלֶךְ הַפְּלִשְׁתִּי הֹלֵךְ וְקָרֵב אֶל־דָּוִד וְהָאִישׁ
42 נֹשֵׂא הַצִּנָּה לְפָנָיו: וַיַּבֵּט הַפְּלִשְׁתִּי וַיִּרְאֶה[25] אֶת־דָּוִד וַיִּבְזֵהוּ כִּי־
43 הָיָה נַעַר וְאַדְמֹנִי עִם־יְפֵה מַרְאֶה: וַיֹּאמֶר הַפְּלִשְׁתִּי אֶל־דָּוִד
הֲכֶלֶב אָנֹכִי כִּי־אַתָּה בָא־אֵלַי בַּמַּקְלוֹת וַיְקַלֵּל הַפְּלִשְׁתִּי אֶת־
44 דָּוִד בֵּאלֹהָיו: וַיֹּאמֶר הַפְּלִשְׁתִּי אֶל־דָּוִד לְכָה אֵלַי וְאֶתְּנָה אֶת־
45 בְּשָׂרְךָ לְעוֹף הַשָּׁמַיִם וּלְבֶהֱמַת הַשָּׂדֶה: וַיֹּאמֶר דָּוִד אֶל־הַפְּלִשְׁתִּי
אַתָּה בָּא אֵלַי בְּחֶרֶב וּבַחֲנִית וּבְכִידוֹן וְאָנֹכִי בָא־אֵלֶיךָ בְּשֵׁם
46 יְהוָה צְבָאוֹת אֱלֹהֵי מַעַרְכוֹת יִשְׂרָאֵל אֲשֶׁר חֵרַפְתָּ: הַיּוֹם הַזֶּה
יְסַגֶּרְךָ יְהוָה בְּיָדִי וְהִכִּיתִךָ וַהֲסִרֹתִי אֶת־רֹאשְׁךָ מֵעָלֶיךָ וְנָתַתִּי
פֶּגֶר מַחֲנֵה פְלִשְׁתִּים הַיּוֹם הַזֶּה לְעוֹף הַשָּׁמַיִם וּלְחַיַּת הָאָרֶץ
47 וְיֵדְעוּ כָּל־הָאָרֶץ כִּי יֵשׁ אֱלֹהִים לְיִשְׂרָאֵל: וְיֵדְעוּ כָּל־הַקָּהָל הַזֶּה

כִּי־לֹא בְּחֶרֶב וּבַחֲנִית יְהוֹשִׁיעַ²⁶ יְהוָֹה כִּי לַיהוָֹה הַמִּלְחָמָה וְנָתַן
אֶתְכֶם בְּיָדֵנוּ: וְהָיָה כִּי־²⁷קָם הַפְּלִשְׁתִּי וַיֵּלֶךְ וַיִּקְרַב לִקְרַאת 48
דָּוִד וַיְמַהֵר דָּוִד וַיָּרָץ הַמַּעֲרָכָה לִקְרַאת הַפְּלִשְׁתִּי: וַיִּשְׁלַח דָּוִד 49
אֶת־יָדוֹ אֶל־הַכֶּלִי וַיִּקַּח מִשָּׁם אֶבֶן וַיְקַלַּע וַיַּךְ אֶת־הַפְּלִשְׁתִּי אֶל־
מִצְחוֹ וַתִּטְבַּע הָאֶבֶן בְּמִצְחוֹ וַיִּפֹּל עַל־פָּנָיו אָרְצָה: וַיֶּחֱזַק²⁸ דָּוִד 50
מִן־הַפְּלִשְׁתִּי בַּקֶּלַע וּבָאֶבֶן וַיַּךְ אֶת־הַפְּלִשְׁתִּי וַיְמִיתֵהוּ וְחֶרֶב אֵין
בְּיַד־דָּוִד: וַיָּרָץ דָּוִד וַיַּעֲמֹד אֶל־הַפְּלִשְׁתִּי וַיִּקַּח אֶת־חַרְבּוֹ 51
וַיִּשְׁלְפָהּ מִתַּעְרָהּ וַיְמֹתְתֵהוּ וַיִּכְרָת־בָּהּ אֶת־רֹאשׁוֹ וַיִּרְאוּ
הַפְּלִשְׁתִּים כִּי־מֵת גִּבּוֹרָם וַיָּנֻסוּ: וַיָּקֻמוּ אַנְשֵׁי יִשְׂרָאֵל וִיהוּדָה 52
וַיָּרִעוּ וַיִּרְדְּפוּ אֶת־הַפְּלִשְׁתִּים עַד־בּוֹאֲךָ²⁹ גַיְא וְעַד שַׁעֲרֵי עֶקְרוֹן
וַיִּפְּלוּ חַלְלֵי פְלִשְׁתִּים בְּדֶרֶךְ שַׁעֲרַיִם וְעַד־גַּת וְעַד־עֶקְרוֹן: וַיָּשֻׁבוּ 53
בְּנֵי יִשְׂרָאֵל מִדְּלֹק אַחֲרֵי פְלִשְׁתִּים וַיָּשֹׁסּוּ אֶת־מַחֲנֵיהֶם: וַיִּקַּח 54
דָּוִד אֶת־רֹאשׁ הַפְּלִשְׁתִּי וַיְבִאֵהוּ יְרוּשָׁלָ͏ִם וְאֶת־כֵּלָיו שָׂם
בְּאָהֳלוֹ:

1 § 85, 4. 2 § 83, 10. 3 § 52, Note II. 4 יִרָא fut. יִירְאוּ, exceptionally יְרָאוּ cf. v. 24. 5 the *old* men; some read בְּיָּטְנִים בָּא = to advance in days, years. 6 § 91, 3. 7 § 105, 7. 8 § 85, 4. 9 § 105, 6, 7. 10 and thou shalt take a *pledge* in return from them, i. e. a token of their happiness. (Fuerst. Lex.) 11 sc. רַגְלַי cf. Gen. 29, 1. 12 § 96, 7. 13 fr. רוּעַ. 14 ר was in this word doubly pronounced. 15 = יְעַשִּׁירֶנּוּ. 16 § 22, Note. 17 an enquiry. 18 § 76, 2, c, 19 נָפַל לֵב to lose heart, courage. 20 עָלָיו refers either to Goliath, or to אָדָם, cf. Ps. 42, 7. 142, 4. 21 § 76, 4. Note or אֵת = with, § 75, 5. 22 כָּתַה, Hi. הֵמִתַּם, § 53, 7. 23 § 117. 24 § 83, 7. 25 regular וַיִּרָא. 26 for יוֹשִׁיעַ. 27 § 114, d. 28 § 91, 2. 29 § 76, 2, d.

XI. Solomo's Wisdom. (1. Kings 3, 5—28.)

בְּגִבְעוֹן נִרְאָה יְהוָֹה אֶל־שְׁלֹמֹה בַּחֲלוֹם הַלָּיְלָה וַיֹּאמֶר אֱלֹהִים 5
שְׁאַל מָה אֶתֶּן־לָךְ: וַיֹּאמֶר שְׁלֹמֹה אַתָּה עָשִׂיתָ עִם־עַבְדְּךָ דָוִד 6

אָבִי חֶסֶד גָּדוֹל כַּאֲשֶׁר הָלַךְ לְפָנֶיךָ בֶּאֱמֶת וּבִצְדָקָה וּבְיִשְׁרַת
לֵבָב עִמָּךְ וַתִּשְׁמָר־לוֹ אֶת־הַחֶסֶד הַגָּדוֹל הַזֶּה וַתִּתֶּן־לוֹ בֵן יֹשֵׁב
עַל־כִּסְאוֹ כַּיּוֹם הַזֶּה: וְעַתָּה יְהֹוָה אֱלֹהָי אַתָּה הִמְלַכְתָּ אֶת־ 7
עַבְדְּךָ תַּחַת דָּוִד אָבִי וְאָנֹכִי נַעַר¹ קָטֹן לֹא אֵדַע צֵאת וָבֹא²:
וְעַבְדְּךָ בְּתוֹךְ עַמְּךָ אֲשֶׁר בָּחָרְתָּ עַם־רָב אֲשֶׁר לֹא־יִמָּנֶה וְלֹא 8
יִסָּפֵר מֵרֹב: וְנָתַתָּ לְעַבְדְּךָ לֵב שֹׁמֵעַ לִשְׁפֹּט אֶת־עַמְּךָ לְהָבִין 9
בֵּין־טוֹב לְרָע כִּי מִי יוּכַל לִשְׁפֹּט אֶת־עַמְּךָ הַכָּבֵד הַזֶּה: וַיִּיטַב 10
הַדָּבָר בְּעֵינֵי אֲדֹנָי כִּי שָׁאַל שְׁלֹמֹה אֶת־הַדָּבָר הַזֶּה: וַיֹּאמֶר 11
אֱלֹהִים אֵלָיו יַעַן אֲשֶׁר שָׁאַלְתָּ אֶת־הַדָּבָר הַזֶּה וְלֹא־שָׁאַלְתָּ לְךָ
יָמִים רַבִּים וְלֹא־שָׁאַלְתָּ לְּךָ עֹשֶׁר וְלֹא שָׁאַלְתָּ נֶפֶשׁ אֹיְבֶיךָ וְשָׁאַלְתָּ
לְּךָ הָבִין לִשְׁמֹעַ מִשְׁפָּט: הִנֵּה עָשִׂיתִי³ כִּדְבָרֶיךָ הִנֵּה נָתַתִּי לְךָ 12
לֵב חָכָם וְנָבוֹן אֲשֶׁר כָּמוֹךָ לֹא־הָיָה לְפָנֶיךָ וְאַחֲרֶיךָ לֹא־יָקוּם כָּמוֹךָ:
וְגַם אֲשֶׁר לֹא־שָׁאַלְתָּ נָתַתִּי לָךְ גַּם־עֹשֶׁר גַּם־כָּבוֹד אֲשֶׁר לֹא־ 13
הָיָה כָמוֹךָ אִישׁ בַּמְּלָכִים כָּל־יָמֶיךָ: וְאִם תֵּלֵךְ בִּדְרָכַי לִשְׁמֹר 14
חֻקַּי וּמִצְוֹתַי כַּאֲשֶׁר הָלַךְ דָּוִיד אָבִיךָ וְהַאֲרַכְתִּי אֶת־יָמֶיךָ: וַיִּקַץ 15
שְׁלֹמֹה וְהִנֵּה חֲלוֹם וַיָּבוֹא יְרוּשָׁלַםִ וַיַּעֲמֹד לִפְנֵי אֲרוֹן בְּרִית־יְהֹוָה
וַיַּעַל עֹלוֹת וַיַּעַשׂ שְׁלָמִים וַיַּעַשׂ מִשְׁתֶּה לְכָל־עֲבָדָיו: אָז⁴ תָּבֹאנָה 16
שְׁתַּיִם נָשִׁים זֹנוֹת אֶל־הַמֶּלֶךְ וַתַּעֲמֹדְנָה לְפָנָיו: וַתֹּאמֶר הָאִשָּׁה 17
הָאַחַת בִּי אֲדֹנִי אֲנִי וְהָאִשָּׁה הַזֹּאת יֹשְׁבֹת בְּבַיִת אֶחָד וָאֵלֵד עִמָּהּ
בַּבָּיִת: וַיְהִי בַּיּוֹם הַשְּׁלִישִׁי לְלִדְתִּי⁵ וַתֵּלֶד גַּם־הָאִשָּׁה הַזֹּאת 18
וַאֲנַחְנוּ יַחְדָּו אֵין־זָר אִתָּנוּ בַּבַּיִת זוּלָתִי⁶ שְׁתַּיִם־אֲנַחְנוּ בַּבָּיִת:
וַיָּמָת בֶּן־הָאִשָּׁה הַזֹּאת לָיְלָה אֲשֶׁר שָׁכְבָה עָלָיו: וַתָּקָם בְּתוֹךְ 19 20
הַלַּיְלָה וַתִּקַּח אֶת־בְּנִי מֵאֶצְלִי וַאֲמָתְךָ⁷ יְשֵׁנָה וַתַּשְׁכִּיבֵהוּ בְּחֵיקָהּ
וְאֶת־בְּנָהּ הַמֵּת הִשְׁכִּיבָה בְחֵיקִי: וָאָקֻם בַּבֹּקֶר לְהֵינִיק אֶת־בְּנִי 21
וְהִנֵּה־מֵת וָאֶתְבּוֹנֵן אֵלָיו בַּבֹּקֶר וְהִנֵּה לֹא־הָיָה בְנִי אֲשֶׁר יָלָדְתִּי:
וַתֹּאמֶר הָאִשָּׁה הָאַחֶרֶת לֹא כִי בְּנִי הַחַי וּבְנֵךְ הַמֵּת וְזֹאת אֹמֶרֶת 22
לֹא כִי בְּנֵךְ הַמֵּת וּבְנִי הֶחָי וַתְּדַבֵּרְנָה לִפְנֵי הַמֶּלֶךְ: וַיֹּאמֶר הַמֶּלֶךְ 23

זֹאת אֹמֶרֶת זֶה[8]־בְּנִי הַחַי וּבְנֵךְ הַמֵּת וְזֹאת אֹמֶרֶת לֹא כִּי בְּנֵךְ
הַמֵּת וּבְנִי הֶחָי[9]: וַיֹּאמֶר הַמֶּלֶךְ קְחוּ לִי־חָרֶב וַיָּבִאוּ הַחֶרֶב לִפְנֵי [24]
הַמֶּלֶךְ: וַיֹּאמֶר הַמֶּלֶךְ גִּזְרוּ אֶת־הַיֶּלֶד הַחַי לִשְׁנָיִם וּתְנוּ אֶת־ [25]
הַחֲצִי לְאַחַת וְאֶת־הַחֲצִי לְאֶחָת[9]: וַתֹּאמֶר הָאִשָּׁה אֲשֶׁר־בְּנָהּ [26]
הַחַי אֶל־הַמֶּלֶךְ כִּי־נִכְמְרוּ רַחֲמֶיהָ עַל־בְּנָהּ וַתֹּאמֶר בִּי אֲדֹנִי תְּנוּ־
לָהּ אֶת־הַיָּלוּד הַחַי וְהָמֵת אַל־תְּמִיתֻהוּ וְזֹאת אֹמֶרֶת גַּם־לִי גַם־
לָךְ לֹא יִהְיֶה גְּזֹרוּ[10]: וַיַּעַן הַמֶּלֶךְ וַיֹּאמֶר תְּנוּ־לָהּ אֶת־הַיָּלוּד הַחַי [27]
וְהָמֵת לֹא תְמִיתֻהוּ הִיא אִמּוֹ: וַיִּשְׁמְעוּ כָל־יִשְׂרָאֵל אֶת־הַמִּשְׁפָּט [28]
אֲשֶׁר שָׁפַט הַמֶּלֶךְ וַיִּרְאוּ מִפְּנֵי הַמֶּלֶךְ כִּי רָאוּ כִּי חָכְמַת אֱלֹהִים
בְּקִרְבּוֹ לַעֲשׂוֹת מִשְׁפָּט:

[1] Inexperienced. [2] יצא ובא to go out and in, denotes metaphorically the actions and conduct of a man. (Fuerst Lex.) [3] § 100, III. a) [4] § 101, II. ב). [5] § 83, 11, (c). [6] י— paragogic = זוּלַת. [7] An expression of humility for I. [8] § 94, 2. [9] In pause. [10] § 34, 6.

XII. The happiness of the godly, the misery of the wicked (Ps. 1.)

1 אַשְׁרֵי[1] הָאִישׁ אֲשֶׁר לֹא הָלַךְ בַּעֲצַת רְשָׁעִים וּבְדֶרֶךְ חַטָּאִים
2 לֹא עָמָד וּבְמוֹשַׁב לֵצִים לֹא יָשָׁב: כִּי אִם בְּתוֹרַת יְהוָה חֶפְצוֹ
3 וּבְתוֹרָתוֹ יֶהְגֶּה יוֹמָם וָלָיְלָה: וְהָיָה כְּעֵץ שָׁתוּל עַל־פַּלְגֵי־מָיִם
אֲשֶׁר פִּרְיוֹ יִתֵּן בְּעִתּוֹ וְעָלֵהוּ לֹא־יִבּוֹל וְכֹל אֲשֶׁר־יַעֲשֶׂה יַצְלִיחַ:
4 לֹא־כֵן הָרְשָׁעִים כִּי אִם־כַּמֹּץ אֲשֶׁר־תִּדְּפֶנּוּ[2] רוּחַ: עַל־כֵּן לֹא־
5
6 יָקֻמוּ רְשָׁעִים בַּמִּשְׁפָּט וְחַטָּאִים בַּעֲדַת צַדִּיקִים: כִּי־יוֹדֵעַ יְהוָה
דֶּרֶךְ צַדִּיקִים וְדֶרֶךְ רְשָׁעִים תֹּאבֵד:

[1] אֶשֶׁר happiness; only in plur. construct in the character of an interjection: O the happiness of the man! [2] § 44, 5.

XIII. The character of a godly man. (Ps. 15.)

1 מִזְמוֹר לְדָוִד[1] יְהוָה מִי־יָגוּר בְּאָהֳלֶךָ מִי־יִשְׁכֹּן בְּהַר קָדְשֶׁךָ:

הוֹלֵךְ² תָּמִים³ וּפֹעֵל³ צֶדֶק וְדֹבֵר אֱמֶת בִּלְבָבוֹ: לֹא־רָגַל עַל־⁴־³
לְשֹׁנוֹ לֹא־עָשָׂה לְרֵעֵהוּ רָעָה וְחֶרְפָּה לֹא־נָשָׂא עַל־קְרֹבוֹ: נִבְזֶה⁴
בְּעֵינָיו נִמְאָס⁶ וְאֶת־יִרְאֵי יְהֹוָה יְכַבֵּד נִשְׁבַּע לְהָרַע⁶ וְלֹא יָמִיר:
כַּסְפּוֹ לֹא־נָתַן בְּנֶשֶׁךְ וְשֹׁחַד עַל־נָקִי לֹא לָקַח עֹשֵׂה־אֵלֶּה לֹא⁵
יִמּוֹט לְעוֹלָם:

1 § 83, 11,   2 § 107, 4.   8 Accusative, § 85, 4. c) and § 75, 2, Note.   4 רָגַל עַל לְ' to bear slander upon his tongue, i. e. to slander.   5 The subject of the clause.   6 Inf. fr. רָעַע, supply לוֹ to do evil to himself, i. e. to his own hurt, cf. 3 Mos. 5, 4.: לְהָרַע אוֹ לְהֵטִיב.

XIV. Confidence in God's grace. (Ps. 23.)

מִזְמוֹר לְדָוִד יְהֹוָה רֹעִי לֹא אֶחְסָר: בִּנְאוֹת דֶּשֶׁא יַרְבִּיצֵנִי עַל־¹₂
מֵי מְנֻחֹת יְנַהֲלֵנִי: נַפְשִׁי יְשׁוֹבֵב¹ יַנְחֵנִי בְמַעְגְּלֵי־צֶדֶק לְמַעַן שְׁמוֹ:³
גַּם כִּי־אֵלֵךְ בְּגֵיא צַלְמָוֶת² לֹא־אִירָא רָע כִּי־אַתָּה עִמָּדִי שִׁבְטְךָ⁴
וּמִשְׁעַנְתֶּךָ הֵמָּה יְנַחֲמֻנִי: תַּעֲרֹךְ לְפָנַי שֻׁלְחָן נֶגֶד צֹרְרָי דִּשַּׁנְתָּ⁵
בַשֶּׁמֶן רֹאשִׁי כּוֹסִי רְוָיָה³: אַךְ טוֹב וָחֶסֶד יִרְדְּפוּנִי כָּל־יְמֵי חַיָּי⁶
וְשַׁבְתִּי⁴ בְּבֵית־יְהֹוָה לְאֹרֶךְ יָמִים:

1 To lead back, refresh (the soul).   2 Shadow of death = the thickest darkness, cf. § 91, c).   3 Abundance; in poetry often an abstract noun takes the place of an adjective, = my cup is abundant, overflowing.   4 = וְיָשַׁבְתִּי, as רָד (Jud. 19, 11.) for יָרַד.

XV. God's excellency and providence. (Ps. 113.)

הַלְלוּיָהּ הַלְלוּ עַבְדֵי יְהֹוָה הַלְלוּ אֶת־שֵׁם יְהֹוָה: יְהִי שֵׁם יְהֹוָה¹₂
מְבֹרָךְ מֵעַתָּה וְעַד־עוֹלָם: מִמִּזְרַח־שֶׁמֶשׁ עַד־מְבוֹאוֹ מְהֻלָּל שֵׁם³
יְהֹוָה: רָם עַל־כָּל־גּוֹיִם יְהֹוָה עַל הַשָּׁמַיִם כְּבוֹדוֹ: מִי כַּיהֹוָה⁴₅
אֱלֹהֵינוּ הַמַּגְבִּיהִי¹ לָשָׁבֶת: הַמַּשְׁפִּילִי¹ לִרְאוֹת בַּשָּׁמַיִם וּבָאָרֶץ:⁶
מְקִימִי מֵעָפָר דָּל מֵאַשְׁפֹּת יָרִים אֶבְיוֹן: לְהוֹשִׁיבִי² עִם־נְדִיבִים⁷₈

9 עַם נְדִיבֵי עַמּוֹ: מוֹשִׁיבִי עֲקֶרֶת³ הַבַּיִת אֵם⁴־הַבָּנִים שְׂמֵחָה⁵ הַלְלוּיָהּ:

1 § 106, 9 and page 17 Note I. 2 Inf. with paragogic ־ֹ — in poetry not unfrequent. 3 Barrenness was considered among the Hebrews a great ignominy, cf. 1. Sam. c. 1. 4 Accusative, answering the question *where*? § 85, 4. or apposition to 3 = as a. 5 § 83, 10.

XVI. Israels' exodus from Egypt. (Ps. 114.)

1 בְּצֵאת יִשְׂרָאֵל מִמִּצְרָיִם בֵּית יַעֲקֹב מֵעַם לֹעֵז: הָיְתָה יְהוּדָה¹
2
3 לְקָדְשׁוֹ יִשְׂרָאֵל מַמְשְׁלוֹתָיו²: הַיָּם רָאָה וַיָּנֹס הַיַּרְדֵּן יִסֹּב לְאָחוֹר:
4 הֶהָרִים רָקְדוּ³ כְאֵילִים גְּבָעוֹת כִּבְנֵי־צֹאן: מַה־לְּךָ הַיָּם כִּי תָנוּס
5
6 הַיַּרְדֵּן תִּסֹּב לְאָחוֹר: הֶהָרִים תִּרְקְדוּ כְאֵילִים גְּבָעוֹת כִּבְנֵי־צֹאן:
7 מִלִּפְנֵי אָדוֹן חוּלִי אָרֶץ מִלִּפְנֵי אֱלוֹהַּ יַעֲקֹב: הַהֹפְכִי הַצּוּר
8
אֲגַם־מָיִם⁴ חַלָּמִישׁ לְמַעְיְנוֹ⁵־מָיִם:

1 § 57, Note. 2 The plural poetically, § 82, 5. 3 Cf. Exodus 19, 18, 4 Cf. Exod 17, 6. 5 § 59 Note II.

XVII. Feelings of an exile in captivity. (Ps. 137.)

1 עַל־נַהֲרוֹת בָּבֶל שָׁם יָשַׁבְנוּ גַּם־בָּכִינוּ בְּזָכְרֵנוּ אֶת־צִיּוֹן: עַל־
2
3 עֲרָבִים בְּתוֹכָהּ¹ תָּלִינוּ כִּנֹּרוֹתֵינוּ: כִּי שָׁם שְׁאֵלוּנוּ שׁוֹבֵינוּ דִּבְרֵי־
4 שִׁיר וְתוֹלָלֵינוּ שִׂמְחָה שִׁירוּ לָנוּ מִשִּׁיר² צִיּוֹן: אֵיךְ נָשִׁיר אֶת־
5 שִׁיר־יְהוָה עַל אַדְמַת נֵכָר: אִם־אֶשְׁכָּחֵךְ יְרוּשָׁלִָם תִּשְׁכַּח יְמִינִי³:
6 תִּדְבַּק לְשׁוֹנִי לְחִכִּי אִם־לֹא אֶזְכְּרֵכִי⁴ אִם־לֹא אַעֲלֶה אֶת־יְרוּשָׁלִַם
7 עַל רֹאשׁ⁵ שִׂמְחָתִי: זְכֹר יְהוָה לִבְנֵי אֱדוֹם אֵת יוֹם⁶ יְרוּשָׁלִָם
8 הָאֹמְרִים עָרוּ⁷ עָרוּ עַד הַיְסוֹד בָּהּ: בַּת⁸־בָּבֶל הַשְּׁדוּדָה אַשְׁרֵי
9 שֶׁיְשַׁלֶּם־לָךְ אֶת־גְּמוּלֵךְ שֶׁגָּמַלְתְּ לָנוּ: אַשְׁרֵי שֶׁיֹּאחֵז וְנִפֵּץ אֶת־
עֹלָלַיִךְ אֶל־הַסָּלַע⁹:

1 Refers to Babel. 2 Of the song = one of the songs. 3 Let my right forget . . . . . to do its duty, or play on an instrument

(Kimchi) 4. poetically = אַזְכִּרְךָ. 5 The summit = the highest joy. 6 The day of downfall, misfortune. 7 Inf. Pi; to lay bare the ground יְסוֹד i. e. to destroy to the ground. 8 In poetry very common, either for the city or the inhabitants. 9 Cf. 2 Kings 8, 12.

XVIII. The preciousness and true character of wisdom. (Job 28, 12 — 28.)

וְהַחָכְמָה מֵאַיִן תִּמָּצֵא וְאֵי זֶה¹ מְקוֹם בִּינָה: לֹא־יָדַע אֱנוֹשׁ 12 13
עֶרְכָּהּ וְלֹא תִמָּצֵא בְּאֶרֶץ הַחַיִּים: תְּהוֹם אָמַר לֹא בִי־הִיא וְיָם 14
אָמַר אֵין עִמָּדִי: לֹא־יֻתַּן סְגוֹר תַּחְתֶּיהָ וְלֹא יִשָּׁקֵל כֶּסֶף מְחִירָהּ: 15
לֹא־תְסֻלֶּה בְּכֶתֶם אוֹפִיר בְּשֹׁהַם יָקָר וְסַפִּיר: לֹא־יַעַרְכֶנָּה זָהָב 16 17
וּזְכוֹכִית וּתְמוּרָתָהּ² כְּלִי־פָז: רָאמוֹת וְגָבִישׁ לֹא יִזָּכֵר וּמֶשֶׁךְ חָכְמָה 18
מִפְּנִינִים: לֹא־יַעַרְכֶנָּה פִּטְדַת־כּוּשׁ בְּכֶתֶם טָהוֹר לֹא תְסֻלֶּה: 19
וְהַחָכְמָה מֵאַיִן תָּבוֹא וְאֵי זֶה מְקוֹם בִּינָה: וְנֶעֶלְמָה מֵעֵינֵי כָל־ 20 21
חָי וּמֵעוֹף הַשָּׁמַיִם נִסְתָּרָה: אֲבַדּוֹן וָמָוֶת אָמְרוּ בְּאָזְנֵינוּ שָׁמַעְנוּ 22
שִׁמְעָהּ³: אֱלֹהִים הֵבִין דַּרְכָּהּ וְהוּא⁴ יָדַע אֶת־מְקוֹמָהּ: כִּי־הוּא 23 24
לִקְצוֹת־הָאָרֶץ יַבִּיט תַּחַת כָּל־הַשָּׁמַיִם יִרְאֶה: לַעֲשׂוֹת לָרוּחַ 25
מִשְׁקָל וּמַיִם תִּכֵּן בְּמִדָּה: בַּעֲשׂתוֹ לַמָּטָר חֹק וְדֶרֶךְ לַחֲזִיז קֹלוֹת: 26
אָז רָאָהּ וַיְסַפְּרָהּ הֱכִינָהּ וְגַם־חֲקָרָהּ: וַיֹּאמֶר לָאָדָם הֵן יִרְאַת 27 28
אֲדֹנָי הִיא חָכְמָה וְסוּר מֵרָע בִּינָה:

1 § 94, 6 Note. 2 Supply the antecedent לֹא. 3 § 93, 6. 4 § 93, Note.

XIX. Judah is threatened for her ingratitude and rebellion. (Isa. 1, 1 — 21.)

חֲזוֹן יְשַׁעְיָהוּ בֶן־אָמוֹץ אֲשֶׁר חָזָה עַל־יְהוּדָה וִירוּשָׁלָםִ בִּימֵי 1
עֻזִּיָּהוּ יוֹתָם אָחָז יְחִזְקִיָּהוּ מַלְכֵי יְהוּדָה: שִׁמְעוּ שָׁמַיִם וְהַאֲזִינִי 2
אֶרֶץ כִּי יְהוָה דִּבֵּר בָּנִים גִּדַּלְתִּי וְרוֹמַמְתִּי וְהֵם פָּשְׁעוּ בִי: יָדַע 3
שׁוֹר קֹנֵהוּ וַחֲמוֹר אֵבוּס בְּעָלָיו יִשְׂרָאֵל לֹא יָדַע עַמִּי לֹא הִתְבּוֹנָן:

4 הוֹי גּוֹי חֹטֵא עַם כֶּבֶד¹ עָוֺן זֶרַע מְרֵעִים בָּנִים מַשְׁחִיתִים עָזְבוּ
5 אֶת־יְהוָה נִאֲצוּ אֶת־קְדוֹשׁ יִשְׂרָאֵל נָזֹרוּ אָחוֹר׃ עַל־מֶה² תֻכּוּ
6 עוֹד תּוֹסִיפוּ סָרָה כָּל־רֹאשׁ לָחֳלִי³ וְכָל־לֵבָב דַּוָּי׃ מִכַּף־רֶגֶל וְעַד־
רֹאשׁ אֵין־בּוֹ מְתֹם פֶּצַע וְחַבּוּרָה וּמַכָּה טְרִיָּה לֹא־זֹרוּ⁴ וְלֹא חֻבָּשׁוּ
7 וְלֹא רֻכְּכָה בַּשָּׁמֶן׃ אַרְצְכֶם שְׁמָמָה עָרֵיכֶם שְׂרֻפוֹת אֵשׁ אַדְמַתְכֶם
8 לְנֶגְדְּכֶם זָרִים אֹכְלִים אֹתָהּ וּשְׁמָמָה כְּמַהְפֵּכַת זָרִים׃ וְנוֹתְרָה
9 בַת־צִיּוֹן כְּסֻכָּה בְכָרֶם כִּמְלוּנָה בְמִקְשָׁה כְּעִיר נְצוּרָה׃ לוּלֵי יְהוָה
צְבָאוֹת הוֹתִיר לָנוּ שָׂרִיד כִּמְעָט כִּסְדֹם הָיִינוּ לַעֲמֹרָה דָּמִינוּ׃
10 שִׁמְעוּ דְבַר־יְהוָה קְצִינֵי סְדֹם הַאֲזִינוּ תּוֹרַת אֱלֹהֵינוּ עַם עֲמֹרָה׃
11 לָמָּה לִּי רֹב־זִבְחֵיכֶם יֹאמַר יְהוָה שָׂבַעְתִּי עֹלוֹת אֵילִים וְחֵלֶב
12 מְרִיאִים וְדַם פָּרִים וּכְבָשִׂים וְעַתּוּדִים לֹא חָפָצְתִּי׃ כִּי תָבֹאוּ
13 לֵרָאוֹת⁵ פָּנָי⁶ מִי־בִקֵּשׁ זֹאת מִיֶּדְכֶם רְמֹס⁷ חֲצֵרָי׃ לֹא תוֹסִיפוּ
הָבִיא מִנְחַת־שָׁוְא קְטֹרֶת תּוֹעֵבָה הִיא לִי חֹדֶשׁ⁸ וְשַׁבָּת קְרֹא
14 מִקְרָא לֹא־אוּכַל עָוֶן וַעֲצָרָה׃ חָדְשֵׁיכֶם וּמוֹעֲדֵיכֶם שָׂנְאָה נַפְשִׁי
15 הָיוּ עָלַי לָטֹרַח¹⁰ נִלְאֵיתִי נְשֹׂא¹¹ וּבְפָרִשְׂכֶם¹² כַּפֵּיכֶם אַעְלִים
עֵינַי מִכֶּם גַּם כִּי־תַרְבּוּ תְפִלָּה אֵינֶנִּי שֹׁמֵעַ יְדֵיכֶם דָּמִים מָלֵאוּ׃
16 רַחֲצוּ הִזַּכּוּ¹³ הָסִירוּ רֹעַ מַעַלְלֵיכֶם מִנֶּגֶד עֵינָי חִדְלוּ הָרֵעַ׃ לִמְדוּ
17 הֵיטֵב¹⁴ דִּרְשׁוּ מִשְׁפָּט אַשְּׁרוּ חָמוֹץ שִׁפְטוּ יָתוֹם רִיבוּ¹⁵ אַלְמָנָה׃
18 לְכוּ־נָא וְנִוָּכְחָה¹⁶ יֹאמַר יְהוָה אִם־יִהְיוּ חֲטָאֵיכֶם כַּשָּׁנִים כַּשֶּׁלֶג
19 יַלְבִּינוּ אִם־יַאְדִּימוּ כַתּוֹלָע כַּצֶּמֶר יִהְיוּ׃ אִם־תֹּאבוּ וּשְׁמַעְתֶּם
20 טוּב הָאָרֶץ תֹּאכֵלוּ׃ וְאִם־תְּמָאֲנוּ וּמְרִיתֶם חֶרֶב¹⁷ תְּאֻכְּלוּ כִּי
פִּי יְהוָה דִּבֵּר׃

1 § 65, 5. 2 Upon what? 3 Supply הָיָה, with following ל to
become, § 84, 1: to become sick. 4 זוּר (Kal in the form זֹר)
5 = לְהֵרָאוֹת, 6 פָּנַי = לְפָנַי before me. 7 Apposition to זֹאת.
8 Cf. 2 Kings, 4, 23. 9 Supply לָשֵׂאת to bear. 10 On the Ka-
mets of ל see § 18, II. 3. 11 Inf. const. of נָשָׂא, more frequently
שְׂאֵת and שֵׂאת. 12 = פָּרְשְׂכֶם inf. Pi., Tsere becoming Chirek.
13 For הִתְזַכּוּ § 39, 3. 14 § 105, 5. 15 Supply רִיב. 16 Niphal
here reciprocal § 26, 1. 17 § 85, 5.

XX. Description of the Messianic time. (Isa. 11. 1—10.

וְיָצָא חֹטֶר מִגֵּזַע יִשָׁי וְנֵצֶר מִשָּׁרָשָׁיו יִפְרֶה: וְנָחָה עָלָיו רוּחַ
יְהֹוָה רוּחַ חָכְמָה וּבִינָה רוּחַ עֵצָה וּגְבוּרָה רוּחַ דַּעַת וְיִרְאַת
יְהֹוָה: וַהֲרִיחוֹ¹ בְּיִרְאַת יְהֹוָה וְלֹא־לְמַרְאֵה עֵינָיו יִשְׁפּוֹט וְלֹא־
לְמִשְׁמַע אָזְנָיו יוֹכִיחַ: וְשָׁפַט בְּצֶדֶק דַּלִּים וְהוֹכִיחַ בְּמִישׁוֹר לְעַנְוֵי־
אָרֶץ וְהִכָּה־אֶרֶץ בְּשֵׁבֶט פִּיו וּבְרוּחַ שְׂפָתָיו יָמִית רָשָׁע: וְהָיָה
צֶדֶק אֵזוֹר מָתְנָיו וְהָאֱמוּנָה אֵזוֹר חֲלָצָיו: וְגָר זְאֵב עִם־כֶּבֶשׂ
וְנָמֵר עִם־גְּדִי יִרְבָּץ וְעֵגֶל וּכְפִיר וּמְרִיא יַחְדָּו וְנַעַר קָטֹן נֹהֵג בָּם:
וּפָרָה וָדֹב תִּרְעֶינָה יַחְדָּו יִרְבְּצוּ יַלְדֵיהֶן וְאַרְיֵה כַּבָּקָר יֹאכַל־
תֶּבֶן: וְשִׁעֲשַׁע² יוֹנֵק עַל־חֻר פָּתֶן וְעַל מְאוּרַת צִפְעוֹנִי גָּמוּל יָדוֹ
הָדָה: לֹא־יָרֵעוּ³ וְלֹא יַשְׁחִיתוּ בְּכָל־הַר קָדְשִׁי כִּי־מָלְאָה הָאָרֶץ
דֵעָה⁴ אֶת־יְהֹוָה כַּמַּיִם לַיָּם⁵ מְכַסִּים: וְהָיָה בַּיּוֹם הַהוּא שֹׁרֶשׁ
יִשַׁי אֲשֶׁר עֹמֵד לְנֵס עַמִּים אֵלָיו גּוֹיִם יִדְרֹשׁוּ וְהָיְתָה מְנֻחָתוֹ כָּבוֹד:

¹ His delight, הֵרִיחַ with בְּ to smell with pleasure, hence generally to enjoy, delight in. ² Pilpel of שָׁעַע. ³ § 76, 2. c. ⁴ Inf. of יָדַע § 30, 4, hence with following אֵת. ⁵ כסה commonly with עַל, here with לְ. ⁶ § 86, 3 b.

XXI. Jeremiah's letter to the captives in Babylon. (Jer. 29, 4—14.)

כֹּה אָמַר יְהֹוָה צְבָאוֹת אֱלֹהֵי יִשְׂרָאֵל לְכָל־הַגּוֹלָה אֲשֶׁר־
הִגְלֵיתִי מִירוּשָׁלַםִ בָּבֶלָה: בְּנוּ בָתִּים וְשֵׁבוּ וְנִטְעוּ גַנּוֹת וְאִכְלוּ
אֶת־פִּרְיָן: קְחוּ נָשִׁים וְהוֹלִידוּ בָּנִים וּבָנוֹת וּקְחוּ לִבְנֵיכֶם נָשִׁים
וְאֶת־בְּנוֹתֵיכֶם תְּנוּ לַאֲנָשִׁים וְתֵלַדְנָה בָּנִים וּבָנוֹת וּרְבוּ־שָׁם וְאַל־
תִּמְעָטוּ: וְדִרְשׁוּ אֶת־שְׁלוֹם הָעִיר אֲשֶׁר הִגְלֵיתִי אֶתְכֶם שָׁמָּה
וְהִתְפַּלְלוּ בַעֲדָהּ אֶל־יְהֹוָה כִּי בִשְׁלוֹמָהּ יִהְיֶה לָכֶם שָׁלוֹם: כִּי
כֹה אָמַר יְהֹוָה צְבָאוֹת אֱלֹהֵי יִשְׂרָאֵל אַל־יַשִּׁיאוּ לָכֶם נְבִיאֵיכֶם
אֲשֶׁר־בְּקִרְבְּכֶם וְקֹסְמֵיכֶם וְאַל־תִּשְׁמְעוּ אֶל־חֲלֹמֹתֵיכֶם אֲשֶׁר אַתֶּם

9 מַחְלְמִים: כִּי בְשֶׁקֶר הֵם נִבְּאִים לָכֶם בִּשְׁמִי לֹא שְׁלַחְתִּים נְאֻם־
10 יְהוָה: כִּי־כֹה אָמַר יְהוָה כִּי לְפִי מְלֹאת¹ לְבָבֶל שִׁבְעִים שָׁנָה
אֶפְקֹד אֶתְכֶם וַהֲקִמֹתִי עֲלֵיכֶם אֶת־דְּבָרִי הַטּוֹב לְהָשִׁיב אֶתְכֶם
11 אֶל־הַמָּקוֹם הַזֶּה: כִּי אָנֹכִי יָדַעְתִּי אֶת־הַמַּחֲשָׁבֹת אֲשֶׁר אָנֹכִי
חֹשֵׁב עֲלֵיכֶם נְאֻם יְהוָה מַחְשְׁבוֹת שָׁלוֹם וְלֹא לְרָעָה לָתֵת לָכֶם
12 אַחֲרִית וְתִקְוָה: וּקְרָאתֶם אֹתִי וַהֲלַכְתֶּם וְהִתְפַּלַּלְתֶּם אֵלָי
13 וְשָׁמַעְתִּי אֲלֵיכֶם: וּבִקַּשְׁתֶּם אֹתִי וּמְצָאתֶם כִּי תִדְרְשֻׁנִי בְּכָל־
14 לְבַבְכֶם: וְנִמְצֵאתִי² לָכֶם נְאֻם־יְהוָה וְשַׁבְתִּי אֶת־שְׁבוּתְכֶם
וְקִבַּצְתִּי אֶתְכֶם מִכָּל־הַגּוֹיִם וּמִכָּל־הַמְּקוֹמוֹת אֲשֶׁר הִדַּחְתִּי
אֶתְכֶם שָׁם נְאֻם־יְהוָה וַהֲשִׁבֹתִי אֶתְכֶם אֶל־הַמָּקוֹם אֲשֶׁר־הִגְלֵיתִי
אֶתְכֶם מִשָּׁם:

1 § 49, 4, Note. 2 To be found by one i. e. to show himself inclined toward one. (Fuerst Lex.)

XXII. The new convenant. (Jer, 31, 31 — 34.)

31 הִנֵּה יָמִים בָּאִים נְאֻם־יְהוָה וְכָרַתִּי אֶת־בֵּית יִשְׂרָאֵל וְאֶת־בֵּית
32 יְהוּדָה בְּרִית חֲדָשָׁה: לֹא כַבְּרִית אֲשֶׁר כָּרַתִּי אֶת־אֲבוֹתָם בְּיוֹם
הֶחֱזִיקִי בְיָדָם לְהוֹצִיאָם מֵאֶרֶץ מִצְרָיִם אֲשֶׁר¹־הֵמָּה הֵפֵרוּ אֶת־
33 בְּרִיתִי וְאָנֹכִי² בָּעַלְתִּי בָם נְאֻם־יְהוָה: כִּי זֹאת הַבְּרִית אֲשֶׁר
אֶכְרֹת אֶת־בֵּית יִשְׂרָאֵל אַחֲרֵי הַיָּמִים הָהֵם נְאֻם־יְהוָה נָתַתִּי
אֶת־תּוֹרָתִי בְּקִרְבָּם וְעַל־לִבָּם אֶכְתֲּבֶנָּה³ וְהָיִיתִי לָהֶם לֵאלֹהִים
34 וְהֵמָּה יִהְיוּ־לִי לְעָם: וְלֹא יְלַמְּדוּ עוֹד אִישׁ⁴ אֶת־רֵעֵהוּ וְאִישׁ
אֶת־אָחִיו⁴ לֵאמֹר דְּעוּ אֶת־יְהוָה כִּי כוּלָּם יֵדְעוּ אוֹתִי לְמִקְטַנָּם
וְעַד־גְּדוֹלָם נְאֻם־יְהוָה כִּי אֶסְלַח לַעֲוֹנָם וּלְחַטָּאתָם לֹא אֶזְכָּר־עוֹד:

1 § 96, 2. 2 וְ although, § 118. 3 For אֶכְתֲּבֶנָּה. 4 § 97, 4.

XXIII. Resurrection of Israel by the reviving Spirit of God. (Ezek. 37, 1—14.)

1 הָיְתָה עָלַי יַד־יְהֹוָה וַיּוֹצִאֵנִי בְרוּחַ יְהֹוָה וַיְנִיחֵנִי בְּתוֹךְ הַבִּקְעָה
2 וְהִיא מְלֵאָה עֲצָמוֹת: וְהֶעֱבִירַנִי עֲלֵיהֶם סָבִיב סָבִיב וְהִנֵּה רַבּוֹת
3 מְאֹד עַל־פְּנֵי הַבִּקְעָה וְהִנֵּה יְבֵשׁוֹת מְאֹד: וַיֹּאמֶר אֵלַי בֶּן־אָדָם
4 הֲתִחְיֶינָה הָעֲצָמוֹת הָאֵלֶּה וָאֹמַר אֲדֹנָי יֶהוִה אַתָּה יָדָעְתָּ: וַיֹּאמֶר
אֵלַי הִנָּבֵא עַל־הָעֲצָמוֹת הָאֵלֶּה וְאָמַרְתָּ אֲלֵיהֶם הָעֲצָמוֹת הַיְבֵשׁוֹת
5 שִׁמְעוּ דְּבַר־יְהֹוָה: כֹּה אָמַר אֲדֹנָי יְהֹוָה לָעֲצָמוֹת הָאֵלֶּה הִנֵּה
6 אֲנִי מֵבִיא בָכֶם רוּחַ וִחְיִיתֶם: וְנָתַתִּי עֲלֵיכֶם גִּדִים וְהַעֲלֵיתִי
עֲלֵיכֶם בָּשָׂר וְקָרַמְתִּי עֲלֵיכֶם עוֹר וְנָתַתִּי בָכֶם רוּחַ וִחְיִיתֶם
7 וִידַעְתֶּם כִּי־אֲנִי יְהֹוָה: וְנִבֵּאתִי כַּאֲשֶׁר צֻוֵּיתִי וַיְהִי־קוֹל כְּהִנָּבְאִי
8 וְהִנֵּה־רַעַשׁ וַתִּקְרְבוּ עֲצָמוֹת עֶצֶם אֶל־עַצְמוֹ: וְרָאִיתִי וְהִנֵּה־
עֲלֵיהֶם גִּדִים וּבָשָׂר עָלָה וַיִּקְרַם עֲלֵיהֶם עוֹר מִלְמָעְלָה וְרוּחַ
9 אֵין בָּהֶם: וַיֹּאמֶר אֵלַי הִנָּבֵא אֶל־הָרוּחַ הִנָּבֵא בֶן־אָדָם וְאָמַרְתָּ
אֶל־הָרוּחַ כֹּה־אָמַר אֲדֹנָי יְהֹוָה מֵאַרְבַּע רוּחוֹת בֹּאִי הָרוּחַ וּפְחִי
10 בַּהֲרוּגִים הָאֵלֶּה וְיִחְיוּ: וְהִנַּבֵּאתִי כַּאֲשֶׁר צִוָּנִי וַתָּבוֹא בָהֶם
11 הָרוּחַ וַיִּחְיוּ וַיַּעַמְדוּ עַל־רַגְלֵיהֶם חַיִל גָּדוֹל מְאֹד מְאֹד: וַיֹּאמֶר
אֵלַי בֶּן־אָדָם הָעֲצָמוֹת הָאֵלֶּה כָּל־בֵּית יִשְׂרָאֵל הֵמָּה הִנֵּה
12 אֹמְרִים יָבְשׁוּ עַצְמוֹתֵינוּ וְאָבְדָה תִקְוָתֵנוּ נִגְזַרְנוּ לָנוּ: לָכֵן הִנָּבֵא
וְאָמַרְתָּ אֲלֵיהֶם כֹּה־אָמַר אֲדֹנָי יֶהוִה הִנֵּה אֲנִי פֹתֵחַ אֶת־קִבְרוֹתֵיכֶם
וְהַעֲלֵיתִי אֶתְכֶם מִקִּבְרוֹתֵיכֶם עַמִּי וְהֵבֵאתִי אֶתְכֶם אֶל־אַדְמַת
13 יִשְׂרָאֵל: וִידַעְתֶּם כִּי־אֲנִי יְהֹוָה בְּפִתְחִי אֶת־קִבְרוֹתֵיכֶם וּבְהַעֲלוֹתִי
14 אֶתְכֶם מִקִּבְרוֹתֵיכֶם עַמִּי: וְנָתַתִּי רוּחִי בָכֶם וִחְיִיתֶם וְהִנַּחְתִּי
אֶתְכֶם עַל־אַדְמַתְכֶם וִידַעְתֶּם כִּי אֲנִי יְהֹוָה דִּבַּרְתִּי וְעָשִׂיתִי
נְאֻם־יְהֹוָה:

[1] For תִּקְרַבְנָה. [2] § 80, 5. [3] sc. יְהֹוָה. [4] § 77, 3. [5] Dat. Commod. נִגְזַרְנוּ לָנוּ we are so entirely cut of (Fuerst Lex.). [6] Apposition to אֶתְכֶם.

VOCABULARY.

I. HEBREW AND ENGLISH.

א

אָב father: see § 73, 1.

אָבַד (§ 48, 1) to be lost, to perish; *Pi.* and *Hi.* to destroy, to let perish.

אֲבַדּוֹן destruction, [abyss.

אָבָה to wish, to be [willing.

אֲבוֹי misery, woe.

אֵבוּס crib.

אָבִיב ear of grain, [time of ears, spring.

אֶבְיוֹן needy, poor.

אֲבִימֶלֶךְ pr. n. m.

אֲבִינָדָב pr. n. m.

אַבִּיר mighty, chief.

אָבַל *K.* and *Hit.* to [mourn.

אֵבֶל mourning.

אֲבָל truly, but, yet.

אֶבֶן *f.* stone, wheight.

אַבְרָהָם } Abraham.
אַבְרָם }

אַבְשָׁלוֹם Absalom.

אֲגַם c. אֲנַם pool.

אָגַר to gather.

אֱדוֹם Edom.

אָדוֹן Lord.

אַדִּיר mighty.

אָדַם to be red; *Hi.* [to shew a red hue.

אָדָם man; *col.* men.

אֲדָמָה ground, soil, [land.

אֲדֹמִי Edomite, Idu- [mean.

אַדְמֹנִי reddish.

אֶדֶן socket, funda- [ment.

אֲדֹנָי Lord, the divine [majesty.

אֲדֹנִי־בֶזֶק p. n. m.

אַדֶּר mantle, tunic.

אָהַב a. אָהֵב to love.

אֹהֵב } friend.
אוֹהֵב }

אַהֲבָה *s.* love.

אֲהָהּ oh!

אֹהֶל tent, tabernacle.

אַהֲרֹן Aaron.

אוֹ or.

אוֹי woe!

אוֹיֵב enemy.

אֱוִיל silly, fool.

אוּלַי perhaps.

אוּלָם but.

אִוֶּלֶת silliness, folly.

אָוֶן iniquity, misery, [vanity.

אוֹפִיר Ophir.

אוֹר (§ 53, 7) to be or become light, bright; *Hi.* to make bright, to illuminate, to enlighten; הֵאִיר פָּנָיו אֶל to look gracious.

אוֹר light.

אוֹת sign.

אָז then.

אֵזוֹר belt, girdle.

אָזַן *Hi.* to listen.

אֹזֶן *f.* ear.

אָזַר *K. a. Pi.* to gird; *Hit.* to gird oneself.

אָח brother (§ 73, 2.)

אַחְאָב p. n. m.

אֶחָד one, first.

אָחוֹר behind, back, [backward.

אָחוֹת sister (§ 73, 3.)

אָחַז to seize, hold, [catch.

אָחָז p. n. m.

אֲחִיתֹפֶל p. n. m.

אָחַר *Pi.* to delay, to [tarry.

אַחֵר other.

אַחַר after, afterwards, [behind.

VOCABULARY.

אַחֲרוֹן the last.

אַחֲרֵי after; w. suff. אַחֲרָי, § 75, 6.

אַחֲרִית end, future, [eternity.

אַחַת f. of אֶחָד, one.

אָטַם to close, to stop.

אִי woe!

אֵי where?

אֹיֵב enemy.

אַיֵּה where?

אִיּוֹב Job.

אֵיכָה how? how! [where?

אַיִל ram.

אַיָּלוֹן Ajalon, name of [a city.

אַיִן c. אֵין, not;

בְּאַיִן without; w. suff. אֵינֶנִּי, § 75, 3.

אֵיפָה Ephah, a dry [measure.

אֵיפֹה where?

אִישׁ man, see § 73, B. [1. and § 98, 1. 2.

אַךְ only, but, surely.

אַכְזְרִיּוּת fierceness.

אָכַל (§ 48) to eat, Pu. [to be consumed.

אֹכֵל eater.

אָכְלָה, אֹכֶל food.

אָכֵן surely, truly.

אַל not.

אֶל to; w. suff. אֵלַי, [§ 75, 6.

אֵל a mighty one. 2) strength, power. 3) God, the Almighty.

אֵלָה f. oak, terebinth.

אֱלֹהִים, אֱלוֹהַּ God.

אֱלִיאָב p. n. m.

אֱלִיָּהוּ p. n. m.

אֱלִיל idol.

אַלְלַי, אִי לִי alas! alas! [for me.

אִלֵּם dumb.

אַלְמָנָה widow.

אָלַף to learn, Pi. to [teach.

אֶלֶף thousand.

אֵם mother.

אִם if; כִּי אִם except that; אִם לוּ oh if!

אָמָה maid-servant, [§ 73, 9.

אַמָּה ell, cubit.

אָמוֹץ p. n. m.

אֱמוּנָה faith, faithful-[ness.

אָמַן to be firm, faithful; Hi. to hold firmly, to believe, w. בְּ.

אָמוּן depended on, [faithful

אָמֵץ K. Hi. to be firm; Pi. to fortify, to strenghten.

אָמַר (§ 48) to say, to think, either followed by בְּלֵב לֵב or not.

אִמְרָה, אֹמֶר speech.

אֱמֹרִי Amorite.

אֱמֶת truth.

אָנָה whither.?

אֱנוֹשׁ man, mortal.

אָנַח Ni. to lament, to [mourn.

אֲנַחְנוּ we.

אָנַף K. a. Hit. to be [angry.

אִישׁ, pl. of אֲנָשִׁים men, § 73, B. 1.

אָסוּר pl. אֲסוּרִים fetter, בֵּית הָאֲ' [prison.

אָסַף to gather, to gather in; Ni. to gather oneself, to be gathered, taken away.

אָסַר to bind, to har-[ness.

אַף nose, anger, wrath;

אַפַּיִם face, anger.

אַף כִּי adv. also; how much more, how [much less.

אָפָה to bake.

אֵפוֹא then.

אֲפֵלָה darkness.

אֶפֶס 1) end; 2) adv. not, nothing, אֶ' כִּי [without [except that.

אֲפֵס דַּמִּים p. n. of a [place in Judah.

אֶפְרֹחַ the young of [birds, brood.

אֶפְרַיִם Ephraim.

אֶפְרָתִי Ephrathite.

אֵצֶל near, by, at.

אַרְבֶּה locust.

אַרְבַּע f. אַרְבָּעָה m. } four.

VOCABULARY.

אָרַג to weave.

אֶרֶז cedar.

אֹרַח f. path, way.

אֲרִי
אַרְיֵה } lion.

אָרַךְ to be long. Hi. to prolong, e. g. life, to lengthen, to tarry [long, to delay.

אֹרֶךְ a putting off, delay, אֶרֶךְ אַף, אֶ׳ אַפַּיִם long of temper, long-suffer- [ing.

אֹרֶךְ length, אֹ׳ יָמִים [length of life.

אֲרָם Aramea, Syria.

אֶרֶץ f. earth, land.

אָרַר to curse.

אֵשׁ f. fire.

אִשָּׁה woman, § 73, [B. 2.

אַשּׁוּר f. Assyria, an [Assyrian.

אָשַׁם and אָשֵׁם to be guilty, to transgress, to be condemned; Hi. to condemn, to [punish.

אַשְׁפֹּת dunghill.

אַשְׁקְלוֹן p. n. of a city of the Philist- [ines.

אִשֵּׁר Pi. to guide, di- rect aright, to make or call happy.

אֲשֶׁר who, which, [when, as.

אַשְׁרֵי (fr. אֶשֶׁר for- tune- not used-) hail ! [happy !

אֵת־אֶת 1)sign of acc. w. suff. אֹתִי 2) with; w. suff. אִתִּי etc.

אָתָה to come.

אַתָּה thou.

ב

בְּ in, with; w. suff. בִּי.

בָּא pret. of בּוֹא.

בְּאֵר f. well.

בְּאֵר שֶׁבַע p. n. of a [city.

בְּאֶפֶס without.

בָּבֶל Babylon.

בָּגַד to be faithless, to [transgress.

בֶּגֶד garment.

בִּגְלַל on account of.

בָּדָד separate, alone,

לְבַד apart, separate,

בָּדַל Hi. to divide, to separate, show dif- [ference.

בְּהֵמָה beast.

בֹּהֶן f. thumb.

בּוֹא to come, to set (of the sun); Hi. to [bring.

בּוּז to disdain, with לְ to show contempt [for somebody.

בּוּז s. contempt.

בִּין בּוּן see בִּין.

בּוֹר well, pit, cistern.

בּוֹשׁ to be disappoin- ted, to be ashamed,

to come to shame; Hi. to put to shame, to disgrace.

בָּז pret. of בּוּז.

בָּזָה to despise, dis- [dain.

בָּזַז to spoil.

בַּחוּץ without.

בָּחוּר youth, young [man, chosen.

בָּחַן to examine, try, [search, tempt.

בָּחַר to choose, to se- lect, w. בְּ; נִבְחָר de- sirable.

בָּטַח to trust, to be [confident, w. בְּ.

בֶּטַח security, safety ; לְבֶ׳ in safety,securely.

בֶּטֶן f. belly , heart, [womb.

בִּי interj. O that !

בִּין to understand ; Hi. to discern ; Hit. dil- igently consider, to [fathom.

בֵּין interval (space be- tween two things), du. בֵּינַיִם ; hence אִישׁ הַבֵּנַיִם, the man between the two hosts.

בֵּין between ; w. suff. [§ 75, 6.

בִּינָה understanding.

בֵּיצָה (pl. בֵּיצִים) egg.

מִבֵּית בַּיִת house, [within. בֵּית לֶחֶם p.n.of a city.

בָּכָה to weep.

בְּכוֹר firstborn.

VOCABULARY.

בַּל not.
בְּלִי without.
בְּלִיַּעַל worthlessness, [lowness.
בִּלְעָם Balaam.
בִּלְעֲדֵי (with pref.
(מִבַּלְעֲדֵי,ְמִן without, besides, except.
לְבִלְתִּי,בִּלְתִּי without, [that not.
בַּמָּה in what?
בֵּן ,בֶּן־ son, §77, 6.
בָּנָה to build.
בַּעֲבוּר in order that.
בְּעַד for.
בְּעוֹד within yet.
בָּעַל to be lord over.
בַּעַל man, lord, husband, person given or addicted to a thing; §89, 4. II. Baal, god of the Phenicians.
בָּעַר K. and Pi. intr. to burn, tr. to consume.
בֶּצַע profit, unjust [gain.
בָּצֵק dough.
בָּקַע Pi. to split.
בִּקְעָה valley.
בָּקָר herd, oxen.
בֹּקֶר morning.
בְּקֶרֶב within.
בִּקֵּשׁ Pi. to seek, demand.
בָּרָא to create.

בָּרָה to choose, to [select.
בַּרְזֶל iron.
בָּרַח to flee.
בָּרִיא fat, full.
בְּרִיאָה creation.
בְּרִית covenant.
בָּרוּךְ to kneel; blessed, Pi. to bless.
בֶּרֶךְ knee.
בְּרָכָה blessing.
בָּרָק lightening.
בָּשָׂר meat, flesh, body.
בַּת daughter, § 73, 7.
בְּתוֹךְ in the midst of, [within.
בָּתִּים pl. of בַּיִת §73, 8.

ג

גַּאֲוָה haughtiness, [pride.
גָּאַל to redeem.
גָּבַהּ to be high; Hi. to raise up, make [high.
גָּבְהָה (only in const.)
גְּבַהּ high, haughty [of, tall of.
גָּבֹהַּ high, lofty, tall.
גֹּבַהּ height.
גְּבוּל boundary, district, territory.
גִּבּוֹר strong, hero.
גְּבוּרָה strength, [might.
גְּבִיר lord.
גָּבִישׁ crystal.

גָּבַל Hi. to enclose around, to set bound- [aries.
גֶּבַע hill.
גִּבְעָה I. hill, II. p. n. [of a city.
גִּבְעוֹן p. n. of a city.
גָּבַר to be strong, to prevail; Pi. to strength- [en.
גֶּבֶר man, hero.
גְּבֶרֶת mistress.
גַּג roof.
גָּדוֹל great, old, loud.
גְּדִי kid.
גָּדַל to be great; Pi. to make great, to make [grow; Hi. id.
גֹּדֶל greatness.
גְּדוּלָה and גְּדֻלָּה [greatness, majesty.
גָּדֵר cons. wall, [fence.
גֵּו back.
גּוֹי nation, people.
גִּיל see גּוּל.
גּוֹל ,גַּל see גָּלַל.
גּוֹלָה a company of [exiles.
גּוּמָץ pit.
גּוּר to sojourn, abide.
גָּזַז to shear.
גָּזַל to rob.
גֶּזַע a stem.
גָּזַר to cut, to cut off, divide; Ni. to be [cut off.
גַּיְא valley.

גִּיד sinew.
גִּיל to rejoice, exult.
גָּלָה to reveal; *Pi. id*; *Hi.* to lead into exile.
גָּלְיָת p. n. m.
גָּלַל to roll; with עַל to throw upon; with מִן, to remove.
גַּם also, yea, even.
גָּמָא *Pi.* to swallow.
גֹּמֶא bulrush.
גְּמוּל any act done, good or evil, behavior, desert.
גָּמוּל a weaned child.
גְּמוּלָה *pl.* גְּמוּלוֹת the recompense, punishment.
גָּמַל to recompense, to do.
גַּן garden.
גָּנַב to steal.
גַּנָּב thief.
גָּעַר to reprove.
גְּעָרָה c. גַּעֲרַת rebuke.
גֵּר stranger.
גַּרְגְּרוֹת *pl. f.* throat, neck.
גַּרְזֶן an axe.
גָּרַשׁ *Pi.* to drive away, to exile, cast out.
גֵּרְשֹׁם p. n. m.
גָּשָׁה, גִּשָּׁה, גֶּשׁ־גַּשׁ see נָגַשׁ.
גֶּשֶׁם rain.

גֹּשֶׁן 1) p. n. of a region in Egypt; 2) p. n. of a city in Judah.
גַּת p. n. of a city.

ד

דֹּב or דּוֹב bear.
דְּבֹרָה, דְּבוֹרָה 1) a bee. 2) Deborah, p. n. of the prophetess, [Judge. 4, 4.
דָּבַק to cleave, to cling
דָּבַר *K.* usually *Pi.* to speak.
דָּבָר word, thing.
דְּבַשׁ honey.
דָּג)
דָּגָה) fish, fishes.
דָּגָן corn.
דָּוִיד, דָּוִד David.
דְּוַי languor, illness.
דַּוָּי faint, sick.
דּוּם, דֹּם see דָּמַם
דּוּמִיָּה silence, resignation.
דִּין or דּוּן to judge, to rule, to contend
דּוֹר generation, age, לְדוֹר וָדוֹר to all generations.
דָּחָה to drive away, to thrust down.
דִּין judgment, strife, contention.
דַּיָּן judge, defender.
דַּל poor.
דַּלָּה poverty.
דָּלָה to draw, as water from a well.

דְּלִי bucket.
דָּלַל to totter, to be slack, weak, to languish.
דָּלַק to pursue hotly, *Hi.* to kindle, inflame.
דֶּלֶת door, gate.
דָּם blood, the *pl.*
דָּמִים blood-guiltiness.
דָּמָה to be like.
דְּמוּת likeness, image.
דָּמַם to be dumb, silent, to rest, to stand still.
דִּמְעָה tear.
דַּמֶּשֶׂק Damascus.
יָדַע, דַּעַת, דֵּע see יָדַע
דֵּעָה knowledge.
דַּעַת knowledge, intelligence.
דֹּר see דּוֹר
דָּרַךְ with בְּ, to tread, e. g. a way; *Hi.* to lead.
דֶּרֶךְ way.
דָּרַשׁ to require, to seek.
דִּשֵּׁן *Pi.* to make fat, to anoint.

ה

הֶבֶל vanity, emptiness.
הָגָה to meditate, to think, with בְּ of the object, to utter.
הָגוּת thought.
הִגָּיוֹן meditation; prayer.

VOCABULARY.

הָדָה to stretch out.

הָדַר to honor; w. פָּנִים, to favor one's cause; Hit. to decorate oneself, to boast [oneself.

הָדָר ornament.

הֲדָרָה, c. הֲדָרַת honor, ornament, glory.

הוּא he.

הוֹד beauty, majesty.

הוֹי woe! ho!

הוֹן wealth, riches.

הַט see נָטָה

הִיא she.

הָיָה to be; w. לְ, to become.

הֵיכָל palace, sanctuary.

הִין Hin, a liquid measure.

הֲלֹא not? indeed! see [לֹא and § 25, 5.

הֲלוֹם hither.

הָלַךְ to walk, to go, to live; Hi. to lead.

הָלַל Pi. to sing, to praise; Hit. to glory, to boast.

הֲלֹם hither.

הָמַם to confound, to scatter.

הֵנָּה I. they (f.); II. hither.

הִנֵּה lo! see! behold! [w. suff. see § 75, 3.

הָפַךְ to turn; w. לְ or w. two accus., to change into.

הַר mountain, § 17, 5.

הַרְבֵּה much.

הָרַג to slay, kill.

הָרָה to conceive, to be pregnant.

הָרַם to tear, to pull down, to destroy.

הַשְׁכֵּם inf. Hi. of שָׁכַם used as adv., early.

ז

זְאֵב wolf.

זֹאת (f.) this.

זָבַח K. a. Pi. to slaughter, to sacrifice.

זָדוֹן wantonness! pride, haughtiness.

זֶה this.

זָהָב gold.

זָהַר Ni. to be taught, to take heed; Hi. to shine; fig. to teach.

זֹהַר brightness.

זוּ which, that.

זוּב to flow.

זוּד to boil up; Hit. to act insolently, wickedly.

זוּלָה c. זוּלַת; w. suff. זוּלָתִי, only used as a prep. besides, except.

זוֹלֵל squanderer, prodigal.

זוּר i. q. סוּר to go away, Ni. to turn aside.

זוֹר or זוּר to bind, to bandage.

זַיִת olive.

זַךְ pure.

זָכָה to be pure; Pi. to cleanse; Hit. to cleanse oneself.

זְכוּכִית glass, crystal.

זָכַר to remember; Hi. to bring to remembrance, to praise.

זֵכֶר a. זֶכֶר memory.

זִכָּרוֹן remembrance.

זָמַר Pi. to sing, to praise.

זָנָה a. זוֹנָה harlot.

זָעַק to cry out.

זְעָקָה the cry.

זֶפֶת pitch.

זָקֵן K. and Hi. to be old, to grow old.

זָקֵן old man, an elder, chief of a family, tribe or city.

זָקָן beard.

זְקֻנִים old age.

זָקַף to raise, to comfort.

זָקַק to refine.

זָר stranger.

זְרוֹעַ arm, strength.

זָרַח to break forth, to shine.

זָרַע to sow.

זֶרַע seed, children, sowing.

זֶרֶת span.

ח

חָבָא K. Hi. to hide, shield; Ni. to hide oneself.

חַבּוּרָה stripe.

חֶבֶל rope, company.

חבק | VOCABULARY. | חלק 249

חָבַק to embrace.

חִבֻּק folding.

חָבַר to bind, to unite; *Hit.* to ally oneself, [with (עִם)],

חָבֵר companion.

חֶבְרוֹן Hebron, p. n. [of a city.

חָבַשׁ to bind up, to gird, to saddle; *Pu.* [to be bound up.

חַג festival.

חָגָב locust.

חָגַג to celebrate a [festival.

חָגַר to gird.

חָדָה to gladden.

חֶדְוָה joy.

חָדַל and to cease, to leave off, [to be wanting.

חֶדֶק and חֲדָק (a [species of) thorn.

חֶדֶר chamber, inward [part.

חָדַשׁ *Pi.* to renew.

חָדָשׁ new.

חֹדֶשׁ the new moon, [month.

חוּג circle.

חוּט thread.

חִוִּי Hivite, a Canaan- [ite tribe.

חוּל *K.* to move in a circle, to dance, to writhe in pain; *Hi.* to make tremble; *Hit. w.* לְ, to wait for.

חוֹל sand.

חוֹלָה *f.* חוֹלֶה, *part. K.* of חָלָה, to be [sick.

חוֹמָה wall.

חוּץ exterior, abroad, [בַּחוּץ] without.

חוּצוֹת *plur.* or חֻצוֹת, street.

חָזָה to see, especially a vision, hence to [prophesy.

חָזוֹן vision.

חָזוּת vision.

חִזָּיוֹן intuity, vision.

חֲזִיז חֲ׳ קוֹלוֹת arrow, [thunder-flash.

חָזַק to be strong; with מִן to be stronger than, *i. e.* to conquer; *Pi.* to give strength, to strengthen; *Hi.* to lay hold of, to seize; *Hit.* to strengthen oneself.

חָזָק and חָזֵק strong, [violent.

חָטָא to sin; *Hi.* cause to sin, lead into sin.

חַטָּא sinner.

חֵטְא *pl.* חֲטָאִים, sin; 2) the punishment of [sin.

חִטָּה wheat.

חֹטֶר a shoot, twig.

חַי living.

חִידָה riddle.

חָיָה to live; *Pi.* to make alive; *Hi.* to [let live.

חַיָּה living being, animal, beast.

חַיִּים life.

חוּל see חַיִל

חַיִל strength, force for war, army, wealth; עָשָׂה חַ׳ to make *i. e.* put forth power, do mightily, אַנְשֵׁי חַיִל mighty men, [heroes.

חֵךְ palate.

חָכָה to wait for; *Pi.* [*id.*, to hope.

חַכְלִילוּת darkening.

חָכַם to be, or become wise; *Pu.* to be made wise; *Hit.* to think [oneself wise.

חָכָם wise.

חָכְמָה wisdom.

חֹל profane, common.

חָלָב milk.

חֵלֶב fat.

חָלָה to be ill; *Hit.* to [become sick.

חֲלוֹם dream.

חָלִיל flute, pipe.

חָלִילָה § 75, 8.

חָלַל *Pi.* to profane; [*Hi.* to begin.

חָלַם to dream; *Hi.* to [cause to dream.

חַלָּמִישׁ flint.

חָלַף to change; *Hi. id.* [to renew.

חָלַץ to draw out; *Ni.* to be extricated, delivered; *Pi.* to deliver, set free.

חֲלָצַיִם loins.

חָלַק to divide, have part, *w.* בְּ; *Hi.* to make [smooth, flatter.

VOCABULARY.

חֵלֶק part, share, lot.
חָלָק adj. smooth.
חַלָּשׁ weak.
חֹם warmth, heat.
חָם p. n. m.
חָמַד to covet.
חֵמָה wrath, fury.
חַמָּה warmth, heat.
חָמוֹץ a violent man, [robber.
חֲמוֹר ass.
חָמוֹת mother-in-law.
חָמַל to have pity, [compassion.
חָמַם to be warm; Pi. [to make warm.
חָמֵץ to be leavened.
חָמֵץ leavened.
חֹמֶץ vinegar.
חֵמָר bitumen.
חָמַר to daub, to pitch.
חֹמֶר clay, mortar, cement. 2) Homer, a [dry measure.
חֲמִשָּׁה five.
חֵן favor.
חָנָה to encamp, be-[siege.
חֲנוֹךְ p. n. m.
חֲנִית lance.
חִנָּם gratuitously, [without cause.
חָנַן to be merciful, gracious to; Ho. to [find pity.
חֶסֶד mercy, love, kind-[ness.
חָסִיד pious, good man.

חָסַר to suffer want, to be without, to decrease; Pi. to lessen, [to make inferior.
חָסֵר adj. lacking, [void.
חֻפָּה bridal-chamber.
חָפֵץ to wish, to desire, to have delight.
חֵפֶץ delight, precious [thing.
חָפַר to dig.
חָפַשׂ to search.
חָפְשִׁי adj. free, exempt from taxes.
חָצַב to dig out, to [hew.
חָצוֹת the middle, [midst.
חֲצִי the half, the mid-[dle.
חָצִיר grass.
חָצַץ to cut, divide, [hence
חֹצֵץ dividing into [swarms.
חָצָץ gravel-stones.
חָצֵר court, yard.
חֵק bosom.
חֹק statute, law.
חֻקָּה law.
חָקַק to engrave, to inscribe laws, to rule; [Pi. to decree.
חָקַר to search, ex-[plore.
חֵקֶר a searching out;
אֵין חֵקֶר unsearcheable.
חֹר a hole.
חֶרֶב sword.
חֹרֵב p. n. of a top of [Sinai.

חָרָבָה dry land.
חָרְבָּה wasteness, plur. waste places, ruins.
חָרַד to quake, to [tremble.
חָרָה to be kindled; w. אַף the anger was [kindled.
חָרוּץ diligent; 2 fine [gold.
חָרִיץ a piece, a slice.
חֶרְמֵשׁ sickle.
חָרַף Pi. to upbraid, to [scorn, reproach.
חֹרֶף autumn, harvest.
חֶרְפָּה reproach, [shame.
חָרַשׁ to work, to devise, imagine; Hi. [to be silent.
חָרָשׁ artificer.
חֵרֵשׁ deaf.
חָשַׁב to think, to be about; with לְ, to count as, to regard; [Pi. to devise.
חָשָׁה K. Hi. to be sil-[ent.
חֹשֶׁךְ darkness.
חָשַׂךְ to withhold, [restrain.
חָשַׁק to have delight in one, to love, w. בְּ.
חִתִּי f. חִתִּיָּה Hittite, a race of people dwelling in the reg-[ion of Hebron.
חָתָן bridegroom, son-[in-law.
חָתַת (fut יֵחַת) to be afraid, terrified; Ni. to be confounded.

VOCABULARY.

ט

טָבַל to dip.

טָבַע to sink, to penetrate; *Ho.* to be sunk, to be laid deep, to fasten in.

טָהוֹר pure.

טָהֵר to be or become clean, pure; *Pi.* to cleanse, to purify; *Hit.* to purify oneself.

טוֹב good, fair, beautiful.

טוֹבָה *f.* of טוֹב; 2. prosperity.

טוּב the good, best things.

טָחַן to grind.

טִיט mire, mud.

טַל dew.

טָמַן to hide.

טָעַם to taste.

נְטַע טַעַת see נָטַע

טֹרַח burden, trouble.

טְרִיָּה *f.* טָרִי fresh.

בְּטֶרֶם, טֶרֶם before, not yet.

י

יָאַל *Hi.* to be willing, content, to consent.

יְאֹר a river, esp. the Nile.

יְבוּל produce *of the land*.

יְבוּסִי Jebusite.

יוֹבֵל or יָבֵל a he-goat, hence קֶרֶן הַיּ rams' horn.

יָבֵשׁ to be dry, to wither; *Hi.* to dry up.

יָבֵשׁ *adj.* dry.

יַבָּשָׁה dry land.

יָגֵעַ to be weary, fatigued; *Pi. Hi.* to fatigue, to weary.

יַד הַיְאֹר hand, side, a side, *i. e.* bank of the Nile.

יָדָה *Hi.* to confess, to praise, thank.

יָדַע to know, to regard, to have respect; *Hi.* to let know, to inform, to teach.

יָהּ abbreviated from יְהֹוָה

יָהָב lot, fate.

יְהוּדָה Judah.

יְהֹוָה the Lord, § 18, Note.

יְהוֹשֻׁעַ Joshua.

יוֹנָתָן, יְהוֹנָתָן Jonathan.

יוֹאָב Joab.

יוֹלֶדֶת mother.

יוֹם *plur.* יָמִים, day, הַיּוֹם to-day.

יוֹמָם by day, 2) daily.

יָוָן Greek.

יוֹנָה dove.

יְוָנִי Ionian, Greek.

יוֹנֵק a suckling child, (2) a young twig.

יוֹסֵף Joseph.

יוֹעֵץ counsellor.

יוֹצֵר potter.

יוֹקֵשׁ fowler.

יוֹתָם p. n. m.

יִזְרְעֵאלִי Jezreelite.

יַחַד conjointly, at one time.

יַחְדּוּ together.

יְחִזְקִיָּהוּ Hezekiah.

יְחִידָה (the only one) child, girl.

יָטַב to be good, merry, to please; *Hi.* to do well, to do good.

יַיִן wine.

וַיַּךְ see נָכָה

יָכַח *Ni.* to dispute with one another; *Hi.* to determine, to reprove, to rebuke.

יָכֹל to be able, to prevail over, to overcome.

יָלַד to bring forth, to bear; *Hi.* to beget.

יֶלֶד child.

יִלּוֹד born, *i. e.* a boy, a child.

הָלַךְ see יָלַךְ

יָם sea, the west.

יָמִין right hand, the south.

יָנָה *Hi.* to oppress.

יָנַק to suck; *Hi.* to give suck.

יָסַד to found, to appoint.

יְסוֹד ground, foundation.

יָסַף *K. a. Hi.* to add, increase.

יָסַר to instruct; *Pi.* to correct, to punish; *Ni.* to receive correction.

VOCABULARY.

יַעַן אֲשֶׁר יַעַן because.
יָעֵף to be fatigued, [faint.
יָעֵף faint, wearied.
יָעַץ to advise; Ni. to [deliberate.
יַעֲקֹב Jacob.
יַעֲרָה (honey) twig.
יָפָה f. יָפֶה beautiful.
יֳפִי in p. יָפִי beauty.
יֶפֶת Japhet.
יָצָא to go out; Hi. to lead out, to carry [out.
יָצַב Hit. to set or place oneself, to stand firm.
יָצַג to set, place.
יָצַע Hi. to make a bed.
יָצַר to create, form, [make.
יֵצֶר form, imagination.
יֹצֵר former.
יָקַד to burn; Ho. id.
יְקָהָה obedience.
יָקַץ to awake.
יָקַר to be precious; Hi. to make pre-[cious.
יָקָר precious, dear.
יָרֵא to fear, to be afraid; Pi. to terrify.
יָרֵא fearing.
יִרְאָה fear.
יְרֻבַּעַל Jerubbaal.
יָרָבְעָם Jeroboam.

יָרַד to go down, descend; Hi. to bring [down.
יָרָה to cast, to shoot arrows; Hi. to teach, [instruct.
יְרוּשָׁלַם or יְרוּשָׁלַיִם [Jerusalem.
יֶרַח month.
יָרֵחַ moon.
יְרִיחוֹ־יְרֵחוֹ Jericho.
יְרִיעָה curtain.
יָרָק herbs, greens.
יָרַשׁ to inherit, possess, to dispossess; Ni. to be dispossessed; Hi. to take possession, [to make poor.
יֵשׁ־יֶשׁ there is, it is.
יָשַׁב to sit, inhabit, dwell; Hi. to cause to sit, to make dwell.
יֹשֵׁב inhabitant.
יִשַׁי Jesse.
יְשׁוּעָה help, deliverance.
יָשִׁישׁ old, aged man.
יָשֵׁן to sleep.
יָשַׁע Ni. to be saved; Hi. to help, to save.
יֵשַׁע, יֶשַׁע help, assistance, salvation.
יְשַׁעְיָהוּ Isaiah.
יָשָׁר upright, right.
יְשָׁרָה honesty, piety.
יִשְׂרָאֵל Israel.
יָתוֹם orphan.

יָתַר Ni. to remain.
יִתְרוֹ Jethro.
יִתְרוֹן preeminence, [superiority.

כ

כְּ as, like; w. suff.
כָּמוֹנִי
כָּאַב to grieve, to ache; [Hi. to cause pain.
כָּאָה Ni. to be rebuked; Hi. to afflict.
כַּאֲשֶׁר as.
כָּבֵד, כָּבַד to be heavy, weighty; Ni. to be honored, part. pl. f. נִכְבָּדוֹת as sub. glorious things: Pi. to honor; Hit. to make or to show oneself honorable.
כָּבֵד (const. כְּבַד and כְּבַד) heavy, numerous, rich.
כָּבָה to go out, to be [extinguished.
כָּבוֹד honor, majesty.
כָּבַס Pi. to cleanse, [to wash clothes.
כָּבַר Hi. to multiply.
כֶּבֶשׂ a young sheep.
כִּבְשָׁן an oven.
כֹּה וָכֹה thus, [hither and thither.
כֹּהֵן priest.
כְּהֻנָּה priesthood.
כּוֹבַע helmet.
כּוֹכָב star.

VOCABULARY. 253

כּוּל Pi. to contain, to sustain; Hi. to hold, [to contain.

כּוּן to stand or exist; Ni. and Hit. to be set up, to be established, prepared, ready; Pi. and Hi. to place or set up, to establish, fix, prepare.

כּוֹס f. cup.

כּוּשׁ f. Ethiopia.

כּוּשִׁי Ethiopian.

כָּזָב lie, falsehood.

כֹּחַ strength.

כָּחַד Pi. to hide, to conceal.

כָּחַשׁ to conceal, deceive; Pi. to deny, to lie, speak falsehood.

כִּי because, for, when, that, but.

כִּידוֹן javelin.

כִּילַי miser, avaricious.

כָּכָה thus.

כָּל־, כֹּל all, כֻּלָּנוּ we all.

כֶּלֶב dog.

כָּלָה to be complete, finished; Pi. to complete, to finish, to destroy utterly.

כַּלָּה daughter-in-law.

כְּלוּב bird-cage.

כְּלִי vessel, instrument. apparel, plur. כֵּלִים vessels, arms, weapons.

כְּלָיוֹת plur. כִּלְיָה [reins.

כָּלִיל f. כְּלִילָה complete, perfect.

כָּלַם Hi. to reproach, put to shame; Ni. to be ashamed.

כְּלִמָּה reproach, shame, ignominy.

כְּמוֹ as, like.

כִּמְעַט see מְעַט

כָּמַר Ni. to be kindled (of compassion.)

כֵּן thus, so, right, עַל־כֵּן therefore.

כְּנַעַן Canaan.

כְּנַעֲנִי a Canaanite.

כָּנָף wing, the skirt of an upper garment.

כִּסֵּא throne.

כָּסָה to cover, to conceal: Pi. id.

כְּסִיל fool, foolish, silly.

כֶּסֶל strength, support, folly.

כָּסַף to long after; Ni. id.

כֶּסֶף silver, money.

כַּעַס anger, grief.

כַּף dual כַּפַּיִם, the hollow hand, palm of the hand.

כַּף רֶגֶל the sole of the foot.

כְּפִיר young lion.

כָּפַף to bend.

כָּפַר Pi. to atone, expiate, to forgive.

כִּפֻּרִים (only plur.) atonement, expiations.

כָּרָה to dig.

כֶּרֶם vineyard.

כָּרַת to cut off, to hew down, כָּרַת בְּרִית to make a covenant; Ni. to be destroyed.

כָּשַׁל K. Ni. to totter, to stumble; Hi. to cause to stumble.

כָּתַב to write.

כֶּתֶם gold.

כְּתֹנֶת also כֻּתֹּנֶת, a shirt or tunic, coat.

כָּתַת to beat, dash; Ho. to be smashed, to be destroyed.

ל

לֹא rarely לוֹא not, הֲלֹא § 24, 5.

לָאָה Ni. to be weary, to dislike, loathe.

לָאַט to wrap around, to muffle.

לְאֹם people.

לֵב, לֵבָב heart, understanding.

לְבַב heart.

לְבַד alone, לְבַדִּי I alone.

לֶבָּה flame.

לָבַן Hi. to be white, to make white; Hit. to purge oneself, cleanse oneself.

VOCABULARY.

לָבָן Laban.

לָבַשׁ to put on, to clothe oneself; *Hi.* to dress, to clothe.

לֶהָבָה *c.* לַהֶבֶת, a flame, the glittering [point.

לוּחַ tablet.

לֵוִי Levite.

לִוְיָה wreath, garland.

לוּלֵא, לוּלֵי if not, unless.

לוּן or לִין to stay, to abide; *Hi.* to keep over night, to harbor.

לוּץ *Pi.* to scorn; *Hi.* to interpret.

לָזוּת *f.* perverseness.

לֶחֶם bread.

לָחַם *Ni.* to make war, to fight.

לָחַץ to afflict, to oppress.

לַחַץ oppression.

לַיְלָה night.

לִין see לוּן

לֵךְ see הָלַךְ

לָכַד to capture.

לֶכֶד capture, noose.

לָכֵן therefore.

לֶכֶת see הָלַךְ

לָמַד to learn; *Pi.* to teach.

לִמּוּדִים training, instruction.

לָמָה, לָמָּה why?

לְמַעַן for the sake of, in order that,

לָעַג to mock, to deride.

לָעַז to speak unintelligibly, in a foreign language.

לְפִי according to.

לַפִּיד torch.

לִפְנֵי before; *w. suff.* לְפָנַי

לֵץ scorner.

לָקַח to take, captivate, to accept.

לָקַט *Pi.* to gather up, to collect.

לֶקֶט a gleaning.

לָשׁוֹן tongue,

לָשַׁן *Hi.* to slander.

מ

מְאֹד might, power; 2) *adv.* much;

עַד־מְאֹד exceedingly, very.

מְאוּמָה anything, whatever.

מְאוּרָה opening, hole.

מֹאזְנַיִם scales.

מַאֲכָל food.

מַאֲכֶלֶת knife.

מָאַן *Pi.* to refuse, be unwilling.

מָאַס (*w.* בְּ) to disdain, reject; *Ni.* to be despised, rejected.

מָבוֹא the going down, setting of the sun, hence *the west.*

מִבְטָח trust.

מִבְצָר fortress, fortification.

מָגֵן (מָגִנִּי *w. suff.*) shield.

מַד an upper garment.

מִדְבָּר desert.

מָדַד to measure.

מִדָּה a measure.

מָדוֹן contention, strife.

מַדּוּעַ why? wherefore?

מִדְיָן strife, only *plur.* contentions.

מַדָּע knowledge.

מָה, מֶה, מַה what? how? (§ 24, 1).

מְהַלֵּךְ one that travels.

מָהַר to be quick, to hasten, *Pi. id.*

מַהֵר *adv.* hastily.

מְהֵרָה quickly.

מוֹאָב Moab.

מוֹאָבִי Moabite.

מוֹרִים *part. Hi.* יָרָה

מוֹט to move, totter; *Ni.* to be moved, to tremble, totter.

מוּל to circumcise.

מוּל *prep.* before,

אֶל מ׳ over against, towards.

מוּסָר instruction, correction.
מוֹעֵד appointed time, hence *festival*; appointed place for gathering together, hence אֹהֶל מ׳ the tent of the congregation, the tabernacle.
מוֹצָא utterance, a going out, depart.
מוֹקֵשׁ snare, gin.
מוּר *Hi.* to change, exchange; *intrans.* to alter, change one's mind.
מוֹרֶה teacher.
מוּשׁ to give way, move away, depart.
מוֹשָׁב a sitting, a social circle.
מוֹשִׁיעַ savior.
מוּת to die; *Pi.* and *Hi.* to kill, to slay.
מָוֶת death.
מְזוּזָה a door-post.
מִזְמוֹר a song, psalm.
מִזְרָח rising *of the sun*, east.
מָחוֹל dance.
מַחֲזֶה vision.
מְחִיר price.
מַחֲלָה sickness, disease.
מַחֲנֶה camp.
מַחֲסֶה refuge, shelter.
מַחְסוֹם a muzzle.
מַחְסוֹר want, deficiency, poverty.
מָחַץ to strike.

מְחֹקֵק lawgiver.
מָחָר to morrow;
בְּיוֹם מ׳ aftertime, hereafter.
מַחֲשָׁבָה thought.
מְחִתָּה destruction, ruin.
מַטֶּה m. (*pl.* מַטּוֹת) staff, rod, tribe.
מִטָּה bed.
מָטַר *Hi.* to rain.
מָטָר rain.
מִי who ?
מַיִם water.
מִישׁוֹר plain; justice, equity, impartiality.
מֵישָׁר evenness; *plur.* right things.
מַכְאוֹב pain, sorrow.
מַכָּה a stroke, wound.
מָכוֹן foundation, basis.
מָכַר to sell.
מִכְשׁוֹל a stumbling block.
מָלֵא to be full; *Pi.* to fill.
מָלֵא *adj.* full.
מְלֹא and מִלּוּא fulness, multitude.
מַלְאָךְ messenger, angel.
מְלָאכָה work.

מִלָּה *f.* (*pl.* מִלִּים or מִלִּין) word.
מְלוּכָה rule, dominion.
מְלוּנָה a night-hut.
מִלְחָמָה war.
מָלַט *Pi.* to deliver: *Ni.* to escape, to be delivered.
מָלַךְ to rule, to be king; *Hi.* to make king.
מֶלֶךְ king.
מַלְכָּה queen.
מַלְכוּת kingdom.
מִלְמַעְלָה above.
מַמְלֶכֶת *c.* מַמְלָכָה kingdom, dominion.
מִמַּעַל see מַעַל
מֶמְשָׁלָה dominion, rule.
מִן of, from; w. *suff.* מִמֶּנִּי
מָנָה to number.
מְנוּחָה stillness, rest. ease; מֵי מְנוּחָה still waters.
מָנוֹר a weaver's beam.
מִנְחָה gift.
מָנוֹס refuge.
מָנַע to withhold.
מַסְגֵּר smith.

מָסַךְ to mix.

מַסֵּכָה a pouring out, *fusion* of metal, אֱלֹהֵי מַ' gods of fusion, *i. e.* molten gods, idols.

מִסְפֵּד lamentation.

מִסְפָּר number.

מַעְגָּל a track, way.

מַעְגָּלָה a round rampart, wagon-barricade.

מָעַד to waver, totter.

מָעַט to be small or few, to grow small; *Pi.* to become few, little.

מְעַט *subst.* and *adv.* little; כִּמְעַט but little, nearly, almost.

מְעִיל robe.

מַעְיָן a spring.

מֵעַל from above, from, see עַל.

מַעַל (fr. עָלָה) what is above, מִמַּעַל above, לְמַעְלָה from above, upon.

מַעֲלָה degree on a dial-plate.

מַעֲלָל work.

מַעַן only with לְ, as לְמַעַן because of;

VOCABULARY.

2) *conj. w. inf.* in order that; לְאֲשֶׁר so that.

מַעֲנֶה answer.

מַעְצָר controll.

מַעֲרָב west.

מַעֲרָכָה array, an *army* generally.

מַעֲשֶׂה work.

מַפֶּלֶת (*f.*) fall, ruin, carcass.

מִפְּנֵי before.

מוֹץ, מֹץ chaff.

מָצָא to find.

מַצָּה unleavened *bread*

מְצוּדָה net.

מִצְוָה commandment.

מָצוֹר fortress.

מֵצַח forehead.

מִצְחָה a greave.

מִצְעָר small.

מִצְרַיִם Egypt.

מָקוֹם place.

מַקֵּל staff, stick.

מִקְנֶה property, cattle.

מִקְרָא a convocation.

מִקְשָׁה a cucumber-field.

מַר bitter; 2) a drop.

מַרְאֶה a sight, appearance;

מַ' עֵינַיִם the view.

מְרָאֲשׁוֹת (only in *pl.* c. מְרָאֲשׁוֹת) at the head.

מָרָה to be bitter, to be rebellious.

מָרוֹם height; בַּמָּ' on high.

מֵרוֹץ a running, race.

מְרִיא a fatling, *esp.* a fatted calf.

מֹרִיָּה p. n. of a hill in Jerusalem.

מִרְמָה cunning, deceit, fraud.

מֵרַע (וּרֵעַ *part. Hi.* of רעע) evil-doer.

מֵרֵעַ *i. q.* רֵעַ friend, companion.

מַרְפֵּא healing, cure; quietness, softness.

מָרַר to be bitter, to be in grief; *Hi.* to embitter, to make

מַשָּׂא burden. [sad.

מַשָּׁאָה debt.

מִשְׂגָּב safety.

מָשָׁה to draw out.

מֹשֶׁה Moses.

מְשׂוּכָה a hedge, fence.

מָשַׁח to anoint.

מַשְׁחִית destruction, corruption.

מָשִׁיחַ *adj.* anointed; 2) *s.* anointed one.

מָשַׁךְ to draw, to extend, to defer.

מֶשֶׁךְ possession.

מִשְׁכָּב couch, bed.

מַשְׂכִּיל wise, prudent.

מִשְׁכָּן dwelling, tabernacle.

מָשַׁל to rule; *Hi.* to cause to rule.

מֹשֵׁל a ruler.

מָשָׁל proverb.

מִשְׁמָע a hearing.

מִשְׁמָר a watching, guarding, custody.

מִשְׁמֶרֶת a charge,

מִשְׁנֶה second. [law.

מִשְׁעֶנֶת support, staff.

מִשְׁפָּט justice, judgment.

מִשְׁקָל weight.

מְשָׁרֵת servant.

מִשְׁתֶּה drink, *a feast* generally.

מֵת *pret.* of מוּת

מֵת dead, a dead person.

מֶתֶג bridle. [son.

מְתֹם uninjured.

מָתְנַיִם loins.

מָתוֹק sweet,

מָתַי when? how long?

מָתַק to be sweet; *Hi.* to make sweet.

נ

נָא now! pray! I pray.

נָאוֹת (only *plur.*) a dwelling, נְ׳ דֶּשֶׁא grassy pastures.

נָאוָה pleasant, becoming, suitable.

נְאֻם speech, utterance, declaration.

נֶאֱמָן faithful.

נָאַף to commit adultery.

נָאַץ to slight, reject; *Pi.* to despise, contemn; excite to contempt.

נְאָקָה a complaining, outcry.

נָבָא *Ni.* to prophesy.

נְבוּכַדְנֶאצַּר Nebuchadnezzar.

נָבוֹן intelligent.

נָבוֹת p. n. m.

נָבַט *Hi.* to look, to behold, see.

נָבִיא prophet.

נָבֵל to wither, to fade or pass away; *Pi. id.* to lightly esteem, to disgrace.

נָבָל *f.* נְבָלָה *adj.* foolish, impious.

נְבָלָה *s.* folly, wickedness.

נָבַע *Hi.* to pour forth, to utter, to publish abroad.

נָגַד *Hi.* to declare, to tell.

נֶגֶד, לְנֶ׳ before, over, against, opposite to.

נֹגַהּ splendor, brightness.

נָגַע *K. a. Hi.* to touch, reach.

נָגַף to smite, strike, dash.

נָגַשׂ to oppress, to exact a task from any one.

נָגַשׁ to approach, to touch.

נָדַד to wander, flee.

נָדַח to thrust, expel.

נָדִיב a noble, prince.

נָדַךְ to drive, to drive [away.

נָדַר to vow.

נָהַג to lead, to drive [(beasts.)

נָהַל to lead.

נָהָר (*m. pl.* נְהָרִים *a.* נְהָרוֹת) river, esp. the Euphrates,

נוּחַ to rest; *Hi.* to cause to rest, to set, put down, place.

VOCABULARY.

נוּן p. n. m.

נוּס to flee; *Hi.* put to flight.

נוּעַ to move to and fro, be shaken.

נוֹרָא fearful, terrible.

נֹחַ Noah.

נָחָה *K. a. Hi.* to lead, conduct.

נַחַל brook, river, valley.

נַחֲלָה inheritance.

נָחַם *Ni.* to pity; 2) to comfort oneself; 3) to avenge oneself; *Pi.* to comfort, console; *Hit.* to console oneself. [self.

נָחָשׁ serpent.

נְחֹשֶׁת brass; *dual* נְחֻשְׁתַּיִם fetters.

נָטָה to stretch out, to incline; *Hi.* to turn away; to incline, pervert.

נָטַע to plant.

נָטַר to retain, keep *sc.* anger, to bear a grudge.

נָטַשׁ to leave (in charge of any one), to forsake.

נָכָה *Hi.* to strike, to [slay.

נָכוֹן just, right.

נָכַר *Ni.* to be recognised, to dissimulate; *Hi.* to discern, to recognise; *Hit.* be recognised.

נֵכָר strangeness; בֶּן־נֵ׳ a stranger, foreigner.

נָכְרִי foreign.

נְמָלָה ant.

נָמֵר panther.

נֵס a standard, banner.

נָסַג to recoil, shrink back; *Hi.* to remove, carry away; *Ho.* to turn away, pervert.

נִסָּה *Pi.* to try, tempt, prove.

נָסַע to move on, advance, depart; *Hi.* to lead forth, remove.

נָסַק to ascend.

נַעַל (*f.*) shoe.

נָעֳמִי Naomi.

נָעַר to shake.

נַעַר boy, child, youth.

נַעֲרָה girl, young woman.

נְעֻרִים youth.

נָפַח to breathe.

נָפַל to fall, to turn out; *Hi.* to cast down.

נָפַץ to be overspread; *Pi.* to dash in pieces.

נֶפֶשׁ (*com.*, mostly *f.*) soul, person, life.

נָצָה *Ni.* to quarrel.

נָצַח, נֵצַח brightness, victory, 2) eternity; לָנֶצַח for ever.

נָצַל *Hi.* to deliver; *Ni.* to be delivered.

נָצַר to watch, guard, to besiege, to keep.

נֵצֶר branch.

נָקַב to bore, pierce.

נָקִי pure, innocent.

נָקַם to avenge, take vengeance, *Ni.* to be avenged or punished.

נָקַר to bore, prick out, *Pi.* to pick out, to pierce.

נֵר light, lamp.

נִרְגָּן whisperer, tattler, tale-bearer.

נִרְפֶּה idle (*part. Ni.* of רָפָה to be slack).

נָשָׂא to lift up, to take, נ׳ פָּנִים to accept the person, *i. e.* to take the part of somebody, *w.* אֶל, to be gracious; *w.* or without following קוֹל, to lift up the voice, to utter, to speak.

נָשָׁא to lead astray, to deceive.

נָשִׁים women, *plur.* of אִשָּׁה § 73, B. 2.

VOCABULARY.

נָשַׁךְ to bite.
נֶשֶׁךְ usury, interest.
נָשַׁל to take off.
נְשָׁמָה breath, spirit, wind.
נָשַׁק to kiss.
נֶשֶׁר eagle.
נָתִיב m. a. נְתִיבָה f. path.
נָתַן to give, with לְ, to make.

ס

סָבָא to drink.
סֹבֵא drunkard.
סָבַב to surround, to turn; Ni. to turn, לְאָחוֹר back, to go back.
סָבִיב a circuit; adv. a. prep. round about, around.
סְבָךְ thicket.
סְבָלָה burden, task.
סָגוּר pure gold.
סְגֻלָּה peculiar property; treasure.
סָגַר Pi. to deliver up.
סוּג Ni. to draw back.
סוֹד an assembly, circle 2) secret, counsel.
סוּס horse.
סוּף flags.
סוּפָה tempest.

סוּר to depart, to turn aside, to draw near; Hi. to remove, to recall.
סֻכָּה booth, tabernacle.
סָכָל silly.
סִכְלוּת folly.
סָלָה Pi. to weigh.
סָלַח to pardon.
סַלָּח forgiving.
סֹלְלָה rampart.
סֶלַע rock, support.
סָלַף Pi. to overthrow.
סָמַךְ to support, uphold.
סָעַד to support, sustain.
סָפַד to mourn, lament.
סְפִינָה ship.
סַפִּיר a sapphire.
סָפַר to count; Pi. to tell.
סֵפֶר book.
סָקַל to stone.
סָר pret. of סוּר.
סָרָה a turning away, (from the law, from God.)
סָרַח to hang over.
סִרְיוֹן coat of mail.
סָתַר to hide; Ni. to hide oneself, to be hidden; Hit. to hide oneself.

ע

עָב cloud, thick cloud, darkness.
עָבַד to serve.
עֹבֵד laborer.
עֶבֶד servant, slave.
עֲבֹדָה work, labor.
עֲבוּר with בְּ pref. because of, לַעֲבוּר for the purpose that.
עָבַר to pass over or away, to tresspass; Hi. to lead over, to cause to pass; Hit. to be careless.
עֻגָה a. עֻגָּה cake.
עֵד witness.
עַד 1) s. duration, eternity; לָעַד forever; לְעוֹלָם וָעֶד forever a. ever. 2) prep. as for as, to, (of space and time) עַד מָתַי how long?
עֵדָה testimony, witness; assembly, congregation.
עֵדֶן Eden.
עֵדֶר flock.
עוּד Hi. to testify, to bear witness.

עוֹד still, yet, since, while.

עוֹז strength.

עָוֶל) unrighteous-
עַוְלָה) ness, iniquity, unjustice.

עוֹלָה burnt-offering.

עוֹלֵל, עוֹלָל prop. suckling, hence an infant or child.

עוֹלָם eternity, age; עוֹלָם or לְעוֹלָם וָעֶד for ever; 2) world.

עָוֹן iniquity, sin.

עוֹנִי see עָנִי.

עוּף to fly.

עוֹף fowl, birds.

עוּץ p. n. of a place.

עוֹר skin.

עִוֵּר Pi. to blind.

עִוֵּר adj. blind.

עַז adj. (plur. עַזִּים) strong, imprudent.

עֹז strength, עֻזִּי my s.

עָזַב to leave, desert, forsake.

עַזָּה Gaza.

עֲזֵקָה p. n. of a city.

עָזַר to help, deliver.

עֵזֶר, עֶזְרָה help.

עָטָה to cover, wrap.

עָטַר to surround; Pi. to crown.

עֲטָרָה c. עֲטֶרֶת crown.

עַיִן eye, fountain; du. עֵינַיִם.

עָיֵף adj. weary.

עִיר (pl. עָרִים) f. city, town.

עַל upon, on, over, against; w. suff. עָלַי.

עַל w. suff. עָלָיו, yoke.

עָלָה to go up, ascend; Hi. to bring up, to offer up; Hit. to lift oneself up.

עֹלָה burnt-offering.

עָלֶה leaf.

עָלַז to exult.

עֶלְיוֹן highest, the Most High.

עָלִיל furnace.

עָלַל Pi. to glean.

עָלַם Ni. to be hidden; Hi. to hide, conceal.

עֶלֶם youth.

עַלְמָה a maiden.

עָלַץ to rejoice, exult.

עִם with; w. suff. עַמִּי.

עַם or עָם people, nation.

עָמַד to stand, to endure, continue; w. לִפְנֵי, to withstand,

resist; w. מִן, to stop from, desist.

עִמָּד prep. with, but only w. suff. עִמָּדִי with me.

עַמּוּד pillar.

עַמּוֹן Ammon.

עַמּוֹנִיָּה f. עַמּוֹנִי Ammonite.

עָמִית neighbour, fellow-man.

עָמַל to toil, labor.

עָמָל toil, trouble.

עָמַק Hi. to deepen.

עֵמֶק valley, field.

עֹמֶר sheaf; 2) Omer, a dry measure.

עֲמֹרָה p. n. of a city.

עָנַג Hit. to delight oneself.

עָנָה to answer, to tell; w. בְּ testify against; Pi. to oppress, to humble; Hit. to be afflicted.

עָנָו humble, meek.

עֲנָוָה humility, meekness.

עֳנִי in p. עָנִי, misery, affliction.

עָנִי poor.

עָנָן cloud.

עָנַשׁ to punish, fine.

עָפָר dust, sand, earth.

עֵץ tree, wood; *plur.* sticks for fuel.

עָצַב *Ni.* to be grieved; *Hit.* to grieve oneself, to be angry.

עִצָּבוֹן sorrow, pain.

עֵצָה counsel, advice.

עָצוּם strong.

עָצֵל lazy, sluggard.

עֶצֶם *f.* bone, body.

עֲצֶרֶת *f.* festive assembly, a feast-day.

עֵקֶב reward; for the sake of, because.

עָקַד to bind.

עָקַר to tear out, to uproot.

עָקָר *adj.* barren, sterile.

עֶקְרוֹן p. n. of a city.

עָרַב to become dark; *Hi.* הֶעֱרִיב *adv.* at evening; 2) to pledge or pawn, to be or give security.

עָרַב to be sweet.

עָרֵב *adj.* sweet.

עֶרֶב evening; עַרְבַּיִם the two evenings, twilight.

עֹרֵב raven.

עָרָב (only *pl.*) willows.

עֲרָבָה plain, wilderness.

עֲרֻבָּה security, pledge.

עָרָה *Pi.* to make bare, uncover.

עָרוֹם (*pl.* עֲרֻמִּים) naked.

עָרוּם prudent.

עָרַךְ to set in order, to array (a battle), to equal.

עָרְלָה foreskin.

עֹרֶף neck.

עָרַץ to fear, tremble.

עֶרֶשׂ *f.* bed.

עֵשֶׂב herb, grass.

עָשָׂה to make, to do.

עֲשָׂהאֵל p. n. m.

עֶשֶׂר, עָשׂוֹר ten; בֶּעָשׂוֹר לַחֹדֶשׁ on the tenth (day) of the month.

עָשִׁיר rich.

עֲשִׂירִית the tenth

עָשַׁן to smoke.

עָשָׁן c. עֶשֶׁן smoke.

עָשֵׁן smoking.

עָשַׁק to oppress

עֶשֶׂר ten.

עָשַׁר to be rich, *Hi.* to make rich, to become rich; *Hit.* to feign oneself rich.

עֹשֶׁר wealth, riches.

עֵת com. time, בְּעִתּוֹ in its time, in due season.

עַתָּה now.

עַתּוּד he-goat.

פ

פָּאַר *Pi.* to adorn, to beautify; *Hit.* to glorify oneself, to boast oneself.

פָּגַע to urge, press, reach unto.

פֶּגַע chance.

פֶּגֶר corps, carcass.

פָּגַשׁ to meet.

פֶּה c. פִּי (§ 73) mouth, edge; עַל־פִּי, לְפִי in proportion, according to.

פֹּה here.

פַּז refined gold.

פַּח snare.

פָּחַד to fear.

פִּטְדָה topaz.

פֶּלֶג rill, brook.

פֶּלַח *f.* a piece.

פָּלַט to escape; *Pi. id.*, to set free, to deliver; *Hi.* to rescue.

פְּלֵיטָה a. פְּלֵטָה escape, deliverance.

פָּלַל *Hit.* to pray.

פֶּלֶס scales.

פְּלִשְׁתִּי Philistine.

פֶּן lest, that not, for fear that.

פָּנָה to turn, w. אֶל, to or towards.

פָּנִים countenance, face, surface; עַל פְּנֵי upon; לִפְנֵי before; מִפְּנֵי before, because of.

פְּנִינִים pearls.

פֶּסַח a passover, the passover-feast (*prop.* an over-leaping).

פִּסֵּחַ lame.

פֶּסֶל carved image, idol.

פָּעַל **to do, to work.**

פֹּעֵל the worker.

פֹּעַל deed, act, work.

פְּעֻלָּה labor, ⌈deed, wages.

פַּעַם a step, trace, tread or beat, fig. a time, פַּעַם אַחַת one time; שָׁלֹשׁ פְּעָמִים thrice.

פֶּצַע wound.

פָּקַד to remember think, visit, number; with לְ, to look after; *Pi.* to muster; *Hi.* to appoint, to charge.

פָּקוּד (only *pl.*) precept.

פָּקַח to open.

פִּקֵּחַ open-eyed, seeing.

פַּר (w. the art. הַפָּר) a young bull, bullock.

פָּרַד *K. Hi.* to separate.

פָּרָה to bear (fruit); *Hi.* to make fruitful.

פָּרָה young cow.

פְּרִזִּי p. n. of a Canaanitish tribe.

פָּרַח to sprout, to blossom.

פֶּרֶט *collect. single* berries which fall off in the vintage, stray fruits.

פְּרִי fruit.

פָּרַם to sever, to break assunder.

פָּרַע to reject, avoid.

פַּרְעֹה a title of the Egyptian kings.

פָּרַץ to break down, to destroy.

פָּרַר *K. Hi.* to make void, to violate; *Ho.* to be brought to nonght or nullified.

פָּרַשׂ to stretch out.

פָּרַשׂ to spread out, to extend, specify.

פָּרָשׁ horseman, rider, horse.

פֶּשַׁע to transgress, to sin, with בְּ

פֶּשַׁע sin.

פַּת morsel.

פִּתְאֹם suddenly.

פָּתַח to open; *Pi.* to loosen, untie.

פֶּתַח door.

פֶּתִי (*in p.* פֶּתִי, *pl.* פְּתָיִם, פְּתָאיִם and פְּתָאיִם) foolishness; 2) *concr.* a fool, simpleton.

פֶּתֶן an adder.

צ

צֹאן flock, sheep, small cattle.

צֵאת *inf.* of יָצָא.

צָבָא host, *pl.* צְבָאוֹת.

צְבִי roebuck, gazelle.

צָבַר to heap up.

צַדִּיק righteous, just.

צִידֹנִיָּה *f.* צִידֹנִי Sidonian.

צָדַק to be right or just; *Hi.* to pronounce right or innocent, to acquit; *Hit.* to justify or clear oneself.

צֶדֶק ⎱ righteousness,
צְדָקָה ⎰ justice; *plur.* righteous acts.

VOCABULARY. 263

צָוָה Pi. to institute, to command, charge.

צֹר, צוֹר f. Tyre.

צוּר rock.

צָחַק to laugh; Pi. to laugh heartily, hence to sport, to be joyful.

צִיּוֹן Zion.

צִיר messenger, 2) hinge.

צֵל shadow, shade, shelter.

צָלַח to go on well, to succeed, to prosper; Hi. to cause to prosper, to make succeed, and intrans. to be successful.

צֶלֶם image.

צַלְמָוֶת shadow of death or death-shade.

צָמֵא to be thirsty.

צֶמֶר wool.

צִנָּה cold, 2) shield.

צָנוּעַ humble, modest.

צָנַע to be low, modest.

צַעַד step.

צָעִיר f. צְעִירָה, young.

צְעָקָה cry for help.

צָפוֹן north, northern.

צִפּוֹר bird.

צְפוֹרָה p. n. f.

צָפַן to hide; with לְ, to lie in wait for somebody; 2) to lay up, to treasure or hoard.

צִפְעוֹנִי a basilisk.

צְפַת Zephath, p. n. of a Canaanitish city.

צַר (צָר) w. destict. accent or w. art., as (הַצָּר) enemy.

צָרָה trouble, distress, adversity.

צָרַף to smelt, esp. of gold and silver, to refine, to purify.

צָרַר to bind up, to be hostile to; Hi. to

צְרוֹר bag. [afflict.

צָרַר adversary.

ק

קִא vomit.

קְבוּרָה grave, sepulchre.

קָבַל Pi. to receive, to admit; Hi. to be opposite or over against.

קָבַץ Pi. to gather; Hit. to assemble.

קָבַר to bury.

קֶבֶר grave.

קָדוֹשׁ holy.

קָדַח to kindle.

קָדַשׁ Pi. Hi. to sanctify, to keep holy; Ni. to be sanctified.

קֹדֶשׁ holiness, holy thing; 2) holy place, sanctuary.

קָהָל congregation.

קוֹבַע helmet.

קָוָה K. Pi. to hope; Ni. to assemble.

קוֹל } קֹלוֹת voice, sound, thunder.

קוּם to rise up, arise, come forth, to stand firm, endure; Pi. perform, confirm; Hi. to raise up, to establish; Ho. to be raised up, erected.

לָקַח, { קַח imp. קַחַת inf. } of לָקַח.

קָטֹן to be small, fig. unworthy.

קָטָן f. קְטַנָּה, small, young.

קָטַר Pi. to burn incense; Ho. to be offered as incense.

קְטֹרֶת f. incense.

קַיִץ summer.

קִישׁוֹן p. n. of a stream.

קַל (pl. קַלִּים) light, [swift.

קָלוֹן disgrace.

קָלִי a. קָלִיא roasted grain.

VOCABULARY.

קָלַל to be light, to abate; *Pi.* to curse, to revile.

קְלָלָה curse.

קָלַע *Pi.* to sling.

קֶלַע a sling.

קָם *pret.* of קוּם.

קָמָה *standing* corn.

קֵן *c.* קַן nest.

קָנָא *Pi.* to envy; *Hi.* to make envious.

קַנָּא jealous.

קִנְאָה envy.

קָנָה *K. Hi.* to buy, acquire, possess.

קָנֶה stalk, cane.

קֹנֶה possessor, master.

קָסַם to divine, spoken esp. of false prophets.

קָצָה end.

קָצֶה end.

קָצִיר harvest.

קָצַף to be angry, wroth.

קָצַץ *Pi.* to cut off.

קָצַר to cut, to reap;
קוֹצֵר reaper.

קֹר cold.

קָרָא to name, to call, invite.

קָרָה or קָרָא *Ni.* to happen or chance.

לִקְרַאת to meet; 2) over against.

קָרַב to approach, to come together; *Pi.* bring near; *Hi.* to offer.

קֶרֶב inward part; בְּקֶרֶב in the midst of, within; מִקֶּרֶב from admidst, among.

קָרוֹב near, he who is near, neighbour.

קָרָה *K. Ni.* to meet; *Hi.* to cause to meet.

קֶרַח ice.

קִרְיָה city.

קָרַם to cover, to lay on (skin).

קֶרֶן *f.* horn.

קֶרֶת city.

קָשַׁב *Hi.* to listen, to hearken.

קָשָׁה to be hard; *Hi.* to harden.

קָשֶׁה hard, vehement; קְשֵׁה פָנִים hard-faced, impudent.

קַשְׂקֶשֶׂת the scale of a fish, of an armor.

קָשַׁר to bind.

ר

רָאָה to see, to look out, choose; *Ni.* to be seen, to appear; *Hi.* to show; *Hit.* to look at one another.

רָאמוֹת (only *pl.*) corals.

רֹאשׁ (*pl.* רָאשִׁים) head, top, summit,
רָאשׁ poverty. [chief.

רָשׁ see רָאשׁ.

רִאשׁוֹן first.

רֵאשִׁית beginning.

רֹב abundance, multitude.

רַב *f.* רַבָּה, *pl.* רַבִּים, much, great, many.

רִיב or רִב quarrel.

רָבַב to be numerous, many.

רְבָבָה myriad.

רָבָה to become many; *Hi.* to multiply.

רְבוֹת *inf. K.* of רָבָה.

רִבֵּעִים great grandchildren, man of the fourth generation.

רָבַץ to lie down; *Hi.* to cause to lie down.

רָגַל to tread down, *i. e.* to slander.

רֶגֶל *com. gend.* foot.

רָדַף *K. Pi.* to pursue, to follow.

רֹדֵף persecutor.

רַהַט a watering-trough.

רֹב multitude of, much, many.

רוּחַ, רִיחַ *Hi.* to smell, w. בְּ, to enjoy the odor of.

רוּחַ *c. g* wind, spirit.

רְוָיָה abundance.

רוּם to be high, lifted up; *Pi. Hi.* to raise, lift up high.

רוּעַ *Pi. Hi.* to cry aloud, to shout.

רוּץ to run, to hasten; *Hi.* to bring quickly.

רוּשׁ to be poor or in want; *Hit.* to feign oneself poor.

רוּת *p. n. f.* Ruth.

רָזוֹן prince.

רָחָב *adj.* wide, broad.

רְחוֹב, רְחֹב *f.* street.

רַחוּם *adj.* merciful.

רָחוֹק *adj.* distant, far; מֵרָחוֹק far off, from afar.

רָחַם to love; *Pi.* to have pity; *Pu.* to obtain mercy.

רַחֲמִים mercy, affection.

רָחַץ to wash, to bathe.

רָחַק to be or remain far; *Pi.* to put far away; *Hi.* to remove.

רוּב, רִיב to contend, to conduct a cause.

רִיב contention, quarrel.

רַךְ (*pl.* רַבִּים) *adj.* soft.

רֶכֶב chariot; 2) upper millstone.

רְכוּשׁ property, wealth.

רָכִיל slander.

רָכַךְ to be tender, timid, faint.

רָם high, lofty (*part. of* רום).

רִמָּה worm.

רָמַם to be high; *Ni.* to lift up oneself.

רָמַס to tread.

רִנָּה a shouting, joy, outcry for help.

רָנַן to shout.

רֵעַ companion, friend.

רַע (w. distinct. accent רָע, with art. הָרַע or הָרָע) bad, evil, wicked, displeasing.

רֹעַ badness, wickedness.

רָעֵב to be hungry; *Hi.* to cause to hunger, to let famish.

רָעֵב *adj.* hungry.

רָעָה to feed; *Pi. Hit.* to be a companion, to associate oneself.

רֹעֶה shepherd.

רָעָה badness, wickedness, evil, adversity.

רְעוּאֵל *p. n. m.*

רָעַם *K. Hi.* to thunder.

רָעַע to be evil; *Ni.* to become evil or worse; *Hi.* to do ill, to act badly; 2) to break, to crush; *intr.* to be broken.

רַעַשׁ earth-quake.

רָפָא *K. Pi.* to heal.

רָפָה to be loose, weak; *Ni.* to be languid, idle; *Hi.* to slacken, leave off, to abandon.

רְפִידִים *p. n.* of a station.

רָצָה to accept, to cherish, to be delighted, pleased; *Ni.* to be graciously accepted.

רָצוֹן will, delight, favor.

רָצַח to murder, kill, slay.

רָקַב to decay, perish.

רָקָב rottenness.

רָקַד to leap, dance.

רָקִיעַ expanse, firmament.

רִישׁ poor (*prop. part. of* רוּשׁ), also רָאשׁ, *pl.* רָאשִׁים).

רָשַׁע to act wickedly; *Hi.* to condemn.

רֶשַׁע unrighteousness, wickedness.

VOCABULARY.

רָשָׁע wicked, guilty, a guilty one.

רִשְׁעָה wickedness.

רֶשֶׁף a flame.

רֶשֶׁת net.

ש

שָׁאוּל Saul.

שְׁאוֹל c. g. lower world, hell.

שָׁאַל to ask, demand; שָׁאַל לְשָׁלוֹם to ask after the welfare, to salute.

שָׁאַר to be left; Ni. id.; Hi. to leave, to remain.

שֵׁב imp. of יָשַׁב.

שָׁב pret. of שׁוּב.

שָׁבָה to carry away captive.

שְׁבוּעָה oath.

שָׁבוּעַ week.

שְׁבוּת f. captivity; שׁוּב שְׁבוּת to bring back the captives.

שֵׁבֶט stick, staff, sceptre, tribe.

שְׁבִיעִי seventh.

שִׁבֹּלֶת f. (pl. שִׁבֳּלִים) ear of corn.

שָׁבַע K. Ni. to swear; Hi. to bind by an oath, to adjure.

שֶׁבַע } seven.
שִׁבְעָה

שִׁבְעִים seventy.

שִׁבְעָתַיִם sevenfold.

שָׁבַר to buy corn; 2) to break, to destroy; Ni. to be broken, contrite.

שֶׁבֶר destruction.

שֶׁבֶת inf. of יָשַׁב.

שָׁבַת to rest.

שַׁבָּת Sabbath.

שַׁבָּתוֹן a sabbath-keeping or sabbatism.

שָׁדַד to destroy.

שֹׁדֵד a destroyer.

שַׁדַּי Almighty.

שֹׁהַם onyx.

שָׁוְא vanity, falsehood, in vain.

שׁוּב to return, turn away; Hi. to cause to return, to restore, to bring home; with דָּבָר to answer; Pi. נֶפֶשׁ to refresh.

שָׁוָה to be equal; Hi. to compare.

שׁוֹט whip, scourge.

שַׁוְעָה a cry for help.

שׁוֹפָר trumpet.

שׁוֹר an ox.

שׁוּר or שִׁיר Hi. to sing.

שׁוֹשָׁן (pl. שׁוֹשַׁנִּים)
שׁוֹשַׁנָּה id. [lily.

שֹׁחַד a bribe.

שָׁחַט to slaughter.

שַׁחַל roarer, lion.

שַׁחַק small dust, a cloud.

שָׁחַר to pierce, break open; Pi. to seek early, to search for.

שָׁחַת Hi. to become corrupt, act wickedly.

שַׁחַת f. pit.

שֶׁטֶף flood.

שִׁיר } a song.
שִׁירָה

שִׁית to put, place, direct.

שָׁכַב to lie down; Hi. to cause to lie, to lay down.

שִׁכּוֹר intoxicated, drunk.

שָׁכַח to forget; Pi. to cause to forget, to neglect.

שָׁכֵל, שָׁכַל to be bereaved; Pi. to destroy, make childless.

שָׁכַם Hi. to rise early.

שָׁכַן to dwell, to rest.

שֵׁכָר strong drink.

שֶׁלֶג snow.

שַׁלְהֶבֶת flame.

VOCABULARY.

שָׁלוֹם peace, welfare.

שָׁלַח to send, to put forth, stretch out, Pi. to send away, to cast out, forth.

שֻׁלְחָן table.

שָׁלַךְ to throw; Hi. to cast.

שָׁלַם Pi. to pay, perform, recompense.

שָׁלֵם adj. perfect, honest, peaceable.

שֶׁלֶם peace-offering.

שְׁלֹמֹה Solomon.

שָׁלַף to draw.

שָׁלֹשׁ, שְׁלֹשָׁה three.

שִׁלֵּשִׁים grandchildren.

שָׁם, שָׁמָּה there; מִשָּׁם from there.

שֵׁם (pl. שֵׁמוֹת) name; 2) Sem.

שֵׁמָה p. n. m.

שָׁמַד to destroy, cut [off.

שָׁמָּה thither.

שְׁמוּאֵל Samuel.

שְׁמוּעָה report.

שָׁמַיִם heaven.

שָׁמֵם to be astonished, confounded.

שְׁמָמָה desolation, waste.

שֶׁמֶן oil.

שָׁמַע to hear, listen, obey, to understand.

שֵׁמַע report.

שִׁמְעוֹן Simeon.

שָׁמַר to keep, guard; Ni. to beware of; Pi. to regard.

שֹׁמְרוֹן Samaria.

שֶׁמֶשׁ c. g. sun.

שִׁמְשׁוֹן Samson.

שֵׁן (du. שִׁנַּיִם) c. g. [tooth.

שָׁנָה to repeat.

שָׁנָה year.

שֵׁנָה sleep.

שֵׁנִי, שֵׁנִית f. second.

שָׁנִי scarlet color

שְׁנַיִם two.

שָׁנַן Pi. to sharpen, inculcate, teach diligently.

שָׁסַס to plunder.

שׁוּעָל, שֻׁעָל fox.

שֹׁעַל hollow of the hand.

שַׁעַר (pl. שְׁעָרִים) f. gate.

שִׁעֲשַׁע to amuse oneself, to play, to caress.

שַׁעֲשֻׁעִים delight.

שִׁפְחָה female servant.

שָׁפַט to judge.

שֹׁפֵט judge.

שָׁפַךְ to shed, to cast.

שָׁפֵל to be low; Hi. to make low, to humble.

שָׁפָן coney or rabbit.

שָׁקַד to watch, to wake.

שָׁקָה to drink; Hi. give to drink.

נָשַׁק imp. of שִׁנָּה.

שָׁקַט to rest; Hi. give [rest.

שָׁקַל to weigh.

שֶׁקֶל a weight, shekel.

שָׁקַר Pi. to lie.

שֶׁקֶר lie, falsehood.

שִׁרְיוֹן a coat of mail.

שָׁתָה to drink.

שְׁתַּיִם (c. שְׁתֵּי) f. two.

שָׁתַל to plant.

שָׁתַק to settle down, to cease.

שׂ

שָׂבַע and שָׁבֵעַ to be satisfied, to have abundance; Hi. to satisfy.

שָׂגַב Pi. to raise, exalt; Ni. to be exalted or sublime.

שָׂנָה to grow, increase.

שָׂדֶה field.

שֶׂה c. g. lamb, sheep.

שׂוֹכָה p. n. of a city.

שׂוּם and שִׂים to put, make, give; Hi. with לְ, to give, bestow.

שׂוֹנֵא enemy.

שָׂחַק to laugh; Pi. to rejoice, play, dance.

שְׂחֹק laughter.

שָׂטַם } to hate, to be
שָׂטַן } an adversary.

שָׂטָן an adversary.

שֵׂיבָה grayness or hoariness of hair, old age.

שִׂיחַ to meditate, to speak, talk.

שִׂיחַ sorrow.

שִׂישׂ to rejoice.

שֶׂכְוִי insight, mind.

שָׂכִיר hireling.

שָׂכַל Hi. to be wise, to act wisely, to cause to prosper.

שֶׂכֶל or שֵׂכֶל intelligence, understanding.

שָׂכַר Ni. to be hired; Hit. to hire oneself out, to earn wages.

שָׂכָר a. reward, wages.

שַׂלְמָה garment.

שׂוּם pret. of שָׂם.

שְׂמֹאל left hand.

שָׂמַח and שָׂמֵחַ to rejoice; Pi. to cheer, to gladden.

שָׂמֵחַ adj. joyful, glad.

שִׂמְחָה joy, rejoicing.

שִׂמְלָה garment, raiment.

שְׂמָמִית f. spider.

שָׂנֵא K. Pi. to hate.

(שְׂפָתַיִם du.) שָׂפָה lip, bank (of a river).

שַׂק sack-cloth.

שַׂר (pl. שָׂרִים) prince, chief.

שָׂרָה princess; 2) Sarah.

שָׂרִיד a left, fugitive one, remnant.

שָׂרַף to burn.

ת

תַּאֲוָה desire.

תְּאֵנָה fig-tree.

תֵּבָה chest, vessel or ark.

תְּבוּנָה intelligence.

תֶּבֶן straw.

תְּהוֹם c. g. depth.

תְּהִלָּה praise, object of praise.

תּוֹדָה thanks, thanksgiving.

תּוֹחֶלֶת hope, expectation.

תּוֹךְ c. תָּוֶךְ the middle, between, in.

תּוֹכַחַת a pleading; 2) correction, reproof.

תּוֹלָע } a worm, esp.
תּוֹלֵעָה } the cocus worm.

תּוֹעֵבָה abomination.

תּוֹצָאוֹת (only plur.) goings out, issues, fountains.

תּוֹרָה law.

תְּחִלָּה beginning.

תַּחֲנוּנִים (only plur.) entreaties, supplications.

תַּחַת under, instead; מִתַּחַת under

יִטֶּה fut. of נָטָה.

תִּירוֹשׁ must, wine.

תָּכַן K. Pi. to weigh, prove, measure; Ni. to be even, right.

תָּלָה to hang, to hang up.

תָּם plain, perfect.

תְּמוּנָה a form, image.

תְּמוּרָה exchange.

תָּמִיד continually, always.

תָּמִים righteous, upright.

תָּמַךְ to hold, support, obtain.

תֵּן ,תֶּן ,תְּנָה *imp. of* נָתַן.

תְּנוּמָה slumber.

תָּעַב to abhor.

תַּעֲלֻמָה hidden thing, a secret.

תַּעֲנוּג good cheer, delight.

תַּעַר sheath of a sword.

תִּפְאֶרֶת, תִּפְאָרָה glory, beauty.

תְּפִלָּה prayer.

תָּפַשׂ to seize, to capture, catch.

תִּקְוָה hope.

תְּקוּפָה circuit or round.

תָּקַע to strike (hands in rejoicing, in pledging; 2) to blow.

תְּרוּעָה shouting, clang of trumpets.

תְּשׁוּעָה help, victory, salvation.

תִּשְׁעָה nine.

תֵּת, תִּתִּי *w. suff. inf.* of נָתַן.

II. ENGLISH AND HEBREW.

A

Abel הֶבֶל.

Abide, to יָשַׁב.

Able, to be יָכֹל.

Abomination תּוֹעֵבָה.

Abraham אַבְרָהָם.

Absalom אַבְשָׁלוֹם.

Abuse, to עָלַל *Hit.* with בְּ.

Accomplished, to be מָלֵא.

According to כְּ, כְּפִי.

Acquire, to עָשָׂה.

Adam אָדָם.

Add, to יָסַף *Hi.*

Adversary אוֹיֵב, צַר.

Afflict, to עָנָה *Pi.*; רָעַע *Hi.*

After, afterwards אַחַר, אַחֲרֵי *const. plur.,* § 75, 6. מִקֵּץ.

After (= like) כְּ.

After (= when) כְּ, בְּ, *w. inf. const.* § 106, 2.

Again עוֹד.

Against עַל.

All כָּל־, כֹּל; we all, ye all, see § 98, 2.

Almighty שַׁדַּי.

Also גַּם, אַף.

Always תָּמִיד.

Among בֵּין, בְּתוֹךְ, בְּקֶרֶב.

Amorite אֱמֹרִי.

And — see § 18; § 33; § 102.

Angel מַלְאָךְ.

Anger אַף (אַפִּי my anger.)

Animal חַיָּה.

Anoint, to סוּךְ *K. a. Hi.*; to anoint for consecration מָשַׁח.

Anointed מָשִׁיחַ.

Another (= different) אַחֵר, (One Another see § 97, 4).

Answer, to עָנָה.

Answer, *s.* מַעֲנֶה.

Ant נְמָלָה *f.* (*plur.* נְמָלִים).

Any כָּל־, אִישׁ.

Apparel לְבוּשׁ.

English	Hebrew	English	Hebrew	English	Hebrew
Appointment	מוֹעֵד.	copula, see § 77, 1, 2, 3.		Beloved	יָדִיד, דּוֹד
Arise, to	קוּם.	There is	יֵשׁ־, יֵשׁ	Beseech, to	חָלָה Pi., בָּקֵשׁ Pi.
Arm	זְרֹעַ f.	There is not	אֵין § 75, 3.		
Array, to	לָבַשׁ.	Bear, to (= carry)	נָשָׂא; (= to bring forth) יָלַד	Besides	מִלְבַד
Arrogancy	עָתָק.			Beside (=at, near)	אֵצֶל
As	כַּאֲשֶׁר, כְּ.				
Ascent, s.	מַעֲלָה.	Bear	דֹּב	Between	בֵּין
Ashamed, to be	בּוֹשׁ.	Beard	זָקָן	Belteshazzar	בֵּלְטְשַׁאצַּר
Ashes	אֵפֶר.	Beast	בְּהֵמָה, חַיָּה	Bind, to	קָשַׁר, אָסַר; to bind up or together אָלַם, צָרַר Pi.
Ask, to	שָׁאַל (rarely שָׁאֵל); to ask for שָׁאַל...לְ.	Beat, to	דָּפַק Hit.		
		Beauty	יֳפִי, הוֹד (in p. יָפִי)		
Ass	חֲמוֹר; a she-ass אָתוֹן	Beautiful	יָפֶה, יָפָה f. טוֹב	Bird	צִפּוֹר, עוֹף
				Birth-right	בְּכוֹרָה
At (=to)	עַל.	Because	עַל, כִּי, יַעַן מִפְּנֵי, בַּעֲבוּר	Bitter	מַר.
At (=through)	בְּעַד.			Bless, to	בֵּרַךְ Pi.
At (=from)	מִן.	Bed	מִטָּה	Blessed	בָּרוּךְ
Athalia	עֲתַלְיָהוּ.	Bed-chamber	חֲדַר־מִשְׁכָּב	Blessed, to call	אִשֵּׁר Pi.
Avenge, to	נָקַם; to be avenged on נָקַם Ni. w. מִן.	Before, adv.	טֶרֶם, בְּטֶרֶם	Blessing	בְּרָכָה
				Blind, adj.	עִוֵּר.
		Before, prepos.	לִפְנֵי, נֶגֶד	Blood	דָּם.
B				Boast, v. of	הִלֵּל Hit. w. בְּ of the theme.
Baal	בַּעַל.	Beg, to	שָׁאַל	Body	בָּשָׂר, (=corpse) נְבֵלָה
Babylon	בָּבֶל f.	Beget, to	יָלַד Hi.		
Back, s.	גֵּו.	Begin, to	חָלַל Hi.	Bone	עֶצֶם.
Backbite, to	רָגַל.	Beginning	רֵאשִׁית f.	Book	סֵפֶר
Bad	רַע (w. distinct accent רָע).	Behold, to	נָבַט Hi., חָזָה	Born, to be	יָלַד Ni. and Pu.
Bake, to	אָפָה.	Behold! interj.	הֵן, הִנֵּה, behold I see § 75, 3.	Bosom	חֵק, חֵיק.
Battle	קְרָב, מִלְחָמָה.			Bound, to (= to leap)	קָפַץ Pi.
Be (=to exist)	הָיָה; as				

Bow (v.) down כָּפַף.
Boy נַעַר.
Branch עָנָף.
Bray, to, to smash כָּתֵשׁ.
Bread לֶחֶם.
Breadth רֹחַב.
Break, to שָׁבַר.
Breath נְשָׁמָה.
Breathe, to פּוּחַ Hi.
Brethren אַחִים, § 73, A. 2.
Bribe כֹּפֶר.
Bride כַּלָּה.
Bring, to בּוֹא Hi.
Bring back שׁוּב Hi.
Bring down יָרַד Hi.
Bring forth עָשָׂה, יָלַד, יָצָא Hi.
Bring good news בָּשַׂר Pi.
Brother אָח, § 73, A 2.
Build, to בָּנָה.
Builder, s. בֹּנֶה.
Burnt-offering עֹלָה, עוֹלָה.
Bury, to קָבַר.
But כִּי אִם, כִּי, אוּלָם, אַךְ.
Buy, to קָנָה.
By —prep. בְּעַד, בְּ.

C

Call, to קָרָא, to c. upon קָרָא w. acc.
Camel גָּמָל (plur. גְּמַלִּים).
Camp מַחֲנֶה.
Can, to be able יָכֹל.
Canaan כְּנַעַן, fully אֶרֶץ כְּנַעַן.
Captain רֹאשׁ, נָגִיד.
Carmel כַּרְמֶל.
Carry, to נָשָׂא.
Cast, to שָׁלַךְ Hi, to be cast down (of the soul) שָׁחַח Hit
Castle מִצְדָּה and מְצוּדָה.
Catch, to תָּפַשׂ, to be caught, id. Ni.
Cattle מִקְנֶה.
Cedar אֶרֶז.
Certain (=one or our indef. article) אֶחָד f. אַחַת.
Certainly אָכֵן.
Chaldean כַּשְׂדִּי.
Chamber חֶדֶר (const. חֲדַר).
Champion גִּבּוֹר.
Child נַעַר, יֶלֶד.
Children יְלָדִים, children of Israel בְּנֵי יִשְׂרָאֵל.

Choose, to בָּחַר w. בְּ.
Circumspect, to be שָׁמַר Ni.
Cistern בְּאֵר f.
City עִיר f., § 74, 2.
Clean, adj. טָהוֹר.
Clear, to, of stones סָקַל Pi.
Cloth בֶּגֶד.
Clothe, to לָבַשׁ Hi.
Cloud עָנָן.
Cloud, thick עֲרָפֶל.
Coat כְּתֹנֶת and כֻּתֹּנֶת.
Cold, s. חֹרֶף.
Come, to בּוֹא.
Come forth, out יָצָא.
Come over עָבַר.
Come up עָלָה.
Come, to, to pass הָיָה.
Comfort, to נָחַם Pi.
Comforter מְנַחֵם.
Command, to צָוָה Pi.
Commandment מִצְוָה, פֶּה, פִּקּוּד, the ten commandments עֲשֶׂרֶת הַדְּבָרִים.
Compass, to סָבַב K. and Pi.
Compassion, to have רָחַם Pi. w. acc.
Complaint, s. שִׂיחַ.

Concerning, *prep.* בְּ.	Darkness חֹשֶׁךְ, עֲרָפֶל.	Desire, to אָוָה *Pi.* and *Hit.*; חָפֵץ.
Confidence, to put בְּ *w.* בָּטַח.	Daughter בַּת §75, A.7.	Desire, *s.* חֵפֶץ.
Confined space מֵצַר.	David דָּוִד.	Despise, to בָּזָה, נָאַץ *Pi.*
Congregation קָהָל.	Day יוֹם, his day, to day הַיּוֹם.	Destroy, to שָׁבַר, סָפָה *Pi.*; אָבַד *Pi.*
Consider, to שָׂכַל *Hit. w.* עַל.	Dead מֵת.	Destruction אֲבַדּוֹן.
Contention רִיב.	Death מָוֶת *c.* מוֹת.	Devise, to זָמַם, חָשַׁב, חָרַשׁ.
Copy מִשְׁנֶה.	Death, to put to מוּת *Hi.*; to be put to D. מוּת *Ho.*	Dew טַל.
Corn דָּגָן.	Deceit מִרְמָה.	Die, to מוּת.
Couch מִשְׁכָּב.	Deed מַעֲשֶׂה.	Dig, to חָפַר, כָּרָה, חָצַב.
Counsel, to יָעַץ.	Defence, *s.* מִשְׂגָּב.	Dip, to טָבַל.
Counsel עֵצָה.	Defend, to גָּנַן *Hi.*	Discomfit, to הָמַם.
Counselor יוֹעֵץ.	Defile, to טָמֵא *Pi.*	Discord, *s.* מְדָנִים (only *plur.*)
Courageous, to be אָמֵץ *fut.* A.	Defraud, to עָשַׁק.	Disguise, to חָפַשׂ.
Covenant בְּרִית.	Delight, *s.* רָצוֹן.	Dishonor, to בָּזָה.
Create, to בָּרָא.	Delight, to חָפֵץ, delight in בְּ *w.* חָפֵץ.	Distress, to צוּק *Hi.*
Crown עֲטֶרֶת.	Delighting, *adj.* חָפֵץ.	Distress, *s.* צָרָה.
Cry, to צָעַק, זָעַק, קָרָא.	Delilah דְּלִילָה.	Ditch, *s.* שַׁחַת.
Cry, *s.* צְעָקָה, זְעָקָה.	Deliver into סָגַר *Hi.*	Do, to עָשָׂה.
Curse, to אָרַר, to be cursed, *Ho.*	Deliver or rescue נָצַל *Hi.*; מָלַט *Pi.* and *Hi.*; הֵלִיץ *Pi.*; פָּלַט *Pi.* and *Hi.*	Do good or evil גָּמַל (רַע or טוֹב).
Curse, *s.* קְלָלָה.		Do good יָטַב *Hi.*
Cut, to, to cut off כָּרַת.		Do wrong עָשַׁק.
D	Deliverer פָּלֵט *part.Pi.*	Doings, deeds מַעֲלָלִים.
Damsel נַעֲרָה.	Deny, to כָּחַשׁ, מָנַע *Pi.*	Dominion מִמְשָׁל, מֶמְשֶׁלֶת.
Daniel דָּנִיֵּאל.	Depart, to סוּר, מוּשׁ.	
Darius דָּרְיָוֶשׁ.	Desert, *s.* מִדְבָּר.	

Door f. דֶּלֶת.
Double כִּפְלַיִם.
Draw, to (water) שָׁאַב,
  (a sword) שָׁלַף.
Dream, to חָלַם.
Dream, s. חֲלוֹם.
Drink, to שָׁתָה.
Drive out, away גֵּרֵשׁ Pi.
Dry up, to become dry יָבֵשׁ, to make dry, Pi. and Hi.
Dry land יַבָּשָׁה.
Dust עָפָר.
Dwell, to שָׁכַן, יָשַׁב, to cause to dwell, to let dwell Hi.

E

Each אִשָּׁה, אִישׁ; אִישׁ אִישׁ, כֹּל, אִישׁ וְאִישׁ § 98, 2.
Eagle נֶשֶׁר.
Ear אֹזֶן f.
Ear of corn שִׁבֹּלֶת f. (pl. שִׁבֳּלִים).
Early adv. הַשְׁכֵּם, הַשְׁכֵּים.
Earth אֶרֶץ f.
Eat, to אָכַל; to cause to eat, to give to eat Hi.
Eden עֵדֶן.

Edom אֱדוֹם, אֲדֹם.
Education מוּסָר.
Egypt מִצְרַיִם.
Elder (alderman, Lat. senior) זָקֵן.
Eleven, see § 74.
Elishah אֱלִישָׁע.
Elijah אֵלִיָּה or אֵלִיָּהוּ
Encamp, to חָנָה.
End, s. קֵץ, אַחֲרִית.
Endure, to עָמַד.
Enemy אֹיֵב. [Hi.
Enter, to בּוֹא.
Entreat, to פָּגַע w. בְּ, the person for whom w. לְ.
Envy, to קָנֵא Pi.
Envy, s. קִנְאָה.
Envious רַע עַיִן (prop. an evil eye).
Ephron עֶפְרוֹן.
Ephraim אֶפְרַיִם.
Esau עֵשָׂו.
Escape, to מָלַט Ni., נָצַל Ni.
Establish, to (a covenant) קוּם Hi.
Eternal עוֹלָם, e. g. eternal God אֵל עוֹלָם (prop. the God of eternity, § 83, 6).
Eternity עוֹלָם, עַד.
Ethiopia כּוּשׁ.

Ethiopian כּוּשִׁי.
Eunuch סָרִיס.
Evening עֶרֶב.
Ever, for לְעַד, לְעוֹלָם
Everlasting עוֹלָם, everlasting kindness חֶסֶד עוֹלָם (see Eternal).
Every man, see § 98, 2.
Evil, adj. רָעָה, רַע f.
Excel, to עָלָה...עַל.
Exile, to carry into גָּלָה Hi.
Expectation תּוֹחֶלֶת, תִּקְוָה.
Expiate, to כִּפֶּר Pi., to be expiated id. Pu., to be e. of, w. לְ.
Extremity קָצֶה.
Eye עַיִן f.

F

Face פָּנִים, see § 58, 9.
From the face of מִפְּנֵי.
Fail, to (=desist) חָדַל.
Fail, to (= to pine away) כָּלָה, to cause to fail, id. Pi., רָפָה Hi.
Faithfulness אֱמוּנָה.
Fall, to נָפַל.
False שָׁוְא (see § 83,6.)

VOCABULARY.

Falsehood, שֶׁקֶר, כַּחַשׁ.
Fame, שֵׁמַע.
Far, adj. רָחוֹק.
Far be it! חָלִילָה.
Far away, to put f. a. Hi. רָחַק.
Fast, to צוּם.
Fat, adj. שָׁמֵן.
Father, אָב, § 73, A. 1.
Father-in-law, חוֹתֵן.
Fatherless, יָתוֹם.
Favor, רָצוֹן.
Favored, to be חָנַן Ho.
Fear, to יָרֵא.
Fear, s. מוֹרָא, יִרְאָה.
Feast, s. חַג c. חֲג.
Feast, to keep a חָגַג.
Feign, to (=to pretend to be) see § 26, 6.
Fellow, רֵעַ.
Fence, to עָזַק Pi.
Field, שָׂדֶה.
Fig, תְּאֵנָה.
Fig-tree id.
Fig, green, unripe, פַּג.
Fight, to לָחַם Ni., צָבָא.
Fill, to מָלֵא, to be Filled, Ni.
Find, to מָצָא.
Fir, בְּרוֹשׁ.
Fire, אֵשׁ f.

Firmament, רָקִיעַ.
First, רִאשׁוֹן, in specifying order of time בְּאֶחָד as אֶחָד לַחֹדֶשׁ on the first of the month.
First-born, בְּכוֹר.
Fish, דָּג, דָּגָה.
Five, חָמֵשׁ f., חֲמִשָּׁה m.
Flee, to נוּס, בָּרַח.
Flesh, שְׁאֵר, בָּשָׂר.
Flock, צֹאן.
Flourish, פָּרַח Hi.
Fold together, חָבַק.
Food, מַאֲכָל.
Fool, אֱוִיל, כְּסִיל.
Foolishness, אִוֶּלֶת.
Foot, רֶגֶל du. רַגְלַיִם (רְגָלִים only figur. = times)
For, עַל, לְ.
For (= because, for the sake of) לְמַעַן, כִּי, בְּעַד, עַל.
For (= in, during, within) בְּ.
Forbid, to כָּלָא.
Forbid! God forbid! חָלִילָה.
Force, חַיִל.
Forever, לָעַד, לְעוֹלָם.
Forget, to שָׁכַח.

Former state, קַדְמָה.
Forsake, to עָזַב.
Fortress, מְצוּדָה.
Found, to יָסַד.
Four, אַרְבַּע f., אַרְבָּעָה m.
Free, חָפְשִׁי.
Freely, חִנָּם.
From, מִן, מִפְּנֵי, מֵעַל, מֵעִם.
Fruit, פְּרִי.
Fruitful, to make פָּרָה Hi.
Full, to be מָלֵא K. a. Ni., שָׂבַע.
Full, adj. מָלֵא.
Fury, חֵמָה.

G

Garden, גַּן.
Garment, כְּתֹנֶת, בֶּגֶד f., כְּתֹנֶת, שַׂלְמָה.
Gate, שַׁעַר f.
Gather, to קָבַץ Pi., אָגַר Pi. לָקַט.
Gazelle, צְבִי.
Generation, דּוֹר.
Get, to, out יָצָא.
Gihon, גִּיחוֹן.
Girl, נַעֲרָה, יַלְדָּה.

	VOCABULARY.	
Give, to נָתַן.	Great, to be גָּדַל (*fut.*)	Help, to עָזַר, to help against עָזַר מִן.
Give in possession נָחַל, *K. a. Hi.*	Great man גָּדוֹל. [*A.*)	
	Ground אֲדָמָה.	Help, *s.* יֵשַׁע, עֵזֶר.
Gladness שִׂמְחָה.	Ground-corn, grits רִיפוֹת (only *plur.*)	Herd בָּקָר *c. g.*
Glance, to שָׁקַף *Hi.*		Hew, to פָּסַל.
Glean, to לָקַט.	Guile מִרְמָה.	Hezekiah חִזְקִיָּהוּ.
Go, to הָלַךְ.		Hide, to צָפַן *K. a. Hi.*, סָתַר; from מִפְּנֵי *Hi.*
Go over, to עָבַר.	**H**	
Go up, to עָלָה.	Habitation מָכוֹן.	Hide oneself סָתַר *Hit.*, עָלַם *Hit.*
Go down, to (of the sun) בּוֹא	Haman הָמָן.	
Go out, to יָצָא.	Hand יָד *f.*	Hid, to be חָבָא *Hit.*
Go out, or be quenched, *of fire, light* כָּבָה.	Handmaid אָמָה, see § 73, 9.	High, to set on h. שָׂגַב *Pi.*
Go, to let (= to desist from, to cease from) רָפָה.	Hang, to תָּלָה.	Most High עֶלְיוֹן.
	Harp כִּנּוֹר.	Hill הַר (*pl.* הָרִים), גִּבְעָה.
God אֵל, אֱלֹהִים.	Harvest קָצִיר.	Hire, to שָׂכַר.
Gold זָהָב.	Haste, to מָהַר *Pi.*	Hire *s.* שָׂכָר.
Good, *adj.* טוֹב, for good לְטוֹבָה.	Hate, to שָׂנֵא.	Hireling, hired servant שָׂכִיר.
	Hazael חֲזָאֵל.	
Good, to be יָטַב, טוֹב.	He הוּא.	Hirom חִירָם.
Good, to do, to benefit יָטַב *Hi.*	Head רֹאשׁ.	Hither הֵנָּה.
	Heal, to רָפָא.	Hold fast חָזַק בְּ.
Good tidings, to tell g. t., to bring good news בָּשַׂר *Pi.*	Hebrew עִבְרִי.	Holy קָדוֹשׁ, see § 83, 6 b.
	Hear, to שָׁמַע.	Honor, to כָּבֵד, כָּבַד *Pi.*
Goodness חֶסֶד.	Hearken, to שָׁמַע.	
Gracious, to be חָנַן.	Heart לֵב (w. *suff.* לִבִּי, *pl.* לְבָבוֹת), לֵבָב.	Honor, *s.* יְקָר, כָּבוֹד.
Grape עֵנָב.		Honorable יָקָר.
Wild Grapes בְּאֻשִׁים.		Hope, to יָחַל *Hi. w.* לְ, שָׂבַר *Pi. w.* אֶל.
Grass דֶּשֶׁא, עֵשֶׂב.	Heaven שָׁמַיִם.	
Grave קֶבֶר, שְׁאוֹל.	Heavy, to be כָּבֵד.	
Great גָּדוֹל, רַב (*plur.* רַבִּים).	Heavy, *adj.* כָּבֵד.	Hope, *s.* תּוֹחֶלֶת, תִּקְוָה.
	Hebron חֶבְרוֹן.	

Horse סוּס.	Inheritance נַחֲלָה.	Joy רִנָּה, שִׂמְחָה.
Horseback, to bring on רָכַב *Hi.*	Iniquity אָוֶן, רֶשַׁע, עַוְלָתָה, עָוֹן.	Judah יְהוּדָה. Judge, to שָׁפַט.
Host (*pl.* צְבָאוֹת) צָבָא *m.*	Inner part, middle, midst קֶרֶב.	Judge, *s.* שֹׁפֵט. Judgment מִשְׁפָּט, שְׁפָטִים.
House *c.* בַּיִת בֵּית (*pl.* בָּתִּים).	Innocent נָקִי.	Just צַדִּיק.
Household בַּיִת.	Inquire of, to דָּרַשׁ *w. acc.*	Justify, to, or clear oneself צָדַק *Hit.*, to be justified, *id.*
How?! אֵיכָה, אֵיךְ.	Instead of תַּחַת.	
How long? עַד אָנָה.	Instruction מוּסָר.	
Humble oneself, to כָּנַע *Ni.*	Integrity תָּמִים.	
Hundred מֵאָה, *dual* מָאתַיִם.	Intelligence תְּבוּנָה.	**K**
Husband אִישׁ.	Intelligent חָכָם, נָבוֹן.	Keep, to (= to guard, watch) שָׁמַר, נָצַר w. עַל; (= to observe, to perform) שָׁמַר.
Husbandman אִכָּר.	Into אֶל, בְּ, עַד, and see § 19, 6.	
	Isaac יִצְחָק.	
I	Israel יִשְׂרָאֵל.	Keep oneself from (= to beware of) שָׁמַר *Ni.* w. מִן.
I אֲנִי, אָנֹכִי.	**J**	
If אִם, כִּי.	Jacob יַעֲקֹב.	Keep a feast חָגַג.
Image צֶלֶם.	Jealousy קִנְאָה.	Keeper of sheep רֹעֵה צֹאן.
Images (= idols) תְּרָפִים.	Jebus יְבוּס.	
Imagine, to חָרַשׁ.	Jehoshaphat יְהוֹשָׁפָט.	Kill, to קָטַל, הָרַג.
In בְּ, בְּקֶרֶב, בְּתוֹךְ.	Jerusalem יְרוּשָׁלַיִם.	Kindness חֶסֶד.
Incline, to נָטָה *Hi.*	Jethro יִתְרוֹ.	Kindred מוֹלֶדֶת.
Increase, to יָסַף *Hi.*	Jew יְהוּדִי.	King מֶלֶךְ.
Inhabit, to יָשַׁב, to be inhabited *id. Ni.*	Joash יוֹאָשׁ.	To make a king מָלַךְ *Hi*
	Job אִיּוֹב.	
Inhabitant יֹשֵׁב.	Jonathan יְהוֹנָתָן, יוֹנָתָן.	Kingdom מַלְכוּת, מַמְלֶכֶת.
Inherit, to נָחַל, to leave as heritage *id. Hi.*	Joseph יוֹסֵף.	Kish קִישׁ.
	Joshua יְהוֹשֻׁעַ.	Kiss, to נָשַׁק *K. a. Hi.*

Knit — Vocabulary — Mercy

Knit, to קָשַׁר.
Know, to יָדַע, to let know id. Hi.
Knowledge דַּעַת.
Known, to make יָדַע Hi.

L

Labor, to יָגַע, עָמַל.
Laboring (= toiling) עָמֵל.
Lad נַעַר.
Ladder סֻלָּם.
Lame פִּסֵּחַ.
Lamp נֵר (pl. נֵרוֹת) m.
Land אֶרֶץ, אֲדָמָה f.
Large space מֶרְחָב.
Last אַחֲרוֹן.
Laugh, to צָחַק.
Law תּוֹרָה.
Lay, to שָׁכַב Hi.
Lay hold of, to תָּפַשׂ w. acc., seldom w. בְּ.
Lay up, to צָפַן.
Lead, to נָחָה Pi., נָחָה Hi.
Lean, adj. רָזֶה, רָזָה f.
Leap, to דִּלֵּג Pi.
Learning לֶקַח.
Leave, to עָזַב.
Leave off, to שָׁבַת.
Lebanon לְבָנוֹן.

Left, adj. שְׂמֹאל.
Length אֹרֶךְ.
Lentiles עֲדָשִׁים (only pl.) f.
Lest פֶּן.
Letter אִגֶּרֶת, סֵפֶר f.
Lie, to כִּזֵּב Pi., שִׁקֵּר Pi.
Lie, s. כָּזָב, שֶׁקֶר.
Lie down, to שָׁכַב, נָפַל.
Life נֶפֶשׁ, חַיִּים.
Lift up, to נָשָׂא.
Light אוֹר.
Like כְּמוֹ, כְּ.
Like, to be דָּמָה.
Lion אֲרִי.
Lip שָׂפָה, שְׂפָתַיִם du.
Little, small, to be קָטֹן (fut. A.).
Little, adj. קָטֹן, קָטָן (pl. קְטַנִּים).
Live, to חָיָה; to keep alive, to save life id. Hi.
Living, adj. חַי.
Lo! behold! הִנֵּה, הֵן; Lo we are! behold us! הִנֶּנּוּ.
Lofty רָם.
Look, to נָבַט Hi.
Look for (= to expect, hope) קִוָּה Pi.

Lord יְהֹוָה, אָדוֹן.
Lost, to be אָבַד.
Loud גָּדוֹל, רָם.
Love, to אָהַב a. אָהֵב.
Lovely אָהֵב part. Ni.
Lying שֶׁקֶר, see § 83,6.

M

Magnify, to גִּדֵּל Pi.
Maid-servant שִׁפְחָה.
Maiden עַלְמָה.
Make, to עָשָׂה, פָּעַל.
Make a covenant, to כָּרַת בְּרִית.
Make a pit, to כָּרָה בּוֹר.
Maker עֹשֶׂה.
Man גֶּבֶר, אִישׁ, אָדָם.
Manna מָן.
Many רַבִּים.
Mart סַחַר c. כַּחַר.
Master אֲדוֹנִים, אָדוֹן § 82, 4, b.
Meat בָּשָׂר.
Meddle, to עָרַב Hit.
Meditate, to הָגָה.
Meet, to קָדַם Pi., פָּגַשׁ.
Melt, to מָסַס Ni.
Mercy חֶסֶד.
Mercy, to have M. on רָחַם Pi. w. acc.

Messenger מַלְאָךְ.	Mule פֶּרֶד.	Now עַתָּה.
Midian מִדְיָן.	Multiply, increase, to רָבָה K. a. Hi.	Number, to סָפַר.
Midst תָּוֶךְ c. קֶרֶב.	Multitude הָמוֹן.	Number, s. מִסְפָּר.
Might גְּבוּרָה.	Murmur, to לוּן Ni. a. Hi.	**O**
Mighty גִּבּוֹר.		O! (vocative case) see § 80, 5.
Mill-stone פֶּלַח.	**N**	Oh! woe! ho! הוֹי, אוֹי.
Mine (— to me) לִי.		
Miriam מִרְיָם.	Naked עָרוֹם (plur. עֲרֻמִּים).	Observe, to שָׁמַר.
Mischief רָעָה.		Of, see § 19, 5; לְ or אֲשֶׁר לְ, § 80, 10.
Mock, to לָעַג w. לְ, Hi. w. בְּ. קָלַס	Name שֵׁם, (plur. שֵׁמוֹת) m.	Offer, to זָבַח.
Moment רֶגַע.	Nation גּוֹי.	Offering, subst. זֶבַח, מִנְחָה.
Money כֶּסֶף.	Near, adj. קָרוֹב.	
Month חֹדֶשׁ.	Needy אֶבְיוֹן.	Off, from מֵעַל, מִן.
Moon יָרֵחַ.	Neighbour שָׁכֵן, רֵעַ, קָרוֹב.	Oil יִצְהָר, שֶׁמֶן.
Mordechai מָרְדֳּכַי.		Old, s. a. adj. זָקֵן.
Morning בֹּקֶר.	Neither וְלֹא.	Old, to be זָקֵן (fut.A.)
Morrow, to מָחָר, מָחֳרָת.	Never לֹא ...לְעוֹלָם.	On בְּ, עַל, § 75, 6.
	Nevertheless אֶפֶס־כִּי.	Once (— one time) פַּעַם אַחַת.
Mortar מַכְתֵּשׁ.	Nigh קָרוֹב.	
Mother אֵם, § 73.	Night לַיְלָה.	One אֶחָד, § 74.
Moses מֹשֶׁה.	No לֹא, אַיִן w. the verb.	One — the other אִישׁ אָחִיו, see § 97, 4.
Mountain הַר, § 17, 5.		
Mourn, to סָפַד, אָבַל K. a. Hit.	Noise שָׁאוֹן.	Only, adv. אַךְ, רַק.
	Nor וְלֹא.	Only, adj. (—only one) f. יְחִידָה, יָחִיד.
Mourning אֵבֶל, מִסְפֵּד.	North צָפוֹן.	
	Not בַּל, אַל, לֹא, אַיִן; is not? הֲלֹא	Open, to פָּתַח.
Mouth פֶּה, § 73, 11.		Oppress, to לָחַץ, עָשַׁק.
Much, many, to be רָבַב.	Nothing לֹא מְאוּמָה.	
	Nothing, for חִנָּם.	Or וְ, אִם, אוֹ.

Ordinance מִשְׁמֶרֶת f.	Perceive, to בוּן Hi.	Prayer תְּפִלָּה.
Orphan יָתוֹם.	Perish, to אָבַד.	Preach, to בָּשַׂר Pi.
Other אַחֵר.	Persecute, to רָדַף.	Precept פִּקּוּד.
Other (= the one — the other) אֶחָד, § 97, 4.	Pestle עֱלִי.	Prepare עָשָׂה, to be prepared כוּן Ni.
Out of מִן.	Pharao פַּרְעֹה.	Preserve, to שָׁמַר, נָצַר.
Outside, abroad חוּץ.	Philistine פְּלִשְׁתִּי.	
Oven תַּנּוּר.	Pillar מַצֵּבָה.	Price, s. מְכִר.
Over בְּ, עַל, § 75, 6.	Pious חָסִיד.	Pride זָדוֹן.
Over, to be (= to pass away) חָלַף.	Pit בּוֹר (pl. בֹּרֹת) m.	Priest כֹּהֵן.
	Place מָקוֹם (plur. מְקוֹמוֹת) c. g.	Prince שַׂר (pl. שָׂרִים).
Overthrow, to הָפַךְ, שָׁמַד.	Plant, to נָטַע.	Proclaim, to קָרָא.
Ox שׁוֹר c. g.	Plant, s. צֶמַח.	Produce, s. עָבוּר (only const.)
	Pleasant נָעִים.	Profane, to חָלַל Pi.
P	Pledge, take to P. חָבַל.	Project, s. מַעֲרָךְ.
	Plough, to חָרַשׁ.	Property נַחֲלָה.
Paint(Eye-Paint) פּוּךְ.	Poor, to be made P., dispossessed יָרַשׁ Ni.	Prophesy, to נָבָא Ni. a. Hit.
Palm-tree תָּמָר.		
Panther נָמֵר.	Poor, s. אֶבְיוֹן, עָנִי.	Prophet נָבִיא.
Pardoned, to be רָצָה Ni.	Portion חֵלֶק.	Prostrate oneself, to שָׁחָה Hit.
Parted, to be פָּרַד Ni.	Possession, to give as a P. נָחַל Hi.	Prove, to נָסָה Pi.
Pass over, to עָבַר, חָלַף.	Potiphar פּוֹטִיפַר.	Province מְדִינָה.
	Pottage נָזִיד.	Publish, to שָׁמַע Hi.
Pass, to come to הָיָה.	Poverty רֵאשׁ.	Purify oneself, to קָדַשׁ Hit.
Path נְתִיבָה.	Pour out, to שָׁפַךְ, יָצַק.	
Patience תִּקְוָה.		Pursue, to רָדַף.
Peace שָׁלוֹם.	Power עֹז (with suff. עֻזִּי).	Put, to שׂוּם Hi.
Pen עֵט.		Put forth, to שָׁלַח, (= to ripen) חָנַט.
People עַם (pl. עַמִּים), לְאֹם (pl. לְאֻמִּים).	Praise, s. תְּהִלָּה.	Put on, to (a garment) לָבַשׁ.
Peradventure אוּלַי.	Pray, I pray thee נָא.	

Q

Quarrel, to רוּב or רִיב
Quarrel, s. רִיב (plur. רִיבוֹת or רִיבִים m.)
Queen מַלְכָּה.
Question, hard Q., riddle חִידָה.
Quiet, to be שָׁקַט.

R

Rachel רָחֵל.
Rage, s. חֵמָה.
Raiment בֶּגֶד.
Rain, to מָטַר, to give or to send down rain id. Hi.
Rain, s. גֶּשֶׁם, מָטָר.
Raise, קוּם, זָקַף Hi.
Raven עֹרֵב.
Reach, to נָגַע Hi.
Realm מַלְכוּת f.
Reap, to קָצַר.
Reaper, s. קֹצֵר, קוֹצֵר.
Reason, by R. of מִן.
Rebel, s. שָׁנָה.
Rebuke יָכַח Hi.
Receive, to קִבֵּל, לָקַח Pi.
Recompense, to שִׁלֵּם, גָּמַל Pi. pass. Pu.
Redeem גָּאַל.

Redeemer גֹּאֵל.
Refine, to צָרַף.
Refined צָרוּף.
Refrain מָנַע.
Refuge, s. מִשְׂגָּב (w. suff. מִשְׂגַּבִּי).
Refuse, to מֵאֵן Pi.
Regard, to חָשַׁב.
Reign, to מָלַךְ.
Reject, to מָאַס.
Rejoice, to עָלַז.
Remain, to שָׁאַר Ni.
Remain all night, to לוּן Hi.
Remember, to זָכַר.
Remove, to רָחַק Hi.
Rend, to (= to tear) קָרַע.
Render, to שׁוּב Hi.
Repair, to בָּדַק.
Report, s. שֵׁמַע.
Reproach, to חָרַף Pi.
Reproach, s. חֶרְפָּה.
Reprobate, to מָאַס.
Request, to make R. בִּקֵּשׁ Pi.
Require, to שָׁאַל.
Require (the blood), to דָּרַשׁ.
Requite, to גָּמַל.
Rest, to רָגַע Ni.
Rest, to give נוּחַ Hi.

Return, to שׁוּב.
Reward, to שִׁלֵּם Pi.
Riblah רִבְלָה.
Rich, to be or become rich עָשַׁר Hi.
Rich, to feign oneself rich עָשַׁר Hit.
Richess עֹשֶׁר.
Riddle חִידָה.
Ride, to רָכַב (fut. A.)
Right, adj. יָמִין.
Righteous צַדִּיק.
Righteousness צֶדֶק, צְדָקָה.
Rise up, to קוּם.
River נָהָר, יְאוֹר.
Rob, to גָּזַל.
Robe, s. מְעִיל.
Rock צוּר.
Roll, to גָּלַל.
Root out, to שָׁרֵשׁ Pi.
Round about סָבִיב, מִסָּבִיב.
Ruby פְּנִינִים (only plur.)
Ruin, s. חָרְבָּה (plur. חֳרָבוֹת, חֳרָבוֹת).
Rule, to מָשַׁל.
Ruler מֹשֵׁל, שַׂר (pl. שָׂרִים).
Run, to רוּץ.
Ruth רוּת.

S

Sacrifice, to זָבַח.
Sacrifice, s. זֶבַח.
Saint קָדוֹשׁ.
Salt, s. מֶלַח.
Salvation יְשׁוּעָה.
Samaria שֹׁמְרוֹן.
Samson שִׁמְשׁוֹן.
Sanctuary קֹדֶשׁ.
Sand חוֹל.
Sarah שָׂרָה.
Sarai שָׂרַי.
Satisfied, to be שָׂבַע and שָׂבֵעַ (fut. A.), to satisfy id. Hi.
Save, to יָשַׁע Hi.
Say, to אָמַר.
Saying (— namely) לֵאמֹר (inf. for לֶאֱמֹר, § 48, 5.)
Saying, s. אִמְרָה.
Scabbard תַּעַר.
Scorn, to מָאַס, לוּץ.
Scorner לֵץ.
Scribe סֹפֵר.
Sea יָם (pl. יַמִּים).
Search, to תּוּר, חָקַר, חָרַשׁ Pi.
Second שֵׁנִי, § 74, 3.
Secret, s. תַּעֲלֻמָה, סוֹד.

See, to רָאָה.
Seed, s. זֶרַע.
Seek, to בִּקֵּשׁ, דָּרַשׁ Pi.
Seer, s. רֹאֶה.
Seize, to תָּפַשׂ.
Sell, to מָכַר.
Send, to שָׁלַח, to send away id. Pi.
Separate, to בָּדַל, to separate oneself id. Ni., פָּרַד Ni. a. Hit.
Servant עֶבֶד.
Serve, to עָבַד.
Set up, to נָצַב Hi.
Set or placed, to be id. Ni.
Settle, to יָשַׁב Hi.
Shade, shadow, s. צֵל (w. suff. צִלִּי).
Shame, s. קָלוֹן, כְּלִמָּה.
Shatter, to שָׁבַר Pi.
Sheaf אֲלֻמָּה (plur. אֲלֻמּוֹת a. אֲלֻמִּים).
Shed, to שָׁפַךְ, to be shed, of blood, id. Pu.
Shine אוֹר, make to shine id. Hi.
Ship אֳנִיָּה.
Shiver, to רָצַץ.
Shoe נַעַל f.

Shoot forth, to נָתַן.
Shore חוֹף.
Short קָצָר, קָטֹן (c. קְצַר).
Shut, to סָגַר.
Side יְרֵכָה, two s. יַרְכָּתַיִם.
Sigh, s. אֲנָחָה.
Sight, in the sight of עֵינֵי (c. of עֵינַיִם).
Sign, s. אוֹת (plur. אֹתוֹת) m.
Silence, put to s. אָלַם Ni.
Silver כֶּסֶף.
Sin, to חָטָא, to sin against חָטָא לְ.
Sin, s. עָוֹן, חֵטְא, חַטָּאָה, חַטָּאת f.
Sinai סִינַי.
Sing, to שׁוּר Hi., (— to sing praises) זָמַר Pi.
Singer (singing man) מְשֹׁרֵר.
Sisera סִיסְרָא.
Sister אָחוֹת, § 78, A 3.
Sit, to יָשַׁב.
Skin עוֹר (pl. עוֹרוֹת, עוֹרוֹת) m.
Skull גֻּלְגֹּלֶת f.
Slander, to לָשַׁן Hi.
Slaughter טֶבַח.

Slave — VOCABULARY — Tent

Slave עֶבֶד.
Slay, to הָרַג, שָׁחַט Pi. a. Hi. מוּת
Sleep, to יָשֵׁן (fut. יִישַׁן), שָׁכַב (fut. A.)
Sluggard עָצֵל.
Smite, to נָכָה Hi.
So, adv. כֵּן.
Solomon שְׁלֹמֹה.
Son בֵּן, § 73, A. b.
Song, s. שִׁיר.
Sorrow, s. מַכְאוֹב, יָגוֹן.
Soul נֶפֶשׁ, mostly f.
South נֶגֶב, דָּרוֹם.
Spare, to חָמַל.
Speak, to דִּבֶּר Pi.
Spear חֲנִית f.
Spirit רוּחַ (pl. רוּחוֹת) c. g.
Spirt, to, to be sprinkled נָזָה.
Spring up, to צָמַח.
Spy out, to רָגַל Pi., תּוּר.
Staff מַטֶּה (pl. מַטּוֹת) m.
Stand, to עָמַד, קוּם.
Stand upright, to נָצַב Ni.
Star כּוֹכָב.
State, former s. קַדְמָה.

Statute חֹק (plur. m.; חֻקִּים), חֻקָּה (pl. חֻקּוֹת) f.
Stay over night, to לוּן
Steal, to גָּנַב.
Still, to שָׁבַח Hi.
Stone אֶבֶן (plur. f. אֲבָנִים).
Stop, to אָטַם.
Strange, to make oneself s. נָכַר Hit.
Strangeness, foreignness נֵכָר.
Stranger בֶּן־נֵכָר, § 83, 6. a. § 89, 4. זָר, גֵּר.
Street רְחוֹב, רֹחַב f.
Strength צוּר, כֹּחַ.
Strengthen, to חָזַק Pi.
Stretch out, to פָּרַשׂ, שָׁלַח.
Strip off, to פָּשַׁט Hi., w. two acc. § 85, 2, b.
Stripe oneself, to id. Hit.
Stripes (= beatings) מַהֲלֻמּוֹת.
Strong, to be חָזַק (fut. A.), גָּבַר (fut. A.).
Strong, adj. עַז, חָזָק (pl. עַזִּים).
Subdue, to רָדַד.
Subtlety מִרְמָה.
Suddenly פִּתְאֹם.

Suffer, to (= to permit, to let) נוּחַ Hi. נָתַן.
Sun שֶׁמֶשׁ.
Surely אָכֵן, נַם, Inf. abs. § 105, 1.
Surround, to סָבַב.
Sustain, to סָעַד (fut. A.)
Swear, to שָׁבַע Ni.
Swift, to be s. מָהַר Pi., קָלַל.
Sword חֶרֶב f.
Syria אֲרָם.

T

Table, tablet לוּחַ (pl. לוּחוֹת) m,
Tabor תָּבוֹר.
Take away, to לָקַח.
Take up, to נָשָׂא.
Take from, off, to סוּר Hi.
Take, to (capture in war) לָכַד.
Tarshish תַּרְשִׁישׁ.
Teach, to לָמַד Pi., יָדַע Hi., יָרָה Hi.
Tell, to נָגַד Hi.
Tender, adj. רַךְ (pl. רַכִּים).
Tent אֹהֶל (pl. אֹהָלִים and אֱהָלִים).

Testimony עֵדוּת *f.*	Thus כֵּן, כָּכָה, כֹּה, זֹאת.	Turn, to סוּר.
Thanksgiving תּוֹדָה.	Tie, to קָשַׁר.	Turn graciously, to פָּנָה.
That (*rel. pr.*) אֲשֶׁר.	Tiller עֹבֵד.	Tyre צֹר.
That, *conj.* (in obj. sentences) אֲשֶׁר, כִּי, § 111, 1, 2.	Time עֵת (*pl.* עִתִּים or עִתּוֹת) *e. g.*	**U**
That, so that לְ w. *inf. const.* § 106, 2 and § 113, b; אֲשֶׁר, לְמַעַן, וְ, § 111, a,	Time (— once) פַּעַם *f.*	Uncircumcised עָרֵל.
	Time to come (=future) יוֹם מָחָר or מָחָר.	Uncle דּוֹד.
		Under תַּחַת, § 75, 6.
That not, lest פֶּן, לְבִלְתִּי, § 112, b.	Tire, to (— dress the head) יָטַב *Hi.*	Until עַד.
	To, unto עַד, § 19, 6.	Unto עַד, עַל, לְ, אֶל, § 19, 6.
O that לוּ (negatively) מִי יִתֵּן, (לוּלֵא. § 110, 1, 2.	To (= *Dat.*) לְ.	Uphold, to סָמַךְ.
	Together כְּאֶחָד.	Upon עַל, § 75, 6.
Then אָז, וְ.	Tongue לָשׁוֹן *f.* שָׂפָה.	Upper-mill-stone רֶכֶב.
Thence שָׁם, from thence מִשָּׁם.	Top רֹאשׁ (*pl.*רָאשִׁים)	Upright יָשָׁר, תָּמִים.
	Torch לַפִּיד.	Uzziah עֻזִּיָּהוּ.
Therefore עַל־כֵּן, וְ.	Totter, to מוֹט *Ni.*	
Therein בְּתוֹךְ, בְּקֶרֶב.	Touch, to נָגַע.	**V**
Thing דָּבָר.	Towards אֶל, לְ, § 19,6.	Vain, in V. לַשֶּׁקֶר.
Thither שָׁמָּה.	Tower מִגְדָּל.	Vain, to be in V. אָבַד.
Though אִם.	Transgress, to עָבַר.	Valley בִּקְעָה.
Thought, *s.* מַחֲשָׁבָה, מְזִמָּה.	Traveller אֹרֵחַ.	Vanity שָׁוְא.
	Tread (under foot), to רָמַס.	Vengeance נָקָם, נְקָמָה.
Throne כִּסֵּא (*plur.* כִּסְאוֹת) *m.*	Tree עֵץ.	Very מְאֹד.
Through בְּ.	Trouble צָרָה.	Vial פַּךְ.
Throw down, to (— to cast out) שָׁמַט.	Trust, to בָּטַח, חָסָה w. בְּ.	Vine גֶּפֶן.
		Vine-dresser כֹּרֵם.
Thrust down, to דָּחָה.	Truth אֱמֶת *f.*	Vinegar חֹמֶץ.
Thrust through, to, דָּקַר.	Try, to נָכָה, בָּחַן *Pi.*	Vineyard כֶּרֶם.
	Tumult הָמוֹן.	Violence חָמָס.

| Virtuous | | Vocabulary. | | | Zion |

Virtuous חַיִל (*prop.*
Virtue, accord. to
§ 83, 6.
Virtuously, to do v.
עָשָׂה חַיִל.
Vision חָזוֹן.
Voice קוֹל (*pl.* קוֹלוֹת,
קֹלוֹת) *m.*
Vow, to נָדַר.
Vow, *s.* נֶדֶר.

W

Wait upon, to דָּמַם לְ.
Walk, to הָלַךְ.
Walk with, to הָלַךְ
Hit. w. אֵת.
Wall, *s.* קִיר (*plur.*
קִירוֹת) *m.*
Want, *s.* מַחְסוֹר.
War מִלְחָמָה.
Warfare צָבָא.
Warn, to זָהַר *Hi.*
Wash, to רָחַץ.
Water, to שָׁקָה *Hi.*
Water, *s.* מַיִם.
Wave גַּל (*pl.* גַּלִּים).
Wax דּוֹנַג.
Way דֶּרֶךְ *c. g.*
Weak רָפֶה, רָפָה *s.*
Wealth חַיִל, עֹשֶׁר.
Weep, to בָּכָה.
Weeping בְּכִי, in *p.*
בֶּכִי.
Weigh, to שָׁקַל.
Welfare טוֹב.
Well בְּאֵר *f.*

What מָה, כָּה, מַה,
§ 24, 1.
Wheat חִטָּה.
When כִּי, בְּ or כְּ w.
inf. const., § 106, 2.
Whence מֵאַיִן.
Where אַיֵּה.
Wherefore לָמָּה־זֶּה.
Wherein בַּמֶּה.
Wherewith בַּמֶּה.
Whether אִם.
While בְּ w. the *inf.
const.*, § 106, 2.
While, all the W.
כָּל...עוֹד.
Whisper, to לָחַשׁ *Hit.*
Whither? אָנָה.
Whither, *adv. rel.*
אֲשֶׁר־שָׁמָּה, § 23,3.
Who מִי, § 24.
Whole כֹּל, whole of
כָּל־.
Whose (= to whom)?
לְמִי.
Why מַדּוּעַ, לָמָּה.
Wicked רָשָׁע.
Wickedness רֶשַׁע.
Widow אַלְמָנָה.
Wife אִשָּׁה, § 73, B 2.
Willing, to be אָבָה,
or by the *fut.* § 32,
1, 2 and § 101, I a.
Window חַלּוֹן.
Wine יַיִן, תִּירוֹשׁ.
Winter סְתָיו.
Wisdom חָכְמָה.

Wise, to be חָכַם
(*fut. A.*)
Wise, *adj.* חָכָם.
Wisely (= in wisdom)
בְּחָכְמָה.
With אֵת, בְּ (אִתִּי),
עִם, עִמָּד (only w.
suff.)
Within בְּתוֹךְ, בְּקֶרֶב.
Without (= outwards)
הַחוּצָה, מִחוּץ.
Witness עֵד.
Woman אִשָּׁה, § 73,
B 2.
Wood עֵץ.
Word דָּבָר.
Work, to עָבַד, פָּעַל,
עָשָׂה.
Work,*s.* פֹּעַל, עֲבוֹדָה.
World עוֹלָם, תֵּבֵל.
Worn out, *adj.* בָּלֶה,
f. בָּלָה.
Would God that! לוּ,
מִי יִתֵּן.
Wrath אַף (w. *suff.*
אַפִּי).
Wrest, to נָטָה *Hi.*
Write, to כָּתַב.
Wrong, to do עָשַׁק.
Wrong, *s.* עַוְלָה.

Y

Year שָׁנָה.
Yet עוֹד, אַךְ.
Young man נַעַר.

Z

Zion צִיּוֹן.

CONTENTS.

PART I.

OF THE ELEMENTS.

CHAPTER I.

	Page.
§ 1. The Alphabet	1
" 2. Division of Letters	3
" 3. Vowel-Letters and Vowel-Signs	3
" 4. Sh'va	7
" 5. Composite Sh'va	8
" 6. Patach Furtive	8
" 7. Dagesh and Mappik	9
" 8. Syllables	10
" 9. Accents, Metheg, Makkef	11
" 10. Distinction of Kamets and Kamets-Chatuph	18
" 11. Distinction of Vocal and Silent Sh'va	19

CHAPTER II.

Peculiarities and Changes of Letters and Vowels.

§ 12. Changes of Consonants	20
" 13. Peculiarities of the Gutturals	23
" 14. Vowel Changes	23

CHAPTER III.

§ 15. Servile Letters	26
" 16. The Prefixes משה	27
" 17. The Article	28
" 18. The Prefixes וכלב	29
" 19. Cases of Nouns and Pronouns	32

CHAPTER IV.

Of the Pronoun.

	Page.
§ 20. The Personal Pronoun	34
" 21. Nominal Suffixes	36
" 22. Demonstrative Pronoun	38
" 23. The Relative	40
" 24. The Interrogative Pronoun	41

CHAPTER V.

Of the Verb.

§ 25. General View	44
" 26. Signification and Characteristics of the Conjugations	45
" 27. Inflection	47
" 28. Classes	47

CHAPTER VI.

The Regular Verb. Explanation of the Second Paradigm.

§ 29. The Preterite	48
" 30. The Infinitive	51
" 31. The Future	52
" 32. The Lengthened Future or Optative	54
" 33. Vav Conversive	55
" 34. The Imperative	57
" 35. The Participle	59
" 36. Niphal	61
" 37. Piel and Pual	64
" 38. Hiphil and Hophal	67
" 39. Hithpael	70

CHAPTER VII.

The Gutturals.

§ 40. Verbs Pe Guttural	72

	Page.
§ 41. Verbs Ayin Guttural	74
" 42. Verbs Lamed Guttural	76

CHAPTER VIII.
The Suffixes of the Verb.

	Page.
In General	78
§ 43. The Preterite with Suffixes	79
" 44. The Future with Suffixes	80
" 45. The Infinitive with Suffixes	82
" 46. The Imperative with Suffixes	83
" 47. The Participle with Suffixes	84

CHAPTER IX.
Irregular Verbs.

	Page.
§ 48. Verbs פ״א	86
" 49. Verbs ל״א	87
" 50. Verbs פ״ן	89
" 51. Verbs פ״י	91
" 52. Verbs ע״ע	94
" 53. Verbs ע״ו and ע״י	98
" 54. Verbs ל״ה	101
" 55. Verbs Doubly Anomalous	105

CHAPTER X.
Nouns.

	Page.
§ 56. In General. Formation and Inflection	108
" 57. The Gender	113
" 58. The Plural and Dual	116
" 59. The Construct State	119
" 60. Rules for the Inflection of Masculine Nouns	121
" 61. Declension of Masculine Nouns	122
" 62. First Declension	123
" 63. Second Declension	124

	Page.
§ 64. Third Declension	128
" 65. Fourth Declension	130
" 66. Fifth Declension	133
" 67. The Formation of Feminine Nouns	138
" 68. Declension of Feminine Nouns	138
" 69. First Declension	139
" 70. Second Declension	140
" 71. Third Declension	143
" 72. Fourth Declension	144
" 73. Irregular Nouns	147
" 74. The Numerals	149

CHAPTER XI.
Particles.

	Page.
§ 75. In General	153

PART II.
SYNTAX.

CHAPTER I.
The Essential Parts of a Sentence.

	Page.
§ 76. The Subject	157
" 77. The Copula	158
" 78. The Predicate and its Agreement with the Subject	159
" 79. Verbal Arrangement	161

CHAPTER II.
Syntax of the Parts of Speech.

	Page.
§ 80. The Article	162

The Noun

	Page.
§ 81. Gender	164
" 82. Number	164
" 83. The Cases. Construct State and the Genitive	166
" 84. Dative	168

Contents.

	Page.
§ 85. Accusative	168
" 86. The Absolute Case	170
" 87. Apposition	171
" 88. Duplication of Nouns	171
" 89. Substantives used in the place of Adjectives	171
" 90. Adjectives	172
" 91. Comparison	172
" 92. Numerals	173

Pronouns.

§ 93. Personal Pronoun	174
" 94. Demonstrative	175
" 95. Interrogative	177
" 96. Relative	177
" 97. Reflexive and Reciprocal	178
" 98. Other Pronouns	179

The Verb.

§ 99. In General	180
" 100. The Preterite	180
" 101. The Future	182
" 102. The Conversive Vav	183
" 103. Paragogic and Apocopated Future	184
" 104. The Imperative	184
" 105. Infinitive Absolute	185
" 106. Infinitive Construct	186
" 107. The Participle	189

Particles.

	Page.
§ 108. Particles of Negative Sentences	190
" 109. Particles of Interrogative Sentences	192
" 110. Particles of Optative Sentences	192
" 111. Particles of Objective Sentences	193
" 112. Particles of Final Sentences	193
" 113. Particles of Inferential Sentences	194
" 114. Particles of Temporal Sentences	194
" 115. Particles of Causal Sentences	194
" 116. Particles of Conditional Sentences	194
" 117. Particles of Disjunctive Sentences	196
" 118. Particles of Adversative Sentences	196
" 119. *Interjections*	196
Paradigms	197
Chrestomathy	220
Vocabulary I.	243
Vocabulary II.	269

LIST OF ABBREVIATIONS.

abs.—absolute
abstr.—abstract.
acc.—accusative
act.—active
adj.—adjective
adv.—adverb
apocop.—apocopated
art.—article
const. st. } construct
c. st. } state
comm.—common
comp.—compare
conj.—conjunction
e.g. } exempli gratia, for example
fem. } feminine
f. }
fr. b.—from bottom
fr. t.—from top

fut.—future
gen.—genitive
gen.—generally
Hi.—Hiphil
Ho.—Hophal
Hit.—Hithpael
i. e.—id est
ib.—ibidem
imp.—imperative
inf.—infinitive
interj.—interjection
masc. } masculine
m. }
Ni.—Niphal
N.—Note
n. p.—proper name
obj.—object
orig.—originally
p.—page

pers. } person
p. }
part.—participle
pass.—passive
in p.—in pause
Pi.—Piel
Pl. } plural
pl. }
prob.—probable
prop.—properly
Pu.—Pual
reflex.—reflexive
sc.—scilicet
sing. } singular
s. }
subst. } substantive
s. }
suff.—suffix
tr.—transitive

CORRECTIONS.

Page.	Line.	Read.	Page.	Line.	Read.
7,	1, fr. b.	זְרֻבָּבֶל	69,	2, fr. b.	דְּרִיוֹשׁ
12,	1, fr. b.	וּמֵהַתִּיכוֹנוֹת	73,	16, fr. b.	תֶּחְשַׁךְ
14,	7, fr. t.	1, 14	85,	12, fr. t.	אָאֹר
15,	13, fr. b.	מֶרְכָּא	96,	3, fr. t.	תַּחְנֵהוּ
17, 2,	5, fr. t.	afformatives	97,	9, fr. t.	תִּקְרָאֶנָה
27,	13, fr. b.	מִיהוּדָה	116,	4, fr. b.	תַּבְנִיוֹת ־יוֹת
31,	3, fr. b.	בְּמִקְנֶה	119,	6, fr. b.	מַחֲנֶה
51,	3, fr. b.	אֲהָהּ	120,	10, fr. t.	כְּמָשׁוּכַת
53,	1, fr. b.	יְפָרֵשׂ	127,	4, fr. t.	מַשֹּׂאוֹת
56,	7, fr. b.	לָאט	141,	14, fr. t.	מַהְפֵּכָה
59,	14, fr. b.	תָּפַשׂ	147,	17, fr. t.	for step-father, read: father-in-law
"	13, fr. b.	פָּרַשׂ		18,	mother-in-law
61,	4, fr. b.	for larger type, read: asterisks.	167,	9, fr. b.	§ 96, 4
65,	6, fr. b.	תּוֹחֶלֶת	169,	2, fr. t.	שֶׁבַע
66,	2, fr. t.	עֲנִי	180,	10, fr. t.	מַשְׂאֵת

A NEW PRACTICAL HEBREW GRAMMAR
BY
Solomon Deutsch, A. M., Ph. D.

8vo. Price $2.50.

Henry Holt & Co., New York.

From Prof. A. P. Peabody, Acting President of Harvard University.

I cannot express myself too warmly as to its surpassing excellence. My belief is that, with the sole use of your Grammar a student could become a more accurate Hebrew scholar, than by reading half the Old Testament with the use of any other Hebrew Grammar with which I am acquainted.

Dr. Ezra Abbot, of Harvard University.

says of the work:

Dr. Deutsch's Hebrew Grammar will be the means of imparting a more thorough knowledge of Hebrew than is gained by the study of the ordinary Grammars in the ordinary way.

From B. L. Gildersleeve, D.D., Prof. in the University of Virginia.

I have introduced the work as a text-book into the University course and I should be glad to see it generally introduced into our Theological Seminaries.

From the Right Rev. W. R. Whittingham, D.D., LL.D., P. E. Bishop of the Diocese of Maryland.

I find Dr. Deutsch's Grammar in many respects much better adapted to the use of beginners than any similar work in the English language with which I am acquainted.

From Rev. E. P. Barrows, D.D., Professor at Andover Theological School.

Conciseness and comprehensiveness are the qualities that mark this Grammar. The rules are expressed with neatness, brevity, and clearness.
Thus he has been able to compress into 219 octavo pages (not reckoning the Chrestomathy at the end) a great amount of matter. The author is evidently a thorough master of his subject, and his statements are accurate.

From Prof. Geo. E. Day, D.D., Prof. of Hebrew in Yale College.

Dr. Deutsch's Hebrew Grammar has some decided advantages over the larger Hebrew Grammars in common use.

From Rev. Dr. S. Adler, Rabbi of the Temple "Emanuel," New York.

The undersigned has subjected different portions of Dr. Deutsch's Hebrew Grammar to a close and careful examination, and has everywhere recognized the hand of a master—of a man uniting a thorough knowledge of his subject, with the skill and experience of a teacher. The work is both concise and comprehensive, combining thoroughness of treatment and fullness of matter with brevity and precision; and it will prove a valuable auxiliary alike to teacher and scholar, and in the schoolroom as well as in the closet.

The Nation.

Dr. Deutsch's Hebrew Grammar is evidently the product not only of conscientious, but also of long and assiduous labor, as well as of extensive knowledge; and as regards the method, we can say without hesitation, that we have never yet met with a manual, so pleasantly paving the way to the literary treasures of an ancient language. It fully deserves to be ranked among the foremost productions of its kind, whether in America or in Europe.

The Catholic World

says, that it is "beyond doubt the best school-book of its kind that has appeared from the American Press."

The Southern Review.

Dr. Deutsch's Hebrew Grammar is indeed an admirable manual for theological students, far superior, as such, to the Grammar of Gesenius.

The Israelite.

It is nearer approaching our idea of a practical Hebrew Grammar than any other book known to us. It contains all that is necessary to know of the Hebrew to read the Bible in their original, and it contains all that in a pleasant and practical form.

The Jewish Messenger.

Dr. Deutsch of Baltimore is known as a thorough Hebraist, and has evidently enjoyed valuable experience as a teacher. He has solved the problem of presenting a Hebrew Ollendorf. The work is eminently practical and, as we have said, should be promptly introduced into our schools.

The New Jerusalem Messenger.

We cordially unite with Rev. A. P. Peabody in his commendation of the book, and hope it may be speedily introduced into all our theological schools.

In the Journal and Messenger, A Baptist Family News-Paper,

Rev. Geo. Varden, Ph. D., says: Everything that facilitates the knowledge of the Hebrew Scriptures we hail with unusual delight. Such a work is this Grammar by DR. DEUTSCH. After a year's acquaintance we unhesitatingly proclaim its merits. A beautiful simplicity holds sway throughout this entire book. The syntax is a model of scholarly condensation.

A KEY TO THE PENTATEUCH,

Explanatory of

THE TEXT AND THE GRAMMATICAL FORMS,

By Solomon Deutsch, A. M., Ph. D.

Author of "A New Practical Hebrew Grammar."

8vo. Price $1.50.

Henry Holt & Co., New York.

Part I. Genesis.

From Prof. A. P. Peabody, Late Acting President of Harvard University.

I have examined with care and with great pleasure the First Part of your Key to the Pentateuch. It seems to me conformed to the only true method of teaching Hebrew. In order to use it, the pupil would need to commit to memory, at the outset, very few and simple forms and principles, and would acquire his knowledge of the grammar in detail, in immediate connection with the word of the sacred text. When I taught Hebrew, I was accustomed to do in manuscript for my pupils the very work—as far as I was able—which you have done in your Key. Your book has an ulterior value as a commentary on Genesis, and in that respect it seems to me pre-eminently sound and richly instructive.

From Dr. B. L. Gildersleeve,

PROF. IN THE UNIVERSITY OF VIRGINIA.

Dr. Deutsch's Key to the Pentateuch is a valuable addition to the apparatus of the teacher and of the student of Hebrew.

From Dr. Geo. E. Day,

PROF. OF HEBREW IN YALE COLLEGE.

The student of Hebrew who has not the help of a living instructor will here find the solution of the more important difficulties and references to the proper sections in the Grammar. By using it, after his own efforts have been unsuccessful, it will become to him a true "Key" to unlock difficulties.

From Rev. J. Packard, D.D.,

PROF. OF HEBREW IN THE THEOLOGICAL SEMINARY OF VA.

The plan on which it is constructed is an admirable one, and exactly adapted to the wants of students.

From Rev. F. S. Hoyt,

PROF. OF HEBREW IN THE OHIO WESLEYAN UNIVERSITY.

The work seems to me to be admirably executed, and the more frequently I examine it, the more favorably it impresses me with its accuracy, and its utility. Students will find it an admirable help in their preparation for the recitation-room, and those who have not the aid of a living teacher, will find it invaluable.

From Prof. Howard Osgood, Chester, Pa.

Your work supplies a want deeply felt by students, and I am sure will be hailed with delight not only by students but by a larger class of ministers who—by it—will be enabled to keep up and add to their knowledge of Hebrew.

From the Nation.

The work is to be "the means of introducing the student to a full and thorough understanding of the Hebrew text of the Bible," being chiefly calculated to spare such beginners as have acquired some grammatical knowledge of Hebrew the trouble of hunting up roots, forms, and exceptions in dictionaries and grammars, and to enable them to study the Hebrew text without a teacher, or fully to prepare at home for every school lesson. The work is very elaborate and very carefully done. It will thus undoubtedly be found an excellent help and guide both by students and teachers.

From the Jewish Times.

1871. No. 23.

The learned and indefatigable author has presented a manual, which greatly facilitates the labor of the teacher, and is of incalculable benefit to the student of Hebrew. It is concise, scientific, and practical, and, hence, a worthy successor to the author's previous production of "*A New Practical Hebrew Grammar.*" Besides the definition and derivation of every word in Genesis, there are added the paradigms, and valuable historical, geographical, and archæological explanations, which are remarkable for their conciseness and perspicuity. The execution betrays the hand of a master. The work of Dr. Deutsch surpasses all similar school-books, and deserves to be introduced into every school and institution where the Hebrew language is cultivated.

From the Jewish Messenger.

August 4, 1871. Vol. 30—No. 5.

A work which students and teachers will cherish, is emphatically our opinion of Dr. Deutsch's latest addition to Hebrew Literature. Simple as is its plan, it is one which might well be adopted with other languages, and thus prove a boon to the hard worked student. The author has thus furnished ample evidence of his desire to popularize the sacred language, and to remove many of the impediments under which the student was wont to labor. We cordially commend the work to the public, and trust that Dr. Deutsch will be so liberally encouraged that he will not hesitate to produce at an early day the remaining volumes of his series.

www.ingramcontent.com/pod-product-compliance
Lightning Source LLC
Chambersburg PA
CBHW031326230426
43670CB00006B/255